大朝春秋

——蒙元考古与艺术

林梅村　著

故宫出版社

图书在版编目（CIP）数据

大朝春秋：蒙元考古与艺术／林梅村著．— 北京：故宫出版社，2013.12（2014.4 重印）

ISBN 978-7-5134-0535-5

Ⅰ．①大… Ⅱ．①林… Ⅲ．①蒙古族—古代少数民族考古—中国—元代 Ⅳ．①K874.12

中国版本图书馆 CIP 数据核字（2013）第 275921 号

大朝春秋——蒙元考古与艺术

责任编辑：李文君　周　怡
装帧设计：王　梓　于朝娟
出版发行：故宫出版社
地址：北京市东城区景山前街4号　邮编：100009
电话：010-85007808　010-85007816　传真：010-65129479
网址：www.culturefc.cn
邮箱：ggcb@culturefc.cn
制版印刷：保定市中画美凯印刷有限公司
开　　本：787毫米×1092毫米　1/16
印　　张：23
版　　次：2013年12月第1版
　　　　　2014年4月第2次印刷
印　　数：1001~4000册
书　　号：ISBN 978-7-5134-0535-5
定　　价：66.00元

目 录

四　金中都的广寒殿

五　蒙元宫廷石雕艺术源流考

六　马可波罗在北京

七　威尼斯“马可波罗罐”调查记

八　宋六陵访古

九　故国不堪回首

一　从额尔古纳河到三河之源

图 01 额尔古纳河风光

13 世纪初，蒙古人在漠北突然崛起，成吉思汗及其子孙率领的蒙古铁骑几乎横扫整个欧亚大陆，在世界史上开创了一个蒙古时代。一个偏处大兴安岭额尔古纳河（图 01）一隅的弱小部落，何以在 13 世纪初一跃成为横跨欧亚大陆的蒙古大帝国？这个问题一直是中亚史，乃至世界史研究的重大课题之一。在以往的研究中，人们主要依据《蒙古秘史》、《圣武亲征录》等草原史官的传著，并结合史书探讨这个问题，而草原史官主要根据蒙古老人口述传说和历史掌故，由于年代久远，难免有记忆上的差池。尽管成吉思汗所出部落以及蒙古种族起源的大致轮廓和早期历史已在学界初步达成共识，[1] 但是成吉思汗统一蒙古高原以前蒙古人“既无书册，又无文字”，[2] 我们对蒙古史前史的知识相当贫乏。

19 世纪末，蒙古高原鄂尔浑河畔发现的突厥碑铭为探讨蒙古人起源提供了重要史料，可惜至今没有得到充分讨论。考古发现，尤其是近年来一系列新发现，为研究蒙古人在松漠之间的崛起提供了一批实物证据。早在 20 世纪 50 年代，前苏联学者奥克拉朵尼科夫（A. P. Okladnikov）就尝试利用考古材料探讨蒙古史，近年日本和中国学者也开始从事这项研究，但

---

1 [德] 傅海波、[美] 崔瑞德编，史卫民等译：《剑桥中国辽西夏金元史》，北京：中国社会科学出版社，1998 年，页 382 ～ 398。

2 [波斯] 拉施特主编，余大钧、周建奇译：《史集》第一卷第一分册，北京：商务印书馆，1983 年，页 250。

是仅限于个别问题的讨论，缺乏全面系统的分析。蒙古民族是以大兴安岭额尔古纳河森林部落和呼伦贝尔草原部落两大原蒙古人集团为核心，后来融合蒙古高原的突厥游牧部落以及一部分流亡漠北的契丹、女真乃至汉族农牧民，最终形成的民族共同体。考古发现表明，蒙古人的兴起经历了四个重要阶段：一、额尔古纳河山林；二、腾汲思海；三、斡难河源头不儿罕山；四、成吉思汗的崛起。真正的蒙古人是成吉思汗统一蒙古高原后才出现的，13 世纪初以前蒙古先民处于原蒙古人（Proto-Mongolian）时代，并非现代民族学意义上的蒙古人。[1] 本文将在前人与时贤研究基础上，探索蒙古民族的起源和发展。按照上述四个时期梳理考古材料，对读蒙古历史传说、突厥碑铭和正史。

第一节 额尔古纳河古民族之变迁

自《魏书》以来，正史往往把北方草原和大兴安岭的契丹、库莫奚、室韦视为独立民族，并指出它们皆源于东胡系鲜卑族。契丹人雄居辽河上游草原地带（今辽宁、吉林与内蒙古相邻地区）；库莫奚游牧于契丹南面和西面山脉（今河北和山西北部）；室韦人在契丹之北大兴安岭西麓（今内蒙古与黑龙江交界地带）。史家认定契丹和库莫奚源于宇文鲜卑（鲜卑和匈奴混血民族），而室韦人则指滞留原始故乡大兴安岭的鲜卑人。

据现代史家分析，拓跋鲜卑建立北魏王朝后，受中原文明的濡染，遂将原始故乡的鲜卑人视为“夷狄”，不愿再和他们合用一个族名。于是北魏史官偷梁换柱，将其改名“失韦”，隋唐以来称作“室韦”。中外研究者注意到，室韦、鲜卑其实是同一族名 serbi（亦作 sirbi 或 sirvi）的不同音译。[2] 蒙古人就从大

1 亦邻真：《中国北方民族与蒙古族源》，《内蒙古大学学报》1979 年第 3 ～ 4 期，页 1 ～ 23；收入《亦邻真蒙古学文集》，呼和浩特：内蒙古人民出版社，2001 年，页 544 ～ 582。

2 此说最早为沈曾植倡导，参见沈曾植：《鲜卑语与蒙古语》，《海日楼札丛》卷二，沈阳：辽宁教育出版社，1998 年，页 76。法国汉学家伯希和后来从语言学角度作了更为翔实的考证，参见伯希和著，冯承钧译：《吐火罗语考》，北京：中华书局，1957 年，页 79（原文见 P. Pelliot, “Tokharien et koutcheen”, *JA* 224, 1934, pp.23-106）。

兴安岭西麓室韦人分化发展而来。

图 02 大兴安岭嘎仙洞——鲜卑祖先石室

据《魏书·乌洛侯传》记载，“乌落侯国，在地豆于之北……世祖真君四年来朝，称其国西北有国家先帝旧墟，石室南北九十步，东西四十步，高七十尺，室有神灵，民多祈请。世祖遣中书侍郎李敞告祭焉，刊祝文于室之壁而还。”[1]《魏书·礼志》亦载：“魏先之居幽都也，凿石为祖宗之庙于乌洛侯国西北。自后南迁，其地隔远。真君中，乌洛侯国遣使朝献，云石庙如故，民常祈请，有神验焉。其岁，遣中书侍郎李敞诣石室，告祭天地，以皇祖先妣配。”[2]鲜卑祖先石室在 20 世纪 80 年代初发现，有北魏太平真君四年（443）李敞所刻摩崖铭刻祝文，凡 201 字，与《魏书》的录文基本相同（图 02）。[3]鲜卑属于蒙古系统民族，这个发现为研究蒙古祖先的族源提供了重要的考古学依据。

北朝至隋代，室韦一直生活在京城东北六七千里外大兴安岭深山老林。《魏书·失韦传》说失韦“去洛（指洛阳）六千里”；[4]《新唐书·北狄·室韦传》说室韦“直京师（指长安）东北七千里”。[5]《隋书·北狄·契丹传附室韦传》记载：“室韦，契丹之类也。其南者为契丹，在北者号室韦，分为五部，不相总一，所谓南室韦、北室韦、钵室韦、深末怛室韦、太室韦。并无君长，人民贫弱，突厥常以三吐屯总领之。”[6]内蒙古东部东乌珠穆沁旗、西乌珠穆沁旗、阿巴嘎旗、正蓝旗和多伦县境内，相继发现突厥石人。这些石人形态相似，多为墓前石人，高约 1.3 米（图 03）。据突厥碑铭和波斯史家拉施特《史集》的记载，蓝突厥前三代可汗多次兴兵讨伐大兴安岭的室韦人，这些突厥石人正是第二突厥汗国（蓝突厥人）统

1 [北齐] 魏收：《魏书》，北京：中华书局，1974 年，页 2224。
2 魏收，前揭书，页 2738。
3 米文平：《鲜卑石室的发现与初步研究》，《文物》1981 年第 2 期，页 1 ～ 7。
4 魏收，前揭书，页 2221。
5 [宋] 欧阳修等：《新唐书》，北京：中华书局，1975 年，页 6176。
6 [唐] 魏徵等撰：《隋书》，北京：中华书局，1973 年，页 1882。

治蒙古祖先的历史见证。

《旧唐书·北狄·室韦传》记载：室韦人在唐代有了长足发展，分化出30余部，突厥人称其为“三十姓鞑靼”；分布地域“东至黑水靺鞨，西至突厥，南接契丹，北至于海（今贝加尔湖）”。[1]《新唐书·北狄·室韦传》说室韦“分部凡二十余”，主要活动于今天内蒙古呼伦湖和额尔古纳河。[2] 其余部落则借第一突厥汗国崩溃，趁乱西迁蒙古高原，故不为唐史所载。不过，室韦人西迁部落屡见于突厥碑铭。毗伽可汗碑提到蓝突厥人曾经讨伐色楞格河的九姓鞑靼。一般认为，他们就是西迁漠北的九个室韦部落。[3]

图03 锡林郭勒草原出土突厥石人，内蒙古博物馆展品

室韦人向蒙古高原的迁徙活动，不可避免地与在漠北重建突厥汗国的蓝突厥人发生激烈冲突。毗伽可汗碑说“在北方……黠戛斯人、骨利干人、三十姓鞑靼、契丹、奚等全都与我们为敌，我父可汗（骨咄禄可汗）[征讨]所有这些[民族]”（东面第15行）。[4] 据说蒙古先民之所以亡命额尔古纳深山老林，是因为突厥人对他们的一场大屠杀。伊利汗国史官拉施特《史集·成吉思汗纪五》记载：

1 [后晋]刘昫等编：《旧唐书》，北京：中华书局，1975年，页5356～5357。

2 欧阳修等，前揭书，页6176。

3 张久和：《原蒙古人的历史》，北京：高等教育出版社，1998年，页156～157。不过，作者认为九姓鞑靼后裔北阻卜即克烈部，不一定正确。克烈部是信仰景教的突厥人。据《蒙古秘史》记载，克烈部首领王罕曾帮助金军围剿北阻卜（余大钧译注：《蒙古秘史》，石家庄：河北人民出版社，2001年，页168～171），可见这两个部落不属于同一民族。

4 芮传明：《古突厥碑铭研究》，上海古籍出版社，1998年，页221～222。

图 04 鄂尔浑河畔阙特勤碑

他们的全部禹儿惕（指游牧营地），在现今称为蒙古斯坦的地区，从畏兀儿国边境起一直延伸到乞台（指契丹）和女真边界。……大约距今两千年前，古代被称为蒙古的那个部落，与另一些突厥部落发生了内哄，终于引起战争。据值得信赖的贵人们［所转告］的一则故事说，另一些部落战胜了蒙古人，对他们进行了大屠杀，使他们只剩下两男两女。这两家人害怕敌人，逃到了一处人迹罕至的地方，那里四周唯有群山和森林，除了通过一条羊肠小道，历尽艰难险阻可达其间外，任何一面别无途径。在这些山中间，有丰盛的草和［气候］良好的草原。这个地方名叫额儿古涅·昆。"昆"字意为"山坡"，而"额儿古涅"意为"险峻"；这个地方意即"峻岭"。那两人的名字为：捏古思和乞颜（kīān）。他们和他们的后裔长时期留居在这个地方生息繁衍。[1]

这个故事流传甚广，拉施特《史集·一览表》说："［前述］［蒙古］各部族起源于遁入额儿古涅·昆的两个人；由于生息繁衍，其氏族人数渐众，蒙古一词成了他们氏族的名称。"[2]研究者对蒙古历史传说中的"突厥"有不同解释，我们认为当指重建突厥汗国（682 ~ 745）的蓝突厥人，那么这个事件不可能发生在拉施特 14 世纪笔录的"距今两千年前"。

蓝突厥前三代可汗多次讨伐大兴安岭的室韦人。阙特勤碑（图 04）追

1 拉施特，前揭书第一卷第一分册，页 251。
2 拉施特，前揭书第一卷第一分册，页 127 ~ 128。

述突厥先王的文治武功说："天下四方之人均对他们怀有敌意。他们率军远征，讨伐了天下四方的所有民族，从而征服之。他们使高傲的敌人俯首，强大的敌人屈膝。他们令突厥人向东移居到卡迪尔汗山林（qadïrqan yiš），向西则远至铁门关"（东面第2行）。[1] 默啜可汗时代，蓝突厥人再次大举东征，"向东远至卡迪尔汗山以外，我们居住下来，并组织其民众，向西远至康居塔漫，我们居住下来，并组织突厥民众"（东面第21行）。[2]

关于"卡迪尔汗山林"一词，俄国学者拉德洛夫解释为"长有森林的山脉"，丹麦语言学家汤姆森认为是个地名，相当于兴安岭或其中一部分。研究者多从之，有学者径直译为"兴安岭"。就语音而言，这个地名与兴安岭毫无关系。为了慎重起见，有的学者音译为"卡迪尔汗山林"。[3] 其实，这个突厥语地名就是蒙古传说中的"额儿古涅·昆"，指大兴安岭西麓山林。首先，卡迪尔汗山林的"汗"（qan），亦作 kan、khan（kh=χ）或 kha'an，意为"可汗"，[4] 相当于蒙古语 qa'an（合罕）。这个词有两层含义，本义是"王"，亦引伸为"大"。例如：khan-balik（汗八里），意为"大都"（今北京）；khan-khentai（汗肯特山），意为"大肯特山"（不儿罕山）。第二，"卡迪尔汗山林"的原文 qadïrqan yiš 应读作 qadïr qan-yiš。前一成分 qadïr 意为"极度的、严酷的"，相当于蒙古语 arkūneh（额儿古涅、险峻的）；后一成分 qan-yiš 意为"大山"，相当于蒙古语 qūn（昆、山岭）。[5] 那么，突厥人所谓"卡迪尔汗山林"必指蒙古传说中的"额儿古涅·昆"无疑。

早在第一突厥汗国，突厥人就开始向大兴安岭移民。蓝突厥人重建突厥汗国后，继续向这里移民。毗伽可汗碑铭追述这位可汗生前战绩说："当我34岁时（718），乌古斯人逃奔汉人。……地豆于人（tatabi）归降了汉

1 芮传明，前揭书，页220。

2 芮传明，前揭书，页223。

3 关于这个词的讨论，详见芮传明，前揭书，页244～245。

4 A. von Gabain, *Alttürkische Grammatik*, Wiesbaden: Otto Harrassowitz, 1974, pp. 23 and 354；陈宗振等编：《中国突厥语族语言词汇集》，北京：民族出版社，1990年，页80～81。

5 突厥语参见 A. von Gabain, *op. cit.*, pp. 354-355; G. Clauson, *An Etymological Dictionary of Pre-Thirteen Century Turkish*, Oxford University Press, 1972, pp.593 and 603；蒙古语参见拉施特，前揭书第一卷第一分册，页128。

人可汗。由于他们的使臣、他们的好消息，以及他们的祝福不再送来，我便在夏天讨伐之。我将他们击败，（并掳获了）其马匹（与财物）。他们的军队集结起来，前来迎战。卡迪尔汗山林……他们居住在其故土。我令吐屯奄达征讨南方的葛逻禄人……”（东面第 38 ～ 40 行）。[1] 毗伽可汗碑与阙特勤碑许多内容重复，字句相同，本文所引最后一段漫漶不清的碑文或相当于阙特勤碑（东面第 21 行）的“向东最远至卡迪尔汗山以外，我们居住下来，并组织其民众”。[2]

723 年，蓝突厥人再次兴兵征讨地豆于。毗伽可汗碑说：“（当我 39 岁时），我在夏天征讨地豆于人……我歼灭了……（并掳获了）他们的儿童、妇女及其马匹和财产……我杀死其（儿童与）妇女”（南面第 2 ～ 4 行）。[3] 这场战争的最后阶段应和蓝突厥人上次讨伐地豆于人一样，纵深卡迪尔汗山林。可惜碑文漫漶不清，只剩下“……我杀死其（儿童与）妇女……我前赴……”寥寥数语。有学者将突厥语 tatabi 释为“奚人”，并无真凭实据。正如白鸟库吉指出的，其名当即《魏书》提到的“地豆于”。[4] 奚人是库莫奚的简称，加上蒙古语复数语尾 -ut，就是《史集》所谓 kumusaut（胡母斯惕）以及《辽史》提到的鄂尔浑河的“胡母思人”。[5]《魏书》为库莫奚和地豆于分别立传，可见二者不属于同一部族。

第二突厥汗国时代，室韦与突厥在俱伦泊（今呼伦湖）交界，湖西为突厥领土，湖东是西室韦居地。地豆于人是毗伽可汗东征的对象，自然不是突厥人，而是《旧唐书・北狄・室韦传》说的“西室韦”。[6] 蓝突厥征服地豆于之后仍在继续的战争，发生在呼伦湖以东额尔古纳河。这次东征，毗伽可汗没像上次那样派人在卡迪尔汗山林“居住下来，并组织其民众”，

1 芮传明，前揭书，页 265 ～ 266。

2 芮传明，前揭书，页 223。

3 芮传明，前揭书，页 266。

4 [日] 白鸟库吉著，方壮猷译：《东胡民族考》，上海：商务印书馆，1934 年，页 1 ～ 21。白鸟库吉把地豆于人和契丹北方的霫人相联系，不一定正确。

5 刘迎胜：《辽与漠北诸部》，《欧亚学刊》第三辑，北京：中华书局，2002 年，页 210 ～ 216。

6 刘昫，前揭书，页 5358。

而是残忍地“杀死其（儿童与）妇女”。

蓝突厥与唐朝对室韦诸部的激烈争夺，正史亦有反映。《新唐书·北狄·室韦传》记载：室韦人于“长寿二年叛，将军李多祚击定之，景龙初，复朝献，请助讨突厥。开元、天宝间，凡十朝献”。[1]《资治通鉴》天宝元年（742）记十节度之设：“平卢节度使镇抚室韦、靺鞨……”[2]故知唐朝开元初年已在室韦、靺鞨设置了羁縻督府州。《资治通鉴》记开元十四年（726）十二月，“是岁，黑水靺鞨遣使入见，上以其国为黑水州，仍为置长（御）史以镇之”，而以前黑水靺鞨往往“请吐屯于突厥”。[3]黑水靺鞨请唐朝设黑水州，说明他们与蓝突厥人关系恶化，而毗伽可汗东征原因就在于毗伽可汗碑所说“当我 34 岁时（718）……地豆于人归降了汉人可汗”。[4]唐朝在室韦设置都督府疑在是年，因而导致蓝突厥人大举攻伐。从蓝突厥人两次东征的具体史实看，那场灭绝种族的大屠杀发生在蓝突厥人第二次东征，也即唐开元十一年（723）。

有唐一代，大兴安岭古民族迁徙频繁。而蒙古祖先从室韦诸部脱颖而出，以“蒙兀”之名进入历史舞台。《旧唐书·北狄·室韦传》记载：“大室韦部落，其部落傍望建河（今额尔古纳河和黑龙江上游）居。其河源出突厥东北界俱轮泊，屈曲东流，经西室韦界，又东经大室韦界，又东经蒙兀室韦之北。落俎（坦）室韦之南，又东流与那河（今嫩江）、忽汗河合，又东经南黑水（今黑龙江下游）靺鞨之北、北黑水靺鞨之南，东流注于海。”[5]

在蓝突厥人打击下，地豆于人从漠北退缩到呼伦湖以东额尔古纳河上游，唐史称为“西室韦”。回鹘汗国时代，西室韦部落重返漠北，新移民乌

---

1 欧阳修，前揭书，页 6177。

2 [北宋] 司马光著：《资治通鉴》，北京：中华书局，1956 年，页 6849。

3 欧阳修：《新唐书·北狄传·渤海传》，中华书局，1975 年，页 6180；司马光，前揭书，页 6774。《资治通鉴》卷 213 胡三省注：“‘长史’恐当作‘长吏’”（司马光，前揭书，页 6774）。其说不尽然。《太平广记》卷二五〇《诙谐六·侍御史》说：“突厥号御史为吐屯”，故知此长史当作“御史”（[北宋] 李昉等编：《太平广记》，北京：中华书局，1961 年，页 1935）。

4 芮传明，前揭书，页 266。

5 刘昫，前揭书，页 5357 ～ 5358。

素固迁入西室韦故地。公元10世纪80年代初，北宋使者王延德出使高昌，途经鄂尔浑河流域。据当地居民介绍，“传曰契丹旧为回纥牧羊，达靼旧为回纥牧牛。回纥徙甘州，契丹、达靼遂各争长攻战”。[1]为回鹘牧牛的“达靼”部落当即重返鄂尔浑河的西室韦。该部落多次进出蒙古高原，不断受到草原文明的洗礼，是室韦人中文明程度较高的部落。

大室韦是额尔古纳河流域古老的部族之一，原来在额尔古纳河下游，隋代称“大室韦”。《隋书·北狄·室韦传》说“……至大室韦，径路险阻，语言不通，尤多貂皮及青鼠”，[2]表明大室韦族属、语言与其他室韦人有所不同。

关于唐代大兴安岭西麓的民族分布，敦煌古藏语文献（P.T. 1283）有一条重要记载，据说契丹“其东，为地豆于人（dad-pyi）部落；在最北境，为黑于厥里（ga-ra-byi-ger）部落，山岩峻峭，地势险恶，其家畜唯猪豕而已”。[3]如前所述，地豆于即唐史的“西室韦”，那么黑于厥里相当于唐史的“大室韦”。大室韦南迁额尔古纳河中游的森林草原后，生活环境略有改观，至少可以养点家畜。比起大室韦故地“尤多貂皮及青鼠”的额尔古纳河下游原始森林来，有天壤之别。

“黑于厥里”在正史中没有完全相应的译名，一个比较接近的译名是“黑鞑”。其名前一成份gara-，相当于书面蒙古语qar-a或突厥语qara，意为“黑色的”；后一成份-byi-ger，相当于书面蒙古语üker、土族语fugor、保安语fgor，意为“犍牛”。这些词以及书面蒙古语buqa（公牛）都是从原始蒙古语*hüke-r<*pöke-r演变而来。[4]后者屡见于宋辽文献，《契丹国志》卷二十二作“于厥”或“于厥里”，[5]《辽史·地理志》作“羽厥”，[6]《辽史·太

1 王国维：《王延德使高昌记》，《王国维遗书》第八册，上海书店出版社，1983年，页132。
2 魏徵，前揭书，页1883。
3 王尧：《敦煌吐蕃文献选》，成都：四川民族出版社，1983年，页162～163。原译文把地豆于译为“奚”，把“黑于厥里”译作“哈喇毗伽尔”，本文引用时予以订正。
4 阿拉腾奥其尔：《突厥语和蒙古语“马”、“牛”名称研究》，收入李祥瑞、牛汝极主编：《阿尔泰学论丛》第1辑，乌鲁木齐：新疆大学出版社，1994年，页55和60～62。
5 ［宋］叶隆礼撰，贾敬颜、林荣贵点校：《契丹国志》，上海古籍出版社，1985年，页214。
6 ［元］脱脱等撰：《辽史》，北京：中华书局，1974年，页541。

祖纪》作“于骨里”，[1]《陷虏记》作“妪厥律”。

柔然王姓“郁久间”，这个族名与“于厥里”在语音上的联系是显而易见的。《北史·蠕蠕传》记载：北齐天保五年（554），高洋从晋阳（山西太原）率兵千余骑，至桓州（今内蒙古正蓝旗）讨伐柔然，俘获柔然可汗“菴罗辰妻子及生口三万余人”；最后在金川（今内蒙古正蓝旗金莲川）击溃柔然残部，“蠕蠕（柔然）闻而远遁”。[2]柔然残部“闻而远遁”的理想之地，当在原始故乡——大兴安岭。北魏永平年间，有个柔然可汗名叫“丑奴”，其名来自蒙古语 chino（狼），《蒙古秘史》译作“赤那”，故知柔然人讲蒙古语某种方言。[3]不过，柔然统治漠北时吸收了许多突厥文化，柔然语被大大突厥化。种种迹象表明，大室韦的黑于厥里人很可能是遁入大兴安岭的柔然遗民。只有这样，我们才能理解为什么《隋书》说大室韦人与其他室韦人“语言不通”。另一方面，大室韦人的语言和民族特征显然和室韦人最接近，否则，中原史官不会给他们冠以“室韦”之名，并归入五部室韦之一。

大室韦移居额尔古纳河中游以后，新移民落坦室韦部落来到额尔古纳河下游北岸。这个部落在正史中颇多异名，一般以《通典·边防典》的“骆驼室韦”为正音。其名亦见《旧唐书·北狄·室韦传》。[4]大兴安岭不产骆驼，骆驼室韦似与柔然人或蒙兀人命运相同，在突厥人向东扩张活动的逼迫下，从漠北亡命大兴安岭山林。值得注意的是，“骆驼”一词在突厥语中作 hingan（母骆驼）。[5]大兴安岭之名或许源于这个突厥语地名，本来指骆驼室韦所居山岭。

大室韦南迁后，另一支新移民蒙兀人来到额尔古纳河下游南岸，与骆驼室韦隔河相望。这个地方位于室韦人分布区北端，在今额尔古纳河东南

---

1 脱脱，前揭书，页 8、9、12。

2 [唐] 李延寿：《北史》标点本，北京：中华书局，1974 年，页 3266。

3 刘迎胜：《蒙古的兴起与西征》，余太山主编：《西域通史》，郑州：中州古籍出版社，1996 年，页 324。

4 刘昫，前揭书，页 5357。

5 陈宗振等编：《中国突厥语族语言词汇集》，北京：民族出版社，1990 年，页 374 ~ 375。

与黑龙江上游以南原始森林。[1] 难怪蒙古传说将祖先居地称作“险峻的山岭”(额尔古涅·昆)。唐代蒙兀人不仅是室韦诸部中生存环境最恶劣的部落，恐怕也是文明程度最低的室韦人。

关于蒙兀人的族源，研究者众说纷纭。鉴于骆驼部和蒙兀部都是大室韦南迁后出现在额尔古纳河下游的室韦部落，不能排除它们是滞留故乡的大室韦残部。[2] 据蒙古传说，蒙古部落只有两男两女免遭突厥人屠戮，最后遁入额尔古纳山林。绝大多数蒙兀人恐怕是滞留大室韦故地的黑于厥里人。如前所述，于厥里人当即柔然遗民，柔然语吸收了大量突厥语词汇，所以《隋书》说大室韦与其他室韦人“语言不通”。蒙古语正是室韦语突厥化的产物，大室韦的黑于厥里人与后来的蒙古人最接近。大概由于这个原因，《契丹国志》卷二十二说“又次北至于阙国，无君长首领管押，凡事并与蒙古里国同”。[3]

第二节　蒙古史前遗迹

考古发现表明，蒙古祖先起源于今天内蒙古、黑龙江两省与俄联邦布里亚特共和国交界地带。这个地方的考古文化序列是20世纪50年代以来中俄考古学家共同努力，逐步建立起来的。20世纪50年代俄国考古学家在鄂嫩河与石勒喀河流域发现一种新型考古文化，奥克拉德尼科夫后来命名为“布尔霍图伊文化”。这个文化采用竖穴土坑墓，无葬具(个别用石棺)，侧身屈肢葬，头向西或西北。随葬器物为附加堆纹和刻划纹平底陶器、桦树皮器皿、柄端带圆环的铁刀、骨弓弭、骨镞等，不随葬家畜。尽管布尔霍图伊文化的分布范围覆盖了蒙古人起源地，但其年代不晚于公元8世纪，

1　据张久和研究，蒙兀人分布范围，北界黑龙江上游，东抵额木尔山，西邻大室韦，南至大兴安岭山脉北端(张久和，前揭书，页78)。

2　韩儒林早就注意到蒙兀室韦似为大室韦的分部(韩儒林主编:《元朝史》上册，北京:人民出版社，1986年，页5)。

3　叶隆礼，前揭书，1985年，页214。

自然不会和蒙古祖先有什么联系。[1] 据唐史所述额尔古纳河民族分布，布尔霍图伊文化大概是骆驼室韦的考古文化。

20 世纪 80 年代末，俄国考古学家终于在中俄边境界河——额尔古纳河北岸发现了与蒙古族源相关的考古资料，今称“达不孙文化”（Dabsun Culture）。据俄国学者基里洛夫研究：

> 在额尔古纳河还有一些墓葬，其形式是于覆盖的大石板下深约 3.0 ~ 3.5 米处，即为狭窄的墓穴，死者的头朝向西北，安葬在独木棺类型的棺材里。这种墓葬目前还是一个谜。尽管随葬品的整体组合与中世纪的游牧民族相一致，但在墓葬中发现的一件陶器却与我们已知的不同，它的表面亮泽、灰色、小口，器身匀称而细长。这一现象使额尔古纳河流域遗存的研究，呈现出一幅比贝加尔其它地区更加扑朔迷离的画面……我们在这里接触到的新的文化类型，起源于铁器时代早期，但是在布尔霍图伊文化时期的综合体内得以延续并有所变化，按我们的观点，它们同蒙古族，更确切些说是同蒙古语族的民族起源相关。
>
> 随着研究的深入，能够从布尔霍图伊文化本身的构成成份中区分出独立的区域性的文化类型，因为在随葬品中带有明显的突厥成份并与布尔霍图伊的埋葬仪式（头向西或西北［原文误作东］，侧身屈肢）有着原则的差异。我们提议，以这一文化类型最先发现的地方——达不孙——而命名为‘达不孙文化’，在时间上，我们将其确定为公元 6 ~ 9 世纪。[2]

达不孙文化与布尔霍图伊文化分布在同一地区，据考古学原则，两种文化不可能在同一个地区长期共存。众所周知，文化的消亡往往和王朝更迭紧密联系在一起。蒙古高原的政治格局恰恰在公元 8 世纪中叶发生重大变化，蓝突厥人退出历史舞台，回鹘人在漠北兴起。看来，布尔霍图伊文

1　[俄] 阿谢耶夫、基里洛夫、科维切夫著，王德厚、高秀云译：《中世纪时代外贝加尔的游牧民族》，《东北亚考古资料译文集》，哈尔滨：北方文物杂志社，1996 年，页 86 和 145。

2　阿谢耶夫等，前揭书，页 72 ~ 73。

化随蓝突厥人一朝覆亡而消亡，那么达不孙文化的兴起当在公元 8 世纪中叶蓝突厥灭亡之后。既然公元 8 世纪以前布尔霍图伊文化仍在额尔古纳河北岸流行，那么达不孙文化的年代并非公元 6 ~ 9 世纪，而是公元 8 ~ 9 世纪，相当于回鹘汗国时代或晚唐时期。

达不孙人使用“独木棺”，就是把整根原木一剖两半，中间凿空制成的葬具。尽管基里洛夫没能提供令人信服的证据，但是他将独木棺定为蒙古祖先遗迹，的确有先见之明。据《元史·祭祀六·国俗旧礼》记载，蒙古皇族以独木棺为葬具，“棺用香楠木，中分为二，刳肖人形，其广狭长短，仅足容身而已”。[1] 明人叶子奇也说：“元朝官（棺）裹，用梡木二片，凿空其中，类人形小大合为棺。置遗体其中，加髹漆毕，则以黄金为圈，三圈定。”[2] 由于蒙元皇帝秘葬大肯特山的起辇谷，蒙古贵族使用什么样的葬具，无人知晓。近年内蒙古敖汉旗和河北沽源两个考古新发现，终于让人们认识了蒙古贵族葬具的“庐山真面目”。

据调查，达不孙文化“分布范围同外贝加尔的草原和森林草原地带联系在一起，大体上在赤塔州和布里亚特自治共和国的南部地区，在公元 9 世纪以后，该文化的遗存在这一地区再没有发现。”这个发现相当重要，首次揭示额尔古涅·昆的蒙兀人迅速复兴，大约公元 8 ~ 9 世纪越过额尔古纳河，来到石勒喀河与额尔古纳河之间的森林草原，并在这个地方开始游牧化，所以达不孙文化“随葬品的整体组合与中世纪的游牧民族相一致”。[3]

内蒙古敖汉旗博物馆近年征集到一个雕花独木棺，由于年代久远，棺底已经腐烂殆尽，但是棺顶和四边都保存完好。棺顶中部主题花纹是凤纹，两侧配有卷蔓灵芝纹，主题花纹两边各雕有一个道教始祖天尊像（图 05）。研究者把独木棺上的纹饰和图像与辽代陈国公主墓随葬品的凤纹和道教始祖天尊像进行比较，以为是辽代蒙兀室韦之物。[4] 这两个雕像是否为道教始祖天尊像并不十分确定，从构图看，更像是佛像或菩萨像。众所周知，蒙

1　宋濂，前揭书，页 1925。
2　[明] 叶子奇：《草木子》，北京：中华书局，1959 年，页 60。
3　阿谢耶夫等，前揭书，页 72 ~ 73。
4　邵国田：《辽代木器小议》，《内蒙古文物与考古》2001 年第 2 期，页 15 ~ 21。

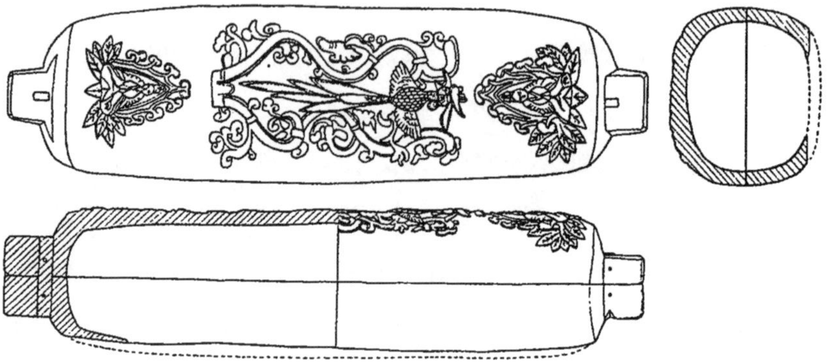

图 05 敖汉旗博物馆藏 13 世纪初雕花独木棺

古人信仰道教和佛教是从成吉思汗时代才开始的，那么这个独木棺不会早于 13 世纪初。另一方面，这口大棺材长达 2.66 米、宽 0.7 米，一定相当重。发现者不得不就近处理，出土地点距离收购地点敖汉旗不会太远。

据《元史·术赤台传》记载，成吉思汗夺取金中都（今北京）以北地区后，分封给了札剌亦儿、忙兀、兀鲁兀、亦乞列思、弘吉剌五部，时称“五投下”。[1] 蒙古贵族在敖汉旗一带营造墓地当在 1211 年成吉思汗设“五投下”以后。独木棺的纹饰和纽约大都会博物馆藏 11 世纪末至 13 世纪初凤纹刺绣相似，年代可晚至 13 世纪初。这时，弘吉剌部已从呼伦贝尔草原南下，在今内蒙古东部草原和河北北境一带游牧。敖汉旗属于弘吉剌部封地，这个雕花独木棺可能属于弘吉剌部。敖汉旗独木棺毕竟不是发掘品，用它解释蒙古贵族葬俗尚不足以服人。无独有偶，河北沽源县近年还发现一个蒙古贵族的独木棺，这次却是正式考古发掘所得。我们将在第四节讨论这个发现。总之，蒙元时代独木棺的发现，可与文献相互印证，说明额尔古纳河北岸达不孙文化的独木棺应是蒙古族葬具的祖型。这种独特的葬俗和室韦人“尸则置于林树之上”的传统葬俗既有联系，又有显著区别，说明早在额尔古纳河时代蒙兀人就从

1 宋濂，前揭书，页 2926。

图 06 陕西乾县乾陵章怀太子墓《礼宾图》所见室韦人

大兴安岭室韦诸部脱颖而出，初步形成了具有本民族特征的丧葬礼俗。[1]

1971 年，陕西考古工作者发掘乾陵章怀太子李贤墓道时，在东壁发现一幅由六人组成的壁画，今称《礼宾图》或《客使图》（图 06）。[2] 据考证，左边三人为唐代鸿胪寺官员，头戴笼冠，身穿红袍，束腰带，脚穿高头皂履，形象饱满，神态严肃。章怀太子墓《礼宾图》是按照贡使国家所在方向作画的，西域诸国画在西壁，辽东、高丽诸国画在东壁。左数第四人头顶光秃，深目高鼻，留有胡须，身穿紫袍，腰束带，脚穿长统黑靴。

《旧唐书·西戎·拂菻传》记载："拂菻国，一名大秦……风俗，男子剪发，披帔而右袒，妇人不开襟，锦为头巾。家资满亿，封以上位。……俗皆髡

1 关于室韦葬俗，《北史·室韦传》记载："父母死，男女众哭三年，尸则置于林树之上"（[唐] 李延寿撰：《北史》，北京：中华书局，1974 年，页 3129）。
2 陕西省博物馆、陕西省文物管理委员会编：《唐李贤墓壁画》，北京：文物出版社，1974 年，页 25。

而衣绣……”[1]《礼宾图》左数第四人形象装束与之相符。这位东罗马人大概从海路来华，因此画在东壁。第五人头戴双羽尖状冠帽。两边有带子束于颌下，身穿大红领袖长白袍，下着大口裤，腰束白带，脚穿黄靴。《旧唐书·东夷·高丽传》说：“高丽者，出自扶余之别种也。……官之贵者，则青罗为冠，次以绯罗，插二鸟羽，及金银为饰，衫筒袖，裤大口，白韦带，黄韦履。”[2]据此，第五人当为高丽人。第六人头戴护耳皮帽，身穿圆领黄袍服，腰束黑带，外披灰色大氅，研究者对此人究竟是靺鞨人还是室韦人尚未形成统一意见。

靺鞨人是满族先祖，其先世可追溯到商周时的肃慎或战国时的挹娄。北魏称之为“勿吉”，唐代改称“靺鞨”。关于靺鞨人的习俗，《魏书·勿吉传》记载：“勿吉国，在高句丽北，旧肃慎国也，邑落各自有长，不相总一。其人劲悍，于东夷最强。言语独异……其地下湿，筑城穴居，屋形似塚，开口于上，以梯出入。其国无牛，有车马，佃则偶耕，车则步推。有粟及麦穄，菜则有葵。水气咸凝，盐生树上，亦有盐池。多猪无羊。嚼米酝酒，饮能至醉。妇人则布裙，男子猪犬皮裘。初婚之夕，男就女家执女乳而罢，便以为定，乃为夫妇。俗以人溺洗手面。头插虎豹尾。善射猎，弓长三尺，箭长尺二寸，以石为镞。其父母春夏死，立埋之，冢上作屋，不令雨湿；若秋冬，以其尸捕貂，貂食其肉，多得之。”[3]

关于室韦人的风俗，《魏书·失韦传》记载：“失韦国……语与库莫奚、契丹、豆莫娄国同。颇有粟麦及穄，唯食猪鱼，养牛马，俗又无羊。夏则城居，冬逐水草。亦多貂皮。丈夫索发。用角弓，其箭尤长。女妇束发，作叉手髻。其国少窃盗，盗一徵三，杀人者责马三百匹。男女悉衣白鹿皮襦裤。”[4]章怀太子墓《礼宾图》东壁第六位贡使头戴皮帽，自然不是“头插虎豹尾”的靺鞨人，而是“多貂皮”、“衣白鹿皮襦袴”的室韦贡使。这是目前所知最早的室韦人形象。

在草原史官的记述中，有一个细节往往为研究者忽略。《蒙古秘史》开

---

1 刘昫等，前揭书，页 5313 ~ 5314。
2 刘昫，前揭书，页 5319 ~ 5320。
3 魏收，前揭书，页 2219 ~ 2220。
4 魏收，前揭书，页 2221。

篇说，成吉思汗的祖先“渡过大湖（即腾汲思海）而来，来到斡难河源头的不儿罕·合勒敦山扎营住下”。[1] 腾汲思海即呼伦湖，那么蒙古先民离开额尔古纳山林后，并没有直接迁往蒙古高原，而是南下呼伦湖东岸。他们在呼伦湖以东草原休养生息了相当一段时间，然后渡腾汲思海，西迁不儿罕山，以至于数百年后蒙古历史传说仍对腾汲思海记忆犹新。据法国汉学家伯希和（P. Pelliot）考证，成吉思汗一名来自“腾汲思”，这个词借自突厥语 tengiz（大海），那么“成吉思汗”一词意为“大海汗”。成吉思汗以后的蒙古大汗仍以“大海汗”为称号，只是改成了蒙古语 dalan-in qaan（达赖汗）。[2] 成吉思汗用“腾汲思”作为大汗称号不是偶然的，而是有其深远的历史渊源的。

1252 年《蒙古秘史》草成于克鲁伦河畔曲雕阿兰，草原史官未及详述成吉思汗祖先定居腾汲思海的历史。直到 14 世纪，拉施特才根据另一个蒙古传说讲述了这段历史。他在《史集》中这样写道：“当这个民族（指成吉思汗的祖先）在这些山里和森林里生息蕃衍，[他们所占的] 地域显得日益狭窄不够时，他们就互相商量，有什么好办法和不难 [做到] 的办法，可使他们走出这个严寒的峡谷和狭窄的山道。于是，他们找到了一处从前经常在那里熔铁的铁矿产地。他们全体聚集在一起，在森林中整堆整堆地准备了许多木柴和煤，宰杀了七十头牛马，从它们身上剥下整张皮，[用那些皮] 作成了风箱。[然后] 在那山坡脚下堆起木柴和煤，安置就绪，使这七十个风箱一齐煽起 [木柴和煤下面的火焰]，直到 [山] 壁熔化。[结果]，从那里获得无数的铁，[同时]，通道也被开辟出来了。他们全体一起迁徙，从那个山隘里走出到原野上。”[3]

蒙古先民下山后来到的“原野”似在腾汲思海以东草原。据《蒙古秘史》记载，率领蒙古先民下山的首领名叫“朵奔·蔑儿干”，他的妻子名叫“阿阑·豁阿”。[4] 这个传说的主人公是历史真实人物，据法国学者格鲁塞考证，

1 余大钧译注：《蒙古秘史》，石家庄：河北人民出版社，2001 年，页 3。
2 余大钧，前揭书，页 4。
3 拉施特，前揭书第一卷第一分册，页 252。
4 余大钧，前揭书，页 9。

编号	葬具	葬式	头向	随葬品
达不孙	独木棺	不详	不详	表面亮泽、身体细长的小口灰陶壶
西乌珠尔88M1	单片式独木棺	仰身屈肢	北偏东10度（无头骨）	裹尸麻布和毡子各1条、钱纹小口陶壶1个
西乌珠尔88M2	单片式独木棺	仰身屈肢	北偏东20度（老年男性）	桦树皮弓囊（内装一木弓）2件、骨弓弭1件、木马鞍1个、骨饰片1件
西乌珠尔88M3	单片式独木棺	仰身屈肢	北偏东5度（无头骨）	铜器14件，皆为马具或蹀躞带饰物（扁圆形带扣）、残铁刀2件
西乌珠尔95CXM1	桦木板棺残迹	不详	不详	完全被破坏，地表采集残陶片
西乌珠尔95CXM2	桦木板棺	仰身屈肢	北偏西30度（老年男性）	覆面麻布2块，残陶器1个（内有谷物）、陶壶1个、牛皮弓囊1件（内装木弓1件）；桦树皮箭囊1件（内装鸣镝铁镞桦木杆箭12支），残木马鞍1件，残铁马镫1件
西乌珠尔95CXM3	桦树皮棺残迹	仰身葬（盗扰）	头向正北（老年男性）	陶罐2个、铜牌饰1件、玛瑙和玻璃珠饰6颗、桦树皮小袋1件（内装小铁刀1件）

表1 额尔古纳河上游蒙兀人墓葬

两人的第六代孙就是大名鼎鼎的合不勒汗，或称“葛不勒汗”。他在1147年大败金军，迫使金朝“割西平河以北二十七处国寨与之，岁遗牛羊米豆，且册立其长敖拉贝勒为蒙辅国王”。[1] 古人常以30年为一世，那么朵奔伯颜率部下山时间当在967年（=1147－30×6）左右，相当于辽代初年。

考古发现进一步揭示了成吉思汗祖先移居腾汲思海的历史。1985年，呼伦湖（即腾汲思海）东北65公里西乌珠尔草原发现一处独木棺墓地。这个地方今属内蒙古陈巴尔虎旗，墓地位于海拉尔河与额尔古纳河之间，建

1　参见《续资治通鉴纲目》卷十四宋绍兴十七年（[明]商辂纂：《续资治通鉴纲目》，收入《影印文渊阁四库全书》第693册，台北：台湾商务印书馆，1986年，页567）。法国东方学家格鲁塞根据这条史料，认为敖拉贝勒就是《史集·合不勒汗纪》提到的“合不勒汗”、成吉思汗的曾祖父（[法]格鲁塞著，龚钺译：《蒙古帝国史》，北京：商务印书馆，1989年，页34～36）。

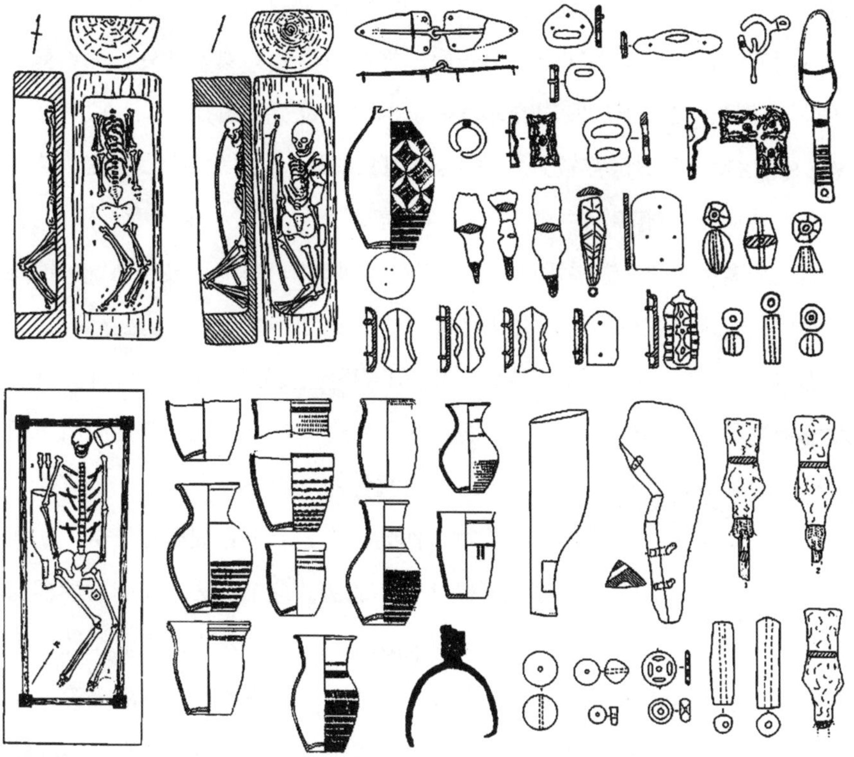

图 07 西乌珠尔草原蒙兀人古墓

在一个 2 公里长的流动沙丘之中。20 世纪 60 年代以来，这里不断有零星文物出土，可惜大部分墓葬已遭到破坏，1985 年，考古工作者在这里清理了 3 座墓，皆以独木棺为葬具，仰身屈肢葬，头向北偏东。随葬品包括小口残陶罐、桦树皮弓囊（内装木弓）、骨弓弭、木马鞍、铁刀、铁箭头、蹀躞带铜牌饰、铜带扣。此外，发掘者还在地表采集到铁马镫、银耳环、陶罐、陶壶等文物。尽管独木棺的碳 14 年代数据在 680 年左右，但是随葬品如小口陶壶、铁镞、蹀躞带的铜牌饰、铜节约等，皆为辽初常见之物（表 1 和图 07 上），发掘者定为辽代早期契丹墓。[1]

1995 年，内蒙古考古工作者在这三座独木棺墓的南侧又发掘了三座墓，

1 白劲松：《陈巴尔虎旗西乌珠尔古墓清理简报》，《辽海文物学刊》1989 年第 2 期，页 144 ～ 151。

进一步揭开了西乌珠尔墓地的文化内涵。这批墓和上次发现的不太一样，其中两座以桦木板棺为葬具，另一座以桦树皮棺为葬具。此外，无论葬俗还是随葬品，皆与上次发现的独木棺墓相同（表1和图07下）。只有2号墓（95CXM2号）保存较好，墓主人仰身屈肢，头向北偏西30度，头上盖有两片麻布。随葬品主要为陶罐、陶壶、木马鞍、牛皮弓囊、桦木弓、桦树皮箭囊（内装铁镞桦木杆箭）、陶器、铜牌饰、玛瑙和玻璃珠饰、铁马镫残片，显示了浓郁的游牧文化特征。这次发掘还澄清一个重要问题，可以确定1988年在这个墓地采集的陶器和铁马镫出自桦木板棺或桦树皮棺。发掘者把这三座墓也定在辽代早期，认为“这次清理的三座墓葬应属于已往清理的西乌珠尔古墓群的一个组成部分。”[1]

1993年召开的内蒙古东部文物工作会议上，有学者根据叶子奇《草木子》，提出西乌珠尔独木棺墓属于蒙兀室韦遗迹。这个说法现在已为学界普遍接受。[2]然而，研究者都没注意到西乌珠尔墓地与额尔古纳河北岸达不孙文化的联系，两者葬具都采用单片形式的独木棺，并随葬小口陶壶等，无疑属于同一文化。耐人寻味的是，两者年代相互衔接，达不孙文化年代较早，不晚于公元9世纪；西乌珠尔墓地年代稍晚，不早于公元10世纪初。由此可知，蒙兀人约在公元8世纪中叶从额尔古纳河上游原始森林南迁额尔古纳河北岸森林草原，形成达不孙文化，然后于公元9世纪末从石勒喀河与额尔古纳河之间的达不孙南迁呼伦湖东岸的西乌珠尔草原。蒙兀人在腾汲思海以东草原休养生息了一段时间，留下西乌珠尔墓地。蒙古乞颜部显然就从西乌珠尔草原启程，渡腾汲思海西迁，最后于公元10世纪在斡难河源头不儿罕山建立新的家园。

据蒙古历史传说，蒙古部落最初只有乞颜和捏古思两个氏族，朵奔

1　呼伦贝尔盟文物管理站：《陈巴尔虎西乌珠尔古墓葬调查简报》，《内蒙古文物与考古》1997年第2期，页75～79。

2　赵越：《论呼伦贝尔发现的室韦遗迹》，《内蒙古文物考古文集》第一辑，北京：中国大百科全书出版社，1994年，页598～600；张久和：《原蒙古人的历史——室韦·达怛研究》，北京：高等教育出版社，1998年，第99页；盖山林：《蒙古族文物与考古研究》，沈阳：辽宁民族出版社，1999年，页419～421。

伯颜率乞颜部从大兴安岭下山后不久去逝，他的妻子阿阑·豁阿在丈夫死后与神灵交往，生下不少儿子。后者的子孙之间形成内部禁婚集团，或称“尼鲁温”；而同样源出大兴安岭、与乞颜部实行族外婚的部落则称“迭列列斤”，最早的“迭列列斤”是涅古思部。[1]关于这两个蒙古氏族，亦邻真分析说：“尼鲁温可能是指住在山岭上的蒙古人，而迭列列斤则指居住在山岭下的蒙古人。尼鲁温和迭列列斤之间可以互通婚姻，这种外婚制关系似乎是从远古传说中人格化的两个氏族乞颜和捏古思延续下来的。据《史集》记载，尼鲁温蒙古中有乞颜氏族，迭列列斤蒙古中有捏古思氏族。”[2]我们在西乌珠尔墓地见到的，正是这样一个场景。独木棺墓与《元史·祭祀志》所记蒙古皇族葬具相同，是从大兴安岭下山的属于成吉思汗所源出的乞颜古墓；桦木板棺或桦树皮棺则为与乞颜人通婚的某个“迭列列斤”部落。而西乌珠尔墓地是这两个互为婚娅的原蒙古人的公共墓地。

1990年，为了配合中俄两国联合开发额尔古纳河水资源，内蒙古文物考古所在额尔古纳右旗奇乾乡调查发掘了两处居住遗址。分别称作“岭后遗址”和“十八里遗址”。这两个遗址出土了大批压印方格纹、压印网格纹和指甲纹陶片（图08右）。[3]据我们观察，此类陶片与1997年中国社会科学院考古所与地方考古工作者在海拉尔市谢尔盖塔拉墓地发掘的唐代蒙兀室韦墓出土陶器相同（图08左），[4]大概是唐代蒙兀室韦居住遗址。这个发现相当重要，为我们寻找额尔古纳河蒙古祖先遗迹提供了重要线索。

---

1 拉施特，前揭书第一卷第一分册，页252～253。

2 亦邻真，前揭文，页572～573。

3 内蒙古文物考古研究所、呼伦贝尔盟文物管理站、额尔古纳右旗文物管理所：《额尔古纳右旗奇乾乡文物普查简报》，《内蒙古文物考古文集》第一辑，北京：中国大百科全书出版社，1994年，页601～604。

4 中国社会科学院考古研究所、呼伦贝尔民族博物馆、海拉尔区文物管理所编：《海拉尔谢尔塔拉墓地》，北京：科学出版社，2006年，页3～67。

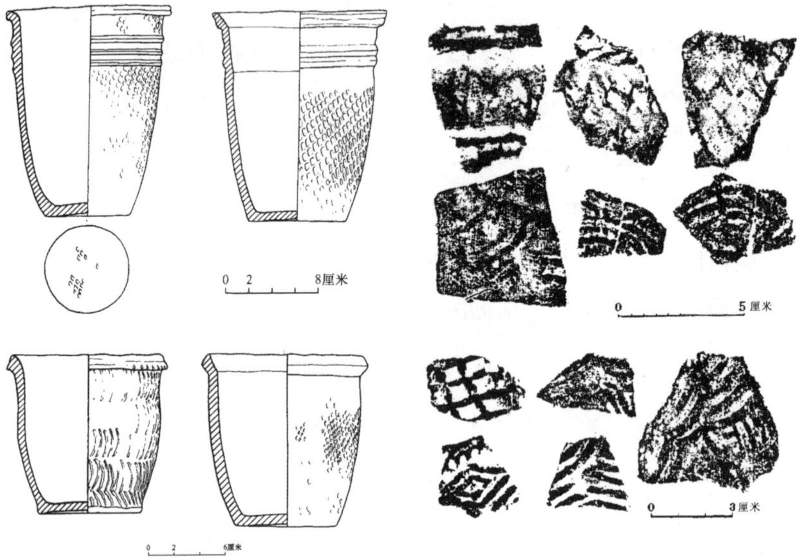

图 08 谢尔盖塔拉墓地“蒙兀室韦”墓与额尔古纳河居住遗址出土陶片比较

第三节 10 世纪初欧亚草原的民族迁徙

公元 916 年，辽太祖阿保机在中国北方建立契丹王朝，926 年改国号为“辽”。辽朝疆域“迨于五代（907 ~ 960），辟地东西三千里……东至于海，西至金山（今阿尔泰山），暨于流沙，北至胪朐河（今克鲁伦河），南至白沟（今河北易县拒马河），幅员万里”。契丹北境的主要部族，是时称“阻卜”或“鞑靼”的室韦人，分布范围“北至胪朐河，南至边境，人多散居，无所统一”。[1] 辽太祖阿保机将这些部落一一征服。《契丹国志》记载：“太祖并诸番三十六国，室韦在其中。”[2]《新五代史·四夷附录第三》说：“契丹阿保机强盛，室韦、奚、霫皆服属之。”[3]《辽史·地理志·营卫志下·部族下》

1 参见《辽代·地理志一》（脱脱，前揭书，页 438）和《辽史·文学上·萧韩家奴传》（脱脱，前揭书，页 1447）。

2 叶隆礼，前揭书，页 245。

3 ［宋］欧阳修等编：《新五代史》，北京：中华书局，1974 年，页 909。

则说："以涅剌室韦户置，隶北府。节度使属西南面招讨司，戍黑山北"。[1]

室韦人时叛时服，辽朝两大强敌——乌古部和迪烈部经常南下劫掠。乌古部乃于厥里之别称，主要游牧于腾汲思海（今呼伦湖）至海勒水（今海拉尔）一带。《契丹国志》卷二十二说于厥国"凡事并与蒙古里国同"，[2] 那么成吉思汗祖先源出的乞颜部属于乌古部。敌烈部，亦称迪烈、迪烈得、迪烈德、迭烈德等，史称"敌烈八部"，主要游牧于乌古部之西胪朐河（今克鲁伦河）下游。神册三年（919），辽太祖阿保机征服乌古部，其子耶律德光继而在神册四年征服迪烈部。然后，辽王朝又在"沙漠之北则置西北路都招讨府隩隗乌隗部族衙、芦沟河统军司倒挞岭部衙，以震摄鞑靼、蒙骨、迪烈诸国。"[3] 正如王国维所考，蒙骨即蒙兀人。公元 10 世纪初蒙兀人已经西迁呼伦湖以东草原，而辽王朝曾经在蒙兀部落设军镇进行管理。

《辽史·萧韩家奴传》记载：为了稳固边疆，阿保机采取"因迁种落，内置三部，以益吾国"的政策，把乌古部原来的游牧之地——额尔古纳河和海拉尔河流域变成了辽王朝直接统辖的新移民区，并向这里迁移了三个契丹部落。[4] 后来，辽王朝继续向这个地区移民，从三个部落发展成"契丹二十部族放牧之地"。[5] 辽泰州德昌军和静边城就是在"契丹二十部族放牧地"的基础上建立的。《辽史·地理志》记载："静边城，本契丹二十部族水草地。北邻羽厥，每入为寇。建城，置兵千余骑防之，东南至上京一千五百里。"又载："泰州德昌军，节度，本契丹二十部族放牧之地。"[6] 同时，辽朝还在呼伦贝尔草原西部修建了一条边壕，以防御叛服无常的羽厥、室韦、北阻卜等北方游牧人。[7]

---

1 脱脱等，前揭书，页 390。

2 叶隆礼，前揭书，页 214。

3 参见《三朝北盟会编》卷二十一引史愿《亡辽录》（[宋] 徐梦莘编：《三朝北盟会编》，上海古籍出版社，1987 年，页 152 下。

4 脱脱，前揭书，页 1447。

5 脱脱，前揭书，页 444。

6 脱脱，前揭书，页 451。

7 孙秀仁：《黑龙江历史考古述论（上）》，《社会科学战线》1979 年第 1 期，页 224；景爱：《关于呼伦贝尔古边壕的时代》，《社会科学战线》1982 年第 1 期，页 193 ～ 199。

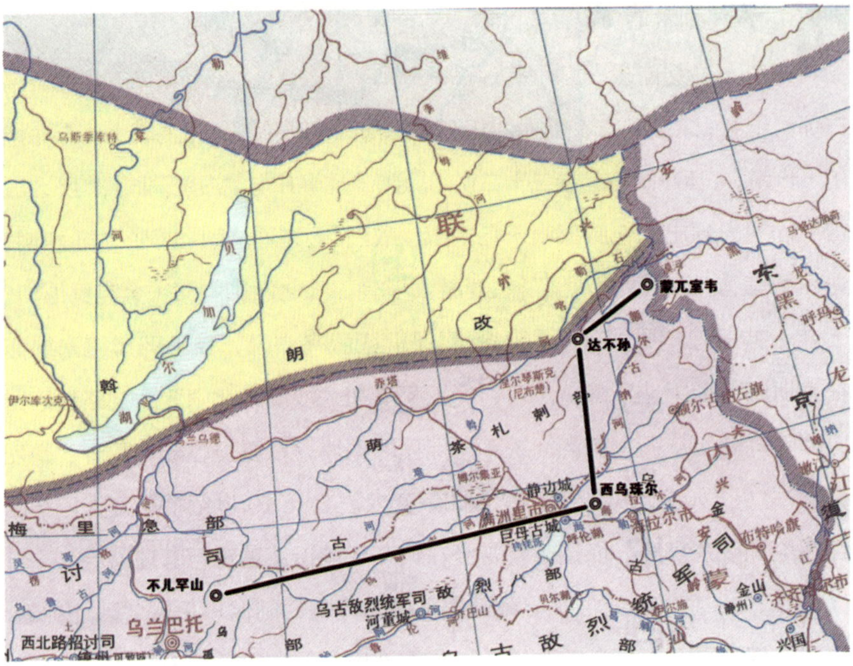

图 09 蒙兀人西迁路线图

《辽史·太宗本纪》记载：天赞三年（925），乌古部再次叛乱。这年六月，契丹可汗阿保机及大元帅耶律德光北征阻卜（鞑靼）诸部。九月，至鄂尔浑河流域回鹘故都（哈剌巴剌哈孙）刻石纪功。十月，越流沙，拔浮图城（新疆吉木萨尔附近北庭故城）。一路上几乎没有受到什么抵抗，便“尽取西鄙诸部”，沿途阻卜诸部纷纷归降。[1] 在契丹人对北方游牧人无情打击下，蒙古乞颜部大概在天赞三年离开海拉尔河北岸西乌珠尔草原，渡腾汲思海而西迁，最后来到三河（土拉河、克鲁伦河、鄂嫩河）之源不儿罕山（图 09）。

这个故事并未到此结束。乞颜部的迁徙又迫使土拉河流域突厥浑部西迁中亚，从而在欧亚草原引发了一场自东而西的民族迁徙浪潮。波斯木鹿城作家马卫集（Sharaf al-Zamān Tahir al-Marwazī）著《动物的自然性质》

1 脱脱，前揭书，页 20。

披露了这段鲜为人知的历史。该书第九章谈到公元 10 世纪中亚草原发生的一次民族迁徙。文中说：

> 浑人（qun）[也] 属于他们（按指突厥），这些人因害怕契丹汗而从契丹之地来。他们是聂思脱里教徒，因草场的压力，从他们的故乡迁移过来。火赤哈儿之子也斤赤花剌子模沙就出自他们。追踪着浑人的是一支称为乞亚（qāy）的人。他们的人数以及力量都比他们众多和强大，将他们从这些草原驱逐出去。他们于是移到萨利（shāri）人之地，而萨利人则迁入突厥蛮之地，突厥蛮则依次进入虎思（ghuz）国的东部。虎思突厥人于是迁移到比千（bajānak），靠近亚美尼亚海岸。[1]

正如刘迎胜指出的，马卫集的“qun”就是《隋书·铁勒传》提到的“浑”人，本为铁勒诸部之一，后来依附于突厥。[2] 唐太宗在今土拉河畔铁勒浑部设皋兰州。蓝突厥默啜可汗夺突厥故地，浑人等突厥遗民与回纥诸部一度迁往河西走廊。敦煌于阗文写本（P. 2471）提到五代甘州地区有“浑人居地”（hunvasta），就是唐代南下河西的浑人后裔。[3] 不久，浑人主要部落返回漠北，一度依附于在漠北建立王朝的回鹘人。回鹘汗国崩溃以后，浑人等突厥部落没有随回鹘远走中亚，而是留在了故乡土拉河流域。那么公元 10 世纪初欧亚草原民族大迁徙的始作俑者，是地理位置最靠东方的乞亚人，其次是土拉河流域的浑人。

在以往的研究中，乞亚人往往释作“奚人”，主要根据两者读音相近。正如前文讨论的，奚人乃“库莫奚”的省称，复数形式为 qumasaut（胡母思惕）。拉施特在《史集》中为胡母思惕人和乞亚人分别立传，可见二者不属于同一部族。我们认为乞亚实乃“乞颜”一词的单数形式。据美国突厥学家波佩（N. Poppe）研究，古阿尔泰语词汇常带有一个不

---

1 刘迎胜：《九～十二世纪民族迁徙浪潮中的一些突厥、达旦部落》，南京大学历史系元史研究室编：《元史及北方民族史研究集刊》1990 年 12 ～ 13 期，页 81。除乞亚、比千、萨利和亚美尼亚等族名外，其他族名皆从刘译。

2 刘迎胜，前揭文，页 80 ～ 106。

3 H.W. Bailey, “A Khotanese Text concening the Turks in Kantsou,” *AM*, 1949, pp.91-92.

稳定的尾音 /n/。这个尾音有时可以解释为复数语尾，相当于突厥语复数语尾 -lar 或蒙古语复数语尾 -ut。[1] 例如：蒙古语 mori（马），复数作 morin（马群）；[2] 突厥语 bod（部落），复数为 bodun（诸部落），蒙古语 qitāy（乞台），复数作 qitan（契丹）。[3] 同理，qāy（乞亚）的复数形式可以是 qāyan（乞颜），《史集》采用蒙古语形式，写作 kīān（乞颜）。[4] 如果换上蒙古语复数语尾 ut，则是《史集》对乞颜的另一称谓 qiāt（乞牙惕）。[5] 据拉施特解释，“乞颜在蒙古语中，意谓从山上流下的狂暴湍急的‘洪流’。所以人们以这个词谓他们的名字。乞牙惕谓乞颜的复数；在这个氏族中，近于始初的那些人们在古代被称为乞牙惕。”[6] 凡此表明，乞亚人就是乞颜人。

关于乞亚人在蒙古高原的行踪，11 世纪中叶喀什噶里所编《突厥语大辞典》卷 1 说：“从最靠拂林（rum，东罗马）的开始列举，首先是比千（bajānak），然后是钦察（qifchaq），然后是乌古思（oghuz），然后是寄蔑（yemek）、然后是巴只吉惕（bashghirt），然后是拔悉密（y[b]asmil），然后是乞亚（qāy）、然后是阻卜（yabāq），然后是达怛（tatar），然后是黠戛斯（qirqiz），后者距秦（sin，指中国）最近。……在游牧民中，有处密（chömül）——他们有一种他们自己的急促不清的语音，但他们也懂突厥语；乞亚、阻卜（yabāq）、达怛和拔悉密，他们每一部族都有自己的语言”。乞亚人的邻居 yabāq 一般译为“叶护部”。据刘迎胜考证，其名实乃《辽史》所谓“阻卜”。[7]

---

1 [美] 波普（N. Poppe）著，黄建华、曜堂译：《阿尔泰语和乌拉尔语复数语尾研究》，收入李祥瑞、牛汝极：《阿尔泰学论丛》第 1 辑，乌鲁木齐：新疆大学出版社，1994 年，页 135 ~ 142。

2 Juhan Janhunen, “The Horse in East Asia: Reviewing the Linguistic Evidence”, in Victor H. Mair (ed.), *The Bronze Age and Early Iron Age Peoples of Eastern Central Asia*, vol.1, Washington: The Institute for the Study of Man, 1998, p.417.

3 T. Tekin, *A Grammar of Orkhon Turkic*, Indiana: Indiana University Press, 1968, p.317.

4 拉施特，前揭书第一卷第一分册，页 251。

5 拉施特，前揭书第一卷第一分册，页 250。

6 拉施特，前揭书第一卷第一分册，页 20。

7 Mahmud al-Kashghari, *Compendium of the Turkic Dialects* (ed. and trans. by Robert Dankoff, in collaboration with James Kelly), vol.I, Harvard, 1982, PP.82 ~ 83. 除比千和乞亚之外，译名皆据刘迎胜，前揭文，页 212 ~ 213。

穆斯林地理学家比鲁尼（T. Biruni）的《地理志》也提到“乞亚人”。据说“第六地带始于东突厥人的地区，诸如乞亚（qāy）、[豁里（qry）]、黠戛斯（qirqiz）、寄蔑（kimak）和九姓古思（toghuzghuz）”。我们在方括号内补入的 qry，原文作 qun，显为手民之误。比鲁尼的《地理志》成书于 1023 年，浑人早就西迁中亚，不可能与黠戛斯人为邻。英国伊朗学家米诺尔斯基发现这段文献的 qun 字在一份古老的波斯文译本中写作 qry（豁里），以为指蒙古豁里部（qori），唐代称“骨利干”。[1] 多数学者认定公元 10 世纪以后，豁里人已迁往黠戛斯人以东安卡拉河流域。所以《地理志》波斯文译本说黠戛斯与豁里部相邻是正确的。

公元 1004 ~ 1014 年，辽军在鄂尔浑河和克鲁伦河一线建镇、防、维等边防城镇。《辽史・地理志》记载：“选诸部族二万余骑充屯军，专捍御室韦、羽厥等国，凡有征讨，不得抽移。渤海、女直、汉人配流之家七百余户，分居镇、防、维三州。”[2] 1957 年，蒙古考古学家佩尔列确认镇州城就是布尔根省达申其勒镇附近青陶勒盖古城。该城东西各有一辽城，即防州和维州二城故址。[3]《辽史》所言镇州以北的“室韦”，似即《契丹国志》卷二十二提到的“蒙古里”，因为辽人往往把早年西迁漠北的室韦人称作“阻卜”。《契丹国志》卷二十二说辽国“正北至蒙古里国……东南至上京四千余里”；“于厥……东南至上京五千余里”。[4]《辽史・地理志》则说“镇州……东南至上京三千余里。”[5] 凡此表明，蒙古里、于厥里等部这时已活跃于镇州以北 1000 ~ 2000 余里之地。

据以上讨论，蒙古乞颜部在 925 年从西乌珠尔草原启程，“过大湖（原文作“腾汲思海”）而来，来到斡难河源头的不儿罕・合勒敦

---

1 V. Minorsky, *Sharaf al-Zamān Tahir Marvazī on China, the Turks and India*, London: Royal Asiatic Society, 1942, p.96.

2 脱脱，前揭书，页 451。

3 [蒙古] 佩尔列著，陈弘法译：《蒙古人民共和国境内的契丹古城古村遗址》，《文物考古参考资料》1979 年第 1 期，页 16 ~ 17。

4 叶隆礼，前揭书，页 214。

5 脱脱，前揭书，页 451。

山”；[1] 而乞颜部的迁徙，迫使土拉河流域的突厥浑部西迁中亚，从而引发了欧亚草原“多米诺骨牌式”的民族迁徙。

第四节 蒙古皇族墓之发现

13 世纪，成吉思汗及其子孙建立了横跨欧亚大陆的蒙元帝国，他们从欧亚各国掠夺了无数珍宝，遂使蒙古人成为世界首富。尽管如此，蒙古皇族仍念念不忘“国俗旧礼”。这一点在蒙古皇族的丧葬制度方面显得尤为突出，蒙古皇族仍在使用额尔古纳河山林时代的独木棺葬具。

1959 年，苏联考古学家在外贝加尔地区黑尔黑尔河畔移相哥城郊外敖卡什卡山发现一处蒙古贵族墓地。移相哥是成吉思汗二弟合撒儿之子，移相哥城郊外蒙古贵族墓地被认为属于移相哥家族。这个墓地自北而南排列了四座大墓，1 ～ 3 号墓早就盗掘一空。墓中劫后之余尚有丝绸残片、漆器、象牙雕刻，看来三位墓主人的身份都是蒙古贵族，很可能是移相哥的近亲。值得庆幸的是，4 号墓完整地保存下，木棺上锢有铁圈，随葬品包括带骨制马镫的马鞍，带铁嚼子的马勒，装箭的桦树皮箭囊。墓主人是一个 6 岁小男孩，头戴绸缎帽，身穿绸布衣、衬裤和缎子里皮袄，脚穿皮靴。皮袄上系着一个内装银牌、火镰、火绒的小袋，墓主右胸上有一个带喇嘛教梵文符号的银杯。[2]

《南村辍耕录》记载：“凡宫车晏驾，棺用香楠木，中分为二，刳肖人形，其广狭长短，仅足容身而已。殓用貂皮袄、皮帽，其靴袜、系腰、盒钵，俱用白粉皮为之。殉以金壶瓶二，盏一，椀楪匙筋各一。殓讫，用黄金为箍四条以束之。舆车用白毡青缘纳失失为帘，覆棺亦以纳失失为之。前行，用蒙古巫媪一人，衣新衣，骑马，牵马一匹，以黄金饰鞍辔，笼以纳失失，谓之‘金

1 余大钧，前揭书，页 3 ～ 5。过大湖，余大钧注：《秘史》原文作“腾汲思”，意为“大海、大湖”。

2 ［苏］吉谢列夫：《外贝加尔地区黑尔黑尔河畔的蒙古移相哥城堡》，《苏联考古学》1961 年第 4 期（转引自盖山林：《蒙古族文物与考古研究》，沈阳：辽宁出版社，1999 年，第 421 页）。

图 10 内蒙古乌兰沟元墓出土包金马鞍

灵马’。”[1] 移相哥家族独木棺外用铁圈固定，亦属于蒙古“国俗旧礼”，只是级别比成吉思汗家族成员以黄金为圈的独木棺略低。1988 年秋，内蒙古博物馆工作人员在锡林郭勒盟镶黄旗征集了一批元代金器，出自乌兰沟一座元代贵族墓，现藏内蒙古博物馆。该墓随葬品有一件前后鞍桥皆包镶纹饰富丽的金叶的金马鞍（图 10），[2] 正是陶宗仪所言“以黄金饰鞍辔”的金灵马的金马鞍。

1307 年 2 月 10 日，元成宗暴病身亡，中华文明经历了一次重大危机。据《元史·秃剌传》记载，“秃剌，太祖次子察合台四世孙也，少以勇力闻。大德十一年（1307）春，成宗崩，左丞相阿忽台等潜谋立安西王阿难答，而推皇后伯岳吾氏称制，中外汹汹。仁宗归自怀孟，引秃剌入内，缚阿忽台等诛之，大事遂定。武宗即位，第功，封越王，锡金印，以绍兴路为其

1 [元] 陶宗仪撰：《南村辍耕录》，北京：中华书局，1959 年，页 374。

2 内蒙古博物馆、锡林郭勒盟文物管理所：《镶黄旗乌兰沟出土一批蒙元时期金器》，《内蒙古文物考古文集》第一辑，北京：中国大百科全书出版社，1994 年，页 605 ~ 609。

分地。”[1] 如果安西王阿难答政变成功，登上皇帝宝座，那么中国以后的历史将朝着完全不同的方向发展。

元成宗的两个侄子皆掌兵权。一个是海山汗，镇守阿尔泰山北部；另一个是爱育黎拔力八达，驻戍怀孟（今河南境内）。成宗死后，爱育黎拔力八达赶至大都，自称监国。他们迎立海山汗为帝，是为元武宗（1308 ~ 1311 在位）。伯岳吾皇后卜鲁罕、阿难答和明里铁木儿等人被簇拥到大都（今北京），刚称摄政，还没有当成皇帝，就双双被擒。后来，阿难答从大都押解到上都（今正蓝旗）斩首，伯岳吾皇后在政变失败后亦被处死。

1999 年 9 月，河北省文物研究所会同沽源县文化广播电视局，对河北沽源萧太后梳妆楼遗址进行考古发掘，意外发现这个遗址竟然是一个长 140 米，宽 74 米的元代陵园。梳妆楼内是一座元代古墓，在地下 2 米左右发现一长体竖穴砖石墓，墓内并列三具棺木（图 11）。中间棺木极其独特，从整体看像半截松木横卧其中，在三分之一处竖立锯开，内挖与人体相当的凹槽，死者置于凹槽中。东西两个棺木与现代棺木类似，但是西边棺木出土后仍崭新如初，棺底有两层，上层有七个与北斗星类似的七个圆点。棺底全用青砖砌成，上铺一层枕木，棺与棺之间均用砖墙相隔，并有木条相衬，然后用铁条箍紧，上覆大青石。三名死者为一男二女。死者服饰华丽，身穿元代蒙古族特色的质孙服和织金绵，腰挎等级很高的龙纹鎏金银带，还发现朱梵文咒语及其图案。墓中还出土宝剑、古钱币、铜印等若干珍贵文物。

这座元代大墓为坐南朝北的竖穴墓道土洞墓，墓室南北长 3.3 米、宽 2.2 米，墓室门以 5 层土坯竖砌与平砌相间封堵。墓室前端摆放陶马车及陶俑等，后端摆放两具木棺。前厅东西两侧各有一进深 0.8 米、高 1.2 米的耳室。东侧耳室似为厨房摆放厨炊用品，西侧耳室似为粮库，内中摆放陶仓等，其中 5 个仿藤编陶仓制作精美，仓内还有已风化的谷类等作物。墓室前厅及耳室共出土陶器、瓷器等，另外还有铜钱币。陶器主要有陶马车、陶马、陶俑、陶仓、陶几及玉壶春瓶、贯耳八卦瓶、盏、盏托、灶等；瓷器有面施黄白釉

---

1 宋濂，前揭书，页 2907。

图 11 沽源蒙古皇族墓独木馆葬具

的瓷碗等。出土铜钱凡 150 余枚 20 多个种类，包括唐代至金代钱币，如宋太宗朝的太平通宝、淳化元宝等后世历代模仿的宋币、直至北宋末徽宗朝大观通宝、政和通宝等，以及南宋高宗朝绍兴元宝、宁宗朝嘉定元宝，最晚的钱币为金代海陵王朝的正隆元宝。这些历代钱币延亘时间跨度近 600 年，估计不会是持续流通所用。墓中陶俑有 10 余个人物以及龙、牛、羊、鸡等动物若干，均呈现黑铁色。陶俑人物高约 40 厘米，雕琢精细，面容须发眉目、衣袍幅摆皱褶皆纤毫毕现，姿态生动、形神兼备，似为随从出行状。从人物束发、衣着等看，似有蒙古人特征。这些黑陶俑数量丰富、组合明晰、时代特征鲜明，工艺手法较先前历代更为精致完美。发掘者认为，男尸为元世祖忽必烈的女婿阔里吉思，二女则为阔里吉思的两个妻子，身份均是公主。

问题是，元代赵王城在内蒙古自治区包头市达尔罕茂明安联合旗百灵庙镇东北约 30 公里处，当地称作“阿伦斯木”，蒙古语意为“众多庙宇”。中外考察队在赵王城附近以及汪古部活动地区发现许多景教十字架墓碑和雕刻十字架的景教石棺，如内蒙古博物馆藏汪古部景教石棺（图 12）。赵

图 12 内蒙古博物馆藏汪古部景教石棺

王阔里吉思死后，应该葬在汪古部的封地，采用景教石棺，不可能远葬他乡，并改用蒙古族葬俗。我们认为，这座与众不同的蒙古皇族墓实际上是元朝历史上的风云人物——阿难答之墓。他在上都被斩首后，按照穆斯林的礼仪，葬在上都附近。我们之这样认为有三个证据：

第一，该墓葬具采用蒙古皇族才能使用的独木棺。据《元史·祭祀志》记载，蒙古皇族以独木棺为葬具，"棺用香楠木，中分为二，刳肖人形，其广狭长短，仅足容身而已"。[1]明人叶子奇也说："元朝官（棺）裹，用梡木二片，凿空其中，类人形大小合为棺。置遗体其中，加髹漆毕，则以黄金为圈，三圈定。"[2]显然，萧太后梳妆楼内元代大墓的独木棺就是史书所言蒙古皇族葬具。

第二，这座元代大墓地面建筑采用伊斯兰风格的拱北，而蒙古皇族中信仰伊斯兰教的只有阿难答一人。在中国学者当中，北京大学地理系王北辰教授最先注意到，萧太后梳妆楼实际上是伊斯兰建筑。[3]

---

1 宋濂，前揭书，页 1295。

2 [明]叶子奇：《草木子》卷三，北京：中华书局，1959 年，页 60。

3 王北辰：《河北省沽源县古建筑梳妆楼研究》，《王北辰西北历史地理论文集》，北京：学苑出版社，2000 年，页 421 ～ 436。

图 13 沽源蒙元皇族墓上伊斯兰式建筑

西方学者早就注意到这座伊斯兰建筑。潘西谷主编《中国建筑史》第四卷介绍说："约在元世祖忽必烈时代（1260 ~ 1295），上都附近建有一座形制颇奇的砖砌穹顶无梁殿。从西方学者本世纪初所摄一张珍贵图片上，可以观察到这座建筑的主要特征；方形平面的砖砌体，中空，墙面正中辟有凹廊拱门，其上檐高于墙体其余部分的檐口；拱门为双心圆类券；穹顶较低，穹冠上有砖饰入塔刹状；墙面有拼砖饰带，但未见琉璃瓷砖镶嵌痕迹。显而易见，这些特征都是 10 ~ 13 世纪中亚伊朗——突厥式伊斯兰教殿堂的典型形态所特有。这座建筑被称作'忽必烈紫殿'（The Violet Tower of Kubilai Khan），推测为元初的一座皇家礼拜殿或某色目权贵的玛扎（图 13）。忽必烈紫殿可能是迄今所知我国境内最早的伊斯兰建筑实例。"[1] 西方学者在元上都附近发现的"忽必烈紫殿"，显然就是河北沽源的萧太后梳妆楼（图 14）。

这种上圆下方的拱北式建筑起源于美索不达米亚，公元前 2 世纪帕提亚王宫就采用这种形式。萨珊波斯王宫仍采用这种建筑形式，如萨珊波

1　潘西谷主编：《中国建筑史·元明建筑》第四卷，北京：中国建筑工业出版社，2001 年，页 377 ~ 378。

图 14 元上都附近的忽必烈紫殿

斯萨尔维斯坦（Sarvestan）王宫遗址（图 15）。伊斯兰文化在建筑方面继承美索不达米亚文化，清真寺往往采用这种建筑形式。清道光二十五年（1843），陕西怀远县知县何丙勋曾经到该县城"正西九十里"考察"白土城"。据他调查，"其钟楼尚堪上去，高约十余丈，白土筑成，鸡笼顶式大厦一间，半间已坍，半间挂钟，屋顶形迹宛然。屋外飞檐八层，插檐孔穴层层可数……"不过，何丙勋以为该城是大夏统万城，清儒徐松、张穆皆从之。周清澍发现其误，并且正确指出这座"白土城"当即安西王封地——察罕脑儿城。周先生认为，"所谓'鸡笼顶式大厦'很可能是穆斯林式建筑。阿难答信伊斯兰教，解放后在西安安西王府旧址曾发现过阿拉伯幻方，说明当时曾有大批来自西亚的穆斯林在其周围，因此在察罕脑儿出现穆斯林建筑是很自然的"。[1]

关于阿难答的宗教信仰，《多桑蒙古史》记载："阿难答幼受一回教徒

1 周清澍：《从察罕脑儿看元代的伊克昭盟地区》，收入《元蒙史札》，呼和浩特：内蒙古大学出版社，2001 年，页 286 ～ 286。

图 15 萨珊波斯王朝萨尔维斯坦王宫遗址

之抚养，归依回教，信之颇笃，因传布回教于唐兀之地，所部士卒十五万人，闻从而信教者居其大半。阿难答熟知《可兰经》，善写阿剌壁文字。其臣某诉之于皇帝铁木耳，言宗王阿难答终日在礼拜寺中诵《可兰经》，命蒙古儿童行割礼，宣回教于军中。铁木耳遣使者二人往说其皈依佛教，阿难答不从。帝召之至，面谕之，亦无效，乃拘禁之。其后未久，太后阔阔真以为阿难答在唐兀之地颇得人心，锢之恐致民怨，言于帝，释之还镇。”[1] 20 世纪初，俄国探险家柯兹洛夫等人在元代亦集乃路治所（今内蒙古额济纳旗黑水城遗址）发现一座 14 世纪拱北式伊斯兰建筑（图 16）及波斯文残碑，建筑形式与阿难答墓上建筑一脉相承。

第三，这座元代大墓的墓主人身穿五爪龙袍辨线袄。河北文物保护中心副主任任亚珊先生参加了这次发掘，据他介绍，三个棺材均出土了珍贵的丝绸衣物，包括具有元代蒙古服饰特色的质孙服和织金锦等。沽源元代

1 ［瑞典］多桑著，冯承钧译：《多桑蒙古史》上册，北京：中华书局，1962 年，页 340；拉施特，前揭书第二卷，页 378 ~ 382。

图 16 内蒙古额济纳旗黑水城郊外元代清真寺

大墓的主人身穿五爪龙纹织金锦袍，他们请意大利专家对这件龙袍采取保护措施。2011 年夏，我们在沽源元代大墓考察时，见到这件织金锦辨线袄式龙袍（图 17）和同穴陪葬墓出土织金锦桦树皮顾姑冠残片的照片（图 18 左）。纽约大都会艺术博物馆藏元代缂丝上蒙古皇妃像就头戴顾姑冠（图 18 右）。[1] 据说这座元代大墓男性独木棺内还发现一件龙纹鎏金银带饰，亦表明墓主人身份为蒙古皇族。

阿难答死后，安西王领地转封给协助元武宗海山汗夺取帝位的爱育黎拔力八达。他镇守川陕地区时，对伊斯兰教不予支持，并且从严限制。阿难答之子多次纠集伊斯兰教徒反叛，皆被元朝政府派兵镇压。他们最后躲避到偏僻闭塞的东乡地区，与当地汉族、藏族共同生活，互为婚娅，最终融合成为以信仰伊斯兰教的蒙古人为主体的东乡族。[2]《元史·顺帝纪八》记载：至正十九年秋七月“庚子，诏以察罕脑儿宣慰司之地属资正院，有司毋得差占。察罕脑儿之地，在世祖时隶忙哥歹太子（指阿难答）四千户，今从皇后奇氏请，故以属之资正院”。[3] 又知阿难答封地后来改属资正院，

1 James C.Y. Watt, *When Silk was Gold: Central Asian and Chinese Textiles*, New York: The Metropolitan Museum of Art, 1997, p. 140, fig. 69.

2 温玉成：《元安西王与宗教》，《考古与文物》1984 年第 4 期，页 95 ～ 97。

3 宋濂，前揭书，页 948。

图 17 河北沽源蒙古皇族墓出土织金锦辨线袄

图 18 沽源蒙古皇族墓出土织金锦桦树皮顾姑冠与大都会艺术博物馆藏元代缂丝蒙古皇妃像

那么阿难答后人不可能在原来安西王封地下葬，那么，阿难答后人死后葬在什么地方呢？

2001 年，河北省文物考古研究所又在“梳妆楼”附近进行考古发掘，共发现了 17 处墓穴。从出土的文物及其规模判断，这些人均为主墓的同辈和长辈，共同构成一个元代家族墓地。伊斯兰拱北式大墓的主人只是这个

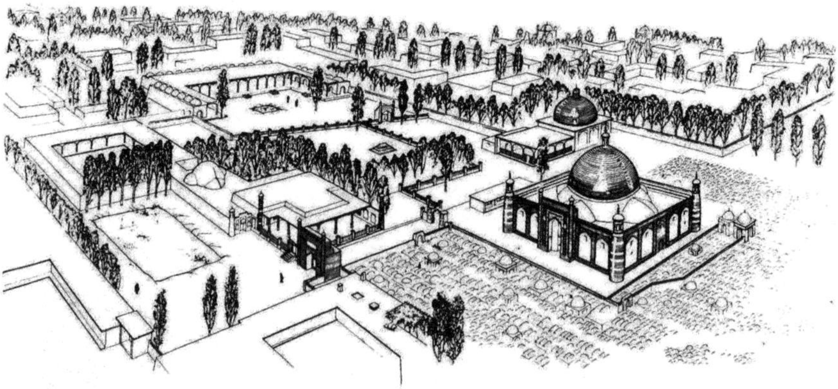

图 19 新疆喀什香妃墓

家族成员之一。这和新疆喀什香妃墓情况相似，香妃墓所在的伊斯兰拱北建筑只是阿巴霍加家族陵园中一座墓，四围还有这个家族其他成员许多墓葬（图 19），[1] 那么沽源伊斯兰式蒙古皇族墓周围的墓葬可能是阿难答后人之墓。阿难答死于至大元年（1308），其墓上拱北建筑是中国境内目前所见最早的伊斯兰建筑之一，为我们研究伊斯兰建筑艺术传入中国提供了重要实物。

1 孙大章主编：《中国古代建筑史》卷五，北京：中国建筑工业出版社，2002 年，页 383。

二 成吉思汗史迹调查

2006 年秋，我们随中国国家博物馆蒙古高原考察队，到蒙古人民共和国实地考察青铜时代至明清古迹。[1] 这次重点考察了以下遗址：一、鄂尔浑河、鄂嫩河流域青铜时代、铁器时代遗址、墓葬和鹿石；二、诺彦乌拉山、克鲁伦河流域匈奴古墓；三、鄂尔浑河、土拉河流域突厥汗国陵墓及突厥鲁尼文碑铭；四、回鹘故都黑城子（Qara-Balaγasun）和城郊摩尼教寺院遗址出土九姓回鹘可汗碑；五、辽金时代卢沟统军司和西北路招讨司下属边防城镇以及辽代蒙古部落营地（奥克洛克奇城）；六、鞑靼——阻卜城址和墓葬；七、成吉思汗大斡耳朵曲雕阿兰（Khuduu Aral）行宫遗址；八、蒙古汗国首都哈剌和林（Qara-qorum）及其周边遗址；九、明清喇嘛庙——鄂尔德尼昭寺（汉名光显寺）。此外，我们还参观了乌兰巴托蒙古国立民族历史博物馆，并走访了蒙古科学院考古研究所，了解近年日本、德国、俄罗斯、美国、法国、韩国、土耳其在蒙古高原考古取得的最新成就。这次蒙古高原之行收获甚丰，限于篇幅，本文先介绍我们对成吉思汗史迹的调查。

13 世纪初，蒙古人在漠北突然崛起，成吉思汗及其子孙的铁骑几乎横扫了整个欧亚大陆，在世界史上开创了一个蒙古时代。我们今天面临的全球化问题，实际上是从蒙古汗国开始的。自 2001 年以来，欧美、俄罗斯、日本、中国台湾纷纷举办文物大展，出版各种书籍图录，展示他们近年在蒙古汗国考古领域取得的辉煌成果。2006 年是成吉思汗创建蒙古汗国八百周年庆典，世界各地以不同形式举办各种纪念活动。2009 年，纽约大都会

---

1 这里，首先要感谢中国国家博物馆邀请我参加此次考察。这个考察队的成员有：中国国家博物馆董琦、杨林、李钢先生和北京大学历史系朱凤翰教授。在考察途中，我们还得到正在蒙古高原考察的内蒙古文物考古研究所陈永志副所长的热心帮助，一并在此表示我由衷的感谢。

艺术博物馆举办《忽必烈的世界——元代中国艺术》文物大展。[1] 上述活动不断将蒙古汗国考古推向新的高潮。

遗憾的是，蒙古汗国考古在我国至今仍是一片空白。1960 年中国社会科学院考古研究所夏鼐所长曾经邀请吉谢列夫（Sergei V. Kiselev）访华，介绍苏联考古学家对蒙古汗国首都——哈剌和林城的调查发掘。[2] 此后，我国考古界几乎无人问津蒙古汗国考古，只在 90 年代《考古》上翻译了一篇日本学者对哈剌和林的调查。[3] 为了推动中国学者参与这个领域的国际学术竞争，本文将结合实地考察，介绍近年国际学术界在蒙古汗国考古领域取得的重要进展。

第一节　鄂嫩河流域蒙古祖先石城

成吉思汗崛起之前，蒙古部落主要活动于蒙古国东北部鄂嫩河流域。成吉思汗本名铁木真，生于金世宗大定二年（1162）1 月 1 日。[4] 据《蒙古秘史》记载，铁木真诞生地在鄂嫩河畔一个叫“迭里温·孛勒答黑”（Deli’ün Boldog）的地方。[5] 一般认为，这个地方就在蒙古国肯特省东北的达达勒县（Dadal Sum）。为纪念成吉思汗诞生 800 周年，1962 年蒙古政府在达达勒竖碑纪念。

1965 ~ 1966 年，苏联考古队在鄂嫩河左岸钦丹特镇附近发掘了一批中世纪石封堆墓，凡 14 座古墓。其中，独木棺墓 4 座（第 4、6、10、12

1　James C.Y. Watt, *The World of Khubilai Khan: Chinese Art in the Yuan Dynasty*, New York: The Metropolitan Museum of Art/ New Haven and London: Yale University Press, 2010.

2　[苏] 吉谢列夫：《吉谢列夫通讯院士在北京所作的学术报告》，《考古》1960 年第 2 期，页 45 ~ 51。

3　[日] 白石典之、袁竫：《日蒙合作调查蒙古国哈剌和林都城遗址的收获》，《考古》1999 年 8 期，页 86 ~ 91。

4　邵循正：《成吉思汗生年问题》，《历史研究》1962 年第 2 期，页 86 ~ 91，收入《邵循正历史论文集》，北京大学出版社，1985 年；周清澍：《成吉思汗生年考》，收入《元蒙史札》，呼和浩特：内蒙古大学出版社，2001 年，页 411 ~ 428。

5　余大钧，前揭书，页 54；Igor de Rachewiltz, *Secret History of the Mongols: A Mongolian Epic Chronicle of the Thirteenth Century*, Leiden/ Boston: Brill, 2004, p.13.

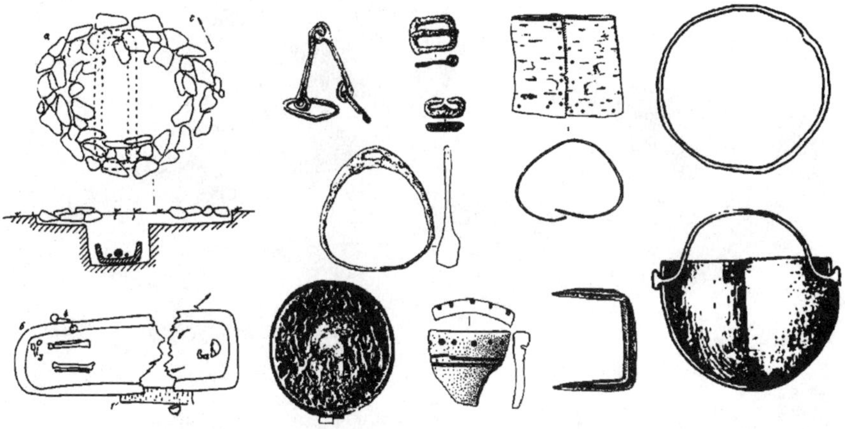

图 01 鄂嫩河流域辽金时代蒙古人独木棺墓

号墓），木棺墓 4 座，石棺墓 1 座，其余 5 座皆无葬具。只有 1 号墓地 4 号墓保存较好，地表有圆形石封堆，直径 3 ~ 3.2 米，高 0.25 ~ 0.30 米。封堆下 0.55 ~ 0.66 米处是墓穴，内置长方形独木棺，长 2.3 米，西南端宽 0.45 米，棺内尺寸为 0.35 × 0.45 × 1.65 米。死者仰身直肢，头向东北，人骨架左边是桦树皮箭囊和铁马镫，右边是马衔，西南是铁带扣和火镰。而 6 号墓遭到严重破坏，封堆直径约 4.5 ~ 5 米。墓中埋有大型独木棺，由上下两片原木挖成的木棺构成，用 6 个铁扒锔固定，头向东北。墓中随葬金代带柄人物故事铜镜（柄部折断）、羊骨、提梁尖底锅、铁马镫、灰陶器盆口沿残片、桦树皮顾姑冠残片（残高 7.5 厘米）和一些金银饰物（图 01）。[1] 独木棺是蒙古人特有的葬俗，与明初叶子奇《草木子》说“元朝官（棺）裹，用梡木二片，凿空其中，类人形小大合为棺”完全相符。[2] 类似的墓葬在鄂

1 ［俄］阿谢耶夫、基里洛夫、科维切夫著，王德厚、高秀云译：《中世纪时代外贝加尔的游牧民族》，《东北亚考古资料译文集》，哈尔滨：北方文物杂志社，1996 年，页 111 ~ 156；林梅村：《松漠之间——从额尔古纳河山林到成吉思汗的崛起》，收入中国社会科学院考古研究所、呼伦贝尔民族博物馆、海拉尔区文物管理所编：《海拉尔谢尔塔拉墓地》，北京：科学出版社，2006 年，页 197 ~ 228。

2 ［明］叶子奇：《草木子》卷三，北京：中华书局，1959 年，页 60。

图 02 五代后唐契丹画家胡瓌《番骑图卷》局部

嫩河中下游广泛分布，包括许多辽金时代蒙古人墓葬。

关于蒙古女子的顾姑冠，南宋末彭大雅《黑鞑事略》记载："其冠被发而椎髻，冬帽而夏笠，妇人顶故姑。"徐霆注："霆见其故姑之制，用画（桦）木为骨，包以红绢金帛，顶之上用四五尺长柳枝，或铁打成枝，包以青毡。其向上人则用我朝翠花或五采帛饰之，令其飞动；以下人则用野鸡毛……"[1] 五代后唐契丹画家胡瓌有《番骑图卷》流传于世，现藏辽宁省博物馆。画中描绘了两个头戴顾姑冠的契丹女子，[2] 顾姑冠高耸，在冠的中间部分内缩；冠下端前部有伸出的沿盖，可能作遮蔽风沙之用；冠顶是一根缚帛饰的直棒，似用细长的木棍或铁丝做成（图 02）。这是目前所知最早的顾姑冠实例，时代约在 10 世纪左右。

1926 年，俄国学者康德拉提耶夫（S. Kondratiev）在鄂嫩河中游岱盛

1 王国维：《黑鞑事略笺证》，《王国维遗书》第八册，上海书店出版社，1983 年，页 208 ～ 209。

2 罗春政：《辽代绘画与壁画》，沈阳：辽宁画报出版社，2002 年，图版 10。

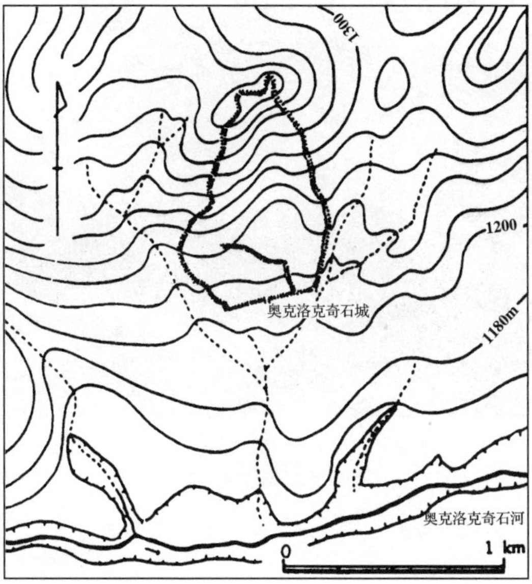

图 03 奥克洛克奇石城平面图

山（Daichin）发现一处蒙古先民遗迹。此山位于蒙古国肯特省巴特希雷特镇与宾代尔镇之间，在宾代尔镇西约 12 公里。山上有一座规模宏大的中世纪古城，今称“奥克洛克奇城”（Oglogch Kerem），意为“施舍者城”。这座古城坐落在岱盛山东南坡，平面略呈不规则三角形。南面城墙用石头垒成后，又在内侧用泥土修饰墙面。其它三面石墙只用石头垒砌，未敷泥土。现存城墙高度不一，高约 2.7 ～ 3.6 米，周长绵延 3.2 公里；北倚岩山，南临开阔地。[1]

康德拉提耶夫起初将此城年代定在元代。1962 和 1966 年，蒙古考古学家佩尔列（Kh. Perlee）两次到奥克洛克奇石城实地考察。他根据城内采集陶片，推测此城年代实际上在辽代。[2] 1992 年，三宅俊彦等日本学者到鄂嫩河中游考察匈奴墓地时，顺道考察了奥克洛克奇石城。[3] 另据韩国—蒙古联合考古队 1998 年调查，石墙东、北、西三面也有和南城墙相似的出口遗迹，那么，奥克洛克奇石城原有四个城门（图 03）。当地居民可能使

1　此城平面图引自［日］白石典之：《モンゴル帝国史の考古学的研究》，东京：同成社，2002 年，页 42，插图 1-19。

2　［蒙古］佩尔列著，陈弘法译：《蒙古人民共和国境内的契丹古城古村遗址》，《文物考古参考资料》1979 年第 1 期，页 21。

3　［日］三宅俊彦、加藤真二：《关于蒙古国鄂嫩河中游地区的匈奴墓地调查》，《内蒙古文物考古》1996 年第 1 ～ 2 期合刊，页 140 ～ 145。

图 04 奥克洛克奇石城南墙

用蒙古包，所以城内未见任何房屋遗址。不过，韩国—蒙古考察队在城内发现了冬天取暖用的火炕以及蒙古人特有的独木棺葬。蒙古汗国名臣耶律楚材《和邦瑞韵送行》有诗曰：“幸有和林酒一樽，地炉煨火为君温。”[1] 奥克洛克奇城发现的火炕，似即耶律楚材诗中提到的漠北温酒取暖用的“地炉”。从墓中随葬的铁马镫看，年代约在 11 ~ 13 世纪。[2] 无论如何，奥克洛克奇石城当系成吉思汗祖先重要营地之一。

2006 年秋，我们从乌兰巴托驱车 322 公里，专程考察鄂嫩河流域奥克洛克奇石城。这里风景秀丽，峰峦迭翠，今为大肯特山自然保护区（图 04）。当我们抵达宾代尔附近奥克洛克奇石城时，天色将晚，我们忙于考察石墙和城内遗迹，只在城内采集了两三片陶片。不过，它们却相当说明问题，皆为典型的辽代篦纹陶片（图 05 左）。韩国蒙古联合考察队在蒙古国布尔根省乌夫衮禅遗址曾出土纹饰相同的辽代篦纹陶长颈壶，通高 28.5 厘米，口径 12.5 厘米，底径 8 厘米（图 05 右），现藏蒙古科学学术

1 [元] 耶律楚材著：《湛然居士文集》卷十。北京：中华书局，1986 年，页 215。

2 The National Museum of Korea, the National Museum of Mongolian History and the Institute of Archaeology, Mongolian Academy of Sciences, *Research Report on Korean-Mongolian Joint Expedition in Mongolian* IV, Seoul, 2004, pp.182 ~ 184.

图 05 奥克洛克奇石城出土辽代篦纹陶片和蒙古国布尔根省出土辽初篦纹陶长颈壶

会考古研究所。[1] 据考证，这种长颈壶属于辽代早期之物。[2]

辽代是蒙古部落兴起的一个关键时期，蒙古人最早与中原交往就始于这个时期。南宋叶隆礼撰《契丹国志》卷二十二记载："正北至蒙古里国。无君长所管，亦无耕种，以弋猎为业，不常其居，每四季出行，惟逐水草，所食惟肉酪而已。不与契丹争战，惟以牛、羊、驼、马、皮、毳之物与契丹为交易。南至上京四千余里。"[3]

《契丹国志》卷首有至正四年（1344）雕版墨印《契丹地理之图》，内容表现契丹人所建辽王朝的疆域、山川大势、京府州镇、长城关塞以及周边部族。[4] 这幅地图上所标"蒙古山"、"蒙古"、"萌古司"（或称萌古斯），皆与辽代蒙古诸部落在漠北的活动相关。值得注意的是，这幅地图把"蒙古山"标在辽上京正北，后者在今内蒙古赤峰市巴林左旗林东镇南郊。从地理位置看，奥克洛克奇石城所在地——岱盛山，似即《契丹地理之图》

1 The National Museum of Korea, the National Museum of Mongolian History and the Institute of Archaeology, Mongolian Academy of Sciences, *op. cit.*, 2004, p.262.

2 李红军：《辽代陶瓷》，南昌：江西美术出版社，2003 年，页 115 ~ 117。

3 叶隆礼，前揭书，页 214。

4 本书彩图引自曹婉如等编：《中国古代地图集·战国——元》，北京：文物出版社，1980 年，图 113。

图 06 《契丹地理之图》书影，至正四年（1344）雕版墨印

所标“蒙古山”（图 06）。南宋彭大雅《黑鞑事略》记载：“黑鞑之国号大蒙古。沙漠之地，有蒙古山。”[1] 显然，蒙古山在漠北犹如泰山在中国，当即蒙古部落重要发源地之一。奥克洛克奇城的发现，为研究蒙古山的位置及其在蒙古民族形成过程中的作用提供了重要线索。

11 世纪初，成吉思汗六世祖海都攻灭斡难河南岸强大的札剌亦部，从此“形势寖大”。《辽史・道宗纪四》记载：太康十年（1084）“二月庚午朔，萌古国遣使来聘。三月戊申，远萌古国遣使来聘”。[2] 正如王国维指出的，“敌国使来则书聘，属国则书贡”。[3] 可知 11 世纪初蒙古与辽王朝处于敌对状态。因此，辽朝“置西北路都招讨府、奥隗部族衙、驴驹河

1 王国维：《黑鞑事略笺证》，《王国维遗书》第八册，上海书店出版社，1983 年，页 197。

2 脱脱，前揭书，页 289。

3 王国维：《萌古考》，《王国维遗书》第二册，上海书店出版社，1983 年，页 109。

统军司（即卢沟统军司）、倒挞岭衙，镇抚鞑靼、蒙骨（即蒙古）、迪烈诸军”。[1] 不过，蒙古两次来聘后，与辽王朝的关系开始改善，其首领察剌哈还得到辽朝小部族官“令稳”（或称“宁昆”）之职。在此之前，蒙古部落官制主要受突厥的影响，其首领蔑年土敦的称号就源于突厥语 tudun（唐史称“吐屯”），类似于唐朝的御史。[2] 到察剌哈之子必勒格袭任时，辽朝封以大部族官“详稳”（或称想昆）之职。详稳，《辽史·国语解》释为“诸官府监治长官”，地位相当于节度使。[3]

公元 10 ~ 12 世纪，蒙古高原诸部落在辽王朝统治下，西部的阻卜、克烈、蔑儿乞和乃蛮等部，归西北路招讨司管辖；东部的乌古、迪烈、萌古等部，归卢沟统军司管辖。据佩尔列调查，卢沟统军司治所“河董城”在克鲁伦河北岸的巴斯浩特（Barskhot）1 号城，今蒙古国乔巴山市西郊。由于路途遥远，我们这次未能实地考察巴斯浩特 1 号城，只考察了温都尔汗市附近卢沟统军司下辖边镇“皮被河城”（图 07）。1960 年，吉谢列夫在北京作学术报告时介绍过这座辽代边镇，今称“祖赫雷姆”（Zu Kherem）古城。[4] 我们在祖赫雷姆城考察时，采集到一些辽代篦纹陶瓷片。值得注意的是，皮被河城出土陶片与奥克洛克奇石城的辽代篦纹陶片完全相同，两者必属同一时代（图 08）。

辽王朝在克鲁伦河流域大兴土木，构筑边防城镇，不可能对蒙古部落毫无影响。在辽文化的影响下，蒙古那颜不仅把突厥官号“土敦”改为辽朝属官“令稳”、“详稳”，而且生活方式也在发生变化，开始模仿中原边镇兴建城池。奥克洛克奇石城就是在这样一个历史背景下产生的。

---

1 叶隆礼，前揭书，页 210。

2 《太平广记》卷第二百五十《诙谐六》记载：“突厥号御史为吐屯。则天朝，蕃使来朝者，而吐屯独立不入班”（[北宋] 李昉等编：《太平广记》，北京：中华书局，1961 年，页 1935）。

3 脱脱，前揭书，页 1537。陈得芝主编：《中国通史》第八卷，上海人民出版社，1997 年，页 340 ~ 342。

4 吉谢列夫，前揭文，页 45 ~ 51。关于此城的情况，亦见 [蒙古] 佩尔列著，陈弘法译：《蒙古人民共和国境内的契丹古城古村遗址》，内蒙古自治区文物工作队编：《文物考古参考资料》第 1 期，1979 年，页 16 ~ 23。

图 07　辽代边镇皮被河城

图 08　皮被河城出土辽代篦纹陶片和瓷片

第二节　黑林行宫与完颜襄纪功碑

1206 年，铁木真在鄂嫩河源召开忽里勒台（大聚会），创建蒙古汗国，号称“成吉思汗”。此时，蒙古部落联盟的政治中心已从鄂嫩河流域蒙古山，向西转移到鄂嫩河、土拉河、克鲁伦河“三河之源”。成吉思汗有四大斡耳朵，也即铁木真前期在“三河之源”所建四大行宫。其中，春季行宫曲雕阿兰在东、近水，宜春季放飞；夏季行宫哈老徒在南、居平川，宜夏季避暑；秋季行宫黑林（哈剌屯）在西、依林，宜秋季围猎；冬季行宫阿鲁兀忽可吾在北、傍谷，宜冬季趋暖。[1] 成吉思汗的四大斡耳朵制，源于辽金文化的四季捺钵。辽庆陵东陵中室有四幅巨大的山水画，描绘了辽朝皇室四季捺钵所在地的秀丽景色。[2]

成吉思汗秋季行宫在土兀剌河（今土拉河）的黑林，史称“黑林行宫”或“合剌屯”（Khartun / 黑森林）。这里原为突厥系克烈部首领脱斡怜勒（即王罕）的营地，成吉思汗灭克烈部后，在此地设立自己的秋季行宫。[3]

关于黑林行宫的位置，清末张穆《蒙古游牧记》卷七本注说：“土喇河东、喀鲁伦河西，有东库伦，其地曰昭莫多（百树），译言有林木也，盖即《元朝秘史》所曰土兀剌河边黑林子，为客列亦惕种姓王罕所卓帐矣。”[4] 昭莫多在今乌兰巴托市东南 40 公里的宗莫德（Zuun mod），故谭其骧主编《中国历史地图集》将其标在宗莫德。[5] 问题是，这一带并无辽金元古城。从考古调查看，黑林行宫实际上在乌兰巴托西南土拉河畔。1979 年，蒙古考古学家佩尔列到土拉河流域进行考古调查，并在乌兰巴托市西南 10 公里的桑吉诺（Songiin）疗养所附近发现一座古城。此城位于突尔根（Türgen）河与土拉河汇流处，今称布科格（Bükheg）土城。由于清代在此建藏传佛教寺庙，对古城造成极大破坏。佩尔列认为该古城就是成吉思汗的黑林行宫。1997 年，日本新泻大学的白石典之再次调查了

1 王颋：《龙庭崇汗——大蒙古国斡耳朵的构筑和布局》，收入《龙庭崇汗——元代政治史研究》，广州：南方出版社，2002 年，页 111 ～ 132。

2 李逸友：《辽庆陵》，《中国大百科全书・考古学卷》，北京 / 上海：大百科全书出版社，1986 年，页 277 及第 54 页彩色插图。

3 余大钧译注：《蒙古秘史》，石家庄：河北人民出版社，2001 年，第 96、115 和 264 节。

4 [清] 张穆著：《蒙古游牧记》，台北：文海出版社，1965 年，页 329。

5 谭其骧主编：《中国历史地图集・元明分册》，北京：中国地图出版社，1979 年，页 11 ～ 12。

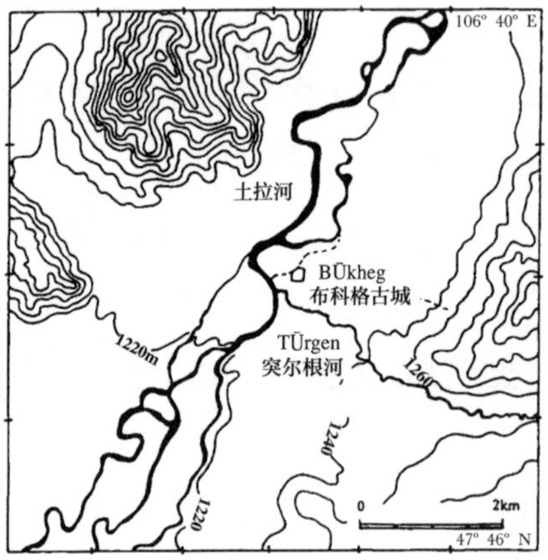

图 09 黑林行宫遗址（布科格古城）位置图

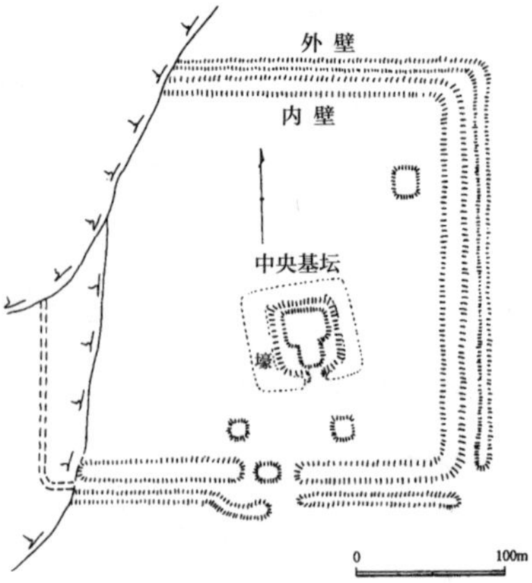

图 10 黑林行宫平面图

布科格古城，他支持佩尔列的推论，勘测并测绘了此城位置图（图 09）。

黑林行宫由两重城墙和浅壕沟围成，平面略呈正方形。土城墙残高 1 米，南北长 266 米，东西宽 262 米。南墙中央开有一门。由于土拉河泛滥，土城的西北角被洪水冲毁（图 10）。[1] 土城中央有一座大型夯土台基，高 3 米，南北长 32 米，东西长边 18 米、短边 8 米，平面呈“凸”字形，四周为壕沟环绕。台基周围，遍地砖瓦。此外，城内还有两三个小型土台基和一个大型台基。从出土遗物看，这座古城的建筑分属辽金时代、蒙古汗国、清代三个不同时期。土城墙始建于辽金时代，城内出土篦纹灰陶片亦属于这个时期。中央大型台基附近发现了辽代晚期黑釉陶壶、金代钧窑瓷片、金代至蒙古汗国时期兽面瓦当和滴水。其中，瓦当和滴水（图 11:1—2）与西夏王陵出土瓦当和滴水（图 11:3—4）类似，[2] 年代在辽金时期（约 12 世纪前半叶到 13 世纪）。土城内大型土台基与城墙方向不完全一致，显然不是同一时期建筑。我们怀疑，此城的城墙和三个小台基最初是辽金时代克

1 ［日］白石典之：《モンゴル帝国史の考古学的研究》，东京：同成社，2002 年，页 202 ～ 209。本文插图 9 据该书第 203 页插图 3 ～ 15；插图 10 据该书 204 插图 3 ～ 16。

2 本书黑林行宫瓦当、滴水，引自白石典之，前揭书，页 207 ～ 208；本书西夏瓦当、滴水，引自西夏博物馆编：《西夏艺术》，银川：宁夏人民出版社，页 106 和 108。

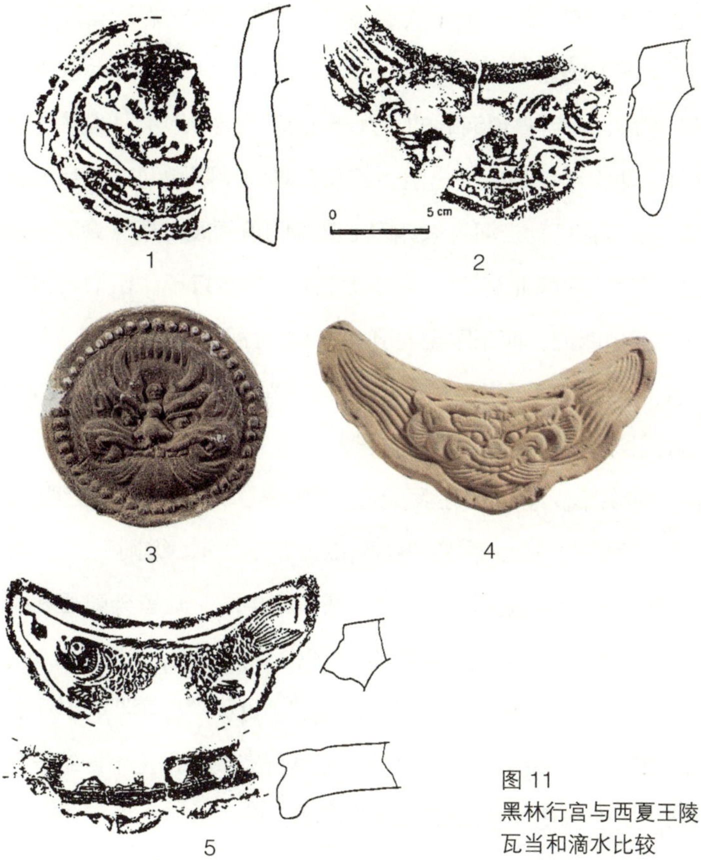

图 11
黑林行宫与西夏王陵
瓦当和滴水比较

烈部首领脱斡怜勒（王罕）所建行宫，《蒙古秘史》称为“合剌屯”。城内大型土台基则为成吉思汗征服克烈部之后，在此城设秋季行宫时所建宫帐台基。此外，土城内还发现清代鱼纹滴水（图 11—5），说明该城在清代仍继续使用。

据《蒙古秘史》和《史集》记载，成吉思汗崛起之前，塔塔儿人是蒙古高原的霸主。蒙古部落势单力薄，不得不依附于土拉河流域的克烈部。[1] 在汉文史料中，塔塔儿称作“鞑靼”或“阻卜”。金朝与漠北阻卜部落本来

1　余大钧，前揭书，页 53 ~ 54；拉施特，前揭书第一卷第一册，页 128。

有松散的从属关系，由于阻卜人后来不肯效忠金朝，右丞相完颜襄与西北路招讨使完颜安国自临潢发兵，在金明昌七年（1196）北伐阻卜。完颜襄征服阻卜之后，在克鲁伦河畔的“九峰石壁”勒铭纪功。[1] 蒙古乞颜部与阻卜有世仇，便联合克烈部夹击阻卜，从斡难河（鄂嫩河）发兵追至斡里扎河（今蒙古东方省乌勒吉河），杀死阻卜部落的首领蔑古真。《金史·完颜襄传》记载：金章宗“遣西北路招讨使完颜安国等趋多泉子。密诏进讨，乃命支军出东道，襄由西道。而东军至龙驹河（克鲁伦河）为阻卜所围，三日不得出，求援甚急，或请俟诸军集乃发。襄曰：‘我军被围数日，驰救之犹恐不及，岂可后时？’即鸣鼓夜发。或请先遣人报围中，使知援至。襄曰：‘所遣者傥为敌得，使知我兵寡而粮在后，则吾事败矣。’乃益疾驰。迟明，距敌近，众请少憩。襄曰：‘吾所以乘夜疾驰者，欲掩其不备尔。缓则不及。’向晨压敌，突击之，围中将士亦鼓噪出，大战，获舆帐牛羊。众皆奔斡里札河。遣安国追蹑之。众散走，会大雨，冻死者十八九，降其部长，遂勒勋九峰石壁，”[2] 事后，克烈部首领脱斡邻被金朝封为“王”（讹称“王罕”），其子封为小部族官“详稳”。从年代和历史背景看，黑林行宫或许是王罕为纪念自己成为金朝封疆大吏而模仿中原城镇兴建的官邸，那么这座土城可能建于金明昌七年（1196）后不久。

令人振奋的是，完颜襄纪功碑近年在蒙古国温都尔汗市东南巴彦忽塔格镇附近发现，原来是一处墨书摩崖题记，位于克鲁伦河中游南岸三座小石山的西山，今称“色尔文·卡勒格题记”（Writings of Serven Khaalga）。这座小石山正是《金史·完颜襄传》说的“九峰石壁”。1961 年，蒙古考古学家佩尔列首先发现这处题记（图 12 上），另一位蒙古学者沙格道尔苏荣（Ts. Shagdarsuren）1986 年确认为汉文题记。题记与正史略有不同，《金史·完颜安国传》的“北阻卜”，题记作“北术孛”。题记说北阻卜灭于“明昌七年六月”，而正史则作“明昌七年八月”。

1 [元] 脱脱等撰：《金史》，北京：中华书局，1975 年，页 2088 ~ 2089。
2 据《元史·太祖本纪》和《蒙古秘史》卷 4 第 132 ~ 134 节载，成吉思汗参加了金军此次讨伐阻卜之役。

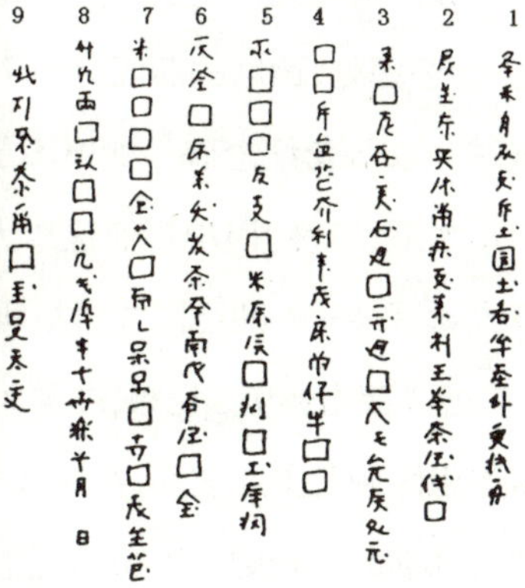

图 12 九峰石壁汉文女真文双语碑铭——完颜襄纪功碑

1991 年，蒙古学者策本道尔吉（D. Tseveendorj）与日本学者加藤晋平来此调查，在汉文题记东面 18 米处又发现一处女真文墨书题记（图 12 下），高约 3 米，凡 9 行，内容与汉文题记大同小异。[1] 这个发现首次披露，完颜襄纪功碑分别用女真文和汉文两种文字书写。尽管铁木真在剿灭阻卜之役后只被金朝封为级别较低的“札兀惕忽里”（乣军之长），[2] 但是对于弱小的蒙古部落来说却相当重要，标志着成吉思汗统领下的蒙古民族的崛起。

1 ［日］白石典之：《チンギス＝カンの考古学》，东京：同成社，2001 年，页 62 ~ 67。
2 《蒙古秘史》有“札忽惕·亦儿坚”一词，意为“金人每（们）百姓”，指金朝境内的汉人。在汉文史籍中，亦称“札忽歹”或简称“乣”（余大钧，前揭书，页 170 ~ 171）。据陈寅恪考证，汉文史籍中的“汉人”，即波斯文和蒙古文所谓“札忽歹”（陈寅恪：《元代汉人译名考》，《金明馆丛稿二编》，上海古籍出版社，1980 年，页 105）。

第三节 成吉思汗的曲雕阿兰行宫

成吉思汗最大的斡耳朵在曲雕阿兰。窝阔台定都哈剌和林城以前，曲雕阿兰的地位实际上相当于蒙古汗国的首都。近年蒙古高原考古最伟大的成就之一，就是曲雕阿兰行宫遗址的调查发掘。我们到曲雕阿兰考察时，日本－蒙古联合考察队已将发掘区域回填，成吉思汗行宫遗址与大草原浑为一体。据当地向导介绍，曲雕阿兰行宫位于德勒格尔汗县阿布拉加镇南边 13 公里处，遗址的西面有一个 1990 年联合国教科文组织所立《蒙古秘史》成书 750 周年纪念碑。如果不是遗址现场留有日本－蒙古考古队搭建的一所小木屋，我们很难相信这片大草原上一个微微隆起的土丘竟然是成吉思汗大斡耳朵——曲雕阿兰行宫所在地。[1]

据《蒙古秘史》记载，曲雕阿兰本来是蒙古乞颜部长支主儿乞氏的地盘。成吉思汗剿灭主儿乞后，在这片草原建立了自己的大斡耳朵。[2] 其名屡见《元史》，例如：《元史・太祖本纪》记载：太祖六年春，"帝（铁木真）居怯绿连河"；十一年春，"还庐朐河行宫"。[3]《元史・太宗本纪》记载：太宗（窝阔台）元年八月，"大会于怯绿连河曲雕阿兰之地，以太祖遗诏即皇帝位于库铁乌阿剌里"。[4] 库铁乌阿剌里，《蒙古秘史》作"曲雕阿兰"（Khuduu Aral），意为"荒岛"。此地位于乌兰巴托市东约 250 公里克鲁伦河上游支流阿布拉加（Avraga）河口的北岸。地理坐标：东经 109 度 19 分，北纬 47 度 05 分。

1961 年，东德—蒙古考古队首次发现阿布拉加遗址，佩尔列随即报导了这个重要发现，可惜没有引起学界的充分注意。[5] 1972 年，蒙古科学院

1 Shimpei Kato and Noriyuki Shiraishi, *Avraga 1: New Directions in Mongolian Archaeology*, vol. 1: *Occasional Paper on the Excavation of the Palace of Genghis Khan*, Tokyo: Doseisha Press, 2005, p.65, fig.1.

2 余大钧，前揭书，页 173 ～ 174，注 3。

3 宋濂：前揭书，页 15 和 19。

4 宋濂：前揭书，页 29。

5 陈得芝：《元岭北行省建置考（上）》，收入《蒙古史研究丛稿》，北京：人民出版社，2005 年，页 120。

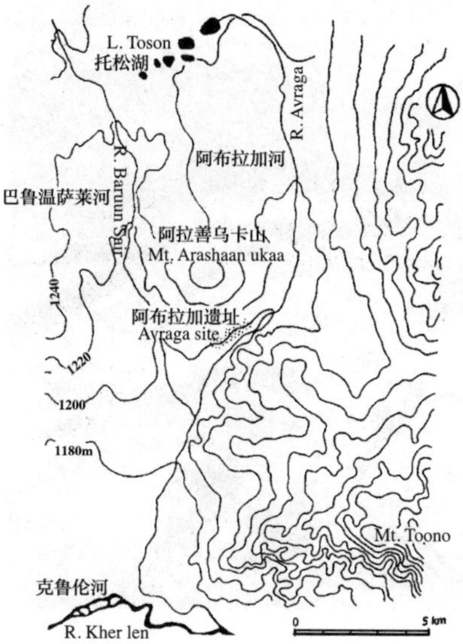

图 13 曲雕阿兰行宫的位置

考古所的迈达尔来此地调查，在遗址内发现石柱础、铸铁车辐以及冶铁留下的炭渣。[1] 1992 年起，日本 – 蒙古联合考古队一直在阿布拉加遗址调查发掘，勘测并测绘了该遗址位置图（图 13）。

1234 ~ 1236 年，南宋使者彭大雅、徐霆出使漠北。二人所撰《黑鞑事略》记载："凡鞑主猎帐所在，皆曰窝里陀，其金帐柱以金制，故名。凡伪嫔妃与聚落群起，独曰大窝里陀者，其地卷阿，负坡阜以杀风势。"[2] 所谓"大窝里陀"，即指曲雕阿兰行宫。而"负坡阜"，则指阿布拉加遗址北面肯特山余脉阿拉善乌卡山，史称"赤那思山"。[3] 其名源于蒙古语 hynas ula（狼山）。成吉思汗四大斡耳朵一般建在泉水附近，阿布拉加河发源地托松湖（Toson）即为蒙古国著名矿泉水产地之一。1996 年，联合国教科文世界文化遗产保护计划确认了成吉思汗大斡耳朵——曲雕阿兰行宫遗址的发现，并实施文物保护计划。

2001 年起，日本新泻大学白石典之与蒙古科学院考古研究所朝格特巴特尔合作，对阿布拉加遗址进行挖掘，共发现四层文化堆积。第一层（最下层）厚 60 厘米，由沙土坯构成，年代在 1155 年 ~ 1270 年。第二层厚约 10 厘米，此层发现几个石柱础。第三层集中在遗址北部，长达 19 米的挡风墙就属于此层。第四层年代在 13 世纪中期至 15 世纪，主要遗迹为祭奠成吉思汗亡灵的祭祀遗迹，占地面积 4.5 平方公里，东西长 1500 米，南北宽 500 米，

1 [蒙] 迈达尔著，陈弘法译：《蒙古历史文化》，内蒙古文物工作队编：《文物考古参考资料》1984 年第 6 期，页 99。

2 王国维：《黑鞑事略笺证》，《王国维遗书》第八册，上海书店出版社，1983 年，页 203。

3 陈得芝：《赤那思之地小考》，《元史论丛》第六辑，北京：中国社会科学出版社，1997 年；收入《蒙元史研究丛稿》，北京：人民出版社，2005 年，页 266 ~ 269。

图 14 成吉思汗殿帐台基发掘现场

周边未见城墙遗迹，只在遗址北边发现一道长约 19 米的挡风墙（图 14）。据日本学者白石典之研究，阿布拉加遗址最下层遗迹，由宫帐（A）、房址（B ~ C）、作坊（D）四部分组成。[1]

关于成吉思汗的大斡耳朵，定宗蒙哥二年（1247）亲赴漠北的张德辉《塞北记行》描述说：在克鲁伦河流域，“濒河之民；杂以蕃汉，稍有屋宇，皆以土冒之，亦颇有种艺，麻麦而已”。《黑鞑事略》说得更具体：“其居穹庐，无城壁。栋宇迁就，水草无常。鞑主徙帐，以从校猎……主帐南向，独居前列，妾妇次之，伪扈护卫及伪官属又次之。”[2] 阿布拉加遗址 A 区即成吉思汗殿帐所在地，遗址内有石头垒砌的“凸”字形台基东西长 11.1 米，南北宽 7.9 米，高 40 厘米，台基中心发现石柱础。内墙呈方形，边长 63 米；外墙长 149 米、宽 89 米，南边开有一门。[3] 凡此皆与《黑鞑事略》说“主帐南向，独居前列”

1 关于曲雕阿兰遗址分区图，参见白石典之：《チンギス＝カンの考古学》，东京：同成社，2001 年，页 122，图 47。发掘报告参见 Shimpei Kato and Noriyuki Shiraishi, *op. cit.*, 2005。

2 王国维：《黑鞑事略笺证》，《王国维遗书》第八册，上海书店出版社，1983 年版，页 203。

3 此遗址照片为中国人民大学历史系魏坚教授提供，谨致谢忱。

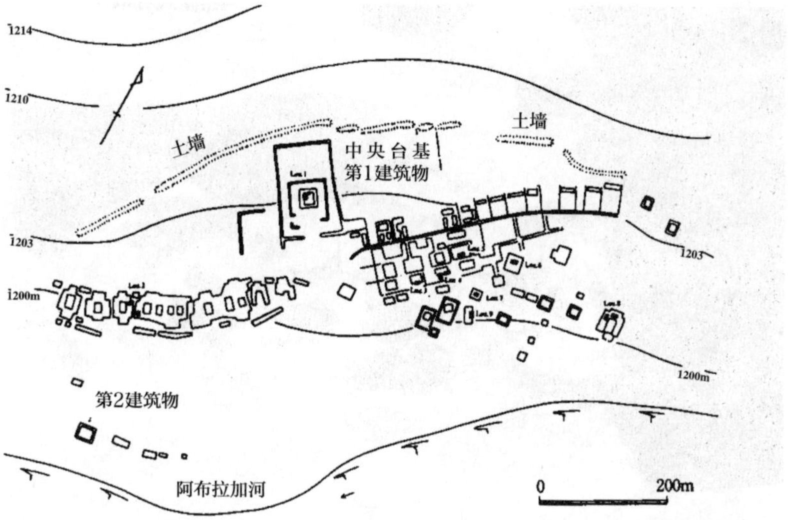

图 15 阿布拉加遗址平面图

相符。阿布拉加遗址 B 和 C 区分布有大量房屋基址，而 B 区紧靠成吉思汗殿帐，似即成吉思汗后妃的住所。从位置看，C 区似即《黑鞑事略》所说“伪扈护卫及伪官属”的居址（图 15）。

在成吉思汗殿帐台基北侧和东侧外缘分布有许多祭祀坑，直径约 1 米，深约 0.5 ~ 1 米。坑内出土大批经燃烧的牲畜骨头和灰烬，其中包括马骨、牛骨和羊骨，尤以马骨居多（图 16）。据碳 14 年代资料，这些祭祀坑的年代约在 13 世纪中期至 15 世纪。[1]《元史・祭祀志》记载，蒙古的国俗旧礼中有一种仪式名叫“烧饭”，即在祭天或祭祖的典礼上把贡品烧掉。[2] 明初叶子奇《草木子》说：“元朝人死，致祭曰烧饭，其大祭则烧马。”[3] 成吉思汗殿帐附近发现的祭马坑，即黄金家族为成吉思汗亡灵举行“大祭”典礼之地。

阿布拉加遗址 D 区有三条街道和一些房屋遗址。这些房屋被大量泥土

1 Cf. Shimpei Kato and Noriyuki Shiraishi, *op. cit.*, p.86, photo 18.
2 陈述：《论辽金元的“烧饭”之俗》，《历史研究》1980 年第 5 期，页 131 ~ 140。
3 叶子奇，前揭书，页 63。

图 16 成吉思汗殿帐附近祭祀坑出土马骨

覆盖，建筑结构尚不十分明朗。这里发掘出土了铁犁头、骨制品、谷物和小麦壳、兽骨、铁矿石、炼铁残渣、陶器残片、各类石器以及 20 多枚宋金钱币。蒙古西征采取残酷的屠城政策，但是有手艺的人不杀。从出土遗物看，阿布拉加遗址 D 区域可能是成吉思汗从世界各地抓来的工匠的住所和作坊。阿布拉加遗址 E 区尚未深入调查，这处遗址与上述四个区域有一定距离，可能不是一个时期的建筑。成吉思汗死后，曲雕阿兰封给了四子拖雷。元成宗时（1295 ~ 1307），拖雷后人晋王甘麻剌在自己驻地建过一所佛寺。阿布拉加遗址 E 区或为晋王甘麻剌在曲雕阿兰行宫兴建佛寺之地。

据内蒙古大学教授亦邻真考证，斡耳朵一词来自突厥 – 蒙古语 ordu（宫帐），又译“斡里朵”、“兀鲁朵”或“窝里陀”。蒙元皇帝、皇后的斡耳朵各有资产、私属人户，死后由亲族继承，领取岁赐，并有五户丝、江南户钞等收入。成吉思汗死后，四大斡耳朵由幼子拖雷家族继承。元朝为成吉思汗四大斡耳朵先后设置了四所总管府和一所都总管府，下辖提举司、长官司和各种造作匠等 20 几个机构，私属工匠，打捕户遍布大都、上都、保定、东平、彰德、泰安、河间等地。这四大斡耳朵向中书省所辖之地（今河北、山西、山东和内蒙古部分地区）9 万人户征收五户丝，并向赣州路（今江西）几万人户征收江南户钞。每年还从朝廷得到大批银两、罗绢缎绒等岁赐，聚敛和耗费了巨额财富。[1] 在成吉思汗殿帐遗址（阿布拉加 A 区）第二层文化堆积中，发现了 14 世纪河北磁州窑瓷片、河南钧窑瓷片、江西景德镇湖田窑烧造的卵白釉印花龙纹碗残片和青花龙纹碗片，以及山西窑烧造的琉璃香炉残片（图 17）。[2] 这些发现可与史书相互印证，说明成吉思汗为首的黄金家族从全国各地聚敛了数不尽的财富。

我们还发现，传世绘画《文姬归汉图》是研究成吉思汗时代蒙古部落的一个重要材料，画中描绘了阿布拉加河畔的曲雕阿兰，尤其是成吉思汗行宫的方形蒙古大帐（图 18）。该图原为长卷，后来改为册页，目前仅存四幅，旧传南宋画师陈居中绘，现藏美国波士顿艺术博物馆。[3] 台北故宫博物院藏有一幅《文姬归汉图》，旧传北宋末南宋初李唐所绘。[4] 美国大都会艺术博物馆藏有另一个宋人摹本，谓之《胡笳十八拍》。[5] 南京博物院藏有明人临本，亦称《胡笳十八拍》，凡十八图。计有：战乱被掳，尘沙千里，陇边炊饮，遥思乡土，望鸿思汉，边城寒夜，异俗添愁，塞上幽怨，穹庐问天，边塞寒月，含羞育儿，汉使赎身，母子分离，帷车惊梦，征途思儿，天各一方，伤感归程，长安归来。[6] 无论《文姬归汉图》还是《胡笳十八拍》，皆以波士顿艺术博物馆藏《文姬归汉图》为祖本。第十八拍《长安归来》所绘房屋建筑，是典型的北方四合院，旧传南宋陈居中或李唐所绘，不一定正确。这套图

1　张正明、周良霄、亦邻真：《斡鲁朵》，《中国大百科全书·中国历史卷》，北京 / 上海：中国大百科全书出版社，1992 年，页 1226 ～ 1227。

2　Cf. Shimpei Kato and Noriyuki Shiraishi, *op. cit.*, p.87, photo 19, photo 21 and photo 24.

3　林树中编：《海外藏中国历代名画》第 3 卷，长沙：湖南美术出版社，1998 年，页 14 ～ 20。

4　[日] 嶋田英诚、中泽富士雄编：《世界美术大全集·东洋编·南宋·金》第 6 卷，东京：小学馆，2000 年，页 44。

5　林树中，前揭书，页 2 ～ 3。

6　郭沫若：《跋〈胡笳十八拍〉画卷》，《南京博物院藏宝录》，上海文艺出版社 / 香港三联书店有限公司，1992 年，页 199；许莘农：《胡笳十八拍》，《南京博物院藏宝录》，上海文艺出版社 / 香港三联书店有限公司，1992 年，页 200。

图 17 阿布拉加遗址出土元青花龙纹瓷片、卵白釉印花龙纹碗片和山西琉璃残片

图 18 台北故宫博物院藏《文姬归汉图》所绘方形蒙古大帐

图 19 美国波士顿艺术博物馆藏《文姬归汉图》与内蒙古博物馆藏磁州窑葡萄酒瓶

与吉林省博物馆藏《文姬归汉图》题材相同，谢稚柳认为当系金人之作。[1]

美国波士顿艺术博物馆藏《文姬归汉图》一个画面表现正在烧肉的大铁锅，与曲雕阿兰和哈剌和林城出土蒙古汗国时代大铁锅完全相同。画中狗头温酒瓷壶，亦与北宋影青狗头温酒壶相同。此外，画中葡萄酒瓷瓶颇具特点，肩部留一圈不烧，肩以下施黑釉，通腹饰瓦楞纹（图 19 左），与内蒙古博物馆藏磁州窑葡萄酒瓶（图 19 右）如出一辙。据考证，这是山西磁州窑系瓷器的一种烧造方法。[2] 河北磁州窑观台遗址也发现类似的葡萄酒瓷瓶，器型与和林城出土磁州窑葡萄酒瓶大同小异，年代在金代或蒙古汗国时期。[3]

耐人寻味的是，美国波士顿艺术博物馆藏《文姬归汉图》将匈奴帐殿绘于一条小河的北岸（图 20）。[4] 我们认为，这个方形蒙古大帐显然取材于

1 谢稚柳：《北行所见书画琐记》，《文物》1963 年第 10 期，页 33。

2 水既生：《山西古代窑具及装烧方法的初探》，中国科学院上海硅酸盐研究所编：《中国古陶瓷研究》，北京：科学出版社，1987 年，页 335。

3 北京大学考古学系等编：《观台磁州窑址》，北京：文物出版社，1997 年，页 214 ～ 251，图版四九。

4 林树中，前揭书，页 14。

图 20 波士顿艺术博物馆藏《文姬归汉图》所见阿布拉加河畔的曲雕阿兰

阿布拉加河北岸成吉思汗行宫——曲雕阿兰行宫，借汉代故事昭君出塞故事，比喻金朝公主下嫁成吉思汗。

第四节 成吉思汗的哈老徒行宫

1227 年夏，成吉思汗在秦州清水病逝。《元史 · 太祖本纪》记载：太祖二十二年“夏四月，帝次龙德，拔德顺等州……闰（五）月，避暑六盘山。六月……夏主李晛降。帝次清水县西江。秋七月壬午，不豫。已丑（1227 年 8 月 25 日），崩于 [……] 萨里川哈老徒之行宫，葬于起辇谷。”[1] 实际上，成吉思汗死在清水县西江，秘不发丧。灭西夏后，才将成吉思汗灵柩运回漠北萨里川哈老徒行宫，最后下葬在起辇谷。[2] 因此，《太祖本纪》“崩于”与“萨里川哈老徒之行宫”之间显然有脱文。

哈老徒行宫是成吉思汗四大斡耳朵中的夏季行宫，这里共有四后四

1 宋濂，前揭书，页 24 ~ 25。

2 [波斯] 拉施特主编，余大钧、周建奇译：《史集》第一卷第二分册，北京：商务印书馆，1983 年，页 321 ~ 322；陈得芝：《元岭北行省建置考（上）》，《蒙古史研究丛稿》，北京：人民出版社，2005 年，页 117。

妃，忽兰皇后为哈老徒行宫的主人，《元史·后妃表》称作“忽兰皇后斡耳朵”。忽兰是蔑儿乞部首领之女，其父兵败后，献女求降。据说忽兰容貌俊美，在诸后妃中颇受宠信。成吉思汗西征七年，独以忽兰亲随身边。成吉思汗死后，忽兰皇后与耶律楚材将成吉思汗遗体运回自己行宫——萨里川哈老徒行宫。萨里川之名屡见于史书，《蒙古秘史》称之为“撒阿里原野”（sahari-keher），位于今天蒙古国中央省额尔德尼县克鲁伦河上游西岸。[1] 清代《内府舆图》在克鲁伦河弯曲处西岸标有“噶老台泊”和“兖泊”。日本学者那珂通世最先注意到，噶老台泊即哈老徒行宫所在地，此泊与“兖泊”构成明初金幼孜《后北征录》所谓“双泉海”（图 21）。[2]

据日本学者白石典之调查，哈老徒行宫在蒙古国中央省额尔德尼县（Erdene Sum）哈老徒河（Galuut）西岸。[3] 此河发源地有一泉水，今称波罗流兀特泉（Bööröljüüt），其北 5 公里处有一古城，今称波罗流兀特土城。土城与泉水之间有一个旧盐湖。永乐十五年（1417），金幼孜扈从明成祖北征，途经萨里川。他在《后北征录》记载：“双泉海即撒里怯尔，元太祖发迹之所。旧尝有宫殿及郊坛，每岁于此度夏。山川环绕，中阔数十里，前有二海子，一咸一淡。西南十里有泉水海子一处，西北山有三关口（清代称“康哈里孩”），通饮马河（今克鲁伦河）、土剌河，胡人常出入之处也。”那么，双泉海即哈老徒河上游的旧盐湖，而哈老徒行宫西南十里的“泉水海子”则为哈老徒河源头的波罗流兀特泉。白石典之无疑是正确的，波罗流兀特土城正是成吉思汗的萨里川哈老徒行宫遗址。

《续资治通鉴长编》卷五十五记载：北宋真宗咸平六年（1003/ 辽统和二十一年）七月，契丹供奉官李信来归，言戎主母后萧氏有妹二人，长适齐王，王死自称齐妃，“领兵三万，屯西鄙驴驹儿河（今克鲁伦河）……使西捍达

---

1 余大钧，前揭书，页 224。

2 [日] 那珂通世译注：《成吉思汗实录》，东京：筑摩书房，1943 年，页 504（第 1 版收入 1907 年《大日本图书》）。

3 [日] 白石典之：《チンギス＝カンの考古学》，东京：同成社，2001 年，页 90 ~ 94。本文所引哈老徒行宫位置图（图 21）见该书第 91 页，哈老徒行宫遗址平面图（图 22），见该书 92 页。

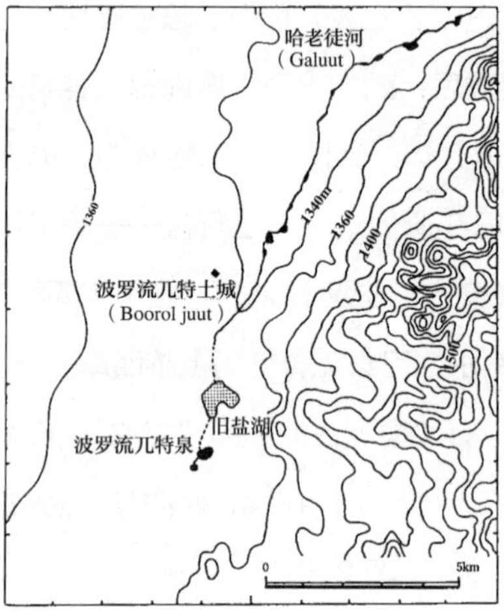

图 21 哈老徒行宫的地理位置

鞑，尽降之”。[1] 此后，辽朝在漠北设西北路招讨司，陆续兴建镇州（Chin Tolgoyn / 青陶勒盖）、维州（Khara Buhyn / 哈拉布和）、防州（Tala Ulan / 塔勒乌兰）、招州（Chilin Hiyd / 钦林西伊德）四城。[2] 尽管哈老徒行宫遗址发现辽代陶片，但是此城不在辽朝西北路招讨司管辖范围。据《蒙古秘史》记载，萨里川本为蒙古孛儿只斤部牧地，铁木真统一部落后，在此地建立了自己的夏季行宫。那么，此城最初可能为蒙古孛儿只斤部所建，而成吉思汗的哈老徒行宫只是利用了辽金旧城。

波罗流兀特古城由土城和西面三个小型建筑群构成。土城呈长方形，由高 2 米、宽 8 米的土城墙围成。长边长 133 米，短边宽 118 米。土城东墙开有一个大出入口。其他三边土墙中间位置各开设有小出入口。土城中央建有一个正方形台基，边长 25 米，高 3 米左右（图 22）。城内未见砖、瓦当、柱础等物，可见城内居室应为蒙古包之类。城内遍布河北磁州窑瓷瓮、陕西耀州窑磁碗和黑釉大瓮残片，时代在辽末至金代。波罗流兀特土城西郊残留三处土台建筑，从中采集到小部分砖、瓦当等建筑材料。《元史·宪宗本纪》记载：宪宗三年（1253）秋，“幸军脑儿”；七年秋，“驻跸于军脑儿，洒马乳祭天”。[3] 波罗流兀特土城西郊三个小土台建筑，似即宪宗蒙哥祭天之地，也就是《后北征录》提到的哈老徒行

1 ［南宋］李焘：《续资治通鉴长编》，北京：中华书局，1980 年，页 1207。

2 ［蒙古］佩尔列著，陈弘法译：《蒙古人民共和国境内的契丹古城古村遗址》，内蒙古文物考古研究所编：《文物考古参考资料》1979 年第 1 期，页 21；Sechin Jagchid, “The Kitans and their Cities”, *Central Asiatic Journal* 25, 1981, pp.70 ～ 80。

3 宋濂，前揭书，页 47 和 50。

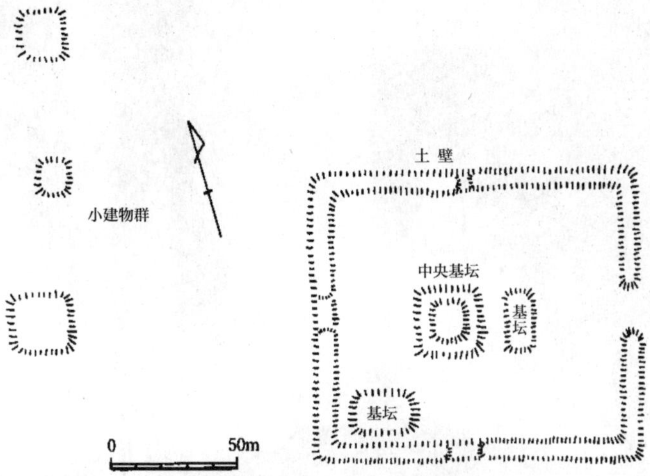

图 22 哈老徒行宫遗址平面图

宫附近的“郊坛”。

作为金朝的封疆大吏，成吉思汗多次从漠北到金中都（今北京宣武、丰台一带）纳贡。这时，金朝统治者开始警惕日益强大的蒙古部落。《析津志辑佚·河闸桥梁》记载：“万岁山土，乃是畏吾儿之天山，又名金山。山中有泉若乳，彼中名孙脑儿。金章宗与畏吾儿结姻，移北山并泉来燕，成此山，厌其王气也。”[1] 文中所见万岁山、孙脑儿、金山三个地名，讨论如下：

万岁山，即北京北海公园琼华岛的白塔山（图 23）。实际上，与金章宗“结姻”的并非新疆畏吾儿人，而是成吉思汗为首的蒙古部落。如前所述，金章宗明昌七年，完颜相国曾与克烈部王罕、蒙古部铁木真连手剿灭漠北阻卜部落。孙脑儿，《元史·宪宗本纪》称“军脑儿”，《佛祖历代通载》称“君脑儿”，[2] 皆源于蒙古语 Gün-nör（深湖）。据法国学者伯希和考证，军脑儿就是清代地图标注的“兖泊”。[3] 白石典之的调查表明，此湖就是哈老徒

1 [元] 熊梦祥著，北京图书馆善本组辑：《析津志辑佚》，北京古籍出版社，1983 年，页 96。

2 [元] 念常撰：《佛祖历代通载》，收入《大正藏》第 49 册《史传部二》卷二十二，台北：新文丰出版公司影印本，页 710。

3 [法] 伯希和：《马可波罗注》成吉思汗条（P. Pelliot, *Note on Marco Polo*, vol. 1, Paris, 1963, p.325）。

图 23 北海公园白塔山

行宫南约 5 公里处的波罗流兀特泉（图 24）。

金山，是蒙古人对肯特山的泛称"不儿罕·合勒敦"(Burhan Kaldun)。合勒敦（Kaldun），相当于突厥语 Altai（黄金），所以《马可波罗游记》称肯特山为"阿勒台"（即金山）。[1] 军脑儿地处肯特山南麓一支脉，大汗蒙哥常在军脑儿湖附近山脉祭天，谓之"日月山"。宪宗五年（1255），蒙哥汗还在哈老徒行宫附近"君脑儿"（即军脑儿）湖畔颁布圣旨，并立有白话圣旨碑。[2]《元史·宪宗本纪》记载：宪宗四年（1254），"会诸王于颗颗脑儿之西，乃祭天于日月山"；宪宗七年（1257）"秋，驻跸于军脑儿，

1 冯承钧译：《马可波罗游记》，上海书店出版社，2001 年重印本，页 147。

2 元人祥迈《辨伪录》卷三引《蒙哥白话圣旨碑》。此碑最后一行说："乙卯年（1255）九月二十九日，君脑儿里行此圣旨"（蔡美彪：《元代白话碑集录》，北京：科学出版社，1955 年，页 101）。

图 24 谷歌地图所见萨里川地貌图

洒马乳祭天”。[1] 颗颗脑儿，即《蒙古秘史》第 89 和 122 节的“阔阔纳浯儿”，源于蒙古语 Khukh Naur（蓝色的湖）。[2] 颗颗脑儿位于克鲁伦河上游支流桑沽儿河流域，蒙哥汗在其西祭天之地就在军脑儿附近。谭其骧主编《中国历史地图集·元明分册》将日月山标在土拉河源头，不一定正确。日月山当指军脑儿所在山脉（图 24）。《蒙古秘史》卷 4 第 136 节提到“成吉思汗的老营在哈泮沥秃（即哈老徒）海子”，[3] 可见哈老徒行宫是成吉思汗在肯特山南麓早期营地之一。

总之，金章宗模仿军脑儿（今波罗流兀特泉）在金中都北郊挖北海，

1 宋濂，前揭书，页 50 和 48。《元史·祭祀志一·郊祀上》亦载："岁甲寅（1254），[宪宗]会诸王于颗颗脑儿之西；丁巳（1257）秋，驻跸于军脑儿，皆祭天于其地"（宋濂，前揭书，页 1781）。

2 余大钧，前揭书，页 92 和 147。

3 Igor de Rachewiltz, *op. cit.*, 2004, p.58.

并在湖中心模仿肯特山南麓支脉日月山堆了一座镇山。这就是北京北海公园琼华岛白塔山的由来。金章宗挖湖造山的初衷是防止蒙古人南下，却把蒙古人引入燕京。元大都新宫落成以前，忽必烈就驻跸琼华岛山顶的广寒殿，并将此山更名为“万岁山”。[1]

第五节　蒙元帝陵——起辇谷

既然萨里川哈老徒行宫是成吉思汗下葬前最后停灵之地，那么波罗流兀特古城遗址对寻找蒙元帝陵起辇谷具有极其重要的科学意义。关于起辇谷的位置，目前学术界有三种不同解释。《黑鞑事略》提到成吉思汗陵在克鲁伦河之侧，所以俄国学者鲍乃迪（A. Palladius），清末名儒沈增植，日本学者箭内亘、驹井义明等人都把起辇谷的“谷”字释为河谷，以为是怯绿涟河谷（今克鲁伦河）的别译。法国学者伯希和另辟新说，认为“起辇谷”一词来自汉语，指山谷而言。他把起辇谷解释为“乘辇起程的山谷”，并提出“起辇谷只是忽必烈及其后裔的陵墓，而中国史书却把它说成是成吉思汗和拖雷的墓地，从而犯了一个永恒的错误”。[2]

我国蒙古学家亦邻真力排众议，首次提出起辇谷源于蒙古语地名，也即《蒙古秘史》所说蒙古祖先发迹地——古连勒古，蒙古语原文可拟作 Koiralko 或 Kürelgü。他还根据蒙古考古学家佩尔列对《蒙古秘史》的地理考证，指出起辇谷在蒙古国肯特省曾克尔满达勒县（Tsenkhormondal）一带。[3] 关于古连勒古的位置，佩尔列说：“古连勒古……东经 109 度，北纬 48 度。《蒙古秘史》有一处提到这个地方在不儿合罕勒敦之阳，又三次提到桑沽儿河在古连勒古之中。现在学界公认桑沽儿就是今天蒙古国的曾克儿河。可见古连勒古在不儿合罕勒顿之南（阳），桑沽儿河源在古

1　陶宗仪，前揭书，页 15。

2　P. Pelliot, *Note on Marco Polo*, vol.1, Paris, 1963, p.349.

3　亦邻真：《起辇谷与古连勒古》，《内蒙古社会科学》1989 年第 3 期；收入《亦邻真蒙古学文集》，呼和浩特：内蒙古人民出版社，2001 年，页 747 ~ 753。

连勒古。古连勒古当是指曾克尔河上游的一片相当大的地段，曾克尔河发源于波罗胡尔嘎温泉以西的山中。”[1]

亦邻真没有深究“古连勒古”的词源，法国东方学家格鲁塞在《蒙古帝国史》一个注释中考证：“古连勒古（gurelgu），从词源说，指一种“大蛇”。而只鲁格（djirüge）此言“心”（海涅士，Wörterb.，53 和 91）。原文说：“他们寻找新驻帐地方于古连勒古山里面，这座山是位于不儿罕山前，在阔阔淖儿小山合剌只鲁格（Qara-djirugen，逐字译为“黑心”）之上，桑沽儿河的沿岸”（G.B. 译本），换一句话说，他们的驻帐地是靠近阔阔淖儿，这个地方，在合剌只鲁格山，位于桑沽儿河岸。合剌只鲁格，所以就是一座在古连勒古山地区（“大蛇山”？）的小山，这座山矗立于不儿罕山前。所有这些地点无可考。只有说到不儿罕山使我们联想这山在三河之源，在现今肯特山区。”[2]

1925 ~ 1926 年，苏联蒙古学家符拉基米尔佐夫（Boris IA. Vladimirtsov）先后两次到蒙古高原考察，试图在元代不儿罕山（今蒙古国肯特山）探寻成吉思汗的葬地，尽管没发现任何遗迹，但是他对成吉思汗陵地理位置的判断，无疑是正确的。[3] 2006 年夏，我们到肯特山南麓一带实地考察。颗颗脑儿湖在乌兰巴托东北 220 公里处，今属肯特省曾克尔满达勒县（或称臣赫尔曼达勒），地处克鲁伦河上游支流曾克尔满达勒河（《蒙古秘史》的“桑沽儿河”）中游地区；南距县城约 37 公里。地理坐标为：北纬 48 度 01 分”，东经 108 度 56 分”；与成吉思汗最后停灵柩之地哈老徒行宫基本上在同一纬度（仅差 1 分），但经度相差 56 分（不到 1 度）。

从蒙古国地貌图看，颗颗脑儿湖西北有一座小山，当即《蒙古秘史》所谓“哈剌只鲁格山”（黑心山）。这个地方是成吉思汗在肯特山南麓最

1 [蒙古] 佩尔列：《〈秘史〉某些地名的考辩》，此文转引自亦邻真，前揭文，页 752。

2 [法] 格鲁塞著，龚钺译：《蒙古帝国史》，北京：商务印书馆，2002 年，页 341。

3 陈得芝：《国外的蒙古史研究》，收入白寿彝总主编：《中国通史》第八卷上册，上海人民出版社，1997 年，页 181。

图 25 谷歌地图所见哈老徒行宫、曲雕阿兰和起辇谷

早的营地之一（图 25）。《蒙古秘史》卷 2 第 89 节记载，铁木真“[全家人]在那里相会后，就迁往不儿罕 · 合勒敦山前的古连勒古山，在桑沽儿小河边的合剌 · 只鲁格山的阔阔海子边扎营住下，捕捉土拨鼠和野鼠为食”。[1]《蒙古秘史》卷 3 第 122 节记载：“当铁木真扎营住在乞沐儿合小河的阿亦勒 · 合剌合纳时，大家都会合在一起住下了。[接着，又]从那里起营迁到古列勒古山中，桑沽儿小河边的合剌 · 主鲁格山的阔阔海子边扎营住下。”[2]

古连勒古山就是《圣武亲征录》所言“曲邻居山”，[3]谭其骧主编《中国历史地图集·元明分册》把此山标在桑沽河源头，不一定正确。从前引《蒙古秘史》两条记载看，古连勒古山是乞沐儿合河（鄂嫩河上游支流）之南肯特山南麓一支脉，桑沽河西岸哈剌只鲁格山和颗颗脑儿湖皆位于古连勒古山地区。

成吉思汗以来，历代蒙古大汗和元朝皇帝死后全要归葬故土，《元史》

1 余大钧译注：《蒙古秘史》，石家庄：河北人民出版社，2001 年，页 92。
2 余大钧，前揭书，页 147。
3 王国维：《圣武亲征录校注》，《王国维遗书》第八册，上海书店出版社，1983 年，页 276。

和《南村辍耕录·列圣授受正统》称作“起辇谷”。尽管《元史》没有明说蒙哥汗和元朝末代皇帝元顺帝是否也葬在起辇谷，但是《史集》提到蒙哥汗葬在成吉思汗和拖雷的陵墓旁。元朝末帝元顺帝1370年死在应昌（今内蒙古克什克腾旗）。《元史·顺帝纪十》记载：“帝（指元顺帝）因痢疾殂于应昌，寿五十一，在位三十六年。太尉完者、院使观音奴奉梓宫北葬。”[1]那么蒙哥汗和元惠宗也葬在起辇谷。

总之，蒙古五大汗（成吉思汗、窝阔台、贵由、蒙哥和阿里不哥）和元朝十帝（世祖忽必烈、成宗铁穆耳、武宗海山、仁宗爱育黎拔力八达、英宗硕德八剌、泰定帝也孙铁木儿、幼王阿速吉八、文宗图帖睦尔、宁宗懿璘质班和顺帝妥懽帖睦尔），一无例外，全要归葬漠北起辇谷。[2]换言之，蒙元帝陵就在起辇谷。

德国国家图书馆藏有一幅14世纪蒙古萨满师举行丧葬仪式的波斯细密画（图26），生动描绘了蒙古贵族独特了丧葬仪式。[3]据史书记载，有资格在起辇谷下葬者必须是“黄金家族”的成员，也即成吉思汗的嫡系子孙，不过也有两个例外：一是成吉思汗原配夫人孛儿帖（弘吉剌部人），即术赤、察合台、窝阔台、拖雷四汗之母，死后随葬成吉思汗墓旁；二是成吉思汗四子拖雷之妻唆鲁禾帖尼（克烈部人），即蒙哥、阿里不哥、忽必烈、旭烈兀四汗之母，死后随葬拖雷墓旁。[4]《马可波罗游记》记载：“君等并应知一切大汗及彼等第一君主之一切后裔，皆应葬于一名阿勒台（金山）之山中。无论君主死于何地，皆须运葬于其中，虽地远在百日程外，

1　宋濂，前揭书，页986。

2　拉施特《史集》说窝阔台没有葬在起辇谷（拉施特，前揭书第一卷第二分册，页323；同书第二卷《窝阔台合罕纪》，北京：商务印书馆，1985年，页73～74）；英国学者博伊尔据《史集》的相关记载提出，窝阔台及其子贵由的墓地在新疆北部与额尔齐斯河分隔开的萨乌尔盆地（J. A. Boyle, "The burial place of the great khan Ogedei", *Acta Orientalia*, 32, 1970, pp.45～50）。然而，《元史·太宗纪》和《南村辍耕录·列圣受授正统》皆明确记载窝阔台葬在起辇谷（宋濂，前揭书，页37；陶宗仪，前揭书，页9），拉施特和博伊尔之说不可信。

3　Staatliches Museum für Völkerkunde(ed.), *Dschingis Khan und seine Erben: DasWeltreich der Mongolen*, München : Hirmer Verlag, 2005, s. 265.

4　据《元史·后妃传》记载，唆鲁（禾）帖尼，“大德四年（1300）二月崩，祔葬先陵（指起辇谷），谥曰裕圣皇后，升祔裕宗庙”（宋濂，前揭书，页2899）。

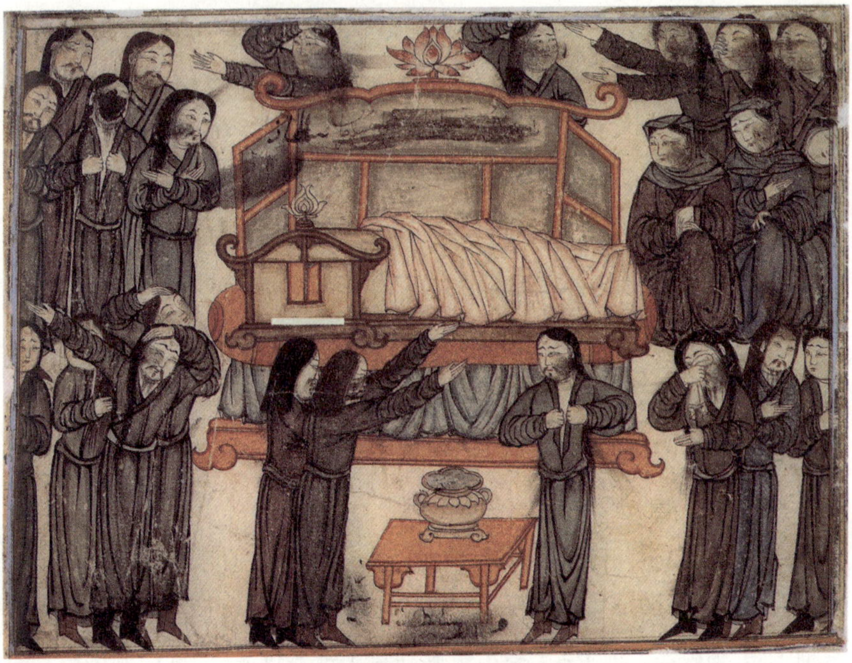

图 26 德国国家图书馆藏 14 世纪波斯细密画所绘萨满师举行丧葬仪式图

亦须运其遗骸葬于此山。尚有一不可思议之事，须为君等述者。运载遗体归葬之时，运载遗体之人在道见人辄杀，杀时语之云：'往事汝主于彼。'盖彼等确信凡被杀者皆往事其主于彼世。对于马匹亦然，盖君主死时，彼等杀其所乘良马，俾其在彼世乘骑。蒙哥汗死时，在道杀所见之人二万有余，其事非虚也。"[1] 如前所述，阿勒台山就是《析津志辑佚·河闸桥梁》所谓"金山"，[2]《蒙古秘史》称"古连勒古山"，《元史》和《南村辍耕录》称"起辇谷"，那么蒙元帝陵就在桑沽河中游西岸哈剌只鲁格山和颗颗脑儿附近。

1234 ~ 1236 年，南宋使者彭大雅、徐霆出使漠北，凭吊过成吉思汗陵墓。二人所撰《黑鞑事略》说："若忒没真（即成吉思汗）之墓，则插矢以为垣（本注：阔三十里），逻骑以为卫。（徐）霆见忒没真之墓

1 冯承钧，前揭书，页 147。
2 熊梦祥，前揭书，页 96。

在泸沟河（今克鲁伦河）之侧，山水环绕。相传云：忒没真生于此，故死葬此，未知果否。”[1] 据《蒙古秘史》记载，铁木真诞生地在鄂嫩河畔一个叫“迭里温·孛勒答黑”（Deli'ün Boldog）的地方。[2] 这个地方在蒙古国肯特省东北的达达勒县（Dadal Sum），并不在起辇谷。成吉思汗在起辇谷下葬后，这个墓地由林中的兀良哈人世代守护，突厥人称之为 Ghurūq 或 Qurūq（禁地）。[3] 2006 年 9 月 5 日，我们从乌兰巴托驱车 322 公里赴奥克洛克奇石城考察，途中经过起辇谷。限于时间，我们只能粗略地考察起辇谷地貌和自然环境（图 27）。正如《黑鞑事略》所言，成吉思汗葬地，“其墓无冢，以马践蹂，使如平地”。[4]

图 27 起辇谷之夏

1 王国维：《黑鞑事略笺证》，《王国维遗书》第八册，上海书店出版社，1983 年版，页 254。

2 余大钧，前揭书，页 54；Igor de Rachewiltz, *Secret History of the Mongols: A Mongolian Epic Chronicle of the Thirteenth Century*, Leiden/ Boston: Brill, 2004, p.13.

3 拉施特，前揭书第一卷第二分册，页 323；韩儒林：《元代的吉利吉思及其邻近诸部》，原载《南京大学学报》1981 第 5 期（《元史及北方民族史研究集刊》专辑），收入韩儒林：《穹庐集》，石家庄：河北教育出版社，2000 年，页 422。

4 王国维：《黑鞑事略笺证》，《王国维遗书》第八册，上海书店出版社，1983 年版，页 254。

三　和林访古

2006 年秋，我们随中国国家博物馆考察队到蒙古人民共和国寻访古迹，其间，对蒙古汗国首都——哈剌和林（Qaraqorum，简称和林）及其周边遗址进行了三天考察。[1] 和林城与元上都（今内蒙古正蓝旗元上都遗址）、元大都（今北京）并称蒙元三都，对研究蒙元时代中国都市的发展至关重要。本文拟分四节（一、和林城的发现；二、成吉思汗的龙庭行宫；三、窝阔台的万安宫；四、蒙哥汗的大阁寺），并结合百年来俄国、蒙古、日本、德国、美国同行的蒙古汗国考古研究成果，介绍我们在和林城进行考古调查的主要收获。

第一节　和林城的发现

1889 年，俄国考古学会东西伯利亚分会，委派以雅德林采夫（N. M. Jadrintsev）为首的科学考察队到蒙古高原进行考古调查。[2] 考察途中，他们在外蒙古库伦（今乌兰巴托）西南大约 380 公里的明清喇嘛教寺庙——鄂尔德尼召寺（汉名光显寺）发现至正丙戌年（1346）所立《兴元阁碑》。[3]《兴元阁碑》原立于和林城大阁寺（后称“兴元阁”）山门前，

1　这里，首先要感谢中国国家博物馆邀请我参加此次蒙古高原考察。考察队成员有：中国国家博物馆董琦、杨林、李钢先生和北京大学历史系朱凤翰教授。考察途中，我们还得到正在蒙古高原考察的内蒙古文物考古研究所副所长陈永志博士的热心帮助，一并在此表示我由衷的感谢。

2　N.M. Jadrincev, “Otchet ekspedicii na Orhon, sovershennoj v 1889 g. po porucheniju Vostochno- Sibirskogo otdela Imperatorskogo Geograficheskogo obshestvo”, *Sbornik trudov Orhonskoj ekspedicii* (STOE), vyp.1,1892, pp.51 ～ 113（[俄] 雅德林采夫：《1889 年鄂尔浑河考察报告，受沙俄地理学会东西伯利亚学会委托》，《鄂尔浑河考察队丛刊》第 1 卷，1889 年，页 51 ～ 113）。

3　照片引自 Hans-Georg Hüttel, *Dschingis Khan und seine Erben. Das Weltreich der Mongolen. Katalogbuch zur Ausstellung in der Kunsthalle*, Bonn: Hirmer Verlag GmbH/ München, 2005, p.151, fig.108 and p. 187,fig.7.

图 01 德蒙考古队 2003 年发掘兴元阁碑现场

由元代名臣许有壬撰写碑文，全称“敕赐兴元阁碑”。碑文用汉文和回鹘式蒙古文双语写成，背面蒙古文译自正面汉文。不知何时，从和林搬到鄂尔德尼召寺内。《兴元阁碑》发现时，正被寺僧当作香案。碑文已残缺不全（图 01）。[1] 好在，许有壬《至正集》卷四十五有全碑录文。碑文曰：“丙辰（1256）作大浮屠，覆以杰阁。鸠工方殿，六龙狩蜀。代工使龙，平督络绎，力底于成。阁五级，高三百尺。其下四面为屋，各七间环列诸佛，具如经旨。”[2] 由碑文可知，哈剌和林城就在鄂尔德尼召寺以北废墟。

1948 ~ 1949 年，吉谢列夫（S.V. Kishelev）领导的苏蒙考古队对和林城进行考古发掘，初步查明了和林城街区和建筑物布局，尤其是确定了万安宫的位置。[3] 自 1983 年起，以色尔奥德扎布为首的蒙古考古队再次对万安宫遗址进行考古发掘。1992 年以来，日本蒙古学家加藤晋平、白石典之多次到和林城进行调查，初步建立了和林城考古编年体系。[4] 1999 年至今，德国考古学家胡特（Hans-Georg Hüttel）领导的波恩大学考察队，对和林城及其周边遗址进行了长达 7 年的调查发掘，不仅在鄂尔德尼召寺内重新挖出《兴元阁碑》（图 01），而且在万安宫遗址发现大批梵式泥塑佛像、藏

1 1952 年，美国蒙古学家柯立夫讨论了兴元阁碑的回鹘式蒙古文部分，参见 F.W. Cleaves, “The Sino-Mongolian Inscription of 1346 ”, *Harvard Journal of Asiatic Studies* 15, 1952, pp.1 ~ 123.

2 [元] 许有壬：《至正集》卷四十五《敕赐兴元阁碑》，收入《北京图书馆古籍珍本丛刊·集部·元别集类》，北京：书目文献出版社，1998 年，页 233。

3 Sergei V. Kiselev (ed.), *Drevniye Mongol’skiye Goroda*, Moscow: Nauka, 1965.

4 [日] 白石典之：《モンゴル帝国史の考古学的研究》，东京：同成社，2002 年，页 223 ~ 226。

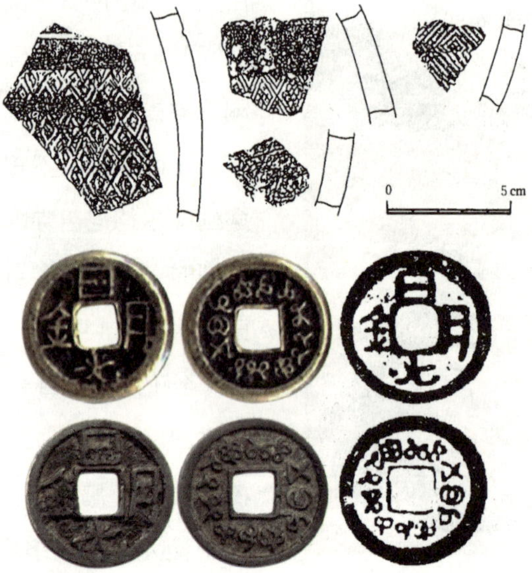

图 02 和林城出土回鹘汗国时期陶片与“日月光金”钱币

传佛教擦擦。此外，德国考古队还在和林城的西南郊发现辽至蒙元时代烧造陶瓷的窑址。[1]

2006 年秋，我们走访蒙古国科学院考古研究所时，获悉美国 – 蒙古联合考察队在和林城发现了 20 多枚回鹘汗国钱币。由于资料尚未发表，我们没见到实物，只见到其中一枚“日月光金”的照片。此类回鹘钱币在新疆、内蒙古多次发现，年代在公元 840 年回鹘西迁以前（图 02）。[2] 北宋太平兴国六年（981），王延德从汴梁出使高昌（今新疆吐鲁番），途

1 Hans-Georg Hüttel et al.,“Karakorum (Mongolei), Grabungen der Kommission für Allgemeine und Vergleichende Archäologie des Deutschen Archäologischen Instituts, 1999-2004”, *Beiträge zur Allgemeinen und Vergleichenden Archäologie*, Band 20-24, Mainz, 2000-2004; M. Janssen-Kim, “Blauweiße chinesische Importkeramik aus Karakorum, Mongolei”, *Zeitschrift für Archäologie Aussereuropaischer Kulturen*, Band 1, Wiesbaden, 2006, pp.9-82.

2 林梅村：《日月光金与回鹘摩尼教》，《汉唐西域与中国文明》，北京：文物出版社，1998 年，页 381 ～ 392。据努尔兰考证，此类钱币背面的胡书，是草体突厥鲁尼文（努尔兰：《日月光金胡书考》，《中国钱币》2007 年第 1 期，页 41 ～ 47）。

经鄂尔浑河流域。他在《西州使程记》提到漠北有一座回鹘公主城。文中说："次历拽利王子族,有合罗川,唐回鹘公主所居之地。城基尚在,有汤泉池。"[1]回鹘公主即"回鹘可敦"之汉译，而合罗川，研究者以前多以为在今内蒙古西部额济纳河流域。问题是，无论文献还是考古资料，从未提到或发现额济纳河流域有唐代回鹘城，况且此地根本不在回鹘汗国统辖范围之内。

合罗川,蒙古定宗二年（1247）出访漠北的张德辉所撰《岭北纪行》（或称《塞北纪行》）称"和林川"，[2]得名于鄂尔浑河一条支流——哈剌和林河。《元史·地理志一》记载："和宁路，上。始名和林，以西有哈剌和林河，因以名城。"[3]这片平川就在今天蒙古国后杭爱省鄂尔德尼召一带，四周为群山环绕，东西长五十里，宽二十至三十里。鄂尔浑河从此山谷穿流而过（图03）。[4]

关于和林城的历史沿革，耶律楚材之子耶律铸的说法最具权威性。他在《双溪醉隐集·取和林》自注中说："和林城，苾迦可汗之故地也。岁乙未（1235），圣朝太宗皇帝城此，起万安宫。城西北七十里有苾迦可汗宫城遗址,东北七十里有唐明皇开元壬申御制御书阙特勤碑。"[5]《新唐书·回鹘传上》记载：唐元和四年（809），回纥毗迦可汗上表唐皇请求将"回纥"一名改为"回鹘",取汉字回旋轻捷如"鹘"（隼）之意。[6]这位回鹘可汗就是耶律铸诗注两次提到的"苾迦可汗"，而苾迦可汗宫城则为和林城西北30公里的黑城子（Kharbalgas），亦称"九姓回鹘

1 王国维：《王延德〈使高昌记〉》，《王国维遗书》第八册，上海书店出版社，1983年，页132。

2 ［元］张德辉《岭北纪行》曰：丁未（定宗二年）六月,"又经一驿,过大泽泊,周广约六、七十里，水极澄澈，北语谓吾悮竭脑儿。自泊之南而西，分道入和林城，相去约百余里。泊之正西有小故城，亦契丹所筑。由城四望，地甚平旷，可百里。外皆有山，山之阴多松树,濒水则青杨丛柳而已,中即和林川也"（贾敬颜：《张德辉〈岭北纪行〉疏证稿》,《五代宋金元人边疆行记十二种疏证稿》，北京：中华书局，2004年，页345～346）。

3 宋濂，前揭书，页1382。

4 姚从吾：《张德辉〈岭北纪行足本〉校注》，《台湾大学文史哲学报》1962年第11期，页1～38；收入《姚从吾先生全集》第七册，台北：正中书局，1982年。

5 ［元］耶律铸：《双溪醉隐集》卷二，台北：台湾商务印书馆，1969年，叶7a。

6 ［宋］欧阳修等：《新唐书》，北京：中华书局点校本，1975年，页6124。

图 03 鄂尔浑河之夏

牙帐城”。唐代和林城显然是回鹘毗迦可汗某个行宫所在地，才被耶律铸称作“苾迦可汗之故地”。回鹘钱币“日月光金”在和林城的发现，可与文献相互印证，说明早在回鹘汗国时代哈剌和林就建有城镇，时称“回鹘公主城”。

蒙哥大汗在位时，法国使者鲁布鲁克曾造访和林城。他在游记中介绍说：“它有两个城区：一个是有市场的撒剌逊人（穆斯林）居住区，那里有大量的鞑靼人（蒙古人），因为那里有一直接近该（城）的宫廷，也因为那里有许多使臣。另一个是契丹人（中国北方人）的城区，他们全是工匠。”在万安宫北面，有一大片地区遍布瓷器碎片，似乎就是鲁布鲁克所说“有市场的撒剌逊人居住区”。据吉谢列夫调查，和林城有中国内地生产的陶瓷器，包括山西琉璃、河南钧窑瓷器、河北磁州窑褐釉瓷、黑釉瓷、红绿彩瓷、低温黄绿釉陶瓷、浙江龙泉窑以及江西景德镇窑青白瓷、卵白釉瓷和青花瓷。我们在和林城考察时，在穆斯林居住区采集到一些中国内地窑厂生产的蒙元时代瓷片，其中还有一片景德镇窑孔雀蓝釉金彩龙纹瓷片（图 04）。

图 04 和林城市场遗址采集的元青花和孔雀蓝釉金彩龙纹瓷片

刘新园在景德镇发掘的一批元文宗时代的宫廷瓷器中，有几件孔雀绿釉金彩龙纹砚盒与孔雀绿釉青花龙纹盖盒残片，就属于这种波斯艺术风格的元代瓷器。[1]

洪武三年（1370），元顺帝妥懽帖睦尔死于应昌路，太子爱猷识理达腊继位，退据和林，仍采用元朝国号，史称“北元”。我们在和林城采集的孔雀蓝釉金彩龙纹瓷片，似为元朝皇室退居和林城之遗物。

作为蒙古世界帝国的首都，和林城出土蒙元文物亦非同寻常。我们在蒙古国立历史博物馆参观时，见到和林城附近出土的两个埃及法老石面具（图 05），当即蒙古西征时从西方掠夺的战利品。总之，19 世纪末叶以来的一系列考古调查发掘，正在逐步揭开哈剌和林城的“庐山真面貌”。

1 香港大学冯平山博物馆及景德镇市陶瓷考古研究所编：《景德镇出土五代至清初瓷展》，香港：冯平山博物馆，1992 年，页 26 ~ 28，图 170。该书将“孔雀蓝”称作“孔雀绿”，亦名“萃蓝”，皆指同类陶釉。

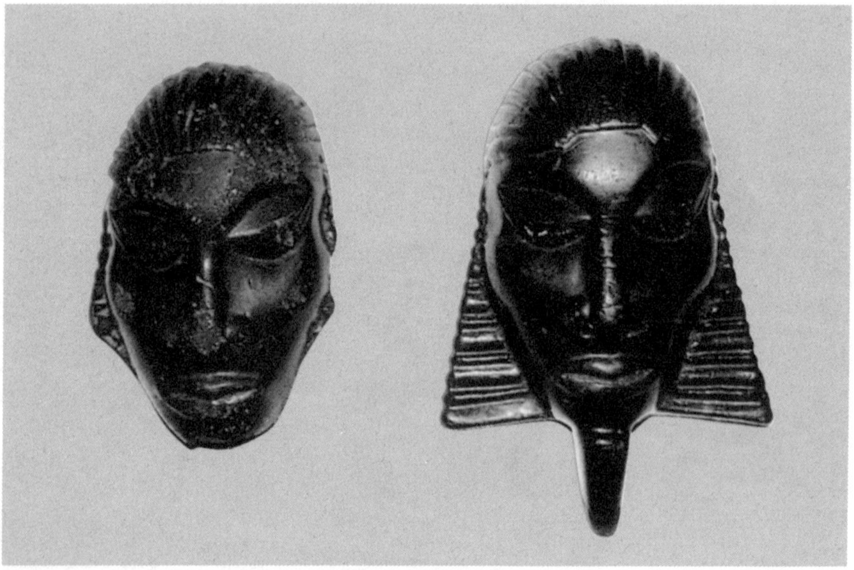

图 05 和林城出土埃及法老石面具，蒙古国立历史博物馆藏品

第二节 成吉思汗的龙庭行宫

成吉思汗在位后期有意将统治中心，从“三河之源”迁到漠北中心区域——鄂尔浑河流域，相继构筑了春季行宫“不花因失灰”、夏季行宫“龙庭”（斡鲁朵八里附近）、秋季行宫“达兰达葩”（七十岭）、冬季行宫“按坦孛都罕（或称按檀火尔欢）”。这四大斡耳朵与成吉思汗在位前期四大斡耳朵，史称“八白室”；如果加上成吉思汗在乃蛮国所立行宫（称海城附近），则为波斯史官拉施特所谓“成吉思汗九大斡耳朵”。[1]

关于龙庭行宫的位置，从小在漠北生长的耶律铸说：“龙庭，和林西北地也。”[2] 谈到地理位置，史书往往要说两地之间的里数。例如：《元史·地

1 《史集·铁穆耳合罕纪》记载：“成吉思汗的斡耳朵共九个：四个大斡耳朵和［另外］五个斡耳朵”（[波斯] 拉施特主编，余大钧、周建奇译：《史集》第二卷，北京：商务印书馆，1983 年，页 377）。

2 《双溪醉隐集·下龙庭》有诗曰：“翠华一动下龙庭，生意还从一气生。乐国得非为寿域，圣人须自有金城。”本注：“龙庭，和林西北地也”（[元] 耶律铸：《双溪醉隐集》卷二，台北：台湾商务印书馆，1969 年，叶 7b）。

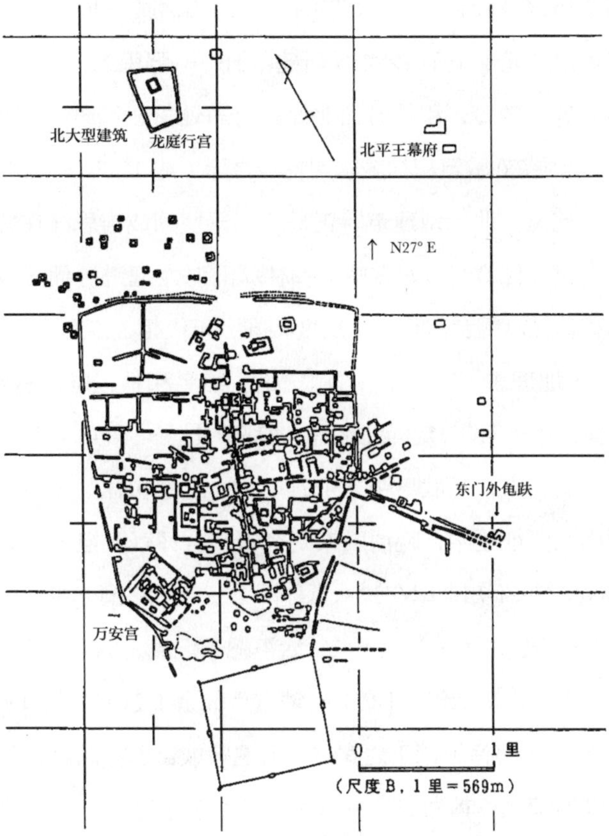

图 06 龙庭行宫的位置

理志一》本注说：窝阔台于“丁酉（1237）夏四月，筑扫邻城。治迦坚茶寒殿，在和林北七十余里。”[1] 耶律铸只说龙庭“在和林西北地”，并没提到两地相距多少里，清楚地表明龙庭就在和林城西北郊外。据考古调查，和林城北郊有两处大型古建筑遗迹。一处在和林城西北，南距和林城北门 1.5 里，距万安宫遗址 3.5 里，今称“北大型建筑”；另一处在和林城正北，规模较小，南距和林城北门约 2 里。史书提到和林城北郊有一座元代王府（图 06）。《元史・世祖纪十》记载：至元二十一年（1284）三月“丁巳，皇子北平王南木合至自北边。王以至元八年（1271）建幕庭于和林北野里麻里

1 宋濂，前揭书，页 1382 ～ 1383。

之地。留七年，至是始归”。[1] 从建筑布局看，和林城正北方向的古建筑遗址，当即忽必烈之子北平王于 1271 年所建幕府——野里麻里行宫遗址。

据白石典之调查，和林城西北郊还有一处古建筑遗迹，今称“北大型建筑”，年代约在刘敏筑和林城宫阙梵宇之际（约 1235 ~ 1240）。[2] 从位置和年代看，这座“北大型建筑”正是我们寻找的成吉思汗在位后期的夏季行宫——龙庭（图 07）。刘敏修筑和林城时对龙庭进行翻修改造，所以这处行宫与和林城窝阔台宫殿所用尺度相同，年代相去不远。

《元史・地理志一》记载：“和宁路。始名和林，以西有哈剌和林河，因以名城。太祖十五年，定河北诸郡，建都于此。”[3] 1346 年和林城所立《兴元阁碑》亦有“太祖圣武皇帝之十五年……定都和林”之说。然而，成吉思汗当时尚在西征途中，晚清以来研究者一直怀疑太祖十五年定都和林之说的真实性。[4] 殊不知，早在铁木真称汗第三年就在漠北中心区域鄂尔浑河流域设立夏季行宫“龙庭”。《元史・太祖纪》记载：太祖三年（1208）“夏，避暑龙庭。”[5] 金贞祐二年（1214），蒙古兵临金中都（今北京）城下，金宣宗献岐国公主（金废帝卫绍王之女）求和，遣嫁成吉思汗。其母袁氏随女同往，蒙古人颇以为荣，尊其为“公主皇后”。《金史・宣宗纪上》记载：贞祐二年三月“甲申，大元乙里只（蒙古语“使臣”）扎八来。……庚寅，奉卫绍王公主归于大元太祖皇帝，是为公主皇后”。[6] 金朝公主到漠北后，入主和林城西北郊的龙庭。太祖十五年定都和林之说，并非空穴来风，显然与成吉思汗在位后期将统治中心从“三河之源”移到漠北中心区域有关。

《元史・后妃表》罗列了成吉思汗前期四大行宫的后妃，但是没提到成吉思汗后期行宫任何后妃。从《长春真人西游记》可知，龙庭行宫由金

---

1 宋濂，前揭书，页 265。

2 ［日］白石典之：《モンゴル帝国史の考古学的研究》，东京：同成社，2002 年，页 223 ~ 226。

3 宋濂，前揭书，页 1382。

4 岑仲勉：《元太祖定都和林说》，收入《中外史地考证》下册，北京：中华书局，1957 年，页 544 ~ 546。

5 宋濂，前揭书，页 14。

6 脱脱等，前揭书，页 304 ~ 304。

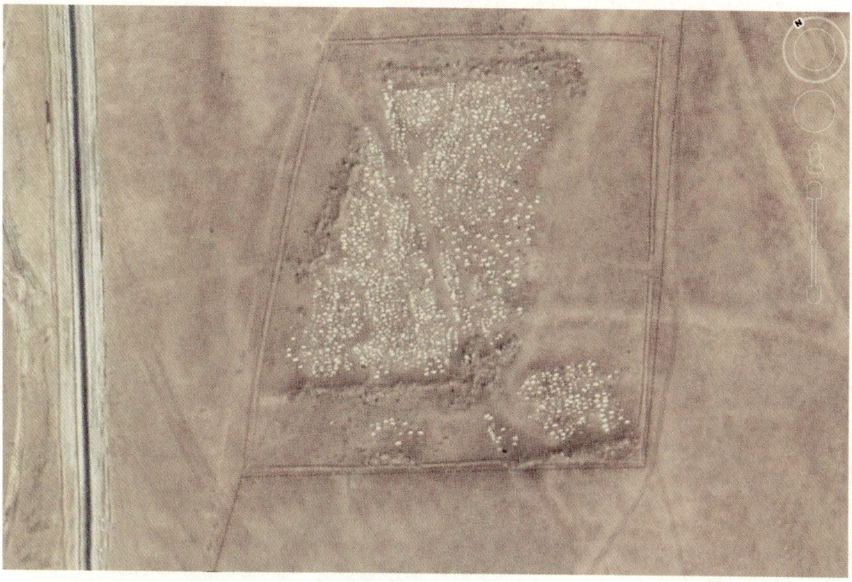

图 07 谷歌地图所见龙庭行宫

朝所献公主驻跸，时称“公主皇后”。1220 年，丘处机应诏赴中亚，觐见成吉思汗，在漠北见到公主皇后。丘处机于太祖十五年（1220）庚辰六月“二十八日，泊窝里朵之东，宣使先往奏禀皇后，奉旨请师渡河。其水东北流，弥漫没轴，绝流以济。入营，驻车南岸。车帐千百，日以醍醐、湩酪为供，汉、夏公主皆送寒具等食。黍米斗白金十两，满五十两，可易面八十斤。盖面出阴山之后二千余里，西域贾胡以橐驼负至也。中伏，帐房无蝇。窝里朵，汉语行宫也；其车舆、亭帐，望之俨然，古之大单于未有若是之盛也”。[1] 丘处机停泊的“窝里朵”，当即辽代和林土城，《辽史》称为“窝鲁朵城”。据《辽史·萧图玉传》记载，辽开泰二年（1013）初，“阻卜复叛，围（萧）图玉于可敦城（镇州可敦城，今蒙古国青陶勒盖古城），势甚张。图玉使诸军齐射却之，屯于窝鲁朵城”。[2]《辽史》的“窝鲁朵城”以前一直误当作回

1 王国维:《长春真人西游记注》卷上，《王国维遗书》卷八，上海书店出版社，1983 年，页 489。

2 脱脱，前揭书，页 1378。

鹘故都黑城子。我们这次蒙古高原之行重大收获之一，就是澄清了这桩历史疑案。

我们在蒙古国后杭爱省浩吞特县（Khotont sum）考察时，内蒙古文物考古研究所、吉林大学边疆考古中心与蒙古国家历史博物馆联合考古队，正在回鹘故都遗址附近发掘古墓。墓葬形制（图 08 左图）与北京颐和园内的耶律铸墓相似，[1] 而墓中出土菱格纹陶片为辽代典型器，与吉谢列夫、白石典之在万安宫遗址附近发现的辽代陶片相同。[2] 现场发掘者告诉我们，这批古墓用回鹘故都黑城子的砖瓦堆砌坟冢（图 08 右图为该冢出土的唐瓦与瓦当），并被蒙古独木棺墓打破，年代必在 840 年回鹘西迁之后以及 1206 年成吉思汗统一蒙古高原以前。从年代和墓葬形制看，回鹘故都黑城子附近这批古墓似与辽代漠北契丹移民有关，并非唐代回鹘贵族墓。

1220 年，丘处机一行离开“窝里朵”后，于“七月九日，同宣使西南行五六日，屡见山上有雪，山下往往有坟墓。及升高陵，又有祀神之迹，又三日，历一山，高峰如削。松杉郁茂，西有海子，南出大峡，则一水西流。杂木丛映于山之阳，韭茂如芳草，夹道连数十里。北有故城曷剌肖”。曷剌肖之名，源于突厥 – 蒙古语 Qarabalaγasun（今称 Kharbalgas），显然指回鹘故都黑城子。关于和林城与黑城子的位置，耶律铸《取和林诗》注说：“和林城……城西北七十里，有苾加可汗宫殿遗址。”[3] 丘处机从漠北“窝里朵”（辽代和林土城附近）西行五六日所遇“坟墓”，就是中蒙联合考察队在回鹘故都附近发掘的辽墓；[4] 而丘处机从“斡耳朵”西行八九日所达“曷剌肖”故城，则是回鹘故都黑城子。

唐开成五年（840），在北方黠戛斯人的打击下，回鹘人被迫西迁中亚。黑城子被黠戛斯人彻底摧毁，黑城子郊外摩尼教寺院前所立九姓回鹘可汗

1 北京市文物考古研究所：《耶律铸夫妇合葬墓出土珍贵文物》，《中国文物报》1999 年 1 月 31 日。

2 [日] 白石典之：《モンゴル帝国史の考古学的研究》，东京：同成社，2002 年，页 221。

3 [元] 耶律铸：《双溪醉隐集》卷二，台北：台湾商务印书馆，1969 年，叶 7a。

4 该墓地出土建筑材料的彩色照片，参见塔拉主编：《蒙古国浩腾特苏木乌布尔哈尔布其勒三号四方形遗址发掘报告（2006 年）》，北京：文物出版社，2008 年，图版 21 和 22。

图 08 回鹘故都附近辽墓及唐代莲花纹瓦和筒瓦

碑，亦被黠戛斯人打成碎块。既然回鹘故都附近辽墓上封土堆使用从黑城子运来的砖瓦，说明此城废弃于辽代，成吉思汗自然不会把龙庭行宫建在这片废墟上。前苏联、日本、德国考古队在和林城内外发现辽代陶片和烧造灰陶的辽代窑址，说明和林城在辽代仍继续使用。

总之，丘处机在漠北停泊的“窝里朵”，就是成吉思汗在和林城西北郊所设龙庭之地。正如王国维所考，丘处机在“窝里朵”行宫遇见的“汉公主”，就是金朝所献卫绍王之女，蒙古人尊为“公主皇后”。随同汉公主迎接丘处机的“夏公主”，则为西夏国王所献之女，《蒙古秘史续集》称“察合”。《元史·后妃表》有“察儿皇后”，就指西夏公主察合。[1] 在《元史·后妃表》中，察儿皇后被列入第三斡耳朵（黑林行宫）中。看来，西夏公主是到公主皇后行宫串门来了，因而在龙庭行宫与丘处机不期而遇，她本人并非龙庭行

1 宋濂，前揭书，页 489 ～ 490。

宫的后妃。汉、夏二公主关系一直不错，时常往来。二人的友谊一直保持到窝阔台寡后乃马真称制四年（1245）。公主皇后信仰全真道，1245 年她曾经在西夏公主驻跸地黑林行宫颁布过保护全真道的圣旨。《汲县北极观懿旨碑》最后一行曰："皇帝福荫里、公主皇后懿旨：乙巳年（1245）五月初十日图刺里写来。"[1] 这道圣旨是公主皇后颁布的，而颁布圣旨之地"图刺"，则是黑林行宫所在地——土拉河畔。

公主皇后身为金朝帝胄，在成吉思汗后妃中地位颇高。波斯史官拉施特谈到成吉思汗后妃时指出，"作为长后与获得充分尊敬者"只有五人，公主皇后名列第四，其他四位皇后分别为大皇后孛儿帖旭真、二皇后忽兰、三皇后也速干、五皇后也速伦。关于公主皇后，拉施特在《史集》中写道："四皇后公主哈敦，乞台君主阿勒坛汗（即金朝皇帝）之女。我们知道，她长得不美，但由于其父是伟大的君主，就使她获得身份，受人尊敬。她没有为成吉思汗生下子女。她一直活到阿里不哥时才死去。"[2] 因此，在成吉思汗后期行宫中，龙庭行宫地位颇高，相当于成吉思汗在位前期四大行宫的曲雕阿兰。元英宗在位时（1321 ~ 1323），武宗皇后伯忽笃受命主管"太祖皇后完颜氏斡耳朵"。[3] 所谓"完颜氏斡耳朵"，就指公主皇后当年驻跸的龙庭行宫。值得注意是，和林城还发现过一件可能和公主皇后相关的道教文物。20 世纪 50 年代，苏联考古学家吉谢列夫在和林城 1 号发掘地点挖出一个龙纹琉璃香炉。胎土呈红黄色，外施蓝釉，器内和器底不施釉色。香炉底部墨书"天长观长住"等几个汉字（图 09）。[4] 天长观，即北京宣武区西便门外的白云观，今中国道教协会所在地。

白云观的前身是唐代天长观。唐刘九霄《再修天长观碑略》记载，唐

1 蔡美彪编：《元代白话碑集录》，北京：科学出版社，1955 年，页 10。

2 拉施特，前揭书第一卷第二分册，页 89 ～ 90。关于公主皇后的讨论，参见刘晓：《成吉思汗公主皇后杂考》，《民族史研究》第 5 辑，北京：民族出版社，2004 年，页 15 ～ 21。

3 [元] 许有壬：《至正集》卷四十六《勅赐崇源寺碑》，收入《北京图书馆古籍珍本丛刊·集部·元别集类》，北京：书目文献出版社，1998 年，页 44。

4 Sergei V. Kiselev, *op. cit.*, pp.239-240, pl. XXIII: 2 ～ 3.

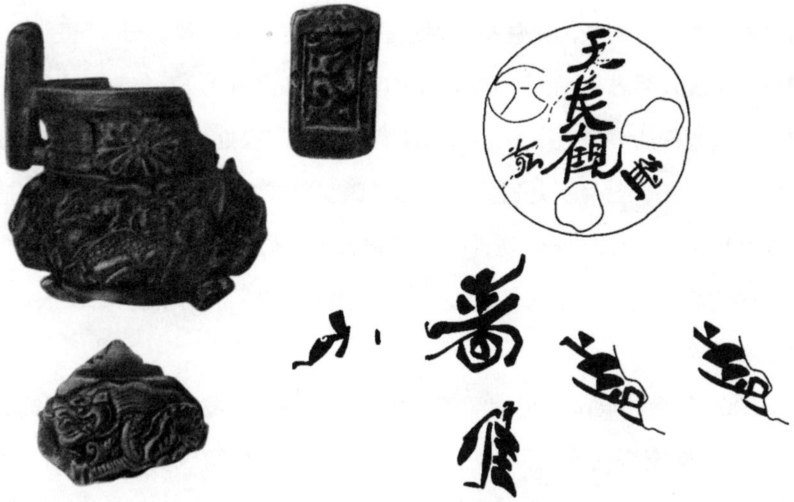

图 09 和林城出土成吉思汗时代道教香炉

玄宗为“斋心敬道”，奉祀老子，而建天长观。关于金元时代天长观，元王鹗《重修长春宫碑》记载：金正隆五年（1160），天长观遭火焚毁。大定七年（1167）敕命重修，历时七载，至大定十四年（1174）三月竣工，金世宗赐名“十方天长观”。泰和二年（1202），天长观不幸再次罹难于火灾，仅余老君石像。翌年重修，更名“太极殿”，不久易名“太极宫”。金宣宗贞祐二年（1215），国势不振，献卫绍王之女与蒙古大汗成吉思汗，迁都汴梁。金室南迁后，太极宫逐渐荒废，只余老君石像。1224 年，丘处机西游归来，住持天长观，建正殿五间，“装（老君）石像于其中”。[1] 1227 年，天长观应诏更名长春宫。公主皇后在 1245 和 1250 颁布的两道保护全真道的圣旨，都把天长观称作“长春宫”。[2] 那么，和林城出土“天长观”题铭的琉璃香炉之年代，想必在 1227 年天长观更名以前。这个香炉装饰有龙纹，绝非寻常百姓家之物，很可能是信仰全真道的公主皇后之故物。

1 刘厚祜：《白云观与道教》，中国道教协会编《中国道教》1980 年第 6 期（网络版 http://www.taoist.org.cn/ webfront/ webfront_viewContents.cgi?id=1432）。

2 陈垣编：《道家金石略》，北京：文物出版社，1988 年，页 486 和 508。

1235年，窝阔台在和林城建了一所道观，命全真道领袖尹志平、李志常派德高望重的道长前来住持。《盩厔重阳万寿宫圣旨碑》曰："皇帝圣旨，道与清和真人尹志平、仙孔八合识李志常：我（即窝阔台）于合喇和林盖院来。你每拣选德行清高道人，教来告天住持。仰所在去处赍发递送来者。准此。乙未年（1235）七月初九日。"[1]和林城道观落成之后，公主皇后可能将这个龙纹香炉捐给了和林城道观，所以苏联考古队得以在和林城内发现这个龙纹琉璃香炉。那么这个香炉的发现地点值得深究，很可能是窝阔台所建和林城道观故址。

2000年夏，德国波恩大学考古队在和林城郊外发现四座烧造陶瓷的窑址。[2]这些陶窑烧造的品种不一样。其中，1～2号窑烧制佛像，出土了琉璃菩萨头像和一些没有烧好的泥胎，3号窑烧砖，4号窑烧瓦，时代在13世纪末至14世纪初。德国考古队在万安宫遗址西南发现了第五处窑址，专门用来烧制灰陶器。这处窑址的年代可能较早，从中发掘出一件写有契丹文的陶器，当即契丹族工匠烧造陶瓷之地（图10）。[3]

契丹文是辽王朝官方文字之一，主要用于碑刻、墓志、符牌和写诗译书等。金灭辽后，契丹文继续流行，不仅为女真人所用，而且对女真文的创立起过相当大的作用。明昌二年（1191），金章宗"诏罢契丹字"，契丹文逐渐失传。[4]尽管如此，契丹文仍在流亡漠北的契丹遗民当中流传。丘处机西行中亚途中，经过西辽耶律大石在漠北所建城镇。《长春真人西游记》记载："又四程，西北渡河，其旁山川皆秀丽，水草且美。东西有故城，基址若新，街衢巷陌可辨，制作类中州，岁月无碑刻可考，或云契丹所建。既而地中得古瓦，上有契丹字，盖辽亡士马不降者，西行所建城邑也。"[5]由

1 蔡美彪，前揭书，页4。

2 Hans-Georg Hüttel, *cit. op.*, 2005, p.149.

3 [日]白石典之：《モンゴル帝国史の考古学的研究》，东京：同成社，2002年，页295，注30。

4 刘凤翥、于宝林：《契丹文字研究》，《中国民族古文字》，北京：中国社会科学出版社，1984年，页318～328。

5 王国维：《长春真人西游记》卷上，《王国维遗书》第八册，上海书店出版社，1983年，页488～489。

图 10 德国考古队发掘哈剌和林窑遗址现场

于漠北契丹遗民使用契丹文，所以成吉思汗圣旨令牌往往用契丹文或汉文契丹文双语。

辽金两朝有固定的铺马制度，朝廷使者佩戴政府颁发的牌符，出使时以接力方式，使用官方驿站或民间马匹。在辽金马政的影响下，蒙古汗国建立了庞大的驿站体系。南宋孟珙注意到蒙古汗国流行的几种牌符。他在《蒙鞑备录》中写道：蒙古贵族“所佩金牌，第一等贵臣带‘两虎相向’，曰虎斗金牌，用汉字曰：天赐成吉思皇帝圣旨，当便宜行事。其次素金牌，曰：天赐成吉思皇帝圣旨，疾。又其次银牌，文与前同”。[1] 其实，这三种牌符不是用来表示官衔，而是乘驿用牌符。[2] 丘处机一行就是持蒙古汗国的“金虎符牌”，利用蒙古汗国驿站系统，到中亚觐见成吉思汗的。

成吉思汗时代的乘驿牌符已发现多面，可分鎏金铜牌和鎏金银牌两种，只是尚未发现这个时代的乘驿金牌。1934 年河北北部发现一面成吉思汗圣

1 王国维笺证：《蒙鞑备录笺证》，北平：文殿阁书庄，1936 年，页 36 ~ 37。
2 党宝海：《蒙元驿站交通研究》，北京：昆仑出版社，2006 年，页 22 ~ 25。

图 11 河北廊坊征集的成吉思汗双语圣旨鎏金银牌与河北省博物馆藏辽代契丹文乘驿牌

旨铜牌，长 22 厘米，宽 6.5 厘米，上錾虎头饰；正面鎏金汉字“天赐成吉思皇帝圣旨，疾”；背面为契丹文“走马”二字，现藏日本京都大学。[1] 1998 年，河北廊坊文物商店大城县收购站购到盐山县农民旧藏汉文契丹文双语成吉思汗皇帝圣旨鎏金银牌一件（图 11 左）。中国国家博物馆藏有类似的成吉思汗圣旨鎏金银牌，当即孟珙《蒙鞑备录》所谓“素金牌”。[2] 1972 年河北承德出土一面契丹文“敕走马”鎏金银牌（图 11 右），与北宋王易《燕北录》著录的契丹文“敕走马牌”相似。故知成吉思汗颁发的汉文契丹文双语圣旨令牌，仿自辽朝皇帝“敕走马牌”。

成吉思汗西征时，漠北由四太子拖雷监国，常驻龙庭行宫东南的和林土城。成吉思汗死后，龙庭行宫以及成吉思汗其他行宫全部由拖雷继承。王恽《贾氏世德碑》记载：“甲申（太祖十九年 / 1224）间，因上元奉御刘公绍现庄圣皇后，时睿宗（拖雷）驻和林。”[3]《元史·李守贤传》记载：

1 党宝海，前揭书，页 385。

2 史树青：《成吉思皇帝圣旨金牌考》，《收藏家》2000 年第 4 期，页 45 ~ 46。

3 [元] 王恽：《秋涧集》卷五十一，收入《四部丛刊・集部》，上海涵芬楼影元本，叶 1b。

“岁戊子（拖雷监国元年 / 1228），朝于和林，加［李守贤］金紫光禄大夫，知平阳府事、兼本路兵马都总管。”[1] 直到拖雷死后，窝阔台才把蒙古汗国统治中心转移到龙庭行宫。姚燧《姚枢神道碑》曰：“太宗五年（1233），中书（杨惟中）与偕北觐；时龙庭无汉人士夫，帝喜其（姚枢）来，甚重之”。姚燧《荣禄大夫江淮等处行中书省平章政事游公神道碑》曰：“（游显）及邓州之新野，适奥乌兰（斡兀兰）巡徼，相顾悲喜，偕至大将察韩（察罕）所，为驿致龙庭。岁庚子（太宗十二年 / 1240），入见，具陈思主、弃妻子挺身来归，及自建康抵鄂州军镇戍形便、兵食虚实，‘我加兵诛，可以必举’。”[2]

据以上讨论，早在蒙古汗国开创第三年（1209），成吉思汗就在辽代和林土城西北郊设立夏季行宫——龙庭。成吉思汗十五年（1220），蒙古汗国统治中心正式从“三河之源”转移到鄂尔浑河流域的龙庭。1227 年成吉思汗死后，龙庭行宫和成吉思汗其他行宫被四太子拖雷继承，拖雷监国就在和林西北郊外的龙庭行宫上朝。

第三节　窝阔台的万安宫

1232 年拖雷死后，窝阔台才开始在龙庭上朝。拖雷死后第三年（1235），窝阔台又在龙庭行宫东南的和林城大兴土木，构筑宫阙梵宇。对此，史书有明确记载。例如：《元史・太宗纪》记载：太宗四年（1232）“九月，拖雷薨，帝还龙庭”；九年（1237）冬十月，“幸龙庭，遂至行宫”。[3] 耶律铸《双溪醉隐集・取和林诗》本注说：“岁乙未（1235），圣朝太宗皇帝城此，起万安宫。”[4]《元史・地理志》亦载，和林城大汗宫殿始建于窝阔台七年

1　脱脱，前揭书，页 3517。

2　[元] 姚燧：《牧庵集》卷二十二（查洪德点校：《姚燧集》，北京：人民文学出版社，2011 年，页 338）。

3　脱脱，前揭书，页 32 和 35。

4　[元] 耶律铸：《双溪醉隐集》卷二，台北：台湾商务印书馆，1969 年，叶 7a。

(1235)。[1] 这项工程由刘敏主持设计和修建，包括“立行宫，改新帐殿，城和林，起万安之阁，宫闱司局”等工程。[2]《元史·刘敏传》亦载：“乙未，城和林，建万安宫，设宫闱司局，立驿传，以便贡输。”[3]

从考古发现看，刘敏主要做了两项工作：第一、在和林城旧城基础上加固辽金时代土城墙，但没有扩建；第二、在和林城的西南角兴建万安宫，有宫墙环绕。西方史料对和林城和万安宫有比较详细的记载。1235 年，波斯史家志费尼到和林城觐见大汗窝阔台。他在《世界征服者志》中描述：“市镇中替合罕建造了一座有四扇门的花园。一门为统治世界的皇帝开设，一门为他的诸子和族人开设，再一门为后妃公主开设，第四门作为黎庶进出之用。”[4]

1253 年，鲁布鲁克（William Rubruck）受法兰西国王路易九世派遣出使蒙古汗国。1254 年，他在和林城觐见大汗蒙哥，两年后返回。鲁布鲁克在游记中介绍说：和林“城四周是泥土墙，有四道门。东门卖粟及其他种类的谷物，不过这些很难运到那里；西门卖绵羊和山羊；南门卖牛和车；北门卖马”。[5] 据考古调查，和林城始建于回鹘汗国时代（约唐代中期），后经辽金两代、蒙古汗国、元朝不断修补，但是从未扩建，明初毁于战火。和林城平面呈不规则长方形，周围有土城墙，南北长四里，东西宽二里，四面皆设有城门。[6] 由于采用木门，目前仅存三座城门遗迹，南门则荡然无存。城内有十字街把城区分成南、北、东、西四个区（图 12）。[7] 唐朝里坊制度：“每坊皆开四门，有十字街，四出趣门”。[8] 显然，和林城的建筑设计采用唐

1 脱脱，前揭书，页 1382 ～ 1383。

2 [金] 元好问：《遗山集》卷二十八《大丞相刘氏先茔神道碑》(李正民增订：《元好问全集》，太原：山西古籍出版社，2011 年，页 592)。

3 脱脱，前揭书，页 3610。

4 [波斯] 志费尼著，何高济译：《世界征服者史》上册，北京：商务印书馆，2004 年，页 190。

5 耿昇、何高济，前揭书，页 292。

6 Sergei V. Kiselev (ed.), *Drevniye Mongol' skiye Goroda*, Moscow: Nauka, 1965.

7 [日] 白石典之：《モンゴル帝国史の考古学的研究》，东京：同成社，2002 年，页 227，插图 3 ～ 22。

8 [宋] 宋敏求：《长安志》，收入《丛书集成初集》第 3209 册，北京：中华书局，1991 年版，页 84。

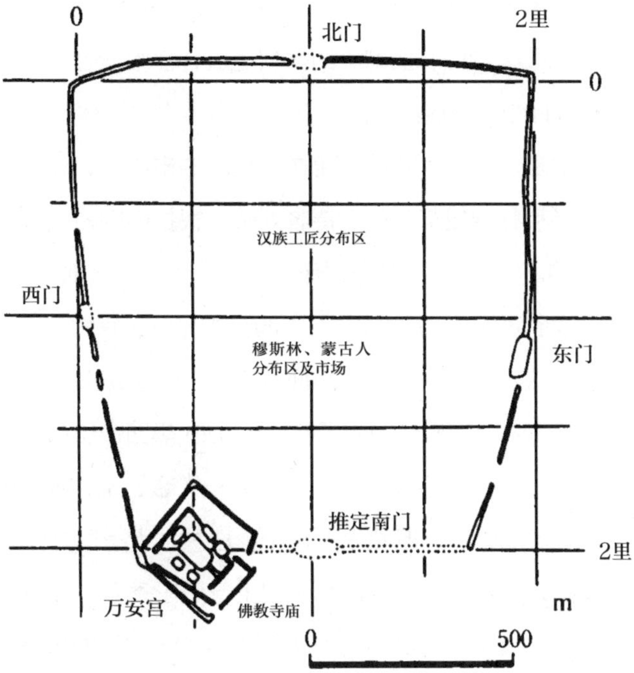

图 12 和林城平面图

代里坊制度，占地面积相当于唐代两坊之地。[1] 中国度量衡在宋元之际有较大变化，而和林土城墙尺度亦采用唐宋制度。[2]

关于窝阔台的万安宫，波斯史官拉施特在《史集·窝阔台合罕纪二》记载："……他（窝阔台）下令在［自己的］禹儿惕哈剌和林，他大部分时间的驻留地，修建一座有高台基和柱子，与这位君主的宏图相称的宫殿。那座宫殿的每一方面各长一箭之距，中间有一巍峨的殿堂耸立，殿堂被加以精致的装饰，描以彩绘和图画，并被称之为'合儿失'。"[3] 据考古调查，万安宫坐落在和林城西南隅。宫墙南北长 260 米，东西宽 250 米，平面呈不规则

---

1 关于唐代里坊制度，参见宿白：《隋唐长安城和洛阳城》，《考古》1978 年第 6 期，页 409 ～ 425 转 401。

2 据白石典之调查，西夏 1 尺 = 29.6 厘米，西夏 1 里 = 1800 尺（与唐代尺度相同）；元代 1 尺 = 31.6 厘米，元代 1 里 = 1200 尺（[日]白石典之：《モンゴル帝国史の考古学的研究》，东京：同成社，2002 年，页 130）。

3 拉施特，前揭书第二卷，页 68 ～ 69。

长方形。宫墙内有五个土台基，中央台基最大，占地面积 55 米 ×45 米，高约 3 米。在宫殿南发现石板砌筑的宫门遗迹，宫殿遗址内发现大批琉璃鸱尾、龙纹琉璃瓦当和琉璃滴水。[1]

耐人寻味的是，万安宫并没有建在和林城的市中心，而是建在了城内西南一隅。这是和林城建筑工程主持者刘敏，根据中国古代以西南为中的传统思想设计的。北京大学李零教授曾以汉武帝祭天之地“甘泉太一坛”为例，来说明这个问题。元鼎五年（公元前 112 年），宫内祠官宽舒等人在汉甘泉宫（在今陕西淳化县北）的南面修立太一坛。坛分三层，最高一层列“太一”之像，称“紫坛”；中层以青、赤、白、黑四帝居东、南、西、北，而将黄帝置于西南，称“五帝坛”。黄帝于五行（金、木、水、火、土）方位属土，本来应该在中央，既然太一坛中央已被“太一”之像占据，只好让黄帝屈居西南，这和《礼记·月令》把土行配于季夏（位当西南）是一个道理。[2] 同理，刘敏为了不破坏和林城原有四门十字街的布局，把万安宫建在了和林城的西南隅（图 13）。

唐代屋檐前的板瓦上始有“滴水瓦”，板瓦与滴水、瓦当的组合，可以防止雨雪侵蚀屋檐和墙壁。琉璃瓦最初只用于檐脊，并不用于整个殿顶。宋代始见满铺琉璃瓦的殿顶，例如：辽宁省博物馆藏宋徽宗赵佶《瑞鹤图》中汴梁城宣德门城楼就铺满了琉璃碧瓦，使建筑物增加绚丽华贵的色彩。[3] 万安宫采用了这项新技术，大量使用琉璃建材。我们在蒙古国立历史博物馆参观时，见到吉谢列夫当年在万安宫遗址挖出的琉璃鸱尾、龙纹琉璃瓦当、琉璃筒瓦和琉璃滴水，十分精美（图 14）。

除少数佛教寺庙之外，汉唐建筑很少用琉璃，而西亚两河流域却有使用琉璃建材的悠久传统。早在亚述时代（公元前 9 ~ 8 世纪），美索不达米亚人就用陶瓷方砖做建筑材料，亚历山大征服波斯后，这个工艺传统日

---

1 Sergei V. Kiselev (ed.), *Drevniye Mongol' skiye Goroda*, Moscow: Nauka, 1965; 夏鼐主编：《中国大百科全书·考古卷》，北京 / 上海：中国大百科全书出版社，1996 年，页 155。

2 李零：《中国方术续考》，北京：中华书局，2006 年，页 159 ~ 160。

3 杨新等编：《中国绘画三千年》，北京：中国外文出版社，1997 年，页 123，插图 114。

图 13 德国考古队发掘万安宫遗址航拍照片

趋衰落。阿拉伯人征服波斯后，重新恢复了这一工艺传统。阿拔斯王朝宫殿就用广泛使用琉璃建材，并对伊斯兰建筑艺术后来的发展产生重要影响。据文献记载，巴格达团城中心哈里发曼苏尔宫（亦称 Bab al-Dhahab，意为“金门宫”）是一个圆顶形建筑，外面用绿色琉璃作装饰，圆顶内部贴金。[1] 13 世纪，中亚建筑开始流行琉璃装饰。蒙哥九年（1259），常德奉命出使波斯，觐见旭烈兀。据刘郁《西使记》记载，常德在忽章河（今锡尔河）见到当地“邮亭客舍，甃如浴室，门户皆以琉璃饰之”。[2]

2006 年夏，我们在和林城考察时，德国波恩大学考古队正在万安宫遗址进行发掘，发现宫内大面积铺设伊斯兰艺术风格的孔雀蓝釉铺地砖，相当壮观（图 15）。正如元末陶宗仪《元氏掖庭记》所言，“元祖肇建内殿，制度精巧。题头刻螭形，以檀香为之。螭头向外，口中衔珠，下垂珠皆五色，用彩金丝贯串，负柱融滚霞沙为猊，怒目张牙，有欲动之状。瓦滑琉

1 罗世平等编：《波斯和伊斯兰美术》，北京：中国人民大学出版社，2004 年，页 183。
2 王国维：《古行记四种》，《王国维遗书》第八册，上海书店出版社，1983 年，页 142。

图 14 万安宫出土琉璃建材，蒙古国立历史博物馆藏品

图 15 万安宫遗址孔雀蓝釉铺地砖

璃，与天一色。”[1] 孔雀蓝釉，又称萃蓝釉（或“法蓝”），是一种以铜元素为着色剂的低温彩釉。由于部分器物发色偏绿，因此也有人称为“孔雀绿”（或“法翠”）。这种釉陶器起源于波斯地区，晚唐五代时期，就从海路传入中国。在元大都宫殿遗址中，发现过白色琉璃砖和白、绿、浅绿、深绿、翠绿、孔雀绿等色的瓦和建筑饰件。[2] 磁州窑遗址发现过蒙元时代孔雀蓝釉陶器。[3]

1235年，志费尼到和林城觐见大汗窝阔台。他在《世界征服者志》中描述：“那座花园的中央，契丹工匠筑有一座城堡，有像花园门一样的门。在它的里面筑有一座分三层的御殿，一层单供合罕之用，一层供他的后妃之用，第三层供侍臣和奴仆之用；左右还筑有为他的兄弟、诸子和秃儿合黑（即侍卫）准备的房屋，（这些房屋的墙上）绘有图画”。[4] 1948～1949年，苏联科学院考古队到和林城发掘万安宫遗址，在万安宫台基北面发现一批佛教壁画残片。[5] 整理者叶甫秋霍娃（L.A. Evtjuhova）认为，这批壁画绘于成吉思汗时代。[6] 南京大学陈得芝教授不同意这个断代，认为是辽代壁画。[7]

其实，万安宫台基西北带壁画遗址，正是志费尼所说窝阔台兄弟、诸子和侍卫在万安宫修筑的“绘有图画”的住宅遗址。其中两幅壁画残片上绘有蒙古男女贵族供养人像，身穿红色锦袍。据叶甫秋霍娃研究，“在一个壁画残片上，我们发现有穿红长外衣的人物，用宽腰带束紧长袍。他右手放在右膝上，左手弯起胳膊，撑着伸着的大腿上（图16左上）。另一个壁

---

1 ［清］虫天子辑：《中国香艳丛书》，北京：人民文学出版社，1992年，页657。

2 单士元：《故宫武英殿浴德堂考》，《故宫博物院院刊》1985年第3期，页47～48；李知宴：《故宫元代皇宫地下出土陶瓷资料初探》，《中国历史博物馆馆刊》1986年第8期，页73～74和页77～78。

3 北京大学考古系、河北省文物研究所、邯郸地区文物保护研究所：《观台磁州窑址》，北京：文物出版社，1997年，页312～313。

4 志费尼，前揭书，页190。

5 ［日］白石典之：《モンゴル帝国史の考古学的研究》，东京：同成社，2002年，页93～95，插图1～32。

6 Sergei V. Kiselev, *op. cit.*, p.133。

7 陈得芝：《元岭北行省建置考（上）》，收入作者《蒙元史研究丛稿》，北京：人民出版社，2005年，页122。

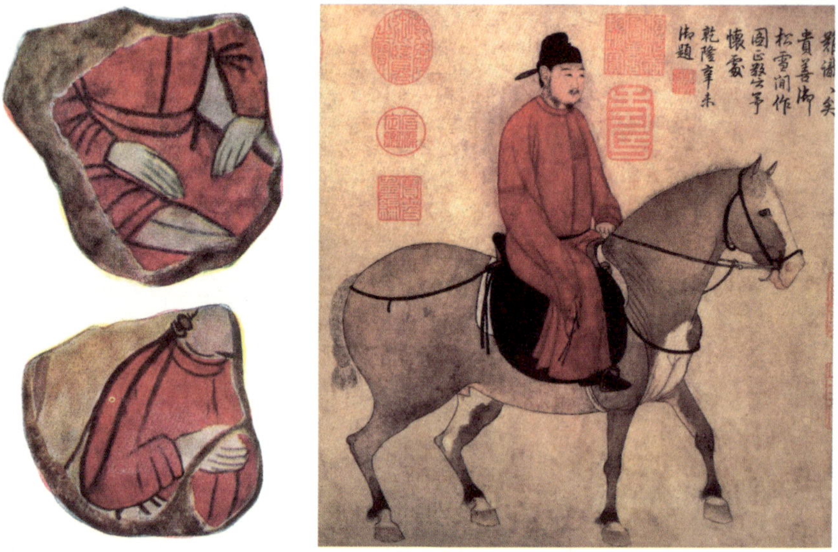

图 16 万安宫壁画上蒙古供养人像与北京故宫藏赵孟頫《人骑图》

画残片上是一幅女子画像，身穿高领红色长袍，用白色腰带束紧长袍。右耳外边描绘金发卡（如现代蒙古妇女模样），编成三条辫子的头发从发卡往肩膀垂下（图 16 左下）。耐人寻味的是，这两个人物的服装与现代蒙古长袍（蒙古人称 deli）颇为相似，高领，并带有褶的长袖。”[1] 从艺术风格看，这些壁画残块上的人物与故宫博物院藏元初赵孟頫《人骑图》所绘红衣骑士相似（图 16 右），其年代无疑在 13 世纪初窝阔台建万安宫之际，而非叶甫秋霍娃推测的成吉思汗时代。[2]

第四节 蒙哥汗的大阁寺

蒙哥六年（1256），蒙古汗国第四代大汗蒙哥在和林城兴建大佛寺，俗称“大阁寺”；元顺帝时重修，更名“兴元阁”。寺前立有元代名臣许有壬

---

1 Sergei V. Kiselev, *op. cit.*, p.170。吉谢列夫绘万安宫（大阁寺）平面图（图 17），参见该书第 140 页。

2 杨新等编：《中国绘画三千年》，北京：中国外文出版社，1997 年，封面。

撰写的《敕赐兴元阁碑》，记述了和林城与兴元阁的历史，许有壬《至正集》卷四十五有此碑录文。碑文曰：

丙辰（1256）作大浮屠，覆以杰阁。鸠工方殿，六龙狩蜀。代工使能，平督络绎，力底于成。阁五级，高三百尺。其下四面为屋，各七间环列诸佛，具如经旨。[1]

据白石典之研究，元代一尺相当于31.6厘米。[2]如果大阁寺“高三百尺”，高度约在94.56米，这显然是不太可能的。无论如何，蒙哥汗所建大阁寺无疑是和林城历史上最大的建筑，有学者怀疑这座佛寺可能压在鄂尔德尼召寺庙之下。据近年考古勘测，这所藏传佛教寺庙下边没有古代建筑遗迹，而和林城最大的建筑遗迹就在万安宫遗址。

据法国使者鲁布鲁克记载，蒙哥汗的“宫殿（指万安宫）像一座教堂，有中心部分，两侧是两排柱子，南面是三道门，那株树立在中门内。汗坐在北面高处，让大家都能看到。有两条阶梯通向他，送酒人从一条上，另一条下。”[3]目前认定的万安宫遗址的建筑规模，远比法国使者鲁布鲁克所见“两侧是两排柱子”的万安宫大得多，且与许有壬所说兴元阁“七进深”的建筑规模大致相符。我们有充分理由认为，兴元阁建在了万安宫旧基之上。

据考古调查，和林城最大的建筑台基（图17），占地面积约41米（元代130尺）见方，纵横两个方向，各有八排柱子，尽管石柱础、石地趺大多被移至鄂尔德尼召寺内，但是目前仍留有17个石柱础或地趺。[4]我们在鄂尔德尼召寺庙考察时，只见遍地是元代石柱础（图18上）。在寺内还见到一个精美的元代龙纹角柱（图18左下），与《营造法式》所绘龙纹角柱（图18右下）如出一辙。[5]这些元代石柱础和角柱都是从万安宫遗址搬来的。

---

1 ［元］许有壬：《至正集》卷四十五《敕赐兴元阁碑》，收入《北京图书馆古籍珍本丛刊·集部·元别集类》，北京：书目文献出版社，1998年。页233。

2 白石典之，前揭书，2001年，页215。

3 耿昇、何高济译：《柏朗嘉宾蒙古行纪；鲁布鲁克东行纪》，北京：中华书局，1985年，页285。

4 白石典之，前揭书，页159，图64-B。

5 ［宋］李诫撰，邹其昌点校：《营造法式》，北京：人民出版社，2011年，页220。

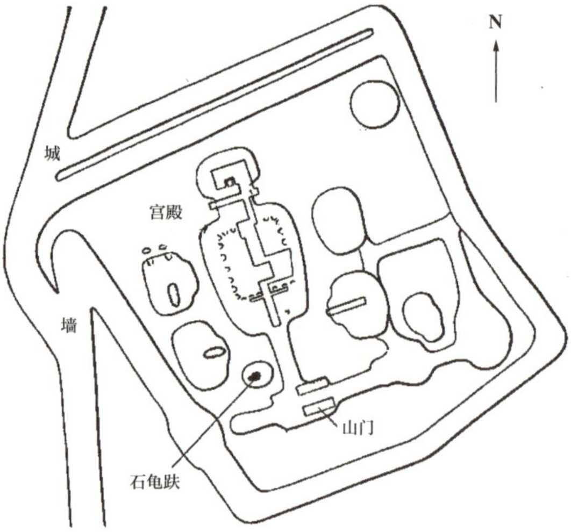

图 17 吉谢列夫绘万安宫（大阁寺）遗址平面图

图 18 鄂尔德尼召寺内散落的和林城莲花纹石柱础与龙纹角柱

图 19 大阁寺山门前的石龟趺

我们访问和林城时，德国波恩大学考古队正在进行考古发掘，宏大的宫殿基址被全面揭开，数十个巨大的石地趺令人震撼。这些庞大的石柱础或地趺，实际上属于万安宫旧基上所建大阁寺（兴元阁）之物。据德国考古队调查，大阁寺遗址内一些石柱础上仍然残留有直径 60 ~ 65 厘米木柱残余，在遗址最东北和最西北部发现两个巨大的莲花宝座，上面原有大佛像，主要为如来佛像或观音菩萨像。[1] 和林城还有许多巨大的石龟趺，一般位于城门附近，但是最大的石龟趺位于万安宫前（图 19）。从位置和规模看，或许是兴元阁碑下石龟趺。

关于大阁寺的兴建，元人祥迈《至元辨伪录》卷三记载："时少林长老裕公建寺鹘林。"所谓"鹘林"，即指哈剌和林。南京大学陈得芝教授据此推测，大阁寺建筑工程主持者可能是少林寺长老福裕。[2] 然而，这段话全文

1 Hans-Georg Hüttel, *op .cit.*, p.141.

2 陈得芝：《元外剌部〈释迦院碑〉札记》，收入《蒙元史研究丛稿》，北京：人民出版社，2005 年，页 98。

是："时（1255）少林长老裕公建寺鹘林。皇上钦仰。因见其本谤讪佛门。使学士安藏献呈阿里不哥大王诉其伪妄。大王披图验理阅实甚虚。乃奏天子备陈诈冒。破灭佛法败伤风化。天子未详真伪。俾召少林长老及道士李志常于大内万安阁下。共丞相钵剌海亲王贵戚等译语合剌合孙并学士安藏。帝御正座对面穷考。按图征诘。志常一词罔措。"[1] 此可见，少林寺长老福裕在和林城建寺之事发生在1255年佛、道之辩的紧要关头，当时万安阁尚在。况且，《嵩山少林寺裕和尚碑》也没提到福裕主持大阁寺建筑工程之事。[2] 既然如此，在万安阁旧基上所建大阁寺想必与少林寺长老福裕无关。

我们从藏文古籍查到，大阁寺工程主持者实际上是一位西藏喇嘛，名叫"噶玛拔希"。据蔡巴·贡噶多吉《红史》（约成书于1346年）记载，蒙古征服西夏后，藏传佛教开始对蒙古高原发生影响。1255年，噶玛噶举派（黑帽系）首领噶玛拔希从藏区到汉地，经灵州（今宁夏灵武）、甘州（今甘肃张掖）北上，在今宁夏与内蒙古交界地带，兴建了一所喇嘛教寺院——吹囊朱必拉康寺。随后噶玛拔希横越大戈壁，北上蒙古高原。1256年抵达蒙古汗国首府和林城，觐见大汗蒙哥，得赐金边僧帽和金印。并受命在和林城兴建佛寺。"他在哈拉和林地方建的大寺庙，在南瞻部洲独一无二，在西夏及全国境内修复三千个庙和被毁佛塔，并建了许多寺庙和修行地"。[3]

关于大阁寺始建年代，《兴元阁碑》说："宪宗（蒙哥）继述，岁丙辰（1256）作大浮屠。"[4] 可知，噶玛拔希1256年在和林城所建大寺庙正是大阁寺，那么大阁寺工程主持者应该是西藏噶举派首领噶玛拔希。为了表彰噶玛拔希的功绩，蒙哥汗赐予他一顶金边黑色僧帽和金印一颗，藏传佛教

---

1 [元] 祥迈：《大元至元辨伪录》，收入北京图书馆古籍出版编辑组：《北京图书馆古籍珍本丛刊第77册·子部·释家类》，北京：书目文献出版社，1998年。

2 [元] 程钜夫：《雪楼集》卷八，阳湖陶氏涉园影洪武本，宣统庚戌（1910）年，叶6b～8b。

3 蔡巴·贡噶多吉著，陈庆英、周润年译，东噶·洛桑赤列校注：《红史》，拉萨：西藏人民出版社，2002年，页74～75。

4 [元] 许有壬：《至正集》卷四十五《敕赐兴元阁碑》，收入《北京图书馆古籍珍本丛刊·集部·元别集类》，北京：书目文献出版社，1998年，页233.

图 20 河北正定大悲阁立面复原图

黑帽系由此产生。此外，蒙哥汗还钦定噶玛拔希为都松钦巴转世，从而开创了藏传佛教的活佛转世制度。

大阁寺建筑结构与河北正定县大悲阁相似，只是后者规模较小。大悲阁始建于北宋开宝四年（971），虽经历代重修，但是基本上保持了北宋原貌（图 20）。大悲阁也是面阔七间（八排立柱），但进深只有六间（七排立柱）。[1] 大悲阁台基东西宽 136.5 尺，南北长 116.5 尺。阁分四级，高十三丈（130 尺）。若按元代度量衡计算，高达 41 米，但是实测高度只有 37 米，也许是宋尺比元尺短的缘故。和林城大阁寺的年代、建筑形式以及规模，皆与隆兴寺大悲阁非常相似，复原工作可参考大悲阁。

1254 年，法国使者鲁布鲁克出使蒙古汗国，觐见大汗蒙哥。当时和林城“有各族的偶像寺庙十二所，两座清真寺”。鲁布鲁克还亲自走进和林城的一所偶像寺庙，见到众僧人手拿念珠，端坐念诵六字真言“唵嘛呢叭咪

1 郭黛姮主编：《中国古代建筑史》第三卷，北京：中国建筑工业出版社，2001 年，页 354 ~ 359。隆兴寺大悲阁立面复原图，参见该书，页 358，图 6 ~ 213。

哞”。[1]可见，早在噶玛拔希抵达漠北以前，和林城已有藏传佛教寺庙。从考古发掘看，大阁寺主体建筑采用中国传统木结构建筑，但是寺内佛教造像却大量采用“梵式佛像”（即藏传佛教密宗造像），只有少数中国内地流行的“汉式佛像”。

关于蒙元时代的“梵式佛像”，清乾隆年间工布查布撰《造像量度经》序言说：“所谓梵式者，元世祖混一海宇之初，你波罗国匠人阿尼哥，善为西域梵像，从帝师八思巴来，奉敕修明堂针炙铜像，以工巧称。而其门人刘正奉，以塑艺驰名天下，因特设梵像提举司，专董绘画佛像，及土木刻削之工，故其艺绝于古今，遂称为梵像。”[2]这部《造像量度经》用梵文写成，约成书于10世纪。[3]原书无图，工布查布插入大量佛像线图，为梵式佛像制作提供“粉本”。在大阁寺出土佛教造像中，只有少数佛像采用中国内地流行的汉式佛像，例如：吉谢列夫在大阁寺南门发现的汉式菩萨头以及德国考古队在和林窑发现的琉璃佛像。[4]这两个佛头与河北磁州窑烧造的菩萨头像的艺术风格相似，属于典型的汉式佛像。[5]德国考古队在大阁寺发掘出土的无量寿佛泥塑像（图21左）相当有趣，与北京居庸关云台无量寿佛石雕像（图21右）几乎完全相同。

总之，蒙哥汗的大阁寺建于窝阔台万安宫旧基上，主体结构采用中国

---

1 ［英］道森编，吕浦译、周良霄注：《出使蒙古记》，北京：中国社会科学出版社，1983年，页139和184。

2 工布查布，《清史稿·藩部传一·土默特部传》称“棍布扎布”，内蒙古乌珠穆沁部落人。自幼在北京长大，通藏语，雍正时为西番学总管，兼管翻译。《佛说造像量度经》原来只有藏文译本（收入北京版《丹珠尔》），但未提译者。此书汉译者工布查布说是达磨多啰与查巴建参共译。清乾隆七年（1742），工布查布在北京从藏文本译为汉文（收入《大正藏》第21卷《密教部四》）。工布查布汉译本所用藏文底本，得自洮州（甘肃省甘南藏族自治州临潭县）禅定寺崇梵静觉国师（李翎著：《佛教造像量度与仪轨》，北京：宗教文化出版社，1998年，页12和17）。

3 ［比利时］魏查理：《〈造像量度经〉研究综述》，《故宫博物馆院院刊》2004年2期，页60～76。

4 大阁寺出土汉式菩萨头，参见 S. V. Kiselev (ed.), *Drevniye Mongol' skiye Goroda*, Moscow: Nauka, 1965，p.150, fig.90; 和林窑出土汉式琉璃佛头，参见 Hans-Georg Hüttel, *op.cit.*, 2005, p.158.

5 北京大学考古系、河北省文物研究所、邯郸地区文物保护研究所，前揭书，图版四〇：1。

图 21 兴元阁遗址出土无量寿佛泥塑像与北京居庸关云台无量寿佛石雕像

传统木结构建筑，占地面积为元代 130 尺（约 41 米）见方。尽管这项建筑工程由藏传佛教噶举派首领噶玛拔希主持，但是寺内佛教造像却广纳中原汉式佛教造像和尼泊尔、西藏地区流行的梵式密宗造像艺术，可谓汉藏艺术完美结合的产物。

第五节　元大都宫城布局之渊源

在以往的研究中，蒙古汗国的都城一直被局限在狭小的和林土城内，与蒙古世界帝国首都的身份极不相称。成吉思汗龙庭行宫（北大型建筑）的发现，首次揭示和林城实际上有南北两组宫殿建筑群。和林土城和万安宫仅仅是和林南宫的建筑群。元好问《遗山集》说"立行宫，改新帐殿"，意思说：窝阔台将龙庭行宫改建为和林城的北宫。[1] 下文又说"城和林，起

1 《元史·太宗纪》记载：太宗四年（1232）"九月，拖雷薨，帝还龙庭；九年（1237）冬十月，"幸龙庭，遂至行宫"（宋濂，前揭书，页 32 和 35）。这里的"行宫"，即指"龙庭"而言。

万安之阁，宫闱司局”，则指窝阔台在和林土城所建南宫建筑群。据史书记载，元大都宫殿由波斯建筑师也黑迭儿丁负责设计。[1] 稍加比较，不难发现也黑迭儿丁对元大都宫殿布局和规划在许多方面参考了蒙古汗国首都——哈剌和林城。

如前所述，近年美国考古队在和林土城发现了20多枚回鹘钱币“日月光金”钱，年代在公元9世纪中叶。这个发现再次证明和林土城最初为唐代回鹘公主城。[2] 我们在和林城考察时，在鄂尔德尼昭寺院内靠近南门处，找到了回鹘公主的汤泉池。泉水已枯竭，今为一片洼地。和林城正门（南门）就建于漠北名泉“汤泉池”西北，而元大内正门崇天门（在紫禁城太和殿）与之相仿，建在燕京名泉“大庖井”（今北京故宫传心殿内）西北（图22）。[3] 又如：蒙古大汗的酒坊建在万安宫正门东南，内置巴黎银匠威廉设计的大银树，而元朝皇帝的酒房“酒人之室”则在大明殿（今故宫中和殿）正门的东南，今故宫御膳茶房一带。[4] 无一不受蒙古汗国首都——和林城宫殿建筑布局的影响，据此可以根据元大都宫殿布局复原和林城宫殿布局。

在元大内众多宫殿中，以延春阁为中心的北宫建筑群最具蒙古草原文化特点。关于元大都宫殿布局，朱偰先生《元大都宫殿图》大多作了正确复原。[5] 可惜，他的复原图没有涉及延春阁周边那些具有草原文化特点的建

---

1 关于也黑迭儿丁生平事迹，参见欧阳玄《圭斋文集》卷九《元赠效忠宣力功臣、太傅、开府仪同三司、上柱国，追封赵国公，谥忠靖马合马沙碑》（汤锐校点：《欧阳玄全集》，成都：四川大学出版社，2010年，页254～259）。

2 林梅村：《日月光金与回鹘摩尼教》，《汉唐西域与中国文明》，北京：文物出版社，1998年，页381～392。据努尔兰考证，此类钱币背面胡书，是草体突厥鲁尼文（参见努尔兰：《日月光金胡书考》，《中国钱币》2007年第1期，页41～47）。

3 姜舜源：《明清北京城风水》，收入王春瑜主编：《明史论丛》，北京：中国社会科学出版社，1997年，页326～332。此文认为大庖井是崇天门外御膳亭内水井，不一定正确。从位置看，大庖井可能是元故宫酒坊——光禄寺内水井。关于这个问题，我们将另拟专文讨论。

4 《南村辍耕录·宫阙制度》说：元大内“酒房在宫垣东南隅，庖室南。正屋五间，前盝顶轩三间，南北房各三间”。又说：风仪门“门之外有庖人之室，稍南有酒人之室”（陶宗仪，前揭书，页255）。

5 朱偰：《元大都宫殿图》，收入《昔日京华》，天津：百花文艺出版社，2005年重印本。

图 22 紫禁城传心殿大庖井

筑。此外，图中所标东华门、西华门、羊圈、生料库、柴场、鹰房、仪鸾局的位置，也需要订正。蒙古大汗最喜欢的三样东西——美女、骏马、好酒，皆置于元大都宫垣之内。延春阁采用汉式建筑，坐落在元大内北宫中心区域；西有汉式建筑玉德殿，东为美女如云的“皇后十一斡耳朵”。宫垣内东北隅有羊圈，西北隅有鹿苑，而皇家马厩——天闲则在延春阁的西南。[1] 元朝皇帝的酒房“酒人之室”建在南宫大明殿的东南（图 23）。[2]

明成祖改建北京城时，在元大内北宫延春阁堆了一座镇山，高约 50 米，也即今天北京景山。[3] 元大都宫殿的建筑布局沿袭了和林城南北两宫

1 《析津志辑佚·城池街市》记载：“西华门，在延春阁西，萧墙（指北宫垣）外即门也。门内有内府诸库、鹿苑、天闲（皇家马厩）”（熊梦祥，前揭书，页 2）。《析津志辑佚·河闸桥梁》记载：“万岁山（今北海公园琼华岛白塔山）……山之东北有鹿苑，并诸多珍禽异兽”（熊梦祥，前揭书，页 96）。《析津志辑佚·岁纪》记载：元大内有皇后斡耳朵十一座，“此十一宫在东华门内向北，延春阁东偏是也”（熊梦祥，前揭书，页 218）。《南村辍耕录·宫阙制度》又载：元大内“东南角楼，东差北有生料库，库东为柴场。夹垣东北隅有羊圈”（陶宗仪，前揭书，页 251）。

2 本文底图据潘谷西：《中国古代建筑史·元明建筑》，北京：中国建筑工业出版社，2001 年，页 98。原图东华门、西华门和羊圈、生料库、柴场、鹰房、仪鸾局的位置，皆与史书记载不符，本图逐一作了更正。

3 侯仁之主编：《北京城市历史地理》，北京燕山出版社，2000 年，页 109。

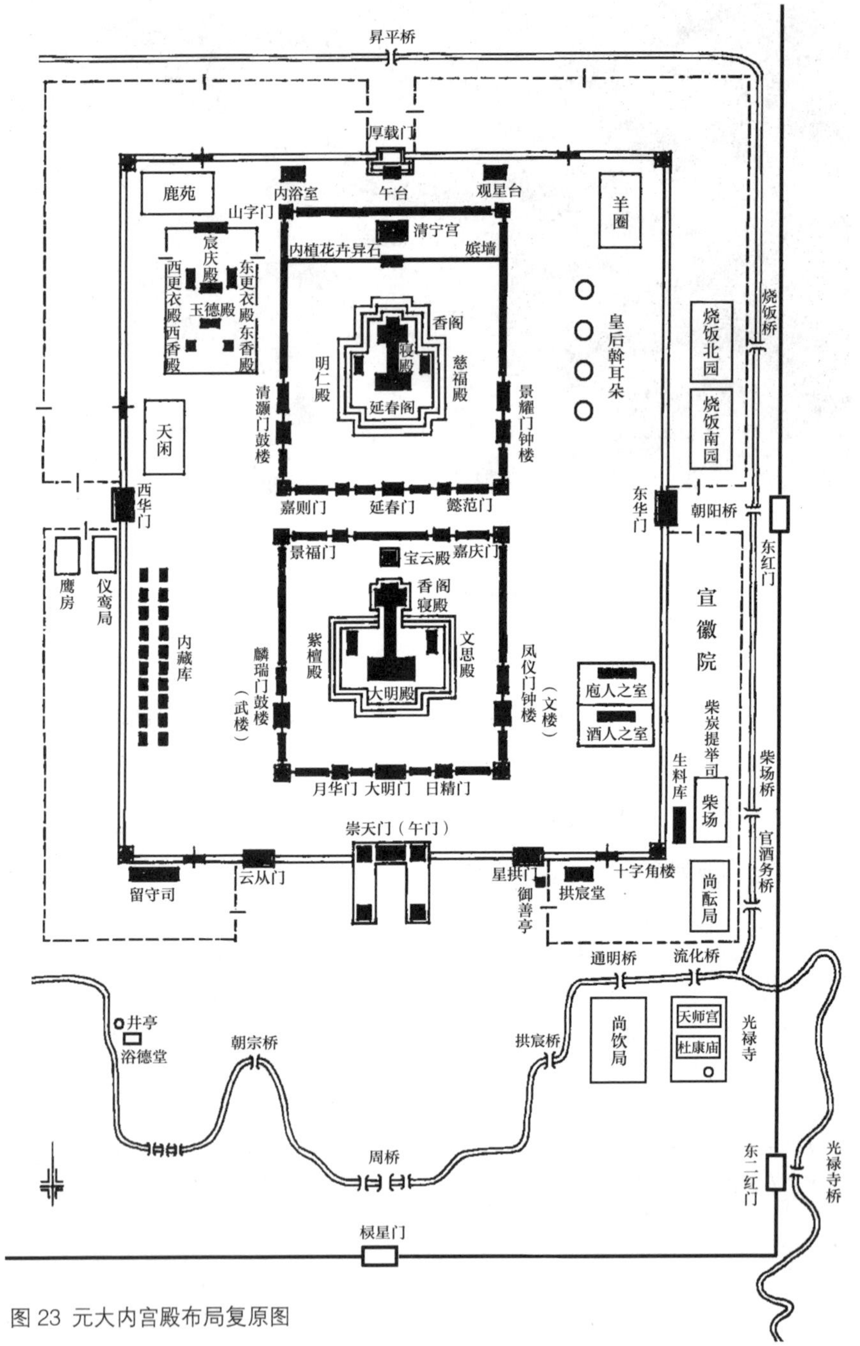

图 23 元大内宫殿布局复原图

之制。大明殿模仿和林城南宫（万安宫），延春阁则模仿和林城北宫（龙庭行宫）。这个发现相当重要，将有助于复原目前尚不清楚的和林城北宫建筑群的布局。我们在蒙古高原考察时，见到各地牧民仍普遍使用木栅栏作围墙，由于和林北宫“红门阑马墙”采用木门和木栅栏，所以没能保存下来。[1]如果延春阁建筑布局模仿龙庭行宫，那么和林城北宫建筑布局是：龙庭行宫（北大型建筑）位于北宫西南，与万安宫南北相对，处于同一轴线。龙庭行宫相当于延春阁，东边是皇后十一斡耳朵，东北有羊圈，西北有鹿苑，西南则为蒙古大汗的马厩（图 24）。

和林城南宫——万安宫建于窝阔台七年（1235），但是蒙古大汗和元朝皇帝有时仍在北宫——龙庭行宫上朝，或在此即大汗位。姚燧《游显神道碑》记载:“公（游显）及邓州之新野,适奥兀兰（斡兀兰）巡徼,相顾悲喜,偕至大将察韩（察罕）所,为驿至龙庭。岁庚子（太宗十二年 / 1240）,入见,具陈思主、弃妻子挺身来归，及自建康抵鄂州军镇戍形便、兵食虚实，‘我加兵诛，可以必举’。”[2]

《元史・明宗纪》记载：“天历二年（1329）正月乙丑，文宗复遣中书左丞跃里帖木儿来迎。乙酉,撒迪等至,入见帝于行幄,以文宗命劝进。丙戌,帝即位于和宁（指和林土城）之北,扈行诸王、大臣咸入贺……三月戊午朔,次洁坚察罕（揭揭察寒）之地。辛酉,文宗遣右丞相燕铁木儿奉皇帝宝来上,御史中丞八即剌、知枢密院事秃儿哈帖木儿等,各率其属以从……四月癸巳,燕铁木儿见帝于行在，率百官上皇帝宝。帝嘉其勋，拜太师，仍命中书右丞相、开府仪同三司、上柱国、录军国重事、监修国史、答剌罕、太平王并如故。”[3]元朝建立后,和林土城成了和宁路首府。《元史・顺帝纪》记载:“当泰定帝之崩，太师燕铁木儿与诸王、大臣迎立文宗。文宗既即位，以明宗

1 我们的复原图据白石典之的和林城建筑分布图改编，参见［日］白石典之：《モンゴル帝国史の考古学的研究》，东京：同成社，2002 年，页 225。

2 ［元］姚燧：《牧庵集》卷十五（查洪德点校：《姚燧集》，北京：人民文学出版社，2011 年，页 338）。

3 宋濂，前揭书，页 696。

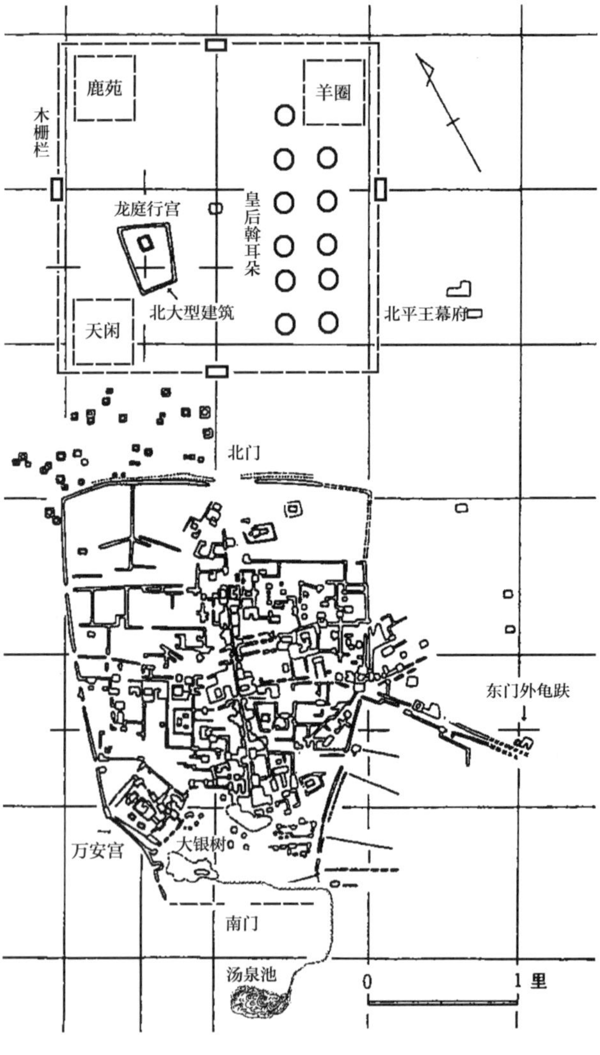

图 24 和林城建筑布局示意图

嫡长，复遣使迎立之。明宗即位于和宁之北，而立文宗为皇太子。”[1] 所谓“和宁之北”当指和林土城之北龙庭行宫。

总之，万安宫只是和林城南宫。在万安宫兴建的同时，龙庭行宫亦被粉饰一新，作为和林城的北宫。直到元朝后期，龙庭行宫仍具有举足轻重的地位，元明宗就在这座行宫即大汗之位。

1 宋濂，前揭书，页 815。

四　金中都的广寒殿

广寒殿是中国神话传说中月宫的别称，亦称“广寒宫”或“广寒清虚之府”。其名始见于唐玄宗时隐士白履忠（号梁丘子）《黄庭内景玉经注》。[1] 唐柳宗元《龙城录》：“开元六年，上皇与申天师道士鸿都客八月望日夜，因天师作术，三人同在云上，游月中，过一大门，在玉光中，飞浮宫殿，往来无定，寒气逼人，……顷见一大宫府，榜曰‘广寒清虚之府’。”[2] 后世诗文对月宫的种种称谓，皆典出唐玄宗梦游月宫故事。金代以前，广寒殿只是一座道教门徒或文人骚客笔下虚幻的宫殿。大定十九年（1179），金世宗在金中都北郊瑶屿（今北海团城）挖湖造山，根据神话传说中的月宫，在湖中琼华岛山顶（今北海白塔山）建广寒殿。这座皇家离宫经元明清三代不断完善，东面与景山和紫禁城相邻，西面衔接元代兴圣宫和隆福宫遗址，南面与中海和南海一脉相通，北面濒临什刹海；总面积达 68.2 万平方米，湖泊面积约 38.9 万平方米，岛屿面积约 6.6 万平方米，成为中国皇家园林艺术的典范之一。[3] 金世宗在北海琼华岛兴造广寒殿后，中国画师绘制神话传说的广寒殿便有了直观的范本。元大都后英房遗址出土《广寒宫图》螺钿黑漆残片，就以元大都太液池广寒殿为依据。

※ 本文为作者与北大考古文博学院博士生沈爔合作完成。

1　西晋魏华存《黄庭内景经・口为章第三》曰：“口为玉池太和官。漱咽灵液灾不干。体生光华气香兰，却灭百邪玉炼颜。审能修之登广寒。昼夜不寐乃成真，雷鸣电激神泯泯。”唐玄宗时隐士白履忠（号梁丘子）撰《黄庭内景玉经注》注：“广寒，北方仙官之名。冬至之日，月伏广寒之官。其时育养月魂于广寒之地，天人采精华之彩，以辨日月之光。”

2　[唐] 柳宗元《龙城录》，收入 [唐] 刘肃撰，恒鹤等校点：《大唐新语》（外五种），上海古籍出版社，2012 年，页 122。

3　张富强：《北海园林文化研究》，《中国紫禁城学会论文集》第 5 集，北京：紫禁城出版社，2007 年，页 710。

图 01 上海博物馆藏《广寒宫图》

2010 年 4 月，我们到上海博物馆参观，在绘画馆见到一幅元人绘《广寒宫图》。绢本水墨，纵 75.6 厘米，横 62.1 厘米。图上钤有“皇姊图书”朱文收藏大印，故知此图原为元世祖忽必烈曾孙女、鲁国大长公主祥哥剌吉旧藏。后人在此图右下角添“臣贤”二字，以为是五代南唐画家卫贤所绘（图 01）。据中国书画鉴定组研究，“此图画风近于元王振鹏。”除元大长鲁国公主之外，此图还经明内府、清梁清标、吴盘斋等人收藏。[1] 我们注意到，此图所绘宫殿颇具金代建筑特点，与山西繁峙岩山寺金代壁画中金中都宫殿相似，而且宫殿布局也和元末陶宗仪《南村辍耕录》所述元大都太液池的宫殿布局不同。我们认为，这幅《广寒宫图》当出自金代画师之手，图中宫殿实乃金代琼华岛广寒殿。

第一节 《广寒宫图》所见艮岳石及石雕艺术

据史书记载，广寒殿始建于金代。《明英宗实录》曰："天顺四年九月丁丑，新作西苑殿、亭、轩、馆成。苑中旧有太液池，池有蓬莱山（今北海琼岛），山巅有广寒殿，金所筑也。"这里原是高梁河下游一片天然湖泊。《辽史·地理志四》提到燕京有"瑶屿"，当指这片湖泊中的小岛。大定十九年（1179），金世宗在瑶屿建瑶光台（今北海团城前身）、瑶光楼。[2] 为了镇慑、抑制漠北蒙古人的王气，金世宗在瑶光台周围大兴土木，挖湖造镇山。今北海白塔山就是金人用挖湖的泥土和汴梁运来的艮岳石人工堆砌的镇山。元末熊梦祥《析津志辑佚·河闸桥梁》曰："万岁山土乃是畏吾儿之天山，又名金山。山之中有泉若乳，彼中名孙脑儿。金章宗与畏吾儿结姻，移北山并泉来燕成此山，厌其王气也。"[3] 金朝皇帝迷信道教，而道家往往将北方仙宫称作"广寒"，那么琼华岛山顶金代离宫当称"广寒殿"。耐人寻味的是，这幅《广寒宫图》在宫门前绘太湖石，因此图中宫殿当是金人在琼华岛所建广寒殿。

北宋末年，宋徽宗广求天下奇石，以十船组成一"纲"，命人送往汴京（今河南开封），史称"花石纲"。宋徽宗在汴京东北隅作土山，用太湖石等天下名石堆砌，名曰"艮岳"。《宋史·地理志一》"万岁山艮岳"条记载：

1 中国书画鉴定组编：《中国绘画全集·元3》第9卷，北京：文物出版社/杭州：浙江人民美术出版社，1999年，页34，图143。

2 于德源：《北京历代城坊、宫殿、苑囿》，北京：首都师范大学出版社，1997年，页122～123。

3 [元]熊梦祥著，北京图书馆馆善本部辑：《析津志辑佚·河闸桥梁》，北京古籍出版社，1983年，页96。

“政和七年，始于上清宝箓宫之东作万岁山。山周十余里，其最高一峰九十步，上有亭曰介，分东、西二岭，直接南山。……宣和四年，徽宗自为《艮岳记》，以为山在国之艮，故名艮岳。蔡絛谓初名凤凰山，后神降，其诗有‘艮岳排空霄’，因改名艮岳。”[1] 北宋汴京沦陷以后，艮岳奇石成了金军战利品。金世宗建金中都北郊太宁宫时，派人去汴京拆卸艮岳御苑的太湖石、灵璧石，令各府州县役使农民和兵丁将其千里迢迢地运往燕京。农民以苦役代粮赋，由官方以石块大小折算粮赋，所以这些太湖石又称“折粮石”。高江村《金鳌退食笔记》谓：“兹山所叠石，皆金、元故物。或本艮岳之石，金人载此自汴至燕，准粮若干，俗呼‘折粮石’。”这些艮岳奇石大部分用来修建北海琼华岛，金代琼华岛不露泥土，满山遍野都堆砌玲珑剔透的太湖石。周围遍植花木，成为燕京八景之一“琼岛春阴”。今北海白塔山北坡仍可见到许多艮岳遗石。

明初萧洵《元故宫遗录》记载：“由瀛洲殿后，北引长桥上万岁山，高可数十丈，皆崇奇石，因形势为岩岳。”[2] 明宣宗《御制广寒殿记》曰：“北京之万岁山在宫城西北隅，周回数里而崇倍之，皆奇石积迭以成。巍巍乎，矗矗乎，巉峭峻削，盘回伏起，或陟绝如壑，或嵌岩如屋。”永乐帝用琼华岛太湖石教训皇孙朱瞻基曰：“此宋之艮岳也。宋之不振以是，金不戒而徙于兹，元又不戒而加侈焉。”[3] 北海白塔山南坡有一块艮岳遗石，乾隆帝题名“昆仑石”。石背刻诗曰：“飞阁流丹切颢空，登临纵目兴无穷，北凭太液平铺镜，南接金鳌侧饮虹；冬已半时梅馥馥，春将回处日融融，摩挲艮岳峰头石，千古兴亡一览中”。金代琼华岛满山都是太湖石，基本上不露黄土。明清皇帝为点缀紫禁城皇宫御花园和宁寿宫乾隆花园，派人从琼华岛取走大量太湖石，以致山顶一度裸露黄土。于是，清乾隆命人取北京西山出产的“北太湖石”加以补充。如今琼华岛上所见黄褐色山石就是产自燕京西山的“北

1 [元] 脱脱等撰：《宋史》，中华书局，1977 年，页 2101。

2 [明] 萧洵：《北平考 · 故宫遗录》，北京古籍出版社，1980 年。

3 [明] 朱瞻基：《御制广寒殿记》，《丛书集成初编 · 文学类》第 2434 册，上海：商务印书馆，1935 ~ 1938 年。

图 02 北京房山金陵踏道石雕

太湖石”。

值得注意是,《广寒宫图》所绘宫殿石台基上雕刻的缠枝花卉，与金陵出土青石雕刻缠枝花御道台阶上的纹样如出一辙。金朝皇家陵园遗址位于北京市房山区车场村至龙门口一带云峰山下，距市区约 48 公里。卢沟桥就是金朝皇帝为了到云峰山谒陵所建石桥。云峰山又称“九龙山”，因有九条山脊如九龙奔腾而得名。共葬金代始祖至章宗 17 个皇帝、后妃及诸王，占地面积 60 平方公里。

1986 年，北京市文物部门对金陵进行踏勘，测定出金陵在大房山支脉云峰山的具体位置，并找到金睿宗的景陵。2001 ~ 2003 年抢救性发掘了太祖陵，探明主陵区墓葬布局和建筑遗迹。在金陵考古调查和发掘过程中，出土了许多建筑构件、石雕、砖瓦等。如石雕刻龙头吻兽一对，高约 80 厘米，雕刻精美，气魄宏大，应是金代石雕艺术珍品；高约 1 米的青石抱框龙柱，双龙追逐石雕栏板以及青石雕刻缠枝花御道台阶（图 02）。[1]

1　北京市文物局编：《北京金代皇陵》，北京：文物出版社，2006 年，彩版四 -2。

1970 年，元大都考古队在北京西直门内西北桦皮厂、后英房，后桃园胡同附近明北城垣西端斜角城基下发现许多元代居住遗址。桦皮厂胡同北口稍东北城垣城基下，发现元延祐三年（1316）所建福寿兴元观遗址，道观内夹杆石和大殿前《圣旨白话碑》仍完好立于原处。观内发现许多精美的元代石雕，与《广寒宫图》所绘石雕图案不同。[1] 看来，《广寒宫图》所见宫殿石雕属于金代或元代前期石雕艺术。

第二节 《广寒宫图》之宫阙

中国古代宫殿必有宫门，或称“宫阙”。作为万宁宫西园，金代广寒殿宫阙理应设于琼华岛东岸，便于金朝皇帝从万宁宫登岛游西园。元初郝经《琼华岛赋》云：“岁癸丑（1253）夏，经入于燕。五月初吉，由万宁故宫登琼华岛。徜徉延伫，临风肆瞩，想见大定之治，与有金百年之盛，慨然有怀，乃作赋焉。”郝经是从万宁宫方向登岛，可证金代广寒殿的宫门开在琼华岛东岸。

元初人王恽《秋涧集》提到琼华岛有宫墙。文献从未提到金代琼华岛建过环岛宫墙，那么《广寒宫图》的宫墙、宫门属于牌楼性质的宫门，而宫门两边只有短距离装饰性宫墙。金代诗人李献能《西园春日》曰：“冰梢出短墙，泓澄暖绿静横塘。娟娟高竹迎人翠，长红隔水香。病起心情疏酒盏，朝来风色年芳。只应归去芸窗晚，梦到湘妃锦瑟傍。”《金史·地理志上》曰：“西园有瑶光台，又有琼华岛，又有瑶光楼。”李献能说的“西园”当指广寒殿，而诗中“短墙”则指广寒殿宫门两边短距离宫墙。

明初萧洵《元故宫遗录》记载：“登广寒殿，殿皆线金朱琐窗，缀以金铺。内外有一十二楹，皆绕刻龙云，涂以黄金。左右后三面，则用香木，凿金为祥云数千万片，拥结于顶，仍盘金龙殿。有间玉金花玲珑屏台，床四，列金红连椅，前置螺甸酒卓，高架金酒海。窗外出为露台，绕以白石花阑。

1 尚刚：《元代工艺美术史》，沈阳：辽宁教育出版社，1999 年，页 278 ～ 279。

旁有铁竿数丈，上置金葫芦三，引铁练以系之，乃金章宗所立，以镇其下龙潭。凭阑四望空阔，前瞻瀛洲仙桥，与三宫台殿，金碧流晖。后顾西山云气，与城阙翠华高下，而海波迤回，天宇低沉，欲不谓之清虚之府不可也。”[1] 可知广寒殿亦称“清虚之府”。这是根据五代后周王仁裕《开元天宝遗事》。其文曰：“明皇游月宫，见榜曰广寒清虚之府。”《广寒宫图》所绘宫门上匾额曰“广寒清虚之府”，当即金代广寒殿之别称。

据史书记载，元代广寒殿宫门开在琼华岛南岸，坐北朝南，采用太湖石拥木门建筑形式。《南村辍耕录》记载：“直仪天殿（今北海团城）后，桥之北有玲珑石，拥木门五，门皆为石色。”既然元明时代沿用金代广寒旧殿，那么这座宫殿应该坐北朝南，故知《广寒宫图》中的宫门坐西朝东。

辽金时代建筑和古墓皆坐西朝东。辽代咸雍四年（1068），邓从贵出资在北京海淀区修建大觉寺，始称清水院。金代成为皇家行宫，金章宗时成为西山八大水院之一。寺院建筑坐西朝东，山门朝向太阳升起的方向。体现了契丹人、女真人朝日的建筑格局。寺依山势而建，主要由中路寺庙建筑，南路行宫和北路僧房所组成，总占地 6000 平方米。中路大觉寺的山门为一三间歇山式建筑，下面是砖石结构，开拱门一，上有匾额“敕建大觉禅寺”，上面是木结构的斗拱和屋顶。山门左右有撇子墙。北京房山区云居寺的中路建筑亦坐西朝东，与大觉寺一样。云居寺始建于隋大业年间，辽圣宗时期（983 ~ 1030）形成五大院落、六进殿宇，经金元明清四代不断修缮，形成今天的规模。

如果广寒殿坐北朝南，那么《广寒宫图》的视角是从金代万宁宫向西眺望广寒殿，所以图中广寒殿宫门坐西朝东，与元代广寒殿宫门坐北朝南不尽相同。金代广寒殿宫门在今北海公园东门附近。

中国传统绘画有一个颇具特色的门类，作画时使用界尺引线，故名“界画”。上海博物馆藏《广寒殿图》属于界画，此画宫门用金代流行的砖雕砌筑。据考古发现，在青砖上雕刻出人物、山水、花卉等图案，广泛流行

---

1 [明] 萧洵：《北平考・故宫遗录》，北京古籍出版社，1980 年。

于宋金时代。宋金砖雕主要用于装饰寺塔、墓室、房屋等建筑物的构件和墙面。在河南、山西、甘肃等地发掘的北宋墓室，三面墙壁均以砖雕贴砌而成。墓室内砖雕数量、质量以及所选用的题材则取决于墓室主人的社会地位。金代墓室砖雕更加丰富，技艺也有所提高。大安二年（1210）建山西侯马董玘坚墓室，在十余平方米的面积上，砖雕布满全室，雕刻有模仿木结构的斗拱、拱眼、藻井、大门、隔扇等，以及屏风、几凳、花卉、鸟禽、人物、演戏场面等图案，是金代砖雕的代表作品。金代砖雕主要作为建筑构件或大门、照壁、墙面的装饰，《广寒宫图》中宫墙砖雕装饰棱格纹花卉，并有模仿木结构的斗拱，十分精美。元代墓室砖雕逐渐衰落，那么《广寒宫图》中宫墙砖雕当为金代之物。

从清代画师汪春泉绘《金鳌归里》看，清道光年间北海东门仍保存一段砖砌宫墙，但是琼华岛的东宫门已改为木牌坊。[1] 这段砖砌宫墙即今天北海东门半月城的前身，始建于清乾隆三十六年（1771）。依山而建，坐西朝东，用青砖砌筑城台，因形状酷似半弯新月，故名“半月城”，清代亦称“般若香台”。半月城东侧有汉白玉石桥，连接琼华岛与北海东岸，元代称“陟山桥”。石桥东侧有陟山门，现为北海东门，与景山西门相对。从位置看，半月城很可能建于金代广寒殿宫门旧基上。《广寒宫图》所绘宫门附近有艮岳石，而半月城上恰恰有大量艮岳石，当即北宋汴梁御苑艮岳搬运来的太湖石。

第三节 《广寒宫图》之宫殿布局

关于元大都太液池（今北海公园）的宫殿布局，《新元史·地理志七》

1 [清] 麟庆著，汪春泉等绘图：《鸿雪因缘图记》清道光刻本（北京古籍出版社，1984年）。全书分三集，每集两卷。该书第三集《金鳌归里》图以后大多为道光年间北京风景画。作者麟庆，字见亭，满族人，金代皇室完颜氏后裔。七世祖达齐哈以军功“从龙入关”，被誉为“金源世胄，铁券家声”。嘉庆十四年（1809）中进士，授内阁中书，升兵部主事。后历任徽州知府、颍州知府、河南按察使、贵州布政使、湖北巡抚、总督江南河道、都察院右副都御史等。

记载："万寿山在大内西北太液池之阳，金人名琼华岛，至元八年（1271）赐今名。广寒殿在山顶，中有小玉殿。仁智殿在山之半。金露亭在广寒殿东。方壶亭，又曰线珠亭，自金露亭前复道登焉。瀛洲亭在温石浴堂后，荷叶殿在方壶亭前。温百浴室在瀛洲亭前。圆亭，又曰胭脂亭，在荷叶殿稍西，为后妃添妆之所。八面介福殿在仁智殿东，延和殿在西。更衣殿在山东。太液池在大内西，仪天殿在池中圆坻上。半山台在仪天殿前。"[1]

金代太宁宫西园宫殿群以中国神话传说中"一池三仙山"构思布局。北海和中海作为"太液池"（南海是明代才开挖的），湖中三个孤岛琼华岛、团城和中海东岸犀山台，分别寓意中国神话传说中的蓬莱、瀛洲、方丈三仙山。[2]《南村辍耕录》说的是元大都太液池宫殿布局，金代太液池没有那么多宫殿。除广寒殿之外，金代诗文提到琼华岛四座宫殿，分别为蓬瀛殿（即广寒殿）、蕊珠殿、薰风殿、临水殿。除宫门之外，上海博物馆藏《广寒宫图》上绘有四座宫殿和三个方亭。为便于讨论，我们编为 1 ~ 7 号建筑。

1 号建筑：《广寒宫图》中山顶宫殿当即广寒殿，坐北朝南。《明英宗实录》记载："天顺四年九月丁丑，新作西苑殿、亭、轩、馆成。苑中旧有太液池，池有蓬莱山（即北海琼岛），山巅有广寒殿，金所筑也。"南宋乾道六年（1170），范成大出使金朝。他在《揽辔录》中描写北宋旧都东京汴梁的残破：新宋门内"弥望悉荒墟"，"大相国寺，倾檐缺吻，无复旧观"。东京一门一楼，皆罗列其旧名与"虏改"新名。金人破汴梁后，城内宫阙之屏、窗、牖、山石皆被金人辇致燕京来。[3]《广寒宫图》中宫殿门窗与李诫《营造法式》制定的皇宫门窗规格相同，那么金代广寒殿的门窗当来自北宋汴梁宫殿或其仿制品。

至元元年到至元八年（1264 ~ 1271），忽必烈三次扩建琼华岛。元大内落成之后，史书仍提到元帝在万寿山作佛事或召见朝臣，直至泰定四年。

1 [清] 柯劭忞编：《新元史》，上海书店出版社，1988 年，页 232。

2 元末陶宗仪记载："犀山台在仪天殿前水中，上植木芍药"（陶宗仪：《南村辍耕录》，北京：中华书局，1959 年，页 255 ~ 256）。

3 [宋] 范成大：《揽辔录》，收入范成大撰，孔凡礼点校：《范成大笔记六种》，北京：中华书局，2002 年，页 12。

忽必烈先后两次命帝师作佛事于万寿山。[1] 元仁宗时张珪“侍宴万寿山，赐以玉带”。[2] 泰定帝年间，万寿山改称“万岁山”。泰定二年（1325），“葺万岁山殿”；泰定四年，“植万岁山花木八百七十本”。[3]

明宣德八年（1433），对广寒殿作过一次修缮。明宣宗《御制广寒殿记》记载：“比登兹山（指北海白塔山），顾视殿宇，岁久而陁，遂命工修葺，永念皇祖，俨如在上，敬以所受大训，笔而勒诸乐石，既以自省，亦以昭示我子孙于亿万年。宣德八年四月丁亥记。”李贤、韩雍作《赐游西苑记》云：“天顺三年（1459）四月，赐公卿大臣以次游西苑。……北行至圆殿（今北海团城），观灯之所也。历阶而登，殿之基与睥睨平。古松数株，其高参天。其西以舟作浮桥，横亘池面，北则万岁山琼岛在焉。”

广寒殿最后一次大规模修缮在天顺四年（1460）。《明英宗实录》记载：“上命即太液池东西作行殿三，池东向西者曰凝合，池西向东对蓬莱山者曰迎翠。池西向南向，以草缮之，而饰以垩曰太素。其门各如殿名。有亭六曰飞奔、拥萃、澄波、岁寒、会景、映辉。轩一曰远辄。馆一曰保和，至是始成”。

关于广寒殿的毁灭，张居正《太岳集》记载：“皇城北苑中有广寒殿，瓦壁已坏，榱桷犹存。相传为辽萧太后梳妆楼。成祖定鼎燕京，以垂鉴成。至万历七年五月，忽自倾，其梁上有金钱百二十文，盖镇物也。上以四文赐余，其文曰至元通宝。”[4] 故知金世宗所建广寒殿，沿用至万历七年（1579）终于倒塌，此后不再修复。清顺治八年（1651），应西藏喇嘛脑木汗请求，在广寒宫旧址建喇嘛教白塔，琼华岛土山始称“白塔山”。清顺治建塔的经过被刻成《顺治八年建塔诸臣恭记碑文》，这块石碑现立于琼华岛南麓。

---

1 《元史·世祖本纪十一》记至元二十四年，“命西僧监臧宛卜、卜思哥等作佛事，坐静于大殿、寝殿、万寿山、五台山等寺，凡三十三会”（宋濂，前揭书，页 303）。《元史·世祖本纪十三》记二十七年“命帝师西僧递作佛事，坐静于万寿山”（宋濂，前揭书，页 343）。

2 《元史·张珪传》（宋濂，前揭书，页 4074）。

3 《元史·泰定帝纪》。

4 引自［清］于敏中等编：《日下旧闻考（一）》，北京古籍出版社，1983 年，页 566。

2～3和5号建筑：这三座金代建筑为方形小亭。国家博物馆藏有一幅明永乐年间王绂绘《北京八景图》卷。宣德年间翰林邹缉在图上题款曰："大山子（指北海白塔山）顶有广寒殿，殿之四隅皆有亭，左二亭，曰玉虹、方壶；右二亭，曰金露、瀛洲，半山有三殿，中曰仁智、东曰介福、西曰延和。其下太液池，前有飞桥，以通仪天殿，东有玉桥，以通琼林苑，山之上常有云气浮空，氤氲五彩，郁郁纷纷，变化翕急，莫测其妙，故曰琼岛春云。"[1] 故知明代广寒殿右边二亭分别为金露、瀛洲，而广寒殿左边为玉虹、方壶。

中国营造学社研究人员阚铎根据文献作过一张元代太液池复原图，名曰《元万寿山图》。[2] 这张图根据陶宗仪《南村辍耕录》。该书卷二十一记载：

> 广寒殿在山顶（今北海白塔山），七间，东西一百二十尺，深六十二尺，高五十尺，重阿藻井，文石甃地，四面琐窗，板密其裹，遍缀金红云，而蟠龙矫蹇于丹楹之上。中有小玉殿，内设金嵌玉龙御榻，左右列从臣坐床。前架黑玉酒瓮（即北海团城玉瓮亭的渎山大玉海）一。玉有白章，随其形刻为鱼兽出没于波涛之状。其大可贮酒三十余石。又有玉假山一峰，玉响铁一悬。殿之后有小石笋二，内出石龙首，以噀所引金水。西北有厕堂一间。仁智殿在山之半，三间，高三十尺。金露亭在广寒殿东，其制圆，九柱，高二十四尺，尖顶上置琉璃珠，亭后有铜幡竿。玉虹亭在广寒殿西，制度同金露。方［壶］亭在荷叶殿后，高三十尺，重屋八面，重屋无梯，自金露亭前复道登焉，又曰线珠亭。瀛洲亭在温石浴室后，制度同方［壶亭］。玉虹亭前仍有登重屋复道，亦曰线珠亭。

1 明人王绂《北京八景图》上无名款，图末均钤"中书舍人"、"王氏孟端"二印，疑是后人所加。图后均有景观说明一则及胡俨等七人题诗。卷前引首有胡广于永乐十二年（1414）撰《北京八景图诗序》。此图卷著录见于《石渠宝笈续编》。

2 ［民国］阚铎：《元大都宫苑图考》，《中国营造学社汇刊》第1卷第2期，1930年。此图亦见潘西谷主编：《中国古代建筑史》第四卷（北京：中国建筑工业出版社，2001年，页386）图7～1，但是图名改为《元大都太液池图》。本文引用时在庖人室之东北补绘了广寒殿的宫门。

荷叶殿在方［亭］前，仁智东（原文误作“西”）北，三间高三十尺，方顶，中置琉璃珠。温石浴室在瀛洲前、仁智西北，三间，高二十三尺，方顶，中置涂金宝瓶。圜亭，又曰胭粉亭。在荷叶稍西，盖后妃添妆之所也。八面介福殿在仁智东差北，三间，东西四十一尺，高二十五尺。延和殿在仁智西北，制度如介福。马湩重室在介福前，三间。牧人之室在延和前，三间。庖室在马湩前。东浴室更衣殿在山东平地，三间，两夹。

如果《南村辍耕录》是正确的，那么元代金露亭可能建于金代 2 号方亭旧基，而金代 3 号和 5 号方亭在忽必烈重修广寒殿后不复存在。

4 号建筑：金代诗文提到琼花岛有蓬瀛、蕊珠两座宫殿。金末元好问《中州集》卷四记载：“道陵（指金章宗）中秋赏月瑶光楼（今北海团城），召赵沨文孺对御赋诗，以清字为韵。赵沨《中秋》诗云：“秋气平分月正明，蕊珠宫阙对蓬瀛。已驱急雨销残暑，不遣微云点太清。帘外轻风飘桂子，夜深凉露滴金茎。圣朝不奏霓裳曲，四海歌讴即乐声。”[1] 金代琼华岛寓意蓬莱，那么蓬瀛殿即指广寒殿而言。萧洵《元故宫遗录》曰：“山半有方壶殿，四通左右之路，幽芳翠草，纷纷与松桧茂树荫映上下，隐然仙岛。”《南村辍耕录》记载：“方［壶］亭在荷叶殿后，高三十尺，重屋八面，重屋无梯，自金露亭前复道登焉，又曰线珠亭。”线珠亭之名似乎源于金代蕊珠殿旧称。《金史·百官志二》内侍局条提到“蕊珠殿都监、同监”，当即蕊珠殿的宫内近侍。杨士奇《赐游西苑诗序》记载：“宣德八年四月，上以在廷文臣日勤职事，不遑暇逸，特敕公侯伯师傅六卿文学侍从游观西苑，……降而登万岁山，至广寒殿，而仁智、介福、延和三殿及瀛洲、方壶、玉虹、金露之亭咸得遍游。”故知金代蕊珠殿改建的元代方壶亭在宣德八年（1433）依然保存完好。

北京房山金陵考古发掘过程中，在陵前空地发现一座金代方形碑亭的台基。北京古建筑专家王世仁作了复原。[2] 山西繁峙岩山寺金代壁画中有方亭。

---

1 ［金］元好问：《中州集》，北京：中华书局，1959 年，页 191。

2 王世仁：《北京房山金陵碑亭原状推测》，北京市文物研究所编：《北京金代皇陵》，北京：文物出版社，2006 年，页 182 ~ 192。

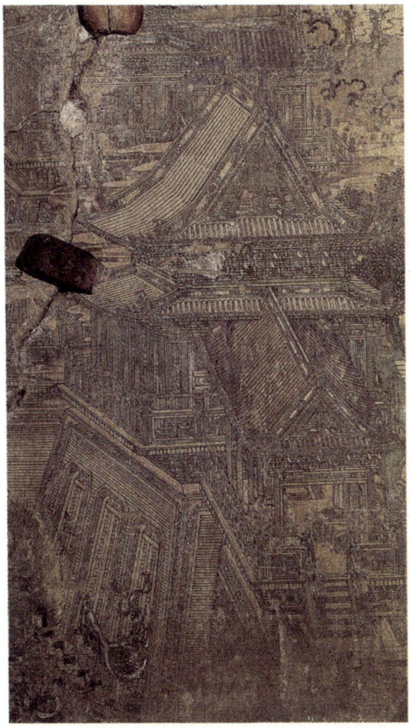
图 03 山西繁峙岩山寺金代壁画所见金中都宫门

这所寺庙位于山西省忻州市五台山北麓，今山西繁峙县城东南天岩村。此地为兵家必争之地，曾为宋金战争古战场，金太宗为超度阵亡将士，金正隆三年（1158），立此寺院祀典。原名灵岩寺，历经元、明、清三代多次修葺，现存文殊殿是金代原物。殿内壁画主要在大殿西壁、东壁和北壁，为佛教题材的壁画。根据岩山寺金代碑刻《繁峙灵岩院水陆记碑》和文殊殿西壁南端上方墨书画工题记，繁峙岩山寺壁画是金大定七年（1167）御前承应画匠王逵所作。[1] 傅熹年对壁画中金中都宫殿建筑作过详细考证（图 03）。[2]

6 号建筑：金代诗文还提到琼花岛另外两座宫殿，分别名为薰风殿、临水殿。赵秉文在《扈跸万宁宫》诗曰："花萼夹城通禁籞，曲江两岸尽楼台。柳阴罅日迎雕辇，荷气分香入酒杯。遥想薰风、临水殿，五弦声里阜民财。"金代西园宫殿群主要分布于今北海白塔山东麓，《广寒宫图》中 6 号建筑不在湖边，当即薰风殿，元代改建为"荷叶殿"。《南村辍耕录》记载："荷叶殿在方［壶亭］前，仁智东（原文误作"西"）北，三间高三十尺，方顶，中置琉璃珠。"据《南村辍耕录》记载，广寒宫主殿为七开间宫殿，而元大都出土螺钿漆片的宫殿形式为三开间重檐歇山顶楼阁，并非广寒宫

1 柴泽俊，张丑良编：《繁峙岩山寺》，北京：文物出版社，1990 年；吕丰、苏庆：《历代寺观壁画艺术——繁峙岩山寺壁画》，重庆出版社，2001 年。

2 傅熹年：《山西省繁峙县岩山寺南殿金代壁画中所绘建筑的初步分析》，收入《傅熹年建筑史论文集》，北京：文物出版社，1990 年，页 282 ～ 313。

的主殿，当为蕊珠殿或薰风殿之类的配殿。

《南村辍耕录》所谓“琉璃珠”，指琉璃建筑构件。1970 年，元大都考古队在北京西城区后英房元代遗址发现《广寒宫图》嵌螺钿黑漆盘残片。直径约 37 厘米，用薄螺钿嵌出两层三间重檐歇山顶楼阁。因在碎片中发现“广”字痕迹，可与景物相印证，遂定名为“广寒宫图”。楼阁后植树，叶似梧桐、丹桂。云气自下腾空而上。[1] 至元十二年至至元二十九年（1275 ~ 1292），马可波罗多次到北京。[2] 北海琼华岛及宫殿建筑给他留下深刻印象。《马可波罗行记》记载：“北方距皇宫一箭之地，有一山丘，人力所筑。高百步，周围约 1 哩（1.6 公里）。山顶平，满植树木，树叶不落，四季常青。汗闻某地有美树，则遣人取之，连根带土拔起，植此山中，不论树之大小。树大则命象负而来，由是世界最美之树皆聚于此。君主并命人琉璃矿石满盖此山，其色甚碧，由是不特树绿，其山亦绿，竟成一色。故人称此山曰绿山．此名诚不虚也。山顶有一大殿，甚壮丽，内外皆绿，致使山树宫殿构成一色，美丽甚娱。凡见之莫不欢欣。大汗筑此美景以为赏娱乐之用。”[3] 从元大都出土《广寒宫图》螺钿漆片看，元代所建琼华岛宫殿仍以绿色琉璃砖瓦作为装饰，唐代称“碧瓦”。明清时代，紫禁城皇宫开始改用黄色琉璃瓦装饰，但是清恭王府等皇亲国戚王府仍用绿色琉璃瓦。

7 号建筑：顾名思义，临水殿指琼华岛东岸一座临湖宫殿，与对岸万宁宫（今景山）宫殿隔湖相望，所以赵秉文在诗中说“曲江两岸尽楼台”。《南村辍耕录》记载：“庖室在马湩前，东浴室更衣殿在山东平地，三间，两夹。”据阚铎《元万寿山图》考证，琼华岛东岸临湖地带有“庖人室”和“东浴室更衣殿”。从位置看，元代东浴室更衣殿似建于金代临水殿旧基，那么临水殿为三开间宫殿。既然如此，《广寒宫图》的 7 号建筑，相当于《南村辍耕录》所谓“庖室”。

1　中国社科院考古研究所、北京市文管处：《元大都的勘查和发掘》，《考古》1972 年第 1 期。彩色图版见元大都考古队：《文化大革命期间出土文物》，北京：文物出版社，1973 年，页 81。

2　林梅村：《马可波罗在北京》，《中国历史文物》2008 年第 2 期，页 22 ~ 33。

3　冯承钧译：《马可波罗行记》，上海书店出版社，2001 年，页 204。

第四节 《广寒宫图》之作者

据张珩《木雁斋书画鉴赏笔记》考证，元人绘《广寒宫图》系元代宫廷画师王振鹏所绘。[1] 王振鹏，字梅，工墨笔界画，笔法工致细密，自成一体。亦擅人物。颇受仁宗赏识，赐号孤云处士。现存王振鹏的界画作品有：《金明池龙舟图》、《阿房宫图》等。[2] 元代初年，忽必烈三次重建广寒殿，最大的变化是将广寒殿宫门从琼华岛东岸移至南岸，并以此为中轴线，重新规划广寒殿宫殿布局。如前所述，《广寒宫图》表现的是金代广寒殿，以琼华岛东岸宫门和山顶广寒殿为中轴线规划宫殿。王振鹏是永嘉人（今浙江温州人），元仁宗时才到京城，官至漕运千户。换言之，王振鹏很晚才到燕京，而且从未见过金代广寒殿。

金贞祐二年（1214），蒙古军大举进攻燕京，金朝皇帝迁都汴梁（今河南开封）。翌年，蒙古人占领燕京。全真道长春真人丘处机赴西域谒见成吉思汗后，在金元光二年（1223/ 成吉思汗十八年）返回中原，寓居燕京天长观（今北京白云观）。成吉思汗传旨赐名“长春宫”，并任命丘处机掌管天下道教。[3] 除天长观之外，蒙古驻守燕京的地方长官还将广寒殿赠与丘处机，“施琼华岛为（道）观”。[4]《长春真人游记》卷下载：金正大元年（1224）二月，蒙古燕京行省石抹咸得不、扎八儿以“北宫园池并其近地数十顷为献，且请为道院，师辞不受，请至于再，始受之”。丘处机作《琼华岛》诗曰：“十倾方池间御园，森森松柏罩清烟。亭台万事都归梦，花柳三春都属仙。岛外更无清绝地，人间惟有广寒天。”[5] 广寒天，指北海琼华岛广寒殿。

金正大四年（1227），丘处机去世，弟子尹志平购长春宫东院，建处顺堂安葬丘处机。此后，全真道由盛及衰，在朝中逐渐失势。1255 年，元宪宗蒙哥命福裕与全真教掌教李志常展开御前辩论，全真输理，蒙哥下令

1　张珩：《木雁斋书画鉴赏笔记·绘画三上》，北京：文物出版社，2000 年，页 206。
2　陈高华：《元代画家史料汇编》，杭州出版社，2004 年，页 418 ～ 425。
3　[元] 李志常：《长春真人游记》卷下。
4　[元] 陈时可：《长春真人本行碑》，收入《丘处机集》，济南：齐鲁书社，2005 年，页 412。
5　[元] 李志常：《长春真人游记》卷下。

清查《道藏》伪经，并把佛教排在全真教之上。1258年，忽必烈下令举行第二次佛道御前辩论。全真道首席代表为张志敬，佛门仍为福裕，藏传佛教大师八思巴受命裁定是非。全真道再次败北，参加辩论的道士17人被迫削发为僧，全真道《道藏》大部分被毁，200多处道观改为佛寺。中统元年（1260）以前，广寒殿亦归为官产，所以忽必烈到燕京驻跸广寒殿。

1260年，忽必烈平定在漠北自称大汗的阿里不哥之乱，自哈剌和林返回燕京。《元史·世祖本纪一》记载："帝至自和林，驻跸燕京近郊。"金中都遭受三次兵燹和火灾，城内已成一片焦土，元大内落成前，忽必烈一直驻跸广寒殿，且为召见朝臣和外国使节的主要宫殿。[1] 中统元年忽必烈"驻跸燕京近郊"就在广寒殿，只是琼华岛金朝镇山改称"万寿山"或"万岁山"。

金末诗人元好问离开燕京后，一直思念琼华岛。蒙古乃马真后二年（1243），元好问在《出都二首》自注中说："寿宁宫有琼华岛，绝顶广寒殿，近为黄冠辈所撤。"有学者将诗中"黄冠辈所撤"释为全真道士拆毁了广寒殿。[2] 这个说法不一定正确。《明英宗实录》记载："苑中旧有太液池，池有蓬莱山（今北海琼岛），山巅有广寒殿，金所筑也。"明初王绂《北京八景图卷》之一《太液晴波》绘有广寒殿，现存国家博物馆（图04）。王绂，明初画家，字孟端，号友石生，别号九龙山人。元至正二十二年（1362）五月三日生，无锡人。永乐十年（1412），拜中书舍人，派往北京，从事迁都的筹备工作。永乐十一年、十二年，两次随明成祖朱棣北巡，期间创作著名的《燕京八景图》。

关于广寒殿的最后毁灭，万历年间徐世懋《广寒殿上梁文》记载："皇城北苑中有广寒殿，瓦壁已坏，榱桷犹存。相传为辽萧太后梳妆楼。成祖定鼎燕京，以垂鉴成。至万历七年五月，忽自倾，其梁上有金钱百二十文，

---

1 据《元史·世祖纪》记载，中统四年（1263）"亦黑迭儿丁请修琼华岛，不从"；至元元年（1264）"修琼华岛"；至元二年（1265）"渎山大玉海成，敕置广寒殿"；至元三年（1266）"五山珍御榻成，置琼华岛广寒殿"；至元四年（1267）"作玉殿于广寒殿中"；至元八年（1271）五月"修佛事于琼华岛"。

2 陈高华：《元大都》，北京出版社，1982年，页33。

图 04 国家博物馆藏《太液晴波》局部

盖镇物也。上以四文赐余，其文曰至元通宝。”[1] 故知金世宗所建广寒殿，沿用至万历七年（1579）终于倒塌，此后不再修复。

据我们调查，这幅《广寒宫图》可能出自金末元初画家何澄之手。忽必烈在燕京大兴土木建元大都城，大规模营造楼宇宫殿。对于蒙元大汗来说，最迫切需要的艺术作品是与宫殿建筑相关的绘画——界画。因此，那些擅长界画的元代画家极易受到蒙古大汗的青睐并委以重任。何澄成名于金代，

1 ［明］张居正：《太岳集》，引自［清］于敏中等编：《日下旧闻考（一）》，北京古籍出版社，1983 年，页 566。

是元初界画高手。界画以绘制建筑物为主，工细、费力、耗时，需要有严谨的造型能力和精确灵巧的绘画功力，一般画家难为，文人画家又不屑为之。元朝建立后，何澄多次向宫廷献画，90 岁高龄还向元仁宗进献《姑苏台》、《阿房宫》、《昆明池》等界画作品，深得仁宗赏识，授予昭文馆大学士，中奉大夫等阶衔。[1] 凡此表明，上海博物馆藏《广寒宫图》也许是何澄觐献元仁宗的界画之一，故元仁宗的姐姐鲁国大长公主得以在画上签章。元代未设画院，有一个将作院下设的画局专理宫廷建筑绘画事宜。对书画家的认可或奖励往往以授官的方式来表示。画家何澄因界画出色，至大元年（1308），何澄领太后之命，负责兴圣宫绘画，因成绩突出，仁皇太后委以主持兴圣宫藻绘工程，又因何澄向朝廷献画而授正二品衔的中大夫秘书监。

综合全文的讨论，上海博物馆藏《广寒宫图》出自金代画师之手，并非元人所绘。图中所见宫殿分别为金代琼华岛山顶的广寒殿，以及寿乐山（今白塔山）东麓薰风殿、临水殿。这些宫殿与山西繁峙岩山寺金代壁画所见金中都宫殿相似。这幅《广寒宫图》首次以图形资料揭示，金代广寒殿设有三开间宫门，建于琼华岛东岸与万宁宫连接的桥梁桥头。至于这幅《广寒宫图》的作者，很可能是金末元初燕京画家何澄。据文献记载，何澄在 90 岁高龄向元仁宗觐献《姑苏台》、《阿房宫》、《昆明池》等界画作品。上海博物馆藏《广寒宫图》或为这批界画之一，故图上钤有元仁宗姐姐鲁国大长公主朱文大印。

1 华彬：《中国宫廷绘画史》，沈阳：辽宁美术出版社，2003 年，页 246 ～ 249。

五　蒙元宫廷石雕艺术源流考

中国传统建筑以木结构为主，石材往往只用于柱础、栏楯、角柱、月台角石、镇宅兽等辅助性建筑构件。中国建筑史上单纯的石构建筑甚少，汉代只见于四川雅安石阙、山东嘉祥武梁祠；魏晋至宋元时代只见于帝王陵墓前仪卫性石人石兽及佛教石窟寺。隋代以来，石材被广泛用来构筑桥梁，诸如隋代赵州桥、北宋洛阳桥、金代卢沟桥、元故宫朝宗桥（紫禁城断虹桥）以及明代紫禁城内金水桥，皆为我们研究中国历代石构建筑及其石雕艺术提供了重要实物。本文将从元上都出土石雕建筑构件入手，结合北京现存及出土元大都石雕建筑构件和石兽，探讨蒙元宫廷石雕艺术之源流。

第一节　蒙元帝国的也可兀兰

蒙古大汗热衷于工艺美术，在蒙古西征过程中，凡是抵抗蒙古军的城市皆遭屠城，但是有手艺的人往往不杀，手艺高超的工匠还被封为“也可兀兰”。《元史·方技列传附工艺》记载：“孙威，浑源人……从军攻潞州，破凤翔，皆有功。善为甲，尝以意制蹄筋翎根铠以献，太祖亲射之，不能彻，大悦。赐名也可兀兰，佩以金符，授顺天安平怀州河南平阳诸路工匠都总管。”[1]蒙古人称工匠为“兀兰”。例如：蒙古语“秃鲁哥兀兰”，意为“纻丝匠”；[2]蒙古语“怯延兀兰”，意为“弓匠”。[3]成吉思汗赐予铠甲匠孙威

1　宋濂，前揭书，页4542。

2　参见《至元译语·人事门》（收入［南宋］陈元靓《事林广记》，北京：中华书局，1999年重印本，页454）。

3　《元史·朵罗台传》记载：“太祖既定西夏，括诸色人匠，小丑（唐兀人朵罗台祖父）以业弓进，赐名怯延兀兰，命为怯怜口行营弓匠百户”（宋濂，前揭书，页3264～3265）。

图 01 杨琼神道碑

的头衔“也可兀兰”，源于蒙古语 Yeke Uran，意为“伟大的工匠”。[1] 如果说孙威是成吉思汗时代的也可兀兰，那么河北曲阳石工杨琼则是忽必烈时代的也可兀兰。

在西方艺术史上，雕塑家具有极高的社会地位，意大利文艺复兴时期的雕塑大师米开朗基罗（Micheangelo）可谓家喻户晓，享誉世界。古代中国并非没有雕塑大师，但他们往往被视为工匠之流，文人骚客或官修史书皆不屑于提到。在中国雕塑史上，可与米开朗基罗相提并论的艺术大师，不乏其人。唐代有“塑圣”杨惠之，元代有也可兀兰杨琼，明代有宫廷石雕大师陆贤、陆祥两兄弟。然而，他们的境遇比起米开朗基罗来，却有天渊之别。不仅正史无传，亦为野史所不载，幸亏《光绪曲阳县志》抄录了杨琼神道碑，这才披露了忽必烈时代的也可兀兰杨琼在中国石雕艺术史上取得的辉煌成就。[2]

杨琼神道碑全名“大元朝列大夫骑都尉弘农伯杨公神道碑铭”，原在河北省曲阳县阳平村杨琼墓旁，杨琼归葬故里时（1313）所立。2007 年夏，我们赴河北寻访古迹，方知此碑已从杨琼墓地移至曲阳县城北岳庙保存。碑高 4.45 米，宽 1.30 米，厚 0.30 米，下置石龟趺。碑文为姚燧所撰，赵孟頫所书，刘赓篆写碑额（图 01）。碑文提到杨琼迁葬时间、地点和儿孙名称。

1 石守谦等编：《大汗的世纪——蒙元时代的多元文化与艺术》，台北：故宫博物院，2001 年，页 15 和 117。

2 朱启钤、刘敦桢编：《哲匠录》，《中国营造学社汇刊》第 6 卷第 3 册，1936 年，页 150 ～ 182；陈高华：《元大都》，北京出版社，1982 年；陈高华：《元大都史事杂考》，《燕京春秋》，北京出版社，1982 年；陈高华：《石工杨琼事迹新考》，《元史研究论稿》，北京：中华书局，1991 年，页 436 ～ 440。

碑文曰："谦（杨琼次子）将以皇庆壬子（1312）之良日，輂柩归葬于乡之黄山先祖之兆。"碑文最后曰："时皇庆癸丑（1313）孟春一日辛卯朔，后十月三日癸卯，次男翰林直学士少中大夫谦、又次从郎内宰司丞谌、长孙元泰等建立。"[1]关于杨琼生平事迹及其对元朝两都石雕艺术的贡献，碑文曰：

> 公姓杨氏，讳琼。世居保定路之曲阳县，高祖不可远推，惟知大父，其次居五而逸其讳。……吾父以石工进，维艰就功，谨不敢以旧之所业为讳，乞铭诸。噫！子不忘本业，乃直笔不可辞。公生而魁颜修干，幼年与其叔荣同艺玢豳文磷，每自出新意，天巧层出，人莫能及焉。名闻世祖皇帝（即忽必烈），诏公等来都，时中统初元也。所经城市，独不与群辈戏，日取二玉石，斫一狮一鼎成，持以觐献。帝曰："此绝艺业。"丞相段公叶孙不花，传旨命公管领燕南诸路石匠。自中统二年（1261）至至元丁卯（至元四年 / 1267），建两都宫殿及城郭诸营造，于是三迁，领大都等处山场石局总管。时西京有邱总管者联事，上赐银符一，莫择所授，二相语曰："若辈为杨氏者东列，为邱氏者西列。"群趋而东，乃以符授。以此见众工之所心服者，公也。岁壬申（至元九年 / 1272），建朝阁大殿等于近畿，拨户五千为役，较之前此，可免官钱五十万缗（……缺 18 字），从公请也。甲戌，董工玉泉山，剖黑玉石，中得寿龟焉，因以奏献。是年冬，锡金符。此其为端，何必良相张显（颢）哉？一日，侍段相二公宴，立标的，命众射。公挽强引满，一举而中。信乎！公之所长不局于石工也。乙亥（至元十二年 / 1275），拜玺书采玉石提举，以白玉石盆贡，上顾其美髯，喜赐钞，为定百。明年丙子（1276），架周桥，或绘以图进，多不可，上意独允公议，因命督之。时段贞尚书疾，董八奉御代主管营造等事，段语董曰："是桥当责于杨，毋扰之。"讫工，上悦，赐黄金满襟，上尊二。以酒为母寿，尽以金置地于齐化门之外，洎房山县之北，皆沃壤，宜

1 《康熙曲阳县新志》卷十一《艺文志》录有此碑，颇多讹误。陈高华在《元大都》一书中作过校补，仍有讹误（陈高华，前揭书，页 136 ~ 138）。本书录文根据韩成武、王丽敏：《北岳庙碑刻选注》，北京：中国文联出版社，2003 年，页 130 和 132。

农圃，为亩千余，其为子孙久远计类此。迹其平生，工力如两都中外及涿郡等寺，察罕脑儿宫殿、凉亭、石洞门、石浴堂、北岳神尖鼎炉、山西三清神像、独树山等庙宇，难以件数。虽锡赉数数，然精力亦瘁于此。丁亥（至元二十四年 / 1287），除武略将军、判大都留守司、兼少府少监。明年戊子，积病不愈，幼悴滋甚。谦适扈从之野马川，日心痛形瘵，诸执政诘其故，曰："思亲耳。"遣其归侍。公曰："吾忍死迟子来，汝其以忠谨报国家！"越一日而逝。[1]

杨琼献给忽必烈的汉白玉石狮和石鼎，雕工精致，颇受大汗喜爱，中统元年（1260）受命"管领燕山诸路石匠"。此时元朝尚未建立，杨琼最初工作地点应在忽必烈藩邸——开平府。中统五年(1264)开平府改称上都，而杨琼在 1261 ~ 1270 年间主管开平府及后来元上都宫廷石雕工程。

关于元代宫廷石雕艺术，萧洵《故宫遗录》记载："正中为大明殿，殿基可高十尺，前为殿陛，纳为三级。绕以龙凤白石阑，阑下每楯压以鳌头，虚出阑外，四绕于殿。殿楹四向皆方柱，大可五六尺，饰以起花金云龙。楹下皆白石龙云……"[2] 大明殿是元故宫主殿，早已不存。不过，元上都大安阁尚存部分汉白玉石雕建筑构件，有助于揭开元代宫廷石雕艺术之谜。据史书记载，元上都大安阁是整体拆迁北宋汴梁城熙春阁而建。《析津志辑佚·岁纪》曰："上都大安阁及宋汴京熙春阁，我元易置于滦之湫潭之上。"[3] 虞集《跋大安阁图》亦载："世祖皇帝在藩，以开平为分地，即为城郭宫室。取故宋熙春阁材于汴，稍损益之，以为此阁，名曰大安。既登大宝，以开平为上都，宫城之内不作正衙，此阁岿然遂为前殿矣。"[4] 忽必烈及元朝许多皇帝都在大安阁登基，临朝，议政，或者做佛事，其地位相当于元大都主要宫殿——大明殿。

---

1 韩成武、王丽敏，前揭书，页 130 ~ 132。

2 [明] 萧洵：《故宫遗录》，引自清于敏中编：《日下旧闻考》，北京古籍出版社，1983 年，页 486。

3 [元] 熊梦祥著，北京图书馆善本组辑：《析津志辑佚》，北京古籍出版社，1983 年，页 221。

4 [元] 虞集撰：《跋大安阁图》，《道园学古录》卷十，上海：商务印书馆，1937 年，页 168。

图 02 元上都出土汉白玉狮头螭首和龙头螭首

1937 年，日本东亚考古学会派原田淑人、驹井和爱等人组成元上都考古队，对元上都遗址进行系统考察。他们在元上都外土城西北发现一个汉白玉螭首，也即萧洵《故宫遗录》所谓“鳌头”。王恽《熙春阁遗制记》说熙春阁“断鳌为柱者，五十有二”，[1] 就指这类汉白玉螭首。原为元上都宫殿建筑构件，不知被何人搬到城外。[2] 耐人寻味的是，这个汉白玉螭首采用狮子头（图 02 上）。元代螭首多为龙首，而河北曲阳元代流行狮头螭首。

1 ［元］王恽：《熙春阁遗制记》，收入《秋涧先生大全文集》卷三十八，收在《四部丛刊·集部》，上海涵芬楼影元本，叶 7a。

2 ［日］原田淑人、驹井和爱：《上都——蒙古ドロンノヘルに於ける元代都址の调查》，《东方考古学丛刊》乙种第二册，1941 年。该书将元上都遗址三重城分别命名为内城、外城、外苑，并绘有示意图。他们对内城宫殿的调查尤为仔细。出土遗物主要有：大铁釜、石基座、水晶球、铜象棋子、陶器、瓷器、铜龟座等。

图 03 大安阁双角四爪龙纹汉白玉角柱和元上都汉白玉石柱础

2007 年夏，我们参观河北曲阳县博物馆时，见到一个狮头螭首。杨琼献给忽必烈的汉白玉石狮，早已不存，而元上都出土的狮头螭首，为我们了解杨琼开创的元代宫廷石雕艺术提供了重要实物。元代汉白玉龙头螭首在元上都亦有发现（图 02 下），此类螭首后来在元大都及明清紫禁城宫殿得到广泛应用，足以见证元代宫廷石雕艺术对明清宫廷石雕艺术的重要影响。

近年在元上都大安阁遗址发现一个青白石高浮雕五爪龙纹角柱（图 03 左），[1] 基本上按照北宋《营造法式》龙纹角柱图雕琢，但是采用了表示皇权的双角五爪龙纹。元上都许多建筑构件被搬到多伦县城。2011 年夏，我们在多伦县考察时，在汇宗寺门前的广场见到许多从元上都搬来的汉白玉石

1 关于大安阁的位置，参见李逸友：《元上都大安阁址考》，叶新民等编：《元上都研究文集》，北京：中央民族大学出版社，2003 年，页 80 ～ 84。

图 04 白塔寺大型仪卫汉白玉石狮

柱础（图 03 右），直径约 1 米左右，相当壮观。

元朝建立后，忽必烈以金中都为大都（今北京），广造宫殿和皇家寺院。元代宫殿往往采用燕石（汉白玉）砌筑月台，栏杆，阶石，并在门前或月台陈列大型仪卫石兽。燕石、白墙、碧瓦交相辉映，色彩和谐，生动展示了这座国际大都市的壮丽景象。[1] 意大利旅行家马可波罗为之惊叹道："城中有壮丽宫殿，复有美丽邸舍甚多。各大街两旁，皆有种种商店屋舍。全城中划地为方形，划线整齐，建筑房舍。每方足以建筑大屋，连同庭院园囿而有余……方地周围皆是美丽道路，行人由斯往来。全城地面规划有如棋盘。其美善之极，未可宣言。"[2] 北京白塔寺大觉宝殿月台上，有一对大型仪卫汉白玉塌腰石狮（图 04）。一狮脚踏绣球，一狮脚踏幼狮，石狮与须

1 马可波罗记元大都宫殿，"周围有一大方墙，宽广各有一哩。质言之，周围共有四哩。此墙广大，高有十步，周围白色，有女墙"。又载："此第二方墙（宫墙）之内，有一第三方墙（指大明殿宫垣）。甚厚，高有十步，女墙皆白色"（冯承钧译：《马可波罗行纪》，上海书店出版社，2001 年重印本，页 203 和 205）。故知元大都宫城用白墙而非红墙。

2 冯承钧译，前揭书，页 210 ～ 213。

弥座采用分体形式。70年代北京修建地铁时，在雍和宫附近明代北城垣下发现元代居住遗址，北房和东西厢房压在明代城基下。这个遗址不仅出土了元代瓷器、铁器、玉带饰等物，而且还发现一尊元代塌腰石狮子，现存五塔寺北京石刻艺术博物馆。[1]元大都出土石狮可证，白塔寺这对塌腰石狮子必为元代之物。

据《析津志辑佚·古迹》记载，"白塔，在大安圣寿万安寺，平则门（今北京阜城门）内。"[2]明景泰八年改称妙应寺，因寺院以白塔为中心，俗称白塔寺。[3]白塔竣工后，四周又相继修建了天王殿、意珠心镜殿、七佛宝殿、具六神通殿等寺庙建筑。白塔寺于至元九年（1272）开工，由忽必烈亲自选址，尼泊尔建筑师阿尼哥设计建造，至元二十五年（1288）落成。[4]白塔寺属于大都皇家寺庙。蒙元帝陵采用秘葬，归葬漠北起辇谷（今蒙古国肯特山古连勒古）。[5]因此，元朝皇帝死后往往以元大都某佛寺作为祭祀原庙。[6]忽必烈死后，白塔寺成为元世祖原庙。[7]

铁狮子胡同（今北京东城区张自忠路）西口路北麒麟碑胡同口原有一对元代石狮，1986年一度移至白塔寺内保存，陈列在天王殿门前。[8]白塔寺内说明牌误将大觉宝殿月台石狮当作铁狮子胡同石狮。据白塔寺附近老人回忆，白塔寺天王殿前石狮子实际是铁狮子胡同石狮子，而大觉宝殿前石狮才是白塔寺原物。[9]白塔寺石狮须弥座采用高浮雕，纹饰有须弥山、水

---

1 梁欣立：《北京古狮》，北京图书馆出版社，2007年，页345。

2 熊梦祥，前揭书，页117。

3 沈榜《宛署杂记》卷十九记载："妙应寺旧名大圣寿万安寺。因有白塔，一名白塔寺。有塔记"（[明] 沈榜：《宛署杂记》，北京古籍出版社，1983年，页224）。

4 《元史·世祖纪四》记载："是岁（至元九年）……建大圣寿万安寺"（宋濂，前揭书，页144）。《元史·世祖纪十二》记载：至元二十五年四月"甲戌，万安寺成"。（宋濂，前揭书，页311）。

5 亦邻真：《起辇谷与古连勒古》，《亦邻真蒙古学文集》，呼和浩特：内蒙古人民出版社，2001年，页747～753。

6 元朝皇帝在大都的原庙，参见《析津志辑佚·祠庙仪祭》（熊梦祥，前揭书，页63）。

7 《析津志辑佚·太庙》记载："世祖皇帝神御奉安大安圣寿万安寺，岁时差官以家人礼祭供"（熊梦祥，前揭书，页53）。

8 北京市文物管理局：《北京名胜古迹辞典》，北京燕山出版社，1989年，页43。

9 梁欣立：《北京古狮》，北京图书馆出版社，2007年，页61～62。

图 05 白塔寺石狮须弥座的双角五爪行龙纹和水浪纹

浪纹以及表示皇权的双角五爪龙纹样。受伊斯兰工艺美术的影响，元代宫廷艺术纹样极其繁复。正如元朝中期名臣虞集所言，“夫石之为物，其理粗，其质坚，故琢磨之工倍于玉。而我朝攻石之工，制以花卉、鸟兽之像，作为器用，则务极其精巧云”。[1]

元代石雕纹样主要以纺织品图案为粉本，早在元朝建立之前，蒙古大汗就开始对纺织品纹样采取各种限禁措施。《元典章》卷五十八《工部一·段匹》记载：“至元七年（1270），尚书刑部承奉尚书省札付：议得：除随路局院系官段（缎）匹外，街市诸色人等不得织造日月龙凤段（缎）匹。”[2] 看来，双角五爪龙纹只用于白塔寺等皇家寺庙或宫廷装饰图案，不能用于普通寺庙或铁狮子胡同石狮子。例如：元大都福寿兴元观出土汉白玉华版，仅为三爪行龙纹样。白塔寺石狮须弥座上雕有表示皇权的双角五爪行龙纹样（图05），必为这所元代皇家寺院原物无疑。

1 [元] 虞集：《经世大典序录·工典·石工》，收入苏天爵：《元文类》，上海古籍出版社，1993 年，页 560。
2 陈高华等整理：《元典章》点校本第四册，北京：中华书局 / 天津古籍出版社，2011 年，页 1962。

图 06 白塔寺与曲阳博物馆藏元代镇宅地狮角石

近年整修白塔寺时，还发现一方元代镇宅地狮角石（图 06 上），原用于寺内佛殿或住宅月台四角，现藏白塔寺七佛宝殿。[1]《析津志辑佚·风俗》记载："都中（指元大都）显宦硕税之家，解库门首，多以生铁铸狮子，左右门外连座，或以白石凿成，亦如上放顿。若公府月台上，西南角亦如上制。"[2]元大都官府月台上白石建筑构件，就指镇宅地狮角石之类的汉白玉建筑构件。元大都护国寺土坯殿月台四角装饰有镇宅地狮角石，[3]现藏北京首都博物馆。关于白塔寺石雕建筑构件，元大都《圣旨特建释家舍利灵通之塔碑》描述说："座馊禽兽，角垂玉杵，阶布石栏。"[4]白塔寺内元代汉白玉石雕构件多已不存，不过，从寺内现存元代大型仪卫石狮和镇宅地狮角石，仍可见到这所元代皇家寺庙昔日的辉煌。2007 年，我们在河北曲阳博物馆见到一个类似元代镇宅地狮角石（图 06 下），与白塔寺内镇宅地狮角石如出一辙。据《杨琼神道碑》记载，1271 ~ 1287 年间，杨琼负责"两都宫殿及城郭诸营造"。白塔寺属于元代皇家寺院，那么杨琼很可能参与过寺内大型石雕的营造。

元大都保存至今的元代遗物还有紫禁城钦安殿东西侧门外一对太湖石山石座。据傅熹年研究，这对"座子满身雕夔龙，基部雕宝相花，应为元代遗物。它可能是故宫现存建筑石雕中唯一可以确认的元宫遗物了"（图

---

1 梁欣立：《北京古狮》，北京图书馆出版社，2007 年，页 63 ~ 64。

2 熊梦祥，前揭书，页 207。

3 北平市政府秘书处编：《旧都文物略》，北京：建筑工业出版社，2005 年，页 233，图 4。

4 宿白：《元大都圣旨特建释迦舍利灵通之塔碑文校注》，《藏传佛教寺院考古》，北京：文物出版社，页 329。

图 07 元故宫宝云殿太湖石山雕花石座

07）。[1] 1970 年代北京修地铁时，在西直门内明代北城垣下发现元代福寿兴元观遗址。该遗址出土回纹地三爪行龙纹汉白玉华版纹样，与钦安殿太湖石山石座图案相似。此外，江西高安元代窖藏瓷器中有一件釉里红彩斑堆塑螭纹靶盏，上面的螭纹与钦安殿太湖石山石座的龙纹图案非常相似。[2] 凡此表明，钦安殿太湖石山石座必为元代遗物无疑。

钦安殿位于紫禁城御花园，始建于永乐十五年（1417）。景泰六年（1455），增建御花园后，再未改扩建。[3]《南村辍耕录·宫阙制度》曰："紫檀殿在大明寝殿西，制度如文思，皆以紫檀香木为之。缕花龙涎香，间白玉饰壁，草色髹绿，其皮为地衣。宝云殿在寝殿后，五间，东西五十六尺，深六十三尺，高三十尺。……嘉庆门在后庑宝云殿东……延春门在宝云殿后，

---

1 傅熹年：《北京古代建筑概述》，《傅熹年建筑史论文集》，文物出版社，1998 年，页 396 ~ 397。

2 刘金成编：《高安元代窖藏瓷器》，北京：朝华出版社，2006 年，页 70。

3 朱偰：《元大都宫殿图》，《昔日京华》，天津：百花文艺出版社，2005 年重印本，页 42 ~ 43。

延春阁之正门也，五间三门，东西七十七尺，重檐。”[1]从位置看，明代奉天殿拆元故宫崇天门而建，明代华盖殿、谨身殿、乾清、坤宁二宫拆元故宫大明殿而建，明代钦安殿则建于元代宝云殿旧基，那么钦安殿这对太湖石山石座当系元故宫宝云殿之旧物。

第二节　福寿兴元观石雕构件与元大都石翁仲

20 世纪 70 年代北京的考古发现，为我们了解元大都石雕艺术提供了一批重要实物。1368 年，徐达攻陷元大都。因“克复后以城围太广，乃减其东西迤北之半……缩其城之北五里，废东西之北光熙、肃清二门……”。[2]明军筑北城垣工程进行得十分匆忙。1970 年代北京修地铁时，在明代北城垣中发现大量被拆毁的元大都砖瓦、梁木等物，甚至还有没来得及拆除的房屋，挑去屋顶后，填入夯土，整座房屋被埋入墙体之中。值得注意的是，北京西城区桦皮厂胡同北口稍东发现了元大都福寿兴元观遗址，从中发掘出许多石雕建筑构件。大殿前所立《元仁宗白话圣旨碑》仍完好地立于原处。据碑文记载，“延祐丙辰（1316），梁国冯公之子徽政院使识列门慕老子□创福寿兴元观于都城西北隅豫顺坊，殿堂廊庑庖，一次具备。栋宇雄伟，丹垩

图 08 大元福寿兴元观白话圣旨碑

1 [元] 陶宗仪撰：《南村辍耕录》，北京：中华书局，1959 年，页 251 ~ 252。
2 [清] 于敏中等编：《日下旧闻考》卷三十八《京城总记二》，北京古籍出版社，1983 年，页 604 ~ 605。

一新。甲于诸观”。福寿兴元观内大部分建筑毁于明初徐达构筑北城垣之际，遗址内只发现两块元碑和四件汉白玉雕花建筑构件。[1] 分述于下：

第一，《大元福寿兴元观白话圣旨碑》：碑高 319 厘米，宽 104 厘米（图 08）。此碑刻于“蛇儿年（元仁宗延祐四年 / 1317）二月”。原立于福寿兴元观钟楼北侧，居东，现藏北京法源寺。[2]

第二，《大元福寿兴元观记》：碑高 319 厘米，宽 104 厘米，碑额形制与杨琼神道碑相同。此碑刻于元文宗“至顺二年（1331）七月”。原在福寿兴元观钟楼北侧，居西，现藏北京宣武门外法源寺。

第三，汉白玉栏楯残片：尺寸不详，现藏北京首都博物馆。花纹分上中下三层，上层为开光宝相花卉纹，中层为莲花云纹，下层为忍冬纹，最下端为卷云纹，皆元代流行的典型纹饰，亦为元代青花瓷图案采用（图 09）。这个栏楯残片不透雕，说明元代个别栏楯仍保留了金代不透雕形式。

第四，鸾凤獬豸汉白玉饰板：高 105 厘米，宽 120 厘米，现藏中国国家博物馆（图 10）。[3] 中心雕一鸾一凤，上角饰二牡丹，下部雕海涛双麒麟，两端饰忍冬纹。主题图案为开光凤凰纹，与华盛顿弗利尔美术馆藏元代雕漆盘上凤凰纹图案非常相似。

第五，灵芝麒麟汉白玉饰板：高 83 厘米，宽 153 厘米，现藏北京首都博物馆（图 11）。中心雕芝草双海马，四周饰填花球纹锦地。所雕开光海马纹，与景德镇窑元代青花罐上开光海马纹图案如出一辙。[4] 元大都石雕纹样遵循一定之规。《元史·顺帝纪二》记载：至元二年（1336）四月“丁亥，禁服麒麟、鸾凤、白兔、灵芝、双角五爪龙、八龙、九龙、万寿、福寿字、

---

1 元大都考古队：《元大都的勘查和发掘》，《考古》1972 年第 1 期，页 85 和封底黑白照片。所出石雕构件照片，参见出土文物展览工作组编：《文化大革命期间出土文物》第 1 辑，北京：文物出版社，1973 年，页 82 ~ 83。

2 此碑出土时断为三截，经修复后始见今貌，现藏北京宣武门外法源寺。本书所引黑白照片，见出土文物展览工作组编：《文化大革命期间出土文物》第一辑，北京：文物出版社，1973 年，页 84。

3 中国国家博物馆编：《文物里的古代中国》下册，北京：中国社会科学出版社，2010 年，页 85；本书所引黑白照片，见出土文物展览工作组编，前揭书，页 82。

4 本书所引黑白照片，见出土文物展览工作组编，前揭书，页 83 上。

图 09 汉白玉栏楯残片

图 10 福寿兴元观鸾凤獬豸汉白玉饰板

图 11 灵芝麒麟汉白玉饰板

图 12 福寿兴元观遗址出土汉白玉行龙栏板

赭黄等服”。[1] 福寿兴元观并非皇家寺观，上述两件汉白玉华版雕琢有麒麟、鸾凤、灵芝，显然违反元朝典章制度。

第六，行龙汉白玉栏板：高约 50 厘米，宽约 120 厘米，现藏北京首都博物馆馆（图 12）。[2] 这块石栏板中心和上部雕回纹地三爪行龙，左右和

1 宋濂，前揭书，页 834。关于元代纺织品各种禁限，参见尚刚：《元代工艺美术史》，沈阳：辽宁教育出版社，1999 年，页 56 ～ 73。

2 本书所引黑白照片，见出土文物展览工作组编，前揭书，页 83 下。本文所引彩色照片为作者在北京首都博物馆展厅拍摄。

下部雕勾云。所雕双龙纹图案，与白塔寺元代石狮须弥座上双龙纹样以及紫禁城断虹桥栏楯华版上的双角行龙纹样如出一辙。只是行龙图案仅用三爪龙纹样，而不能用元代宫廷艺术常见的双角五爪龙纹。

福寿兴元观，是全真道在元大都豫顺坊建造的一所道观。全真道掌门人丘处机率弟子赴西域觐见成吉思汗后，全真道得到蒙古大汗的大力支持，成了中国北方道教的主流教派。他们一改昔日俭朴作风，不仅将大批佛寺改建为道观，而且大兴土木，营造大殿高堂。福寿兴元观建筑，雕栏玉砌，极尽奢华。正如王磐《创建真常观记》所言，"今也掌玄教者，盖与古人不相侔矣。居京师，住持皇家香火，焚修官观，徒众千百，崇墉华栋，连亘街衢，京师居人数十万户，斋醮祈禳之事，日来而无穷。通显士大夫，洎豪家富室，庆吊问遗，往来之礼，水流而不尽，而又天下州郡黄冠羽士之流，岁时参请堂下者，踵相接而未尝绝也。小阙其礼则疵衅生，一不副其所望则怨怼作。道宫虽名为闲静清高之地，而实与一繁剧大官府无异焉"。[1] 福寿兴元观创建之际，杨琼已去世多年，但是这所道观内石雕构件刻意模仿元代宫廷石雕艺术，雕琢麒麟、灵芝、鸾凤等纹样，显然违反元代典章制度。这些石雕纹样或以杨琼开创的元代宫廷石雕为蓝本。无论如何，元大都福寿兴元观石雕构件的发现，为研究元代中期石雕艺术的断代提供了重要标尺。

1997 年，北京石刻艺术博物馆征集到两尊元代汉白玉翁仲，高达 3 米。其中汉白玉文官像，与颐和园耶律楚材祠堂前元代石翁仲（图 13 右）相似，原来可能是某座元代贵族大墓神道旁石翁仲。《帝都景物略》卷七《瓮山》记载："山下数十武，元耶律楚材墓。墓前祠，祠废像存，像以石存也。石表碣、石马虎等已零落。一翁仲立未去。天启七年夏夜，有萤十百集翁仲首，土人望见，夜哗曰：石人眼光也。质明，共踣而争碎之。后夜萤来，无所集，集他树。人复望见，夜复哗，锄耰夜往，树上乃萤也，而墓前无

1 [元] 王磐：《创建真常观记》，收入李道谦编《甘水仙源录》卷九（四川大学古籍整理研究所编：《道藏》[影印 1926 年涵芬楼影印本]）第 19 册，北京：文物出版社 / 上海书店 / 天津古籍出版社，1988 年，页 802 下～803 上。

图 13 北京石刻艺术馆藏元代文白玉雕翁仲与耶律楚材祠堂前石翁仲

余器矣，突然一丘。”[1] 凡此表明，在中原汉文化影响之下，元朝统治阶层部分蒙古贵族逐渐接受中原葬仪，在墓前开神道，列文武官员石雕像。2010年，这两尊汉白玉石雕人物像被送到美国参加纽约大都会艺术博物馆举办的《忽必烈的世界》文物展，一展元代大型石雕艺术之风采（图 13 左）。[2]

第三节 断虹桥所见元代宫廷石雕艺术

断虹桥位于紫禁城武英殿之东，单拱石券，横跨于内金水河之上。这座石桥呈南北走向，长约 18.7 米，最宽处 9.20 米（图 14）。[3] 桥面铺砌大块汉白玉石，两侧栏楯雕琢表示皇权的双角五爪行龙纹图案。望柱石狮神

1 [明] 刘侗、于奕正编：《帝都景物略》，上海古籍出版社，2001 年，页 447。

2 James C.Y. Watt, *The World of Khubilai Khan: Chinese Art in the Yuan Dynasty*, New Haven and London: Yale University Press, 2010, pp. 68 ～ 69, fig. 91 ～ 92.

3 梁欣立：《北京古桥》，北京图书馆出版社，2007 年，页 21。

图 14 元故宫朝宗桥（今北京故宫断虹桥）

态各异，一柱一狮或一柱多狮，栩栩如生。

中国现存最早，保存良好的石拱桥是隋代赵州安济桥，又称“赵州桥”。此桥为敞间圆弧石拱，拱券并列二十八道。元代中国北方石桥的砌拱方式，不同于赵州桥的并列法，往往采用纵联式砌拱法，并一直影响到清官式桥。每排石料相互错开，整体性强，构筑时，先将全部拱券砌筑完毕，留下拱顶石（龙门石或拱心石）不砌，用木楔紧楔券石，使之抬高脱离拱架，再嵌入拱顶石合龙。[1] 断虹桥就采用元代纵联式砌拱法砌筑。

《杨琼神道碑记》记载：“丙子（至元十三年），架周桥，或绘图以进，多不可，上意独允公议，因命置之不。”可知周桥为至元十三年（1276）杨琼所建。[2] 萧洵《故宫遗录》记载：“河上建白石桥三座，名周桥，皆琢

1 潘谷西主编：《中国古代建筑史·元明建筑》第四卷，北京：中国建筑工业出版社，2001 年，页 426 ～ 427。

2 此碑录文参见韩成武、王丽敏：《北岳庙碑刻选注》，北京：中国文联出版社，2003 年，页 104 ～ 105。

龙凤祥云，明莹如玉，桥下有四白石龙，擎戴水中甚壮。”[1] 因此，有学者认为断虹桥即元代崇天门前周桥，因为桥上所雕汉白玉石雕刻的云龙瑞兽，在辽金元宫殿中只用于宫城正门前居中位置的御桥。此说倡导者进而否认金水桥、故宫三大殿、景山、后门桥、鼓楼一线为元明清北京城的中轴线，认为元明清北京中轴线在断虹桥至北京旧鼓楼大街一线。[2] 另一方面，还有学者认为断虹桥“是明初所建，现在除局部构件所添配更换外，从未大修过，依然坚固牢实。”[3] 洪武四年（1371），奉诏到北京的翰林学士宋讷见到周桥拆毁后的场景。其诗曰：“仙裳宫袖拥龙舟，一夕兵来罢盛游。万户千门银烛冷，六军百职布袍秋。御桥路坏盘龙石，金水河成饮马沟。”[4] 明成祖建紫禁城时，元故宫周桥被彻底拆毁，原来的三道桥改为紫禁城内金水河五道桥。那么，断虹桥又是元大内什么桥梁呢？

萧洵《故宫遗录》记载：“度桥（指周桥）可二百步为崇天门。门分为五，总建阙楼其上。翼为迥廊，低连两观。观（一无观字）旁出为十字角楼，高下三级。两旁各去午门（指崇天门）百余步，有掖门，皆崇高阁。”[5]《新元史·地理志一》亦载：“大内南临丽正门，正衙曰大明殿，曰延春阁。宫城周回九里三十步，分六门，正南曰崇天，崇天之左曰星拱，右曰云从……”[6]《元史·世祖纪四》记载：至元九年（1272）五月乙酉，“宫城初建东西华、左右掖门。”[7] 正如研究者指出的，左右掖门指星拱、云从门。[8] 殊不知，星拱、云从门前还有桥梁。《析津志辑佚·河闸桥梁》曰：“朝宗桥，在左掖门（即云从门）；拱辰桥，在右掖门（即

1　萧洵，前揭书，页 485。
2　姜舜源：《故宫断虹桥为元代周桥考——元大都中轴线新证》，《故宫博物院院刊》1990 年第 4 期，页 31 ～ 45。
3　于倬云：《紫禁城宫殿》，北京：三联书店，2006 年，页 288。
4　[元] 宋讷：《壬子秋过故宫》十九首，收入 [清] 钱谦益编：《列朝诗集·甲集》卷十三，北京：三联书店，1989 年，页 157。
5　萧洵，前揭书，页 485 ～ 486。
6　[清] 柯劭忞编：《新元史》，上海古籍出版社，1989 年，页 232 中，双行夹注内。
7　宋濂，前揭书，页 141。
8　于德源：《北京历代城坊、宫殿、苑囿》，北京：首都师范大学出版社，1997 年，页 146。

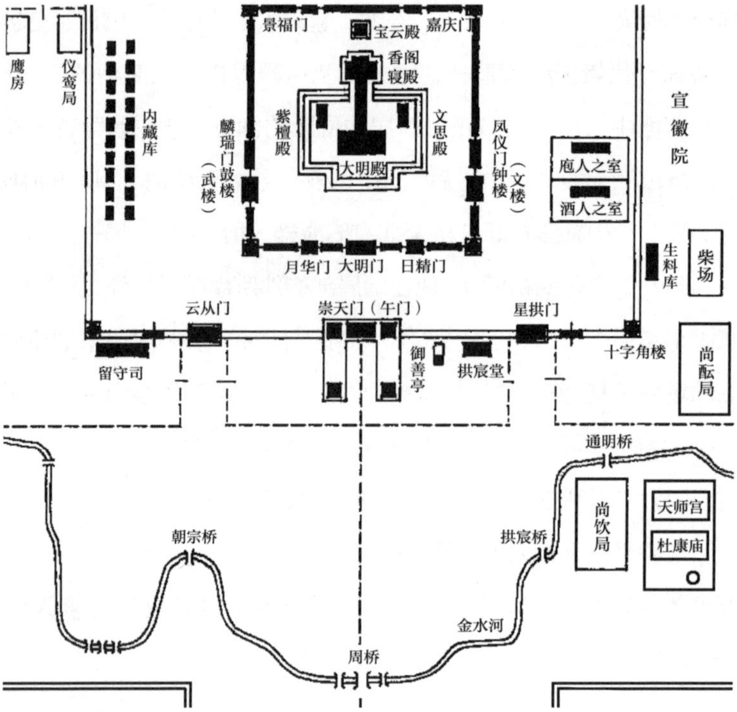

图 15 元大内金水河三桥的位置

星拱门）。”[1] 周桥和拱辰桥早已不存，而朝宗桥有幸保存至今，也就是紫禁城武英殿东边的断虹桥。

关于元大都宫殿布局，朱偰先生大多作了正确复原。[2] 可惜他的《元大都宫殿图》没涉及金水河三桥，而图中所标生料库、柴场、鹰房、仪鸾局的位置也需要订正。我们的复原如上图所示（图 15）。《杨琼神道碑》记载：“乙亥（至元十二年 / 1275）拜玺书采玉石提举，以白玉石盆贡……明年丙子（1276），架周桥，或绘以图进，多不可，上意独允公议，因命督之。时段贞尚书疾，董八奉御代主管营造等事，段语董曰：‘是桥当责于杨，毋扰之。’讫工，上悦，赐黄金满襟。”既然崇天门前金水河周桥由杨琼在至元十三年（1276）督造，崇天门左右掖门前金水河桥——朝宗桥和拱辰桥显然与周

1　熊梦祥，前揭书，页 97。
2　朱偰：《元大都宫殿图》，《昔日京华》，天津：百花文艺出版社，2005 年重印本。

桥同时兴建，亦由杨琼亲自督造。朝宗桥的发现不仅为了解元代宫廷石桥和石雕艺术提供了重要实物，而且说明紫禁城内金水河利用了元故宫金水河故道。目前研究者的元故宫复原图大都将元大内金水河置于今天紫禁城文华、武英两殿东西平行线上，[1]不一定正确。至于金水河为什么采用蜿蜒曲折的形式，明太监刘若愚分析说：大内金水河“非故为曲折，以耗物料，盖恐有意外火灾，则此水赖焉”。[2]

元大都兴建以前，当地就建有许多石桥，其中最精美的，莫过于金中都宣阳门外龙津桥。南宋使臣楼钥在《北行日录》记载：“过卢沟河至燕山城外……次入丰宜门，门楼九间，尤伟丽。分三门，由东门以入。又过龙津桥，三（原文误作“二”）桥皆以石栏，分为三道。中道限以护阱，国主所行也。龙津雄壮特甚，中道及扶栏四行，华表柱皆以燕石为之。其色正白，而镌镂精巧，如图画然。桥下一水，清深东流，桥北二小亭，东亭有桥名碑。次入宣阳门……”[3]南宋乾道六年（1170）范成大出使金中都。范成大《石湖诗集》有《龙津桥》一首，诗序云：“龙津桥在燕山宣阳门外，以玉石为之，引西山水灌其下。”诗云：“燕石扶栏玉雪堆，柳塘南北抱城回。西山剩放龙津水，留待官军饮马来。”范成大说的“燕石扶拦”，就指汉白玉栏楯，那么中国古代桥梁用汉白玉造桥肇源于金朝龙津桥。金朝末年蒙古军迫近中都，“大兴尹乌陆用章分命京畿诸将毁在城桥梁，瓦石悉运入四城，往来以船渡，运不及沉之于水。”[4]金人运瓦石入城，目的是用作为抛石机炮石，以防御蒙古军攻城。[5]有学者认为元故宫金水桥模仿龙津桥，但是龙津桥毁于金末蒙古军攻打金中都之际，因此元故宫金水桥不可能模仿龙津桥。

除龙津桥之外，金中都还建有许多石桥，有些就位于后来元大都城内。《析津志辑佚·河闸桥梁》记载:“西寺白玉石桥，在护国寺仁王寺南，有三拱，

1 侯仁之主编：《北京城市历史地理》，北京燕山出版社，2000 年，页 112。

2 [明] 刘若愚：《明宫史》，北京出版社，1963 年，页 12。

3 [南宋] 楼钥:《北行日录》，收入《北道刊误志（及其他三种）》，北京：中华书局，1991 年，页 21 ～ 22。

4 [金] 张师颜：《南迁录》，济南：齐鲁书社，1996 年重印本，页 145 ～ 147 上左。

5 于德源，前揭书，页 89。

图 16 中国国家博物馆藏明代无名氏《卢沟运筏图》局部

金所建也。……和义门外石桥，金所建。”[1] 可惜金中都众多石桥当中，唯有卢沟桥幸免于难，一直保存至今。卢沟桥是金朝皇帝为拜谒金陵（在今房山县九龙口村）而建造的御桥，始建于金大定二十九年（1189）。虽经历代修缮，仍保留了部分金代风格的望柱石狮子和桥头石兽。从明代代无名氏绘《卢沟运筏图》看，卢沟桥原本一柱一狮，用汉白玉雕琢而成。石栏望柱，拱券汲水兽，巍然屹立，颇为壮观（图 16）。此图以前误认为是元人所绘，黄小峰撰文指出实乃明人之作。[2]

蒙古人占领金中都后，摧毁了金朝宫殿，但是没有破坏房山金陵。明代中叶，金陵还得到明王朝祭祀。直到明嘉靖年间，金章宗道陵仍是京郊一处风景名胜，时有游人前来游玩。晚明之际，满族首领努尔哈赤崛起于白山黑水之间，明朝统治者受风水师蛊惑，为断女真后裔满人的“龙脉”，大肆破坏金陵。天启元年（1621）罢金陵之祀，二年（1622）拆毁金陵，

1 熊梦祥，前揭书，页 100 ～ 101。

2 黄小峰：《中国国家博物馆馆刊》2011 年第 1 期，页 66 ～ 79。本文所引《卢沟运筏图》照片，参见《中国国家博物馆馆刊》2012 年第 2 期，扉页。

图 17 房山金陵御道旁汉白玉双行龙纹华版

断地脉，房山金陵遭灭顶之灾。[1] 近年北京文物考古所考古队多次对房山金陵进行勘查和试掘，发现汉白玉石御道和两侧栏楯、石兽、柱础石等，皆用汉白玉石雕琢而成。金代石雕主要流行浅浮雕，纹样有牡丹纹、缠枝纹，并出现表示皇权的高浮雕五爪行龙纹（图 17）。[2] 有学者推测，这些精美的汉白玉石雕可能出自金朝从宋朝内府少监中虏掠来的工匠之手。

断虹桥与卢沟桥和房山金陵石雕有许多相似之处。例如：断虹桥栏楯华版上忍冬纹和双角五爪行龙纹图案，就与金陵汉白玉御道栏楯华版纹样非常相似。元末熊梦祥《析津志辑佚 · 河闸桥梁》记载："卢沟桥，在京南三十里……石齿相角，上架石梁，平砥如平，上有狮子阑楯。"[3] 杨琼造元故宫金水桥，显然借鉴了金中都石桥以及金陵石雕艺术。

尽管如此，断虹桥与金中都石桥还是存在一些不同之处。第一，断

1 秦大树：《宋元明考古》，北京：文物出版社，2004 年，页 201 ~ 203。

2 宋大川、黄秀纯：《金陵遗址第一阶段调查报告》，《北京文博》2001 年第 3 期，页 17 ~ 22；宋大川、黄秀纯：《金陵遗址第二阶段调查报告》，《北京文博》2002 年第 3 期，页 22 ~ 25。

3 熊梦祥，前揭书，页 99。

图 18 卢沟桥石狮栏楯和桥头石象和石狮

虹桥头抵兽用元代流行的石蹲龙，而不用卢沟桥头石象或石狮（图 18）。[1] 第二，断虹桥用圆形望柱，而卢沟桥用方形望柱。第三，断虹桥华版满饰花纹，而卢沟桥华版只局部雕花。第四，金陵石雕往往用浅浮雕，而断虹桥用高浮雕。第五，断虹桥栏楯皆透雕，而卢沟桥栏楯不透雕。总之，断虹桥与金中都石桥明显有别，必为元代石桥无疑。我们之所以认为断虹桥是元代石桥，还有以下几条根据：

第一，关于元代通惠河石桥，顾祖禹《读史方舆纪要 · 北直二》引欧阳玄曰："通惠河首导昌平、白浮之水，次循太行西山之麓，会诸山之流，为七里泊。东流入都城西水门，汇积水潭。又东傍宫墙，环大内之左，合金水河东折而南，出都城东水门。经大通桥，东流至通州城西北永通桥（今八里桥），又东会于白河。"[2] 至正十七年（1357），欧阳玄病逝于大都，享年 83 岁，可知永通桥始建于元代。《元史·河渠志》记载："武宗至大四年（1311）六月，省臣言：'通州至大都运粮河闸，始务速成，故皆用木，岁久木朽，一旦俱败，然后致力，将见不胜其劳。今为永固计，宜用砖石，以次修治。'从之。后至泰定四年，始修完焉。"[3] 由此可知，永通桥改为石桥在 1311 年。通州张家湾通运桥与此桥结构和石雕艺术风格相同，亦为元代遗构。从石桥形制看，元代桥头石蹲龙肇源于金陵汉白玉踏道前石蹲龙。断虹桥头不用明代石桥常见的抱鼓石，而用元代流行的石蹲龙，与通惠河元代石桥——

1 从中国国家博物馆藏明代无名氏《卢沟运筏图》看，卢沟桥头石象当系金代之物，而石狮则为后人补刻。原来石狮背靠石桥，后补石狮头对石桥。
2 [清] 顾祖禹：《读史方舆纪要》（一），卷十一，台北：洪氏出版社，1981 年，页 477。
3 宋濂，前揭书，页 1590。

图 19 通惠河桥头石蹲龙

永通桥和通运桥（在通州张家湾古城南门）桥头石蹲龙（图 19）如出一辙。

第二，断虹桥汉白玉栏楯和石狮子望柱头基本上按照《营造法式》单勾阑图雕琢。望柱头不用明代流行的龙凤纹望柱，而用元代常见的石狮子望柱头，如曲阳北岳庙主殿德宁殿栏楯即为元代石狮望柱（图 21 中）。[1]

第三，断虹桥拱心石上有高浮雕吸水兽（图 20 下），这是金元石桥的特点。卢沟桥中心一孔的两面和西面第五孔上还保存下三块高浮雕吸水兽拱心石，皆用汉白玉雕琢，傅熹年以为是金代原物。[2] 元代万宁桥（今什刹海后门桥）也有这样一个高浮雕吸水兽（图 20 上），而明清紫禁城内外金水桥则无此类吸水兽。

第四，断虹桥头石蹲龙须弥座上水浪纹样（图 21 右上），与杭州灵隐

1 北岳庙在河北省曲阳县城内，自唐迄明皆遥祭北岳之所。清初将北岳祭典移至山西浑源州，曲阳北岳庙遂废。德宁殿为北岳庙主殿，建筑结构与《营造法式》卷三十一“殿身七间，副阶周匝，身内金箱斗底槽”一图极其相似。北宋淳化二年（991）和元初至元七年（1270），两度重建。现存殿宇属元代遗构（梁思成：《中国建筑史》，天津：百花文艺出版社，1998 年，页 251 ～ 252）。

2 傅熹年：《北京古代建筑概述》，《傅熹年建筑史论文集》，北京：文物出版社，1998 年，页 390 ～ 391。

图 20 万宁桥与断虹桥拱心石吸水兽

寺大殿前北宋石塔基座上水浪纹（图 21 右下）相同，后者建于北宋建隆元年（960）。[1] 这种水浪纹亦见于白塔寺元代石狮须弥座。此外，断虹桥华版雕刻的忍冬纹，与元大都福寿兴元观遗址出土汉白玉华版上忍冬纹图案几乎完全相同。《析津志辑佚·风俗》记载："都中（指元大都）桥梁、寺观，多用西山白石琢凿阑干、狻猊等兽。青石为砖，甃砌大方，样如江南……"[2] 断虹桥与《析津志》所说元大都石桥的艺术风格完全相符，为我们研究元大都石桥提供了重要实物资料。

第五，陶宗仪《南村辍耕录》记载："直崇天门有白玉石桥（指周桥）三虹，上分三道，中为御道，镌百花蟠龙。"[3] 断虹桥栏楯华版雕刻双角五爪行龙纹样（图 24），不仅和陶宗仪所述金水河周桥纹饰相符，而且和白塔寺元代石狮须弥座纹样（图 05）相同。此外，这种行龙纹、牡丹纹、菊纹组合图案亦见于元上都青白石龙纹角柱（图 03 左）。萧洵《故宫遗录》记载："又后为兴圣宫，丹墀皆万年枝，殿制比大明差小。殿东西分道为阁门，出绕白石龙凤阑楯。阑楯上每柱皆饰翡翠，而寘黄金鹏鸟狮座……"[4] 萧洵描述的元故宫兴圣宫华版行龙纹，与断虹桥栏楯行龙纹如出一辙。

---

1 杭州灵隐寺位于西湖之西北高峰与飞来峰之间。据《灵隐寺志》记载，"寺自晋咸和间理公（竺僧慧理）开山，山门榜曰：'绝胜觉场'，葛洪所书，正殿曰'觉皇殿'……宋真宗景德四年（1007）赐称景德灵隐禅寺"（[清] 孙治等编：《灵隐寺志》，杭州出版社，2006 年，页 13 ~ 14）。明初重建，改称灵隐寺。

2 熊梦祥，前揭书，页 208。

3 陶宗仪，前揭书，页 250。

4 萧洵，前揭书，页 489。

图 21 断虹桥望柱石狮、须弥座水浪纹与曲阳北岳庙元代望柱、杭州灵隐寺元代须弥座水浪纹

第四节　永乐宫廷艺术所见蒙元文化因素

明成祖所建紫禁城主要宫殿为奉天、华盖、谨身三大殿，永乐十八年（1420）落成不久即遭雷击起火化为灰烬。唯有紫禁城后苑的钦安殿幸免于难。刘若愚《明宫史》记载："坤宁宫之后则宫后苑也，钦安殿在焉……"[1] 永乐之子明仁宗就死在钦安殿。[2] 嘉靖十年（1531），钦安殿改为真武庙，一直沿用到清代。[3] 明成祖定都北京后，全盘接收元廷各类工匠，永乐时代的青花瓷、釉里红瓷、织金锦，乃至喇嘛庙，无一不受蒙元文化的影响。[4] 明初萧洵《故宫遗录》记元故宫曰："正中为大明殿，殿基高可十尺，前为殿陛，纳为三级，绕以龙凤白石阑，阑下每循压以鳌头，虚出阑外，四绕于殿。"[5] 值得注意的是，钦安殿柱础石和月台栏楯模仿元故宫大明殿，带有浓郁的蒙元文化特征。

1　[明] 刘若愚：《明宫史》，北京出版社，1963 年，页 15。

2　郑晓《今言》卷一记载："仁宗是年八月丁巳即位，诏改明年为洪熙元年（1425）。元年五月崩于钦安殿"（[明] 郑晓：《今言》，北京：中华书局，1984 年，页 3）。

3　于德源著：《北京历代城坊·宫殿·苑囿》，北京：首都师范大学出版社，1997 年，页 193 ~ 194。

4　关于永乐时代的艺术，参见 James C.Y. Watt and Denise Patry Leidy, *Defining Yongle: Imperial Art in Early Fifteenth-Century China*, New York: The Metropolitan Musuem of Art/ New Haven and London: Yale University Press, 2005。

5　萧洵，前揭书，页 486。

第一，钦安殿石柱础上雕琢的菊花纹、牡丹纹皆为元代艺术典型纹样，亦见于断虹桥栏楯华版。这种菊花是一种长年盛开在西亚沙漠边缘地带的野花，或称“延命菊”。[1] 明初广招天下贤士，景德镇御窑厂仍聘用元朝工匠，所以明初青花瓷流行元代典型纹样——缠枝菊花纹。景德镇洪武窑和永乐窑烧造的青花瓷上有缠枝菊花纹图案。[2] 钦安殿龙纹石柱础图案（图 22 上）与凤阳明中都遗址龙纹石柱础不尽相同，[3] 但是与白塔寺元代石狮须弥座上双角五爪龙纹颇为相似。耐人寻味的是，景德镇永乐窑内红釉外釉里红赶珠龙纹大碗亦采用元代艺术特点的双角五爪行龙纹图案（图 22 下）。[4]

图 22 钦安殿龙纹石柱础与永乐窑内红釉外釉里红赶珠龙纹大碗

第二，钦安殿栏楯宝瓶（图 23）与元故宫朝宗桥（断虹桥）栏楯宝瓶（图 24）形制非常相似，栏楯华版雕琢菊纹、牡丹纹以及双角五爪龙纹也与断虹桥如出一辙，带有浓郁的元代宫廷石雕艺术风格。只是钦安殿栏楯华版纹饰留有一定空间，并且出现以前不见的漩涡纹，与元代石雕布满花纹的

1 王健华：《永乐、宣德朝青花瓷的独特风格》，王春瑜主编：《明史论丛》，北京：中国社会科学出版社，1997 年，页 324。

2 刘新园等编：《景德镇出土陶瓷》，香港大学冯平山博物馆，1992 年，页 192。

3 钦安殿汉白玉龙纹柱础黑白照片，引自李燮平：《明代北京都城营建丛考》，北京：紫禁城出版社，2006，页 465，图 209。

4 首都博物馆编：《景德镇珠山出土永乐官窑瓷器》，北京：文物出版社，2007 年，页 198，图 114。

图 23 钦安殿栏楯华版

图 24 元故宫朝宗桥（今北京故宫断虹桥）栏楯华版

艺术形式形成鲜明对照。

第三，钦安殿栏楯望柱头不用元代栏楯望柱常见的石狮子，而改用明代栏楯龙凤望柱（图 23），与紫禁城内金水桥望柱（图 25）相同，必为明代建筑无疑。

据傅熹年研究，“在钦安殿南天一门两侧有一对石山下的须弥座，雕工也极生动精致，也有可能是元宫遗存，至迟也是明初之物”。[1]我们到紫禁城实地调查，发现钦安殿南天一门外太湖石山须弥座上雕琢云龙纹确实有蒙元石雕艺术的遗风，但是雕琢手法和纹样不同于白塔寺元代石狮须弥座，倒是和钦安殿石雕纹样相似，当系明初之物（图26左）。我们还注意到，这个明初太湖石山须弥座石雕图案与景德镇永乐窑青花瓷图案，尤其是双角五爪龙纹和须弥山（图26右）造型非常相似，[2]当为永乐年间建钦安殿时所作。

图25 北京首都博物馆藏紫禁城金水桥汉白玉龙凤纹望柱

钦安殿石雕艺术之所以呈现诸多蒙元文化因素，想必与永乐帝启用元廷工匠也可兀兰有关。[3]明初宫廷石雕大师有江苏无锡石工陆贤、陆祥两兄弟，但《明史》无传。关于陆氏家族，《康熙无锡县志·人物·方技》记载：“陆之先在元时世为可兀兰之属。可兀兰者，尤言将作大匠也。有陆宪官诸路工匠都总管，赠中奉大夫，武备院使陆庄仕终保定路诸匠提举。洪武初，朝廷鼎建宫殿，有陆贤、陆祥兄弟应召入都。贤授营缮所丞，祥授郑府工副，食营缮郎俸。历事五朝至带衔太仆少卿，累加工部侍郎。赐予累巨万，末赐飞鱼服犀带官。其子侄四人。祥年九十余卒，赐祭归葬锡山（今江苏

1 傅熹年：《北京古代建筑概述》，《傅熹年建筑史论文集》，北京：文物出版社，1998年，页396～397。

2 首都博物馆编：《景德镇珠山出土永乐官窑瓷器》，北京：文物出版社，2007年，页188，图107。

3 有学者认为，钦安殿是明代官廷石雕大师陆祥所造，但是未提供文献依据（于倬云：《紫禁城宫殿》，北京：三联书店，2006年，页288）。

图 26 钦安殿太湖石山须弥座与景德镇永乐窑青花梅瓶龙纹比较

无锡）。”[1] 这里有几个问题需要讨论。

第一，陆贤祖先在元朝职官“可兀兰”，意为“工匠”，但是《元史·百官志》并无“可兀兰”一职，其名似为《元史·方技列传附工艺》提到的“也可兀兰”之误。[2] 如前所述，其名源于蒙古语 Yeke Uran（大工匠）。成吉思汗时代的也可兀兰孙威，兼任“诸路工匠都总管”，那么陆宪的职官应为“诸路工匠都总管”，不能读作“诸路工匠、都总管”。

第二，从方志记载看，洪武元年（1368），明太祖定都南京。陆氏两兄弟应诏到南京参加宫殿建设，陆贤被授予“营缮所丞”。永乐十五年（1417），明成祖定都北京，模仿南京造紫禁城，“悉如金陵（南京）之制而宏敞过之”。[3] 为此，大批南京工匠被调集到北京，今天北京的苏州街、苏

1 [清] 徐永言修，严绳孙、秦松龄纂：《康熙无锡县志》康熙二十九年刊本（转引自朱启钤辑，梁启雄、刘敦桢校，杨永生标点：《哲匠录》，北京：中国建筑工业出版社，2005 年，页 137）。

2 宋濂，前揭书，页 4542。

3 [清] 孙承泽：《天府广记》，北京古籍出版社，1962 年，页 46。

州胡同即由此而形成。身为朝廷“营缮所丞”，陆贤自然要到北京参加紫禁城营造工程，那么颇具蒙元石雕艺术遗风的钦安殿，可能由元朝也可兀兰后裔陆贤督造。陆贤似在紫禁城落成(1420)以前就告老还乡，所以永乐帝对紫禁城营造有功人员嘉奖名单中没有这位明初石雕艺术大师。[1]

第三，陆祥赴京参加紫禁城营造工程似在 1414 ~ 1417 年之间。永乐十二年（1414）九月，“开挖下马闸海子（南海）”，为紫禁城外金水河提供水源。[2] 永乐十五（1417），金水桥落成。[3] 然而，金水桥艺术风格却与陆贤督造的钦安殿迥然不同，无论栏楯形制还是石雕纹样，皆为明代典型式样。钦安殿与金水桥不太可能出自一人之手。永乐十八年（1420）十二月，紫禁城落成后，又在北京皇城东南建皇太孙宫。[4] 此项工程似由陆祥负责，因为方志所谓“郑王”，指皇太孙朱瞻埈，明仁宗次子。永乐二十二年（1424）十月，朱瞻埈封郑王，那么“(陆)祥授郑府工副”或在 1424 年。宣德四年（1429），郑王朱瞻埈就藩凤翔（今陕西凤翔）。[5] 于是，陆祥从郑王府返回工部参加明皇陵建造工程，并多次受到嘉奖。

---

1 《明太宗实录》永乐十八年（1420）十二月癸亥记载：“初，营建北京，凡庙、社、郊祀坛场、宫殿、门阙规制悉如南京，而高敞壮丽过之。……升营缮清吏司郎中蔡信为工部右侍郎，营缮所副吴福庆等七元为所正、所丞，杨青等六人为所副，以木瓦匠金珩等二十三人为所丞。赐督工文武官员及军民夫匠钞、胡椒、苏木各有差”（台湾“中央研究院”史语所校：《明实录》卷二三二，台北：台湾“中央研究院”史语所，1962 年，页 2244）。

2 李燮平：《明代北京都城营建丛考》，北京：紫禁城出版社，2006 年，页 283。

3 《万历重编内阁藏书书目》记载：“永乐十五年，鼎建北京宫殿，有瑞霭浮空，金水桥河冰凝结浮图诸像”（[清] 于敏中编：《日下旧闻考》卷三十三《宫室·明一》，北京古籍出版社，1983 年，页 495）。

4 《明太宗实录》卷二百三十二永乐十八年（1420）十二月癸亥记载：“初，营建北京，凡庙、社、郊祀坛场、宫殿、门阙规制悉如南京，而高敞壮丽过之。复于皇城东南建皇太孙宫，东安门外东南建十王邸，通为屋八千三百五十楹。自永乐十五年(1417)六月兴工，至是成”（台湾“中央研究院”史语所点校：《明实录》卷二三二，台北：台湾“中央研究院”史语所，1962 年，页 2244）。

5 《明史·诸王列传》记载：“郑靖王瞻埈，仁宗第二子。永乐二十二年十月封。仁宗崩，皇后命与襄王监国，以待宣宗。宣德元年，帝征乐安，仍命与襄王居守。四年就藩凤翔。正统八年，诏迁怀庆，留京邸，明年之国”（[清] 张廷玉等撰：《明史》，北京：中华书局，1974 年，页 3626）。

据史书记载，“宣德初，有石匠陆祥者，直隶无锡人，以郑王之国，选工副以出，后升营缮所丞。擢工部主事，以至工部左侍郎。祥有母老病，至命光禄寺日给酒馔，且赐钞为养，尤为异数。”[1]天顺七年（1463）三月十九日，景陵工成，特奖赏有功人员。“抚宁伯朱永、都督佥事赵辅、兵部右侍郎白圭、工部右侍郎蒯祥、陆祥，内官黎贤，各纻丝二表里，钞三千贯”。[2]天顺八年（1464）正月十七日，英宗皇帝驾崩。二月初三日，“营建大行皇帝陵寝于天寿山，荐名裕陵，敕监黄顺、吴昱、抚宁伯朱永、工部尚书白圭、侍郎蒯祥、陆祥督军匠营建”。[3]紫禁城金水桥与陆祥督造的景陵、裕陵石雕的艺术风格完全相同，那么陆祥很可能在1414～1417年间参与了金水桥的设计建造。总之，紫禁城石雕艺术明显分为两个不同文化系统：一为断虹桥为代表的元代艺术；另一为金水桥为代表的明代艺术。如果说元代宫廷石雕艺术的开创者是河北曲阳石工杨琼，那么明代宫廷石雕艺术的开创者则是江苏无锡石工陆祥。

综合全文的讨论，我们似可得出以下几点结论：

第一，元代宫廷石雕艺术肇源于卢沟桥、房山金陵为代表的金代皇家石雕艺术。金代栏楯用狮子或蹲龙望柱，一柱一兽，栏楯不透雕，流行浅浮雕，图案主要有缠枝纹、菊花纹、忍冬纹、牡丹纹等，并出现表示皇权的高浮雕双角五爪行龙纹。汉白玉被用于金中都宫殿、御桥、金陵石雕构件，桥头或御道栏楯抵兽有石狮、石象或石蹲龙。金代皇家石雕基本上遵循北宋《营造法式》图样而造，可能出自金军从宋朝内府少监中虏掠来的工匠之手。

第二，元代宫廷石雕艺术以元故宫朝宗桥（今北京紫禁城断虹桥）为代表，展示了蒙元帝国多元文化相互影响，相互交流的盛况。汉白玉被广泛用于宫廷建筑构件和皇家寺庙石兽。石桥采用狮子望柱，一柱一狮或一

1 ［明］沈德符：《万历野获编》中册，北京：中华书局，1997年，页484。

2 《明英宗实录》卷三百五十（台湾“中央研究院”史语所校：《明实录》，台北：台湾“中央研究院”史语所，1962年，页7041）。

3 《明宪宗实录》卷二（台湾“中央研究院”史语所校：《明实录》卷232，台北：台湾“中央研究院”史语所，1962年，页35）。

柱多狮，栏楯透雕（个别不透雕），华版用高浮雕，纹饰采用行龙、牡丹、菊花组合图案。在伊斯兰工艺美术影响下，元廷石雕花纹极其繁复，几乎不留任何空间。元上都大安阁建于元朝建立前夕，龙纹角柱仍采用四爪行龙纹，而表示皇权的双角五爪龙纹则在元大都皇家寺庙、宫廷石雕和石桥上得以广泛应用。元代宫廷和民间石雕构件满饰牡丹纹、菊花纹、忍冬纹、水浪纹等图案，但是民间石雕只能用三爪龙纹。石桥拱心石装饰高浮雕吸水兽，桥头抵兽用石蹲龙。元上都宫殿青白石龙纹角柱、汉白玉狮子头或龙头螭首、元大都白塔寺大型汉白玉石狮、镇宅地狮角石，元故宫宝云殿太湖石山石座，尤其是元故宫朝宗桥，很可能是忽必烈时代也可兀兰（大工匠）杨琼之作。

第三，明成祖所建紫禁城宫殿，建筑构件用汉白玉，栏楯透雕，柱础石和华版采用高浮雕，艺术纹样有缠枝菊纹、忍冬纹、牡丹纹以及表示皇权的双角五爪行龙纹，并出现以前不见的漩涡纹。尽管钦安殿石雕艺术呈现蒙元文化因素，花纹繁复，但是栏楯两侧留有一定空间，踏道栏楯或桥头抵兽不用石蹲龙而用抱鼓石，望柱头不用石狮而用龙凤望柱，凡此皆与蒙元宫廷石雕艺术明显有别，属于元明之际宫廷石雕过渡阶段的艺术。紫禁城钦安殿栏楯和柱础石带有浓郁的蒙元宫廷石雕的遗风，可能由元朝也可兀兰后裔陆贤督造。然而，一时代有一时代之新文化和新艺术。紫禁城金水桥与陆贤所造钦安殿石雕风格不同，却与陆祥督造的景陵、裕陵石雕风格相同，堪称明代宫廷石雕艺术的典型代表，那么明代宫廷石雕艺术的开创应归功于陆祥。

六　马可波罗在北京

13 世纪末，意大利旅行家马可波罗（Marco Polo）在欧、亚、非三大洲进行了长达 25 年的探险旅行。他的东方之旅三分之一是在大都（或称汗八里，今北京）度过的。1296 年马可波罗在与热亚那一场海战中被俘虏。他在狱中口述东方见闻，由意大利小说家鲁思蒂谦（Rusticianoo，亦作 Rustichello）笔录，1298 年写成《寰宇记》（*Divisament dou monde*），通称《马可波罗游记》。[1] 由于马可波罗从未提到他在北京的故居，这个问题至今仍是一个谜。我们最近发现一些线索，说明马可波罗就住在大都会同馆。

第一节　初至京城

1275 年，马可波罗随父亲尼古拉（Nicola Polo）和叔叔马菲奥（Maffeo Polo）抵达上都（今内蒙古正蓝旗），向忽必烈递交了罗马教皇的书信。马可波罗刚到中国时只有 21 岁，据说颇受大汗赏识。他之所以受到赏识，无非是当时很少有拂郎（即欧洲）贡使来华，忽必烈需要从他们那里了解欧洲，以便开展贸易往来或进行军事扩张。

元朝制度规定："凡诸国朝贡使客，虽是经由行省，必须到都（指大都），于会同馆安下。除已令本馆将已起见在使客，询问本国国主姓名、土地广狭、城邑名号、至都里路、风俗衣服、贡献物件、珍禽异兽，具报本部，移关贵监，以备标录。其使客形状、衣冠令唐文质就往本馆摹写外，关请照验。"[2] 那么，

1　黄时鉴：《关于马可波罗的三个年代问题》，中外关系史学会编：《中外关系史论丛》第 1 辑，北京：世界知识出版社，1985 年，页 59 ～ 67；收入《黄时鉴文集 II》，上海文艺出版有限公司，2011 年，页 218 ～ 225。

2　[元] 王士点、商企翁编：《秘书监志》卷五《秘书库》（高荣盛点校：《秘书监志》，杭州：浙江古籍出版社，1992 年，页 98）。

马可波罗到元上都不久就被带到元大都（今北京）。

初来乍到，马可波罗不会任何东方语言，不能胜任元朝政府任何工作，所以他到中国的最初五年几乎没去任何地方，一直在北京学东方语言。元代丝绸之路上最重要的国际交际用语是波斯语。马可波罗在杭州结交了一位南宋遗民。他回忆说："我在此城时所闻行在（今杭州）某富商之言。其人年甚老，曾事国王范福儿（Fanfur），熟悉其生平诸事。既已目睹宫廷之旧状，乃携我往游。今为大汗任命副王之驻所，前殿尚保存如故，然后宫则已颓废，仅余遗迹。"[1] 所谓"范福儿"来自东伊朗语 βγ-pwδr（天子），相当于波斯语 bay pusar（天子）。[2] 看来，马可波罗是通过回回翻译与杭州老汉交流。他将卢沟桥称作 pul-i-sangin（波斯语"石桥"），[3] 并将云南金齿州称作 zarr-dandān（波斯语"金牙"），[4] 皆说明马可波罗通晓波斯语。

马可波罗的父亲和叔叔曾在不花剌城（今乌兹别克斯坦国布哈拉市）住过三年，可能在那里学会了波斯语。1264 年，他们第一次到上都就是用波斯语与忽必烈交谈，当然要通过大汗身边的怯里马赤（译史）。[5] 马可波罗离开中国前夕，元朝政府才于 1289 年 8 月在京师开办回回国子学（即官办波斯语学校）。[6] 马可波罗显然没进过这所学校，只能从父亲、叔叔那里自学波斯语。马可波罗多少知道一点汉语，他回忆说："蛮子全境（指南宋故地）各地有种种方言，尤之吉那哇人（热那亚人）、米兰人、弗罗郎司人（佛罗伦萨）、阿普里人各有一种语言，仅有本地之人能解，第蛮子全境仅有一种主要语言，一种文字。"[7] 可是，他对中国人用筷子、江南妇女缠足

---

1 冯承钧译：《马可波罗行记》，上海书店出版社，2001 年重印本，页 364。

2 D.N. MacKenzie, *A Concise Pahlavi Dictionary*, London: Oxford University Press, 1971, pp.76 and 69.

3 D.N. MacKenzie, *op. cit.*, pp. 17 and 74.

4 D.N. MacKenzie, *op. cit.*, pp. 98 and 24.

5 明初叶子奇《草木子·杂俎篇》曰："北人不识字，使之为长官或缺正官，要题判署事及写日子，七字钩不从右七而从左ナ转，见者为笑，立怯里马赤，盖译史也，以通华夷言语文字。昔世祖尝问孔子何如人，或应之曰，是天的怯里马赤。世祖深善之。盖由其所晓以通之，深得纳约自牖之义"（[明] 叶子奇：《草木子》，北京：中华书局，1959 年，页 82 ~ 83）。

6 刘迎胜：《〈回回馆杂字〉与〈回回译语〉研究序》，《元史与民族史研究集刊》第十五辑，2002 年，页 208。

7 冯承钧，前揭书，页 448。

的风俗习俗不甚了解，竟然把元朝丞相伯颜称作“百眼”，所以研究者认定他不懂汉语。

若想入仕元朝，马可波罗多少要学点蒙古语。早在至元八年（1271），北京就开办了蒙古国子学。除蒙古贵族子弟和百官子孙之外，忽必烈还诏令:“随路居住回回、畏吾、河西人等愿学者听，不在额设之数。据学校房舍，令所在官司给付。”[1]那么,马可波罗学蒙古语或许在北京蒙古国子学。据说他最终掌握了四种文字,恐怕都是元朝官场流行的拼音文字,诸如回回字(阿拉伯 – 波斯文)、蒙古字（回鹘式蒙古文)、蒙古新字（八思巴文）和亦思替非文（istafa,波斯人记账用文字）等。[2]在乌兰巴托蒙古国立历史博物馆收藏的元代海东青牌上，仍可见到元代流行的三种拼音文字——回鹘式蒙古文（右)、八思巴文（中）和阿拉伯 – 波斯文（左)，背面是汉字。

1993 年，洛阳元代遗址出土了五面完全相同的令牌。[3]日本学者羽田亨注意到此类令牌即海东青牌，但是近年有学者认为牌上纹饰为柿蒂纹而非海东青，并根据牌上波斯文“执此夜行”认为应是夜巡牌。[4]2006 年，我们在乌兰巴托蒙古国立历史博物馆亲见实物（图 01)，铜牌上纹饰必为海东青无疑。

马可波罗在华学习和生活的 16 年当中，到北京的次数最多，居住时间也最长。[5]第一次是 1275 年初至京师，一住就是五年，与到中国买铜币的日本商人不期而遇。第二次奉使云南归来，1282 年 3 月目睹了阿合马遇刺事件，两个月后南下扬州。第三次从扬州归来，在京城住了三年，又于

---

1 《元典章》卷三十一《礼部四・学校一・蒙古学》(陈高华等整理:《元典章》点校本第二册，北京：中华书局 / 天津古籍出版社，2011 年，页 1081)。

2 关于元朝流行的东方文字，参见刘迎胜，前揭文，页 208 ～ 225。

3 韩建华:《河南洛阳市出土 5 枚元代“防奸”铜令牌》,《考古》2003 年第 9 期，页 96 ～ 97；蔡美彪:《洛阳市出土元代防奸令牌诠释》,《考古》2003 年第 9 期，页 83 ～ 84。

4 党宝海:《蒙古帝国的牌符——以实物为中心》,《欧亚学刊》第四辑，北京:中华书局，2004 年，页 191。

5 学界以前一直认为马可波罗旅居中国 17 年，从 1275 至 1292 年（冯承钧，前揭书，页 181，注 1)。杨志玖在《经世大典・站赤》发现有关马可波罗史料后，始知马可波罗在中国只有 16 年（1275 ～ 1291),参见杨志玖:《关于马可波罗离华的一段汉文记载》,《文史杂志》(重庆）第 1 卷第 12 期，1941 年；收入《元史三论》，北京：人民出版社，页 89 ～ 96。

图 01 乌兰巴托蒙古国立历史博物馆藏元代海东青牌

1287 奉使印度。第四次奉使印度归来，在北京住了不到一年，1291 年 1 月奉使波斯。1294 年，马可波罗在讨来思（今伊朗大不里士）完成出使任务，然后直接从波斯返回家乡。总之，马可波罗先后四次来京师，至少在会同馆度过九年时光。

值得注意的是，马可波罗曾经提到会同馆的夜生活。据他回忆，“新旧城附郭（即关厢）娼妓之数有二万五千，由一官吏总管，别设下级官吏，管理娼妓百人千人，皆总隶于主管者之一人。至设置此总管之理由，则因诸外来使臣之来朝大汗者，应厚为款待。此总管每夜应供给使臣及其随从人员每人娼妓一人，夜夜更易，不取夜宿之资，是即娼妓缴纳大汗之税金”。[1] 马可波罗显然住在会同馆，否则他不可能如此了解那里的夜生活。

汉唐以来中国外交机构皆称“鸿胪寺”，辽金改称“会同馆”。至元四年（1267），因中都（今北京宣武、丰台一带）旧城破败不堪，忽必烈采纳霸突鲁、刘秉忠等人之议，决定在旧城东北筑新城。至元九年（1272）二月，改中都名为大都（图 02）。

据《元史·世祖纪七》记载，会同馆立于至元九年十月癸卯日，但下文又说会同馆始置于至元十三年九月壬寅日。《元史·百官志一》亦载：“会同馆，秩从四品。掌接伴引见诸番、蛮夷、峒官之来朝贡者。至元十三年（1276）始置。”对此，有学者认为至元十三年始置会同馆有误。[2] 其实，大

1 冯承钧，前揭书，页 238，注 3。

2 王静：《元代会同馆论考》，《西北大学学报》2002 年第 3 期，页 130 ~ 133。

图 02 元大都北城墙遗址

都有新、旧两个会同馆。至元九年大都新城（或称北城）尚未落成，这年所立会同馆想必在大都旧城（或称南城）；至元十三年始置之会同馆，则指大都北城的新会同馆。如果马可波罗至元十二年（1275）到大都，那么他最初住在南城老会同馆，至元十三年（1276）迁入北城新会同馆。

第二节　会同馆的位置

1276 年，会同馆迁入北城新馆，东邻中书省（在凤池坊之北），但是在行政上仍属于翰林院。后来，会同馆的归属几度变迁。1281 年与翰林国史院（简称翰林院）、集贤院等机构一起并入司徒府；[1] 1295 年划归中书省礼部，并固定下来，一直隶属礼部。[2] 中书省并入尚书省不久，南迁五云坊

1 [元]王士点、商企翁编:《秘书监志》卷一《职制》设司徒府条（高荣盛点校:《秘书监志》，杭州：浙江古籍出版社，1992 年，页 29）。

2 《元史·百官志一》记载："会同馆……（至元）二十五年（1288）罢之。二十九年复置。元贞元年（1295）以礼部尚书领馆事，遂为定制"（宋濂，前揭书，页 2140）。

（在皇城崇天门东南）尚书省旧址；翰林院后来迁入凤池坊北原中书省旧址，西邻会同馆。

关于中书省衙署的变迁，《析津志辑佚·朝堂公宇序》记载：“至元四年二月己丑，始于燕京东北隅，辨方位，设邦建都，以为天下本。四月甲子，筑内皇城。位置公定方隅，始于新都凤池坊北立中书省。……至元二十四年闰二月，立尚书省，以宣政院使桑柯（即元朝丞相桑哥）为开府仪同三司、尚书左丞相，叶李为尚书右丞相。时五云坊东为尚书省。自至元七年至至元九年并尚书省入中书省。至元二十七年（1290），尚书省事入中书省，桑柯移中书省。于今尚书省为中书省，乃有北省、南省之分。后于至顺二年（1331）七月十九日，中书省奏，奏旨：翰林国史院里有的文书，依旧北省安置，翰林国史官人就那里聚会。由是北省既为翰林院，尚书省为中书省都堂固矣。”[1] 据此，中书省衙署起初（1267）设在大都新城凤池坊北，后来并入尚书省。1290 年中书省南迁五云坊尚书省旧址。

翰林院起初“在澄清坊东，哈达门（即文明门，今东单）第三巷”；“至顺二年（1331）七月十九日，奉旨（以蓬莱坊北天师宫）为翰林国史院，盖为三朝御容在内，岁时以家国礼致祭”。[2] 1331 年后，翰林院迁入凤池坊之北原中书省旧址。此后，史书所谓“南省”或“内省”皆指迁入五云坊原尚书省的中书省，而“北省”或“旧省”则指迁入凤池坊北原中书省的翰林院。

关于北中书省的位置，《析津志辑佚·朝堂公宇》中书省照算题名记说：“北省始物公宇，在凤池坊北，钟楼之西。”[3]《析津志辑佚·城池街市》则说：“玉铉坊，在中书省前相近……招贤坊，在翰林院（在原中书省旧址）西北。”[4] 古书常以南为“前”，北为“后”，如大都皇城北门称后红门。问题是，中书

1 熊梦祥，前揭书，页 121。

2 参见《析津志辑佚·台谏叙·创制沿革》（熊梦祥，前揭书，页 38）、《析津志辑佚·朝堂公宇》中书省照算题名记（熊梦祥，前揭书，页 32）和《析津志辑佚·城池街市》（熊梦祥，前揭书，页 4）。

3 熊梦祥，前揭书，页 3、4 和 31。

4 熊梦祥，前揭书，页 3 ～ 4。

省东南为金台坊，西南为凤池坊，那么玉铉坊应在中书省之东，并非《析津志辑佚·城池街市》所说在“中书省前相近”。此外，有学者把里仁坊标在招贤坊之西，[1]不一定正确。《析津志辑佚·城池街市》明载：“里仁坊，在钟楼西北。”[2]那么，里仁坊实际在招贤坊之东，而北中书省则在里仁坊的南部，南为凤池坊，东为玉铉坊。中书省的位置澄清之后，我们再来看会同馆。

元大都衙署如尚书省、枢密院、御史台、中书省等，一般为三重院落。第一重院落的南门为正门，亦称“外仪门”；第二重院落的大门称“中仪门”，第三重院落的大门称“内仪门”。关于中书省的建筑布局，《析津志辑佚·朝堂公宇·中书省照算题名记》说：“外仪门，六部在内，西会同馆。中仪门，高门垣墙整峻。内仪门，东西有官曹马厩。门三，分左右廊幕。拥道，与月台接，宽广，上有题名记。箔水，即曝。正厅，五大间，东西耳房。穿廊五间，左右花果、松柏、夜合花、合欢花树。正堂，五间。左右司、参议府、库、堂食局、省属幕照磨、管勾。”[3]所谓“外仪门”，指大都衙署第一重院落南面的正门，那么马可波罗下榻的会同馆就在北中书省（后为翰林院）衙署南门之西。

会同馆和中书省一带风光秀丽，原为金朝宰相金兀术的官邸。《析津志辑佚·朝堂公宇序》说，“其地高爽，古木层荫，与公府相为樾荫，规模宏敞壮丽”。《析津志辑佚·朝堂公宇·中书省照算题名记》又载：“南省、北省，金朝时乃二税赋宰相之庄，有曰南相庄、北相庄。我朝为二省。”[4]《瀛洲道古录》说：“元时翰林院，以金乌珠第为之。”欧阳楚公有词曰：“翰林老屋势深雄，犹是金家兀术宫。”清人陈宗藩评述说：“据此，则元之北省，后改翰林院者，为金时北相庄。乌珠亦称北相，可互证也。”[5]（图 03）

为了解决大都与通州之间漕运问题，至元十六年（1279），忽必烈采

---

1 参见《元大都城图》，侯仁之主编：《北京历史地图集》，北京出版社，1988 年，页 27 ～ 28。

2 熊梦祥，前揭书，页 3。

3 熊梦祥，前揭书，页 33 ～ 34。

4 熊梦祥，前揭书，页 8 和 34。

5 ［清］陈宗藩：《燕都丛考》，北京古籍出版社，2001 年，页 419。

图 03 会同馆东侧翰林院（原金兀术官邸）遗址

纳郭守敬的建议，在辽金旧水道基础上，拓建一条运粮渠道，取名“阜通河”。这条河以玉泉水为主要水源，向东引入大都，注于海子湖（今积水潭）。然后从海子湖北导出，一路向东，从光熙门南面的水关出城。由于通州比北京地势低，阜通河上筑有七坝，以便漕运，亦称“坝河”。[1]《元史·河渠一·坝河》记载：“坝河，亦名阜通七坝。”[2] 流经千斯坝（今北京朝阳区西坝河附近）、郭村坝、西阳坝、郑村坝（今通县东坝）、王村坝、深沟坝，东接通州境内温榆河。《析津志辑佚·城池街道》又载：“光熙门（今东直门之北）与漕坝相接，当运漕岁储之时，其人夫纲运者入粮于坝内，龙王堂前唱筹。”[3]《元史·河渠一·海子岸》也提到这座龙王堂。其文曰：“海子岸上接龙王堂，以石甃其四周。海子一名积水潭，聚西北诸泉之水流行入都而汇于此，汪洋如海，都人因名。”[4]

1 [明] 宋濂编：《元史》，北京：中华书局点校本，1976 年，页 1590。关于坝河的讨论，参见朱学西：《中国古代著名水利工程》，北京：商务印书馆，1997 年，页 54 ~ 57。

2 宋濂，前揭书，页 1592。

3 熊梦祥，前揭书，页 2。

4 宋濂，前揭书，页 1592。

图 04 海子湖畔元代龙王堂铁影壁，今移北海公园西岸

明初徐达筑北京北城墙时，将海子湖一部分湖面截在了城外，亦称“太平湖”。《京师坊巷志稿》记载：“太平湖，城隅积潦潴为湖，由角楼北水关入护城河。桥二：一在湖北，一在西南隅。迤北为龙王堂。”这座龙王堂有个铁影壁（图 04），后来移至明嘉靖三十四年（1555）在德胜门内所建德胜庵，一同移入的还有一个龙王石像，所在胡同由此得名“铁影壁胡同”。民国年间，铁影壁移至北海公园西岸。[1]

元代坝河从海子湖北（今西城区德胜门外新街口太平湖小区）导出后，向东流经会同馆、中书省的门前，一直向东，从光熙门南面的水关出城。[2]坝河上有许多桥梁，其中一座名叫“会通桥，在旧省西”。[3]从位置看，此桥就在会同馆门前，那么“会通桥”似为“会同桥”之讹，得名于会同馆。

洪武元年（1368），元大都被明军攻陷。《明太祖实录》记载：“大将徐达命指挥华云龙经理故元都，新筑城垣，北取径直，东西长一千八百九十

1 [清] 陈宗蕃：《燕都丛考》，北京古籍出版社，1991 年，页 417。
2 侯仁之，前揭书，页 27 ~ 28。
3 《析津志辑佚・河闸桥梁》（熊梦祥，前揭书，页 98）。

丈。”[1]徐达新筑城墙在元大都北城墙之南五里，[2]利用会同馆门前的坝河作为天然屏障，后来改造为明北京城的北护城河。如果会同馆、翰林院当时没有立即拆除，则双双档在了明北京北城墙之外。

嘉靖年间，明朝在北京市中心设急递铺的总铺（今东城区总布胡同），同时又在德胜门外东北设六铺，俗称“六铺炕”。这里元代属于里仁坊所在地。六铺炕之名一直沿用至今，在北京旧鼓楼大街北口十字街之北。元大都会同馆就在六铺炕西南，如今这里建有一个滨河花园，位于安德路与德胜门东大街之间。翰林院（原中书省）部分故址就在滨河公园东部，而会同馆故址则在滨河公园西部。

第三节　会同馆逸闻佚事

1276年，南宋太后和年仅5岁小皇帝恭宗赵㬎出城投降元军，蒙古军占领南宋都城临安（马可波罗称“行在”，今杭州）。1276年闰三月廿四日，元大都迎来了一批特殊的客人。丞相伯颜送南宋太后、幼主入住北城会同馆。刘敏中《平宋录》记载：至元十三年（1276）“闰三月十二日，夏贵至燕京（今北京），献淮西诸郡。二十一日，巴延（即伯颜）丞相回燕京，有大旗书‘天下太平’四字。二十四日，宋太后、幼主至燕京，宿会同馆。四月十五日，赴上都。二十八日，至上都明德门官舍安歇”。[3]宋太后、幼主在北京下榻的会同馆，就是大都北城新落成的会同馆。他们在馆内住了二十多天，从1276年闰三月廿四日至四月十五日。当时，马可波罗正在这所会同馆，亲眼目睹了伯颜押送南宋太后、幼主至京城之事。马可波罗称南宋为“蛮子国”，

1 《明太祖实录》卷三十四（台湾“中央研究院”史语所校：《明实录》，台北：台湾“中央研究院”史语所，1962年，页7041）。

2 ［明］陈循、高谷、王文等编：《寰宇通志》卷一曰：“洪武初，改大都路为北平府，隶北平布政使司，缩其城之北五里，废东西之北光熙、肃清二门，其九门俱仍旧”（［明］陈循等撰，“国立中央图书馆”辑，《寰宇通志》明景泰年间内府刊初印本影印本，台北：正中书局，1985年，页65）。

3 ［清］何秋涛：《校正〈元亲征录〉及其他一种》，上海：商务印书馆，1939年，页19。

并在游记中讲述了伯颜攻陷南宋首都临安全过程。他还特别提到：蛮子国“王后（即南宋太后）至大汗（忽必烈）所，大汗礼待之”。[1] 这件事是马可波罗在会同馆的亲身经历，多年后仍记忆犹新。

临安沦陷后，南宋光复势力陆秀夫、文天祥先后拥立过两个小皇帝（端宗、幼主），以福州为首都成立流亡小朝廷。福建、两广地区皆在小朝廷控制之下，史称“海上朝廷”。在宋元战争中，蒙古军首先占领的南宋江浙地区被马可波罗称作“蛮子国”（Mengi），蛮子国首都在行在（今杭州）；蒙古军后来占领的南宋福广地区则被称作 Chouka 或 Chonka。这个词究竟指什么，学界一直不得其解，冯承均译作“崇迦”或“楚迦”。我们认为这个词指南宋流亡小朝廷，意为“宋国”。马可波罗说“宋国”首都在福州（Fugiu），[2] 有助于证明这一点。

1279 年 3 月，崖山海战失败后，陆秀夫背负刚满八岁的小皇帝赵昺跳海自尽，南宋王朝彻底灭亡。1279 年 10 月，张弘范押送文天祥从崖山（在广东新会南海中）至大都（今北京）。时下盛言，文天祥到北京后软禁在会同馆。其说不尽然。文天祥亲撰《纪年录》说：“已卯，宋祥兴元年（1279）正月二日，张元帅（即张弘范）王海，置予舟中。……十月一日至燕，初至立马会同馆前，馆人不受。盖谓馆以受投拜人，不受罪人也。久之引去一小馆，置予于偏室，馆人不之顾。次日晚供帐饮食如上宾馆。人云禀博罗（即孛罗）丞相得语云然。初四日张元帅者始至。初五日见其用事大臣具言予不屈状，至午送予于兵马司枷项缚手。”[3]

至元十年（1273），忽必烈“敕会同馆专居降附之人觐者”。[4] 文天祥到北京后，本来安排他入住会同馆，可是会同馆只招待降服者。文天祥宁死不屈，会同馆人拒绝他入住，张弘范只好带他到另外一个小客馆。五天后，文天祥转入北兵马司监狱，带上枷锁。文天祥在北京下榻的小客馆，今已

1 冯承钧，前揭书，页 326 ~ 327。
2 冯承钧，前揭书，页 373 ~ 374。
3 [南宋] 文天祥：《文山先生全集》卷十七，上海：商务印书馆，1935 年，页 641。
4 宋濂，前揭书，页 151。

无从考证。为了纪念文天祥，明朝将北兵马寺所在里坊命名为效忠坊。明人张爵《京师五城坊巷胡同集》记载："府学胡同，文丞相祠（原注：元杀宋臣丞相文天祥于此处，故名教忠）。"[1] 这所文丞相祠在今东城区府学胡同63号。由于文天祥没有入住会同馆，与正在会同馆的马可波罗失之交臂，所以他对此事毫无记载。

1277年，日本商人携黄金到中国买铜钱，与正在会同馆的马可波罗不期而遇，致使马可波罗误以为日本遍地是黄金。《元史·外夷一·日本》记载：至元"十一年三月，命凤州经略使忻都、高丽军民总管洪茶丘，以千料舟、拔都鲁轻疾舟、汲水小舟各三百，共九百艘，载士卒一万五千，期以七月征日本。冬十月，入其国，败之。而官军不整，又矢尽，惟虏掠四境而归。十二年二月，遣礼部侍郎杜世忠、兵部侍郎何文著、计议官撒都鲁丁往，使复致书，亦不报。十四年（1277），日本遣商人持金来易铜钱，许之"。[2] 马可波罗在游记中说："日本国……据有黄金，其数无限……金多无量，而不知何用……此岛君主，宫上有一伟大奇迹，请为君等言之。君主有一大宫，其顶皆用精金为之，与我辈礼拜堂用铅者相同……宫廷房室地铺金砖，以代石板……亦饶有宝石珍珠，珠色如蔷薇，甚美而价甚巨，珠大而圆……忽必烈汗闻此岛广有财富，谋取之。"[3]

马可波罗误以为日本遍地黄金，显然与日本商人持黄金到北京买铜钱直接相关。意大利航海家哥伦布看了《马可波罗游记》，感叹中国和印度的文明富庶，尤其垂涎日本的黄金。1492年，哥伦布踏上寻找东方财富的航程。他的目的地本来是印度、中国或日本，却阴差阳错发现了美洲新大陆。

第四节 会同馆附近元代店铺

据以上调查，元大都会同馆东邻中书省，门前原有一条名叫"坝河"

1 [明] 张爵：《京师五城坊巷胡同集》，北京古籍出版社，1982年，页18。
2 宋濂，前揭书，页4628。
3 冯承钧，前揭书，页387。

的水渠，明初改为明北京城北护城河。坝河南岸是元大都市中心——钟楼街。[1] 徐达所筑明北京城的北城墙就建在钟楼街南侧。当时战事尚未结束，这道城墙建得十分匆忙，许多临街铺面房没来得及拆除，就被整体埋在城墙下。1970 年代修北京环城地铁时，将这道城墙拆除，结果在城墙下发现大批元代砖瓦、梁木等物，甚至包括尚未来得及拆除的房屋，挑去屋顶后，填入夯土，整座房屋被埋入墙体之中。[2] 我们感兴趣的是，埋在城墙下的房址中居然还有会同馆对面许多临街铺面房。结合《析津志》的相关记载，讨论于下（图 05）。

会同馆门前的街道，元代称钟楼西街，今称德胜门外东大街。《析津志辑佚・古迹》记载："斜街临海子（今积水潭），率多歌台酒馆。有望湖亭，昔日皆贵官游赏之地。"[3] 从会同馆往西，可达元大都最繁华的商业街——斜街北口，这条街南口即什刹海东岸烟袋斜街。德胜门始建于明初，就建在大都斜街北口。由此往北，可直达元大都的健德门。《析津志辑佚・古迹》说："白云楼，在北省之西，健德门南十字街西角上。馆名既醉（本注：今废）。"[4] 元大都斜街北口有个十字街，《析津志辑佚・古迹》说："望湖亭，在斜街之西，最为游赏胜处。"[5] 望湖亭当在斜街北口十字街西南角，那么既醉馆则在十字街西北角。《析津志辑佚・河闸桥梁》又说："无名桥，白云楼西一。"[6] 坝河从海子湖北端导出后，首先流经既醉馆门前的牌楼——白云楼，这座无名桥似即白云楼前的小桥。既醉馆距会同馆不远，马可波罗可能来过，元代末年废弃。

关于元大都斜街北口附近建筑，《析津志辑佚・古迹》说："飞宇楼，在钟楼街西北。太平时最为胜丽。"[7] 从位置看，飞宇楼在钟楼西街的西北，

1 熊梦祥，前揭书，页 108。
2 元大都考古队：《元大都的勘查与发掘》，《考古》1972 年第 1 期，页 19 ～ 28。
3 熊梦祥，前揭书，页 108。
4 熊梦祥，前揭书，页 106。
5 熊梦祥，前揭书，页 105。
6 熊梦祥，前揭书，页 98。
7 熊梦祥，前揭书，页 107。

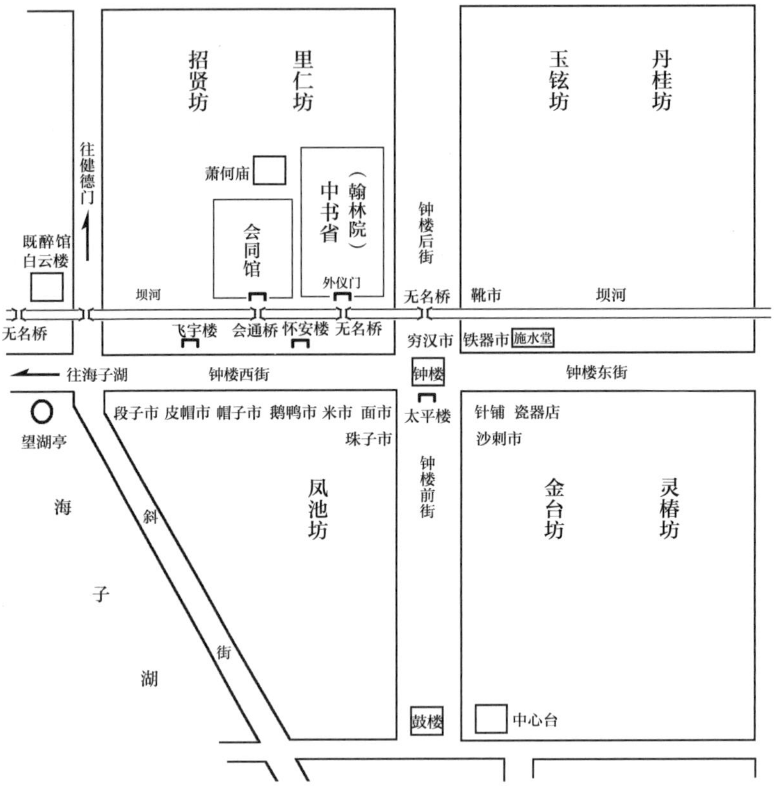

图 05 会同馆及其周边建筑

似为招贤坊的牌楼。这里靠近斜街北口，当年曾是元大都最为繁华的地区之一。飞宇楼的街对面是一些临街商铺，《析津志辑佚·城池街市》说："段（缎）子市，在钟楼街西南；皮帽市，同上。"[1] 那么元大都段（缎）子市、皮帽市都在钟楼西街的西南，而街对面是招贤坊牌楼——飞宇楼。

明代北京城的德胜门就建在元代斜街北口十字街南侧。70 年代北京修环城地铁，"在拆除北城墙时，在桦树皮厂以西、雍和宫豁口、德胜门东 40 米处的城墙下，普遍发现了埋藏的木料或木料腐朽后残存的土洞遗迹。这些木料和遗迹，都是在墙身下部 2 米以下发现的。少量为原木，大部分

1 熊梦祥，前揭书，页 5。

是建筑材料，如檩、椽、额枋、柱子等，有的还带彩绘……”[1]德胜门东 40 米处，正在钟楼西街的西南，这里发现的房址实乃元大都段（缎）子市、皮帽市内临街铺面房。

在德胜门外遗址之东是一〇六中学，附近明清城墙下也发现元代房址。据报道，“在一〇六中学发掘的一间低狭的房基，房内仅有一灶、一炕和一个石臼，墙壁用碎砖块砌成，房的四角上各有一直径不到 18 厘米的暗柱，地面比门低约 40 厘米，潮湿不堪，房内出土的瓷器也很粗劣”。[2]《析津志辑佚·城池街市》说“鹅鸭市，在钟楼西”，[3]那么一〇六中学附近元代房址应该是鹅鸭市某个临街店铺。从房址内发现土炕看，可能是店铺伙计住的地方。

值得注意的是，鹅鸭市街对面就是里仁坊西南的会同馆。当年里仁坊的南门立有一个牌楼。《析津志辑佚·古迹》记载：“怀安楼，在北省西。”[4]北省即翰林院，西邻会同馆。虽然元大都街道沿用唐宋里坊之名，但是不建坊墙，仅以坊门为地标，俗称“牌楼”或“牌坊”。元大都的牌坊主要用作坊门，后来，官员住宅、官署、祠庙、社坛仿效坊门纷纷在门前立牌楼。[5]从位置看，怀安楼可能是翰林院所在地——里仁坊的牌楼。

北京旧商业区原来都立有牌楼，可分为木牌楼、石牌楼和琉璃牌楼几种，形成老北京一道独特的风景线。北京东单、西单、东四、西四等繁华的老商业区，皆得名于牌楼之名。北京城现存最古老的牌坊，是神路街东岳庙明代琉璃牌坊。这座牌楼如今尚在，仍可一睹老北京牌楼之风貌。

老北京商业街的牌楼起源于元大都商业街牌楼。《析津志辑佚·古迹》说：“太平楼，在丽正门外西巷街北。今钟楼街前亦有之。”[6]据此，大都钟

1 北京市文物研究所编：《北京考古四十年》，北京燕山出版社，1990 年，页 193 ~ 194。
2 元大都考古队：《元大都的勘查与发掘》，《考古》1972 年第 1 期，页 24 ~ 25。
3 熊梦祥，前揭书，页 5。
4 熊梦祥，前揭书，页 107。
5 潘谷西主编：《中国古代建筑史》第四卷，北京：中国建筑工业出版社，2001 年，页 416 ~ 417。
6 熊梦祥，前揭书，页 107。

楼市的牌楼名叫“太平楼”。钟楼位于十字街中心，那么太平楼当在钟楼之南，也就是钟楼南街北口正中。故址在今北京旧鼓楼大街北口，原明清古城墙豁口处。有学者认为钟楼在明清古城墙豁口处，这里实际上是钟楼街牌楼——太平楼所在地。钟楼应在太平楼稍北十字街中心，也即今天北二环路立交桥——鼓楼桥所在地。徐达改筑明北城墙后，钟楼靠近城墙，不利于防御，自然要被拆除。据北京 1947 年地图，明清北城墙外有一条现代铁路（今为北二环路），正好从钟楼故址经过。[1] 友人王军告诉我，这条铁路建于 1915 年，时任北洋政府内务总长的朱启钤参与过这项工程。北京环城地铁北线就是从这条铁路经过，那么钟楼地基毁于 70 年代北京修环城地铁之时。

关于元大都钟楼。《析津志辑佚·古迹》记载：“钟楼，京师北省东，鼓楼北。至元中建，阁四阿，檐三重，悬钟于上，声远愈闻之。钟楼之制，雄敞高明，与鼓楼相望。本朝富庶殷实莫盛于此。楼有八隅四井之号。盖东、西、南、北街道最为宽广。”[2] 马可波罗对这座钟楼的印象尤为深刻。他回忆说：“城中有壮丽宫殿，复有美丽邸舍甚多。城之中央有一极大宫殿，中悬大钟一口，夜间若鸣钟三下，则禁止人行。鸣钟以后，除为育儿之妇女或病人之需要外，无人敢行通行道中。纵许行者，亦须携灯火而出。”[3]

大都钟楼周围遍布各式各样的市场，计有：针铺（钟楼之东南转角街市）、米市、面市（钟楼前十字街西南角）、段（缎）子市（在钟楼街西南）、皮帽市（在钟楼街西南）、穷汉市（在钟楼后）、鹅鸭市（在钟楼西）、靴市（在翰林院东。就卖底皮、西甸皮，诸靴材都出在一处）、珠子市（在钟楼前街西第一巷）、沙剌市（一巷皆卖金银、珍珠宝贝，在钟楼前）、铁器市（在钟楼后）。[4]《马可波罗游记》说大都“各大街两旁，皆有种种商店屋舍”，[5] 就指这些店铺。

---

1 参见《民国北平市图》，收入侯仁之，前揭书，页 34 ~ 35。
2 熊梦祥，前揭书，页 108。
3 冯承钧，前揭书，页 210。
4 熊梦祥，前揭书，页 5 ~ 7。
5 冯承钧，前揭书，页 213，注 7。

至于沙剌市，《京师坊巷志稿》卷上说："沙剌即沙拉，国语（指满语）谓珊瑚也。《旧闻考》译改作舒噜。今沙拉胡同，疑沿元时旧称。"[1] 元时满人尚未入关，这个词不可能来自满语。我们认为"沙剌"和"胡同"一样，来自蒙古语。为了便于汉人与蒙古统治者交往，元朝编写过《至元译语》，以汉字录写蒙古语词汇，再给出汉语释义。沙剌或作"昔剌"，《至正译语·颜色门》曰："黄，皆（昔）剌。"[2] 这个蒙古语词汇也用来表示黄金，蒙古大汗的金帐就称"昔剌斡耳朵"（sira ordo）。《析津志辑佚·城池街市》说："沙剌市，一巷皆卖金银、珍珠宝贝，在钟楼前。"[3] 此亦表明"沙剌市"意为"金市"。

1972 年，元大都考古队在西城区西绦胡同明清北城墙下发现元代房址，东西长 14 米，残宽 2.8 米，建在一个高约 0.53 米的砖砌台基上。这处房址位于北京旧鼓楼大街豁口（元代太平楼所在地）西南，地处元代临街店铺分布区，而街对面就是翰林院。西绦胡同元代遗址不似普通民宅，因为房内出土了三个铜权（相当于现代秤砣）。《元典章》卷五十七《刑部十九·斛斗秤尺牙人》规定："今后行铺之家，凡用斛斗秤尺，须要行使印烙官降法物"，[4] 严禁民间私造。因此，这三个铜权分别铸有"中山府校勘相同"、"大都路校同二十斤"或"元至正七年官"等官方烙印。有些元代铜权还铸有汉文、回鹘式蒙古文、八思巴文和波斯文四种文字，以适应元帝国境内各族百姓从事商业活动和丝绸之路国际贸易之需。[5] 值得注意的是，这处遗址还发现磨粮食用的石磨、石杵头、石臼、石槽以及两个水缸。[6]《析

1 [清] 朱一新编：《京师坊巷志稿》，北京古籍出版社，1982 年，页 168。

2 [元] 陈元靓编：《事林广记·庚集》卷十，北京：中华书局，1999 年重印本，页 457。

3 熊梦祥，前揭书，页 6。

4 陈高华等整理：《元典章》点校本第三册，北京：中华书局 / 天津古籍出版社，2011 年，页 1943。

5 本文插图 5 引自丘光明著，张延明译：《中国古代计量史图鉴》，合肥工业大学出版社，2005 年，页 144。

6 元大都考古队：《北京西绦胡同和后桃园的元代居住遗址》，《考古》1973 年第 5 期，页 283 ～ 284。

津志辑佚·城池街市》说："米市、面市，钟楼前十字街西南角。"[1] 据此，西绦胡同元代房址可能是钟楼西南转角处米市或面市内某个粮店，而遗址内所见"水缸"或许是装粮食的米缸或面缸。

《析津志》言之简略，未能详述钟楼市的所有店铺。1970 年，元大都考古队在旧鼓楼大街豁口（钟楼市太平楼故址）东边发现一个元代窖藏，一共出土了 16 件元代瓷器。其中 10 件为青花瓷，另外 6 件为影青瓷器。[2]《析津志辑佚·古迹》说："斜街过凤池坊，北，钟楼。此楼正居都城之中。楼下三门。楼之东南转角街市，俱是针铺。"[3] 从位置看，这个元代窖藏属于元代钟楼东街南侧某个临街铺面房，就在钟楼东南转角街市针铺东边。从出土遗物看，这个临街铺面房大概是钟楼市的瓷器店。据《析津志辑佚·古迹》记载，钟楼东街还有一座饮马用的施水堂，[4] 似乎就在这座瓷器店的街对面。

这个元代窖藏出土的青花瓷器中有一件青花凤头扁壶，高 18 厘米，制作精美，当系景德镇元代浮梁磁局产品，现藏北京首都博物馆（图 06 上中）。[5] 2006 年我们到新疆考察时，在伊宁市博物馆见到完全相同的另一件元代青花凤头扁壶（图 06 左上），据说出自伊犁通往阿里麻里城（元代察合台汗国首都）古道旁。伊犁出土青花凤头扁壶也是元代浮梁磁局的产品，先从江西景德镇运到北京，再从北京贩卖到数千里之外的阿里麻里城。

忽必烈定都北京后，元大都迅速取代长安、洛阳，成为丝绸之路的新起点。1292 年通惠河开通后，北京万宁桥（今北京地安门外后门桥）成了京杭大运河的起点，商人们可以取道京杭大运河，水陆兼程到福建泉州，然后乘海船到波斯。马可波罗就从这条路送蒙古新娘阔阔真下嫁伊利汗国

1 熊梦祥，前揭书，页 5。

2 元大都考古队：《元大都的勘查与发掘》，《考古》1972 年第 1 期，页 24。

3 熊梦祥，前揭书，页 108。

4 熊梦祥，前揭书，页 110。

5 北京市文物局编：《北京文物精粹大系·陶瓷卷下》，北京出版社，2004 年，页 42 和 48 ～ 50。

图 06 北京旧鼓楼大街豁口元代窖藏与新疆伊犁出土元青花瓷器

大汗，然后直接从波斯返回家乡威尼斯的。正如欧阳玄《中书右丞相领治都水监政绩碑》所言，“我元东至于海，西暨于河，南尽于江，北至大漠，水涓滴以上皆为我国家用。东南之粟，岁漕数百万石，由海而至者，道通惠河以达。东南贡赋，凡百上供之物，岁亿万计，绝江、淮、河而至，道通惠河以达。商货懋迁，与夫民生日用之所须，不可悉数。二河溯沿南北，物货或入或出，遍天下者，犹不在是数。又自昆仑而西南水入海者，绕出南诏之后。历交趾（今越南北部）、阇婆、真腊（今柬埔寨）、占城（今越南中南部）、百粤之国，东南过琉求、日本，东至三韩（今朝鲜半岛），远人之名琛异宝，神马奇产，航海而至，或逾年之程，皆由漕河以至阙下。斯又古今载籍之所未有者也”。[1] 元大都和伊犁考古发现，再现了元代丝绸之路昔日的辉煌。

1 此碑录文，参见姚汉源、谭徐明编：《漕河图志》卷五《碑记》，北京：水利电力出版社，1990 年，页 202。

第五节　会同馆的建筑形式

元大都衙署、王府、民宅皆采用中国北方流行的四合院形式。1972 年修北京环城地铁时，在西直门内后英房胡同发现一处元代大宅院。这座宅院采用四合院形式，分主院与东西跨院，主院中有主房三间，外加东西小屋以及东西厢房。院内没有南房，采用前堂、穿廊、后寝连在一起的工字形布局(图 07)。[1] 该遗址占地面竟然多达 2 万平方米，大大超出了元朝贵族、功臣宅地“以地八亩为一份”的规定。[2]

《析津志辑佚·祠庙仪祭》记载：“萧何庙，在北省之西垣，今废。”[3] 如前所述，翰林院（即北省）西墙外是会同馆，那么萧何庙当在会同馆之后，而会同馆建筑规模要小于翰林院。元大都会同馆也采用四合院建筑形式，只是规模要比后英房元代宅院大，类似于明清王府。虽然马可波罗没有直接提到会同馆，但是他对元朝驿站作过详细介绍。[4] 他回忆说：“如从汗八里首途，经行其所取之道时，行二十五哩，使臣即见有一驿，其名曰站（Iamb），一如吾人所称供给马匹之驿传也。每驿有一大而富丽之邸，使臣居宿于此，其房舍满布极富丽之卧榻，上陈绸被，凡使臣需要之物皆备。设一国王莅此，将见居宿颇适。”最后一句意思说，“即便是国王住在里面，也会感到非常舒适。”[5] 林徽因曾经戏称马可波罗进北京，就像乡巴佬进城。[6] 一个普通驿站也被他描绘得如同皇宫一般。会同馆就是元朝政府为四夷贡使在元大都设置的驿站，馆内设施当比驿站更为奢华。波士顿艺术博物馆藏《文姬归汉图·长安归来》描绘了北方四合院（图 08）。[7] 元大都会同馆

1　傅熹年：《北京古代建筑概述》，《傅熹年建筑史论文集》，北京：文物出版社，1998 年，页 383，图五。

2　元大都考古队：《北京后英房元代居住遗址》。《考古》1972 年第 6 期，页 2 ~ 11。

3　熊梦祥，前揭书，页 59。

4　《明史·职官志一·兵部》记载：“凡邮传，在京师曰会同馆，在外曰驿，曰递运所，皆以符验关券行之”（[清] 张廷玉等撰：《明史》，北京：中华书局，1974 年，页 1753）。

5　冯承钧，前揭书，页 246。

6　林洙：《梁思成、林徽因与我》，北京：清华大学出版社，2005 年，页 2。

7　林树中编：《海外藏中国历代名画》第 3 册，长沙：湖南美术出版社，1998 年，页 18。

图 07 元大都后英房遗址复原图

就采用这种四合院形式。

至正二年（1342）七月，罗马教皇所派马黎诺里（Giovanni da Marignolli）使团抵达上都，向元顺帝献马。他们随后被带到汗八里（今北京），在城北会同馆住了三年。据马黎诺里回忆，朝见大汗后，“我们被送至宫馆，此馆早已为我们准备，装饰豪华。大汗派二亲王侍候我们，所需一切，如食物、酒，甚至糊灯笼用纸，皆极为丰富。仆从皆由宫廷派来。彼等侍候我们约四年（实际为三年），始终备恭备敬，随员皆着贵重衣服。我对所用作了精确计算，大汗供给我们的费用竟达四千余马克。我们共计三十二人。……我们居住汗八里约三年（1342 ~ 1344）。临行时，皇帝赐予我们大量食物，马二百匹。我们经蛮子国（南宋故地）而归。沿途我们看到许多城市村庄，其繁荣昌盛难以言表”。[1]

马黎诺里使团一共 32 人，如果加上元顺帝派来的仆人，至少 50 多人

1 [英] 阿·克·穆尔著，郝镇华译：《1550 年前的中国基督教史》，北京：中华书局，1984 年，页 287。

图 08 波士顿艺术博物馆藏《文姬归汉图・长安归来》局部

入住会同馆。馆内自然不会只住一个使团，那么这座会同馆至少可供上百人居住。马黎诺里下榻的汗八里“宫馆”，就是马可波罗在半个世纪前住过的会同馆。这是目前所知大都会同馆最后的文字记录。洪武元年（1368），徐达攻陷大都。“因克复后，以城围太广，乃减其东、西迤北之半……缩其城之北五里，废东西之北光熙、肃清二门”。[1] 徐达将大都北城墙南移五里，利用会同馆门前的坝河作为天然屏障。明北京城的西北角为海子湖（今积水潭），为了使城基稳固，明北京城西北角建在了湖面最窄的地方。这样一来，海子湖北一部分湖面被截在了城外，亦称“太平湖”。1966 年，作家老舍

1 [清] 于敏中等编：《日下旧闻考》卷三十八《京城总记二》，北京古籍出版社，1983 年，页 604 ～ 605。

就在新街口豁口外太平湖西岸投湖自尽。1971 年修北京环城地铁时，太平湖被填为平地，今为地铁太平湖车辆段。[1] 据元大都考古，徐达筑明北城墙时在城墙内填充了大批元代砖瓦和木料，它们显然来自周边元代建筑。看来，元大都会同馆大概在 1368 年毁于徐达筑明北京北城墙之际。

1 王军 :《城记》，北京 : 三联书店，2003 年，页 319。

七 威尼斯“马可波罗罐”调查记

1274 年（至元十一年），马可波罗一家从亦集乃城（今内蒙古额济纳河畔黑水城），经河西走廊到丰州天德军（今呼和浩特市郊），途中访问了银川。《马可波罗游记》记载：“如从凉州首途，东进，骑行八日，至一州，名曰额里哈牙（Egrigaia）。隶属唐古忒，境内有城堡不少，主要之城名哈刺善（Calachan）。……城中制造驼毛毡不少，是为世界最丽之毡，亦有白毡，为世界最良之毡，盖以白骆驼毛制之也。所制甚多，商人以之运售契丹（指中国北方）及世界各地”。[1] 凉州，即今甘肃武威。额里哈牙源于西夏语 Egrigaia,《蒙古秘史》译作“宁夏”。哈刺善源于西夏语 Calachan（今称“贺兰山”），指今宁夏银川。然而，马可波罗是否真的到过中国，一直遭到许多学者的置疑。大英图书馆东方部主任吴芳思（Frances Wood）博士经多年研究，并于 1995 年出版了一本书《马可波罗到过中国吗？》，该书再次对马可波罗的中国之行表示怀疑。[2]

1941 年，杨志玖先生在《经世大典·站赤》中发现一条元代公文，足以证明马可波罗送蒙古新娘阔阔真从海路赴波斯之事的真实性。其文曰：至元二十七年（1290）八月“十七日，尚书阿难答、都事别不花等奏：平章沙不丁上言：‘今年三月奉旨，遣兀鲁解、阿必失呵、火者取道马八儿，往阿鲁浑大王位下。同行一百六十人，内九十人已支分例；余七十人，闻是诸王所赠遗及买得者，乞不给分例口粮。奉旨：勿与之’”。这件元代公文涉及江淮行省平章沙不丁向元廷请示三位伊儿汗国使者随员的口粮供应问题。尽管文中没直接提到马可波罗，但是三位波斯使臣的名字，却与《马可波罗游记》说伊儿大汗阿鲁浑派遣的三位波斯使者 Oulatai（兀剌台）、

1 冯承钧译：《马可波罗行记》，上海书店出版社，2001 年重印本，页 164。

2 弗朗西丝·伍德著，洪允息译：《马可波罗到过中国吗？》，北京：新华出版社，1997 年。

Apousca（阿卜思哈）、Coja（火者）的名字完全相同。[1] 他们在马可波罗建议下，从海道送蒙古新娘阔阔真赴波斯。[2]

除《经世大典·站赤》之外，目前还有两个物证可以证明马可波罗来华的真实性。一是威尼斯圣马可图书馆藏三件波罗家族羊皮遗嘱，二是威尼斯圣马可教堂藏马可波罗罐。2009 年 5 月在法兰西高等研究实践学院（Ecole Pratique des Hautes Etudes）讲学期间，我们专程到威尼斯调查这两件重要文物。这项调查得到威尼斯大学历史系安德烈（Attilio Andreni）教授的热情帮助，谨致谢忱。我不懂拉丁语，委托法兰西高等实践研究学院博士研究生刘清华研究马可波罗的遗嘱。[3] 这里，我们主要讨论马可波罗从中国带回威尼斯的德化窑瓷器。

第一节　贝利尼油画所见波罗家族墓地

1324 年 1 月 9 日，马可波罗去世，享年 70 岁。根据他的遗嘱，安葬在威尼斯圣罗伦佐教堂（Church of San Lorenzo）的波罗家族墓地。2009 年 5 月，我们实地考察了圣罗伦佐教堂，因为波罗家族的三份遗嘱、德化窑瓷罐以及蒙古大汗赏赐的三枚金牌原来就保存在这所教堂。1580 ~ 1616 年之间，圣罗伦佐教堂被大规模重建，教堂内古墓全部迁往他处，而马可波罗墓从此下落不明。

1295 年，马可波罗一家送蒙古新娘阔阔真去波斯时，蒙古大汗赏赐给他们三枚乘驿金牌，使他们可以利用元朝驿站从中国到波斯。这三枚金牌原来由马可波罗的叔叔马菲（Maffeo Polo）保管。马可波罗后来借走了一枚，但是一直没有归还。1310 年，马菲奥临终前立下遗嘱，让他的

1　冯承钧，前揭书，页 23。

2　《永乐大典》卷 19418，叶 15b，参见杨志玖：《关于马可波罗离华的一段汉记载》，《文史杂志》（重庆）第 1 卷第 12 期，1941 年；收入杨志玖：《元史三论》，北京：人民出版社，1985 年，页 89 ~ 96。

3　刘清华：《威尼斯圣马可教堂图书馆藏马可波罗遗嘱》，《丝绸之路上的考古、宗教与历史》，北京：文物出版社，2011 年，页 312 ~ 319。

图 01 内蒙古大学民族博物馆藏元代八思八文圣旨金牌

子孙追讨马可波罗借走的那枚金牌。[1] 这三枚金牌原来也在圣罗伦佐教堂，迄今下落不明。

近年在内蒙古兴安盟科右前旗索伦镇征集到一块八思巴文蒙古语圣旨金牌，今称“索伦金牌”。这块金牌呈长方形，长约度 25.7 厘米，宽度约 8.1 厘米，厚度约 1 厘米，重约 348 克。金牌两面镌刻计五行双勾体八思巴字，读作：“长生天的气力里，皇帝名号是神圣的。谁若不从，问罪至死。”金牌顶端有用以系带的圆孔，圆孔有能够转动的装饰圈。经呼和浩特市黄金协会金银珠宝制品检测中心鉴定，含金量 58.44%，含银量 41. 6%，现藏内蒙古大学民族博物馆（图 01）。[2]

宪宗三年（1253），藏传佛教萨迦派法师八思巴被忽必烈召至左右，为忽必烈夫妇等二十五人授佛戒。中统元年（1260）忽必烈即位后，八思巴被尊为“国师”，授以玉印，任中原教主，统天下教门。八思巴奉诏创制蒙古文字，至元六年（1269）颁行全国，名曰“蒙古新字”或“蒙古字”，俗称“八思巴文”。马可波罗于 1292 年随波斯汗国使团从泉州赴波斯，那么忽必烈赐予他和家人的大汗金牌，当即八思巴文蒙古语圣旨金牌。

值得庆幸的是，马可波罗家族的三件羊皮遗嘱（图 02）后来入藏威尼斯圣马可图书馆，[3] 而德化窑瓷罐则入藏威尼斯圣马可教堂（图 03）。

1500 年，意大利文艺复兴早期画家贝利尼（Gentile Bellini）创作的

1 Arthur Christopher Moule & Paul Pelliot (trans.), *Marco Polo: The Description of the World*, vol. I, London: George Routledge & Sons LTD. Carter Lan, 1938, pp. 539 ～ 540.

2 包祥：《新近在内蒙古发现的元代八思巴字蒙古语金质圣牌》，《内蒙古大学学报》2000 年第 4 期，页 30 ～ 32。

3 马可波罗羊皮遗嘱照片，引自 *Bibliteca Marciana*. Cod. Lat. V. 58, 59. Collocazione 2437, 38 fol. 33, pl. 2 · 5.

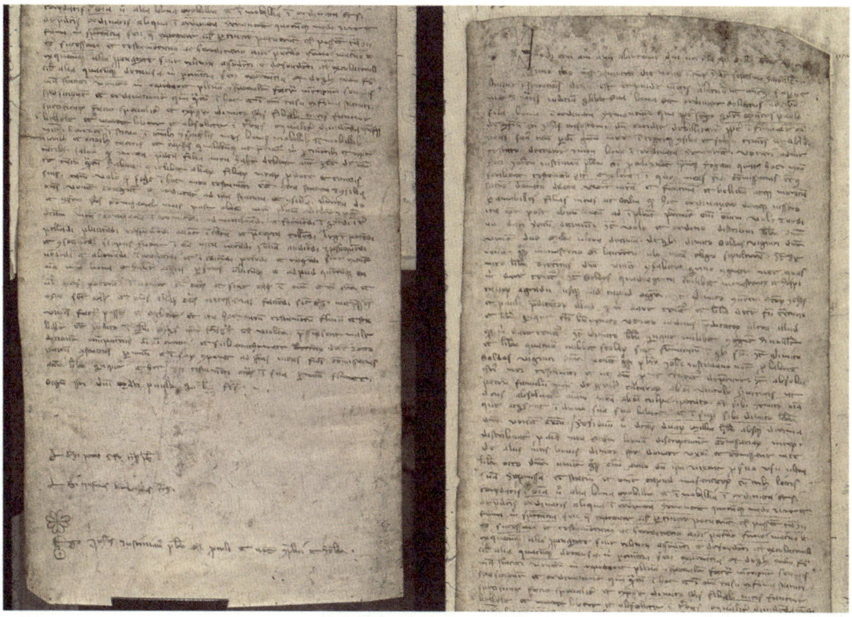

图 02 马可波罗羊皮书遗嘱

图 03 威尼斯圣马可教堂

图 04 贝利尼油画所见 16 世纪改建前的圣罗伦佐教堂与该教堂的现状

《圣罗伦佐桥十字架的奇迹》上绘有圣罗伦佐教堂改建前的原貌（图 04 左）。这幅油画纵 323 厘米，横 430 厘米，目前收藏在威尼斯学院画廊（Gallerie dell'Accademia）。从这幅画看，圣罗伦佐教堂本为锥形屋顶，16 世纪改建成现在三角形屋顶（图 04 右）。

马可波罗在遗嘱中提到，他的住宅位于威尼斯圣约翰・克里斯多姆堂区（San Giovanni Cristostomo）。2009 年 5 月，我们到马可波罗故居考察，现在的门牌号是威尼斯 5847 号。马可波罗生前号称"百万富翁"，因此后人在马可波罗故居外墙写了许多意大利文 Del Milione（百万）标牌，表示这里是马可波罗故居（图 05）。2009 年春在威尼斯考察时，一位意大利朋友告诉我，马可波罗故居原来的建筑早就毁于 17 世纪一场大火，如今所见三层小楼是后来重建的。近年修缮马可波罗故居对面古代剧场时发现了一些中国瓷片，可惜我们没见到实物，不知是否为马可波罗带回家乡的。除了金牌、丝绸之外，马可波罗还把一位中国仆人带回威尼斯。他在遗嘱中给这位名叫"彼得"的中国仆人以自由权，并给他留了一笔钱。

图 05 威尼斯 5847 号马可波罗故居

如今马可波罗百万家资中只有一件中国瓷罐保存下来，目前收藏在威尼斯圣马可教堂。1931 年，英国古陶瓷学家拉菲尔（Oscar C. Raphael）和收藏家戴维德爵士（Sir Percival V. David）到威尼斯圣马可教堂考察了实物。拉菲尔随即发表《威尼斯圣马可教堂宝藏之中国瓷罐》一文，首次报道了这个重要发现，并刊布了这件中国瓷器的黑白照片（图 06 左）。[1] 这件瓷罐高约 12.38 厘米（4.875 英寸），最大腹径约 8.26 厘米（3.25 英寸），上有蕉叶、缠枝花卉等四层印花纹，沙底未施釉。据拉菲尔考证，这件中国瓷罐是德化窑烧造的一种青白釉瓷罐，其年代并非以前认为的 12 世纪而是 13 世纪末。

威尼斯圣马可教堂收藏了许多东方宝物，主要是十字军东征时威尼斯总督丹多罗（Henri Dandolo）从伊斯坦布尔城圣索菲亚大教堂抢劫的。19 世纪法兰西画家德拉克罗西克斯（Eugéne Delacroix）的名画《十字军

1 Oscar C. Raphael, “Chinese Porcelain Jar in the Treasury of San Marco, Venice,” *TOCS*, vol.10，1931-1932, pp.13-15.

图 06 威尼斯圣马可教堂藏德化窑青白釉四系罐

图 07 卢浮宫藏画《十字军进入君士坦丁堡》

进入君士坦丁堡》(图07),生动描绘了十字军抢劫索菲亚教堂的场景。殊不知,十字军进入君士坦丁堡的时间在1204年4月12日,而威尼斯圣马可教堂所藏中国瓷罐的年代不可能早到1204年。拉菲尔认为,这个瓷罐一定是1295年马可波罗带回家乡威尼斯的,故称“马可波罗罐”。

《马可波罗游记》专门介绍过德化白瓷及烧造过程。文中说:“刺桐城(指泉州)附近有一别城,名称迪云州(Tiunguy),制造碗及磁器,既多且美。除此港外,他港皆不制此物,购价甚贱。此迪云州城,特有一种语言。大汗在此崇迦(Concha,指南宋故地)国中征收课税甚巨,且逾于行在国(指杭州)。”[1] 下文又载:“此城除制造磁质之碗盘外,别无其他事足述。制磁之法,先在石矿取一种土,暴之风雨太阳之下三四十年。其土在此时间中成为细土,然后可造上述器皿,上加以色,随意所欲,旋置窑中烧之。先人积土,只有子侄可用。此城之中磁市甚多,物搦齐亚(即威尼斯)钱一枚,不难购取八盘。”[2]

第二节　南海1号出水南宋德化窑四系罐

临安沦陷后,南宋光复势力陆秀夫、文天祥先后拥立过两个小皇帝,以福州为首都成立了流亡小朝廷。当时福建、两广皆在小朝廷控制之下,史称“海上朝廷”。在《马可波罗游记》中,蒙古统治下的中国称作“鞑靼”,中国北方则称“契丹”。蒙古军首先占领的南宋江浙地区称作“蛮子国”,蛮子国首都在行在(今杭州)。蒙古军后来占领的闽广两地称作Chouka或Chonka。这个词究竟指什么,学界以前一直不得其解,冯承均译作“崇迦”或“楚迦”。我们发现该词实际上是“宋国”之音译,指南宋在福建、广东所建流亡小朝廷。马可波罗说“宋国”首都在福州(Fugiu),有助于证明这一点。[3]

1　冯承钧,前揭书,页376。

2　这段文字采自剌木学本,参见冯承钧,前揭书,页377。

3　林梅村:《马可波罗在北京》,《中国历史文物》2008年第2期,页22～33。

冯承钧所谓“迪云州”（Tiunguy），目前学界一致认为应该是“德化”的音译。历史上，德化窑青白瓷器极负盛名，宋代以来大规模生产。德化青白瓷质地细致，薄而坚硬。瓷器胎骨多呈白色，釉层较薄，晶莹润泽，釉色青中泛白，白中泛青，色调深浅不一。13 世纪德化窑在青白瓷基础上，釉药成分略加变化，颜色偏浅淡，但是仍不能生产德化白瓷。据法国汉学家伯希和考证，元代德化窑在瓷器上的釉色，是一种透明的类似玻璃的“青色”，所以他认为元代德化窑生产的瓷器当为“青瓷”。[1]

图 08 南海 1 号沉船出水南宋德化窑青白釉瓷罐

广东省博物馆收藏的两件南宋德化窑青白釉罐，与马可波罗罐非常相似，据说是 20 世纪 70 ~ 80 年代在广东台山海域南宋沉船中打捞出水的。一件为青白釉双系罐，微敛口、方唇、丰肩、鼓腹、平底，肩颈交界处附双耳，双耳已残。肩饰双弦纹，腹部为印花卉纹，并在中部被弦纹隔开成上下两组，近底处也有两圈弦纹饰，其下及平底露胎，胎质洁白细腻，釉色莹润光亮。口径 2.5 厘米，底径 4 厘米，高 7.8 厘米。另一件为青白釉四系罐，直口、方唇、丰肩、鼓腹、平底微凹，肩颈交界处附四耳，肩饰两组双弦纹，上下腹饰缠枝花卉纹，中部接合处微凸成棱，近底处也有两道弦纹，白釉也施至此，其下及底露胎；釉色润白莹亮，口径 3.6 厘米，底径 5.4，高 8.3

1 Arthur Christopher Moule & Paul Pelliot (trans.), *Marco Polo: The Description of the World*, vol. I, London: George Routledge & Sons LTD. Carter Lan, 1938, p.352.

厘米。[1]

1987 年，广州救捞局和英国潜水打捞公司在广东台山上川岛附近海域发现一条南宋沉船，今称“南海 1 号”。国家博物馆水下考古中心和广东省考古所考古队从这条沉船中相继打捞出数千件南宋瓷器，计有：青白釉六方执壶、青白釉四系罐、青白釉印盒、青白釉花瓣口卷草纹碟等。这些瓷器主要来自南宋四大名窑，包括福建德化窑青白瓷、磁灶窑瓷器、江西景德镇影青瓷以及浙江龙泉窑青瓷。据估计，整船文物可能多达 6 万至 8 万件。目前这条南宋沉船已经整体迁入广东阳江新落成的南海 1 号博物馆。[2] 我们感兴趣的是，南海 1 号沉船发现的大批德化窑青白釉瓷罐（图 08）与马可波罗罐非常相似。从器型看，广东省博物馆收藏的两件南宋德化窑青白釉小罐很可能出自“南海 1 号”沉船。

第三节 “马可波罗罐”的年代问题

宋代以来，德化窑白瓷大规模外销。1964 年，在菲律宾遗址和古墓发现了数以千计的德化窑白瓷，尤以马尼拉圣安娜遗址最为集中。器型有壶、军持、罐、瓶、盖盒、碗、碟、高足杯等。器物均采用模制，胎质有烧结适当、瓷质较好的，也有一些生烧因而瓷质较差的。釉色青白，也有白中闪黄，俗称“牙白”的。器物口沿分有釉与无釉（涩口）两种：有釉的采用一匣一器正烧方法烧成，无釉为对口烧而成的小洗之类的器物。装饰纹样均以印宽细线条纹为主。纹饰有莲瓣、卷叶、牡丹、飞鹅、线纹、万字符号、水生植物、玫瑰花等。

1968 年，英国学者爱迪斯曾经撰文《菲律宾发现的中国瓷器的年代》，认为菲律宾发现的白瓷多为福建德化窑产品。瓷器主体非常精致，为纯白色。

---

1 蔡奕芝：《广东省博物馆藏德化瓷器》网络版（http://www.dehua.net/porcelain/2005/04/23676_1.shtml）。

2 南海 1 号沉船的发掘工作尚未结束，目前发掘简况可参见李庆新：《“南海 1 号”与海上丝绸之路》，北京：五洲传播出版社，2010 年。

图 09 南海 1 号出土南宋德化窑四系罐与菲律宾出土元代德化窑四系罐

没有铁杂质形成的斑点，只是偶尔底部因烧制呈现锈斑。器物均模制，其底部未上釉，且出模后没有加工处理。釉面一般微带浅黄色，但有一些样式，也许是更高温烧制，几乎呈青白色彩。此外，还有许多小圆壶，有的外形上模印有元代特征的龙纹。滴壶和军持壶，或无印纹或瓶体上模印龙纹，较不普遍。一些印有叶脉纹或素面的碟子，有模印以线状样式的凤鸟图形，平底，满釉。菲律宾发现的一些白釉小壶或小罐当系元代之物。[1] 我们注意到，南海 1 号沉船出水南宋德化窑四系罐，与菲律宾出土元代德化窑四系罐的纹样略有不同。南宋瓷罐外壁为三排花纹（图 09 左），而元代瓷罐外壁则为四排花纹（图 09 右）。马可波罗罐的外壁亦为四排花纹。由此可证，马可波罗罐烧造于元代初年（13 世纪末），绝非 12 世纪十字军东征之物。2009 年 5 月，我们到威尼斯圣马可教堂考察实物，展品说明仍把这件元代德化窑的青白瓷罐当作十字军东征之物。草拟此文，溯本清源，以期推动马可波罗研究的深入。

1 John M. Addis, "Chinese Porcelain Found in the Philippiness", *Transactions of the Oriental Ceramic Society*, vol.37, 1968, pp.17 ～ 36; 叶文程：《略谈古泉州地区的外销陶瓷》，《中国古外销陶瓷研究论文集》，北京：紫禁城出版社，1988 年，页 194。

八 宋六陵访古

宋六陵是偏安江南的南宋皇室攒宫（临时葬地）所在地，位于浙江绍兴市东南18公里富盛镇御茶村。宋亡元兴之际，宋六陵惨遭杨琏真伽盗掘。六帝部分遗骸被南宋遗民偷偷埋在兰亭附近冬青树下，其余则被杨琏真伽携往杭州，压在西湖孤山镇南塔之下。更有甚者，宋理宗头骨还被制成骷髅碗，献给了忽必烈的帝师八思巴，流落元大都大护国仁王寺（今北京五塔寺）。2008年初，与友人一道下江南，凭吊绍兴宋六陵，感慨万千。[1] 草成此文，与读者分享我们的考察成果。

第一节 说不尽的宋六陵

1276年2月，蒙古大军兵临城下，谢太后和南宋幼主赵㬎被迫奉表降元。伯颜执行忽必烈“奉扬宽大，抚戢吏民，九衢之市肆不移，一代之繁华如故”的政策，[2] 不仅严禁军士暴力掳掠和进入临安城，违者以军法从事，而且禁止侵扰损坏宋氏山陵墓地。[3] 直到至元十五年（1278），宋六陵仍有护陵吏守护。南宋幼主赵㬎先被押送元大都（今北京），后来流放到萨迦寺（今西藏日喀则）当了喇嘛，最终客死在青藏高原。[4]

临安沦陷后，南宋光复势力陆秀夫、文天祥相继拥立过两个小皇帝，

---

1 2008年元旦，与北大中文系教授李零、中国青铜学会秘书长梁鉴结伴南下，寻访古迹。这次考察活动得到浙江省文物考古研究所所长曹锦炎、杭州文物鉴定专家王牧以及浙江文物爱好者孔振、唐勤标、张宏林热情帮助，当在此表示我由衷的感谢。

2 [元] 刘敏中：《平宋录》卷下《大丞相贺表》，收入 [清] 何秋涛：《校正〈元亲征录〉及其他一种》，上海：商务印书馆，1939年，页22。

3 李治安：《忽必烈传》，北京：人民出版社，2004年，页251。

4 王尧：《南宋少帝赵㬎遗事考辨》，王尧：《西藏文史考信集》，北京：中国藏学出版社，1994年，页67～88。

编号	陵名	帝后名	下葬时间	简注
01	昭慈宫	北宋孟太后（即隆祐太后）	绍兴元年（1131）六月	北宋哲宗遗孀，攒于会稽上亭乡昭慈宫（周必大《思陵录》）。
02	永祐陵	北宋徽宗赵佶	绍兴十二年（1142）十月	高宗赵构生父，攒于昭慈宫西北五十步（《宋史・礼志》）；赵构生母韦太后祔葬徽宗永祐陵之西。
1	永思陵	高宗赵构	淳熙十五年（1188）三月	攒于韦太后攒宫之西（《宋史・后妃传》）；高宗妻吴太后祔葬永思陵。
2	永阜陵	孝宗赵昚	庆元二年（1196）八月	永祐陵下宫之西南，永思陵下宫之东南（《宋会要辑稿・礼三十》）；孝宗妻谢太后祔葬永阜陵正北。
3	永崇陵	光宗赵惇	庆元六年（1200）	永阜陵西，永思陵下空闲地段（《宋会要辑稿・礼三十》）。
4	永茂陵	宁宗赵扩	嘉定十七年（1224）	改泰宁寺，建攒宫，在新妇尖山东北坡，距昭慈宫侧仅一里许（《宋会要辑稿・礼三十》）；宁宗妻杨太后祔葬永茂陵。
5	永穆陵	理宗赵昀	景定五年（1264）	位于陵域北部雾连山下。
6	永绍陵	度宗赵禥	德祐元年（1275）	在永穆陵旁。

表一 南宋六陵诸帝后一览表

第一个小皇帝赵昰病死在硇州岛（今广东雷州湾外东海岛）。1279 年，崖山之役失败后，陆秀夫背负第二个小皇帝赵昺跳海（今广东新会南海）自杀。因此，南宋九帝只有六位皇帝在绍兴宝山建陵，史称宋六陵。

宋六陵的营建，肇源于北宋哲宗遗孀隆祐太后。王明清《挥麈录》记载："绍兴初，昭慈圣献皇后（隆祐太后）升遐，曾纡以江东漕兼摄二浙厅办用元符末京西漕陈向故事也。朝论欲建山陵，纡议以谓：帝后陵寝，今存伊洛，不日复中原即归祔矣，宜以攒宫为名，佥以为当。"[1] 攒宫，意为"临时葬地"。这个建议为当朝者采纳。陆游临终前作《示儿诗》曰："死去元知万事空，

1 [宋] 王明清：《挥麈录》，收入 [宋] 张淏撰：《宝庆会稽续志》卷三《陵寝》，清嘉庆十三年刊本，叶 6a。

但悲不见九州同。王师北定中原日，家祭勿忘告乃翁。”正是在这种决意收复中原的情怀影响下，南宋皇陵一开始就选择攒宫形式。

绍兴元年（1131）四月，隆祐皇太后病故。高宗赵构驻绍兴，“奉隆祐皇太后遗诰：‘殓以常服，不得用金玉宝贝，权宜就近择地攒殡，候军事宁息，归葬园陵，所制梓宫，取周吾身，勿拘旧制，以为他日迁奉之便。’此攒宫之始也”。[1] 隆祐太后陵寝一切从简，卜地越州会稽县上亭乡泰宁寺之山（今绍兴市富盛镇宝山）。至六月初，攒宫告成，称“昭慈圣献皇后攒宫”。除南宋六帝之外，绍兴宝山还葬有北宋徽宗、两位北宋皇后及大批南宋后妃和皇室重臣，凡 101 座陵墓，主要陵寝如表一所示。[2]

关于宋六陵的自然环境，南宋吏部侍郎杨烨考察后说：“独泰宁寺之山，山冈伟特，五峰在前，直以上皇青山之雄，翼以紫金白鹿之秀，层峦朝拱，气象尊崇。有端门旌旗簇仗之势，加以左右环抱，顾视有情，吉气丰盈，草木荣盛，以此知先帝弓剑之藏盖在于此，寻令太史局卜格，一起一伏，至壬而后融结，宜于此矣。”[3] 宋亡元兴之际，宋六陵惨遭杨琏真伽盗掘。《万历会稽县志》记载：“至元戊寅，西僧杨琏真珈奏发诸陵，宋遗民山阴唐珏潜易以伪骨，取真者埋瘗之山阴天章寺前，各为一函……”[4] 尽管宋六陵在明初重新整修，但是历经磨难，如今已毁灭殆尽。20 世纪 60 年代，宋六陵墓冢被铲平，墓碑、祭桌亦挪作他用。1970 年后，宋六陵被垦为茶园，诸陵地面建筑尽圮，仅存苍松八丛。[5]

如今宋六陵地上建筑几乎荡然无存。若无作为陵墓标志的苍松八丛，游人简直无法知道陵区之所在（图 01）。我们在陵园中心区域见到一片砖瓦废墟，多为风化严重的碎石，亦有零星灰质泥陶大砖和侧砌砖（俗称

---

1 ［宋］沈作宾修，施宿等纂：《嘉泰会稽志》卷六《陵寝》，收入《宋元方志丛刊》第七册，北京：中华书局，1990 年，页 6799 下。

2 关于宋六陵分布方面的文献调查，参见郭黛姮主编：《中国古代建筑史》第三卷，北京：中国建筑工业出版社，2003 年，页 203。

3 ［宋］张昊撰：《会稽续志》卷三《陵寝》，清嘉庆十三年刻本，叶 6a。

4 ［明］张元忭撰：《万历会稽县志》卷十四《礼书六・祠祀庙》，明万历刊本，叶 2a。

5 绍兴市地方志编纂委员会编：《绍兴市志》第四册《文物古迹・墓葬》，杭州：浙江人民出版社，1996 年，页 21 ～ 68。

图 01 宋六陵所在地御茶村

香糕砖）。后者用来铺设南宋临安皇城北门（和宁门）外皇家御道，长约 28 ~ 30 厘米，宽 8 厘米，厚 4.5 厘米，必为宋六陵之物无疑。[1] 从清康熙《宋六陵图》看，[2] 这片废墟似为南宋六陵祭祀场所宰牲房所在地。

宋六陵营建之前当地有一所禅院，始建于五代后周显德二年（955）；初号化城院，后改证道院。北宋徽宗建中靖国元年（1101），陆游祖父、太师陆佃既拜尚书左丞，请以为功德院，赐名证慈。这所禅院由北宋大书法家米芾书额，山门外筑亭，曰“庆显”。在西域佛教文化影响之下，北宋士大夫往往以禅院为墓地。山西夏县司马光家族墓地就建在一所禅院内。[3] 南宋皇室选择禅院为陵地或与此相关。绍兴初年诏卜昭慈圣献太后攒宫，遂以证慈为视陵寺，而议者认为“昭慈将归附永泰陵”（北宋哲宗陵），因

1 张建廷主编：《南宋御街》，杭州：浙江人民出版社，2006 年，页 52 ~ 53。

2 参见《康熙会稽县志》附图，民国二十五年（1936）绍兴县修志委员会校刊版。据该书所引《大明敕葬宋理宗顶骨碑》记载，明洪武二年（1369）六月在浙江发现此图。

3 李志荣：《山西省夏县司马光墓余庆禅院的建筑》，《文物》2004 年第 6 期，页 47 ~ 64 转 96。

而赐寺名为“泰宁禅寺”。[1]

宋六陵攒宫沿袭北宋皇陵旧制，设有上宫、下宫和地宫，不失皇家等级。诸陵坐南朝北，薄土浅葬，企望有朝一日收复中原，归葬巩县祖陵，所以宋六陵颇为简陋，省略了巩县宋陵原有的乳台、石象生、陵台、神门等。《宋史·礼仪志》记载：“攒宫方百步，下宫深一丈五尺，明器止用铅锡。置都监、巡检各一员，卫卒百人。”[2]

南宋淳熙十四年（1187）十月，太上皇高宗赵构驾崩。次年，右丞相周必大权太傅持节护梓宫下葬，立永思陵。周必大《思陵录》记载：“上宫者为献殿三间，六椽，中间阔十（应为一）丈六尺，两间各一丈二尺，其深三丈。后为龟头三间，中间亦阔一丈六尺，两间各五尺，其深二丈四尺，皇堂在焉。……下宫之制，殿门三间，四椽，每间阔一丈四尺；深二丈。前后殿各三间，六缘，其深三丈，每间阔一丈四尺；东西两廊一十八间，四椽，其深一丈六尺，每间阔一丈一尺;殿门东西皆有挟屋一间，六椽，各阔一丈六尺，其深三丈，又有棂星门、神游亭、换衣厅。”[3] 据考证，永思陵建筑形式当如下图所示（图 02）。[4]

关于永思陵的埋葬方式，《宋会要辑稿·礼三七》高宗永思陵条记载：“二十二日诏，皇堂内椁，令有司用沙版随宜修制，候将来掩皇堂时，先下椁底版，俟进梓宫于椁底版上定正讫，然后安下椁身，次将天盘囊网于椁上安设。”[5] 总之，永思陵为南宋六陵攒宫建制提供了重要标尺。

---

1 [宋] 沈作宾修，施宿等纂：《嘉泰会稽志》卷七《宫观寺院》“泰宁寺”条，收入《宋元方志从刊》第七册，北京：中华书局，1990 年，页 6828 下。

2 [元] 脱脱等撰：《宋史》，北京：中华书局，1976 年，页 2875。

3 [宋] 周必大：《思陵录》，收入《文忠集》卷一七三，文渊阁四库全书本，叶 13a ～ b。

4 郭黛姮，前揭书，页 206。

5 [清] 徐松辑：《宋会要辑稿》，北京：中华书局，1957 年，页 1331。

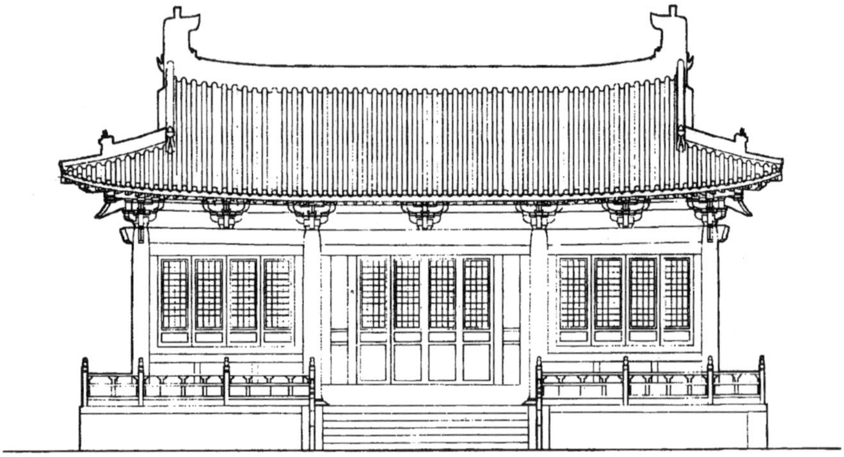

图 02 永思陵龟头殿复原图

第二节 杨髡发陵

1278 年，南宋六陵惨遭杨琏真伽盗掘，尽管明初进行整修，但是地上建筑多已不存，所以明清学者已不太清楚宋六陵的分布。《康熙会稽县志》所附《宋六陵图》就乱点鸳鸯谱，将有些陵墓位置标错。浙江省文物考古研究所曹锦炎所长陪同我们一道考察宋六陵，他提醒大家注意，《宋六陵图》上有些陵寝标错了方位。回京翻检史料，得知宁宗永茂陵"改泰宁寺，建攒宫，在新妇尖山东北坡"；孝宗永阜陵在"永思陵下宫之东南"；[1] 光宗永崇陵在"永阜陵西，永思陵下空闲地段"。[2]《宋六陵图》所标孝宗陵与高宗陵显然相互错位。此外，这幅图上的泰宁寺（或太宁寺）也标错了方位，这所寺院实际上在宋宁宗永茂陵附近。

1 徐松，前揭书，页 192。

2 马端临《文献通考》卷一百二十六《王礼考·山陵》记载："庆元六年，光宗崩，丞相谢深甫等上陵名曰永崇。按行使、副韩邈、黄鉴言：'判太史局荆大声等相视得太行太上皇帝神穴系在永阜陵西，永思陵下宫闲地段，委是国音，王气聚秀之地，依得尊卑次序，可以安建。'既而差官覆按，从之"（[元] 马端临：《文献通考》，北京：中华书局，1986 年影印本，页 1134）。

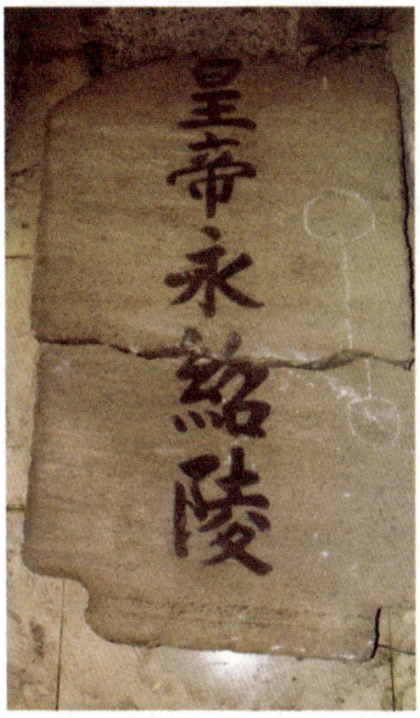

图 03 宋六陵度宗永绍陵墓碑

1996 年，浙江省绍兴县文物保护管理所在宋六陵北侧牌口村一农户家中，征集到宁宗永茂陵墓碑一通。此碑为绍兴羊山石质，残长 120 厘米，宽 60 厘米，厚 11 厘米。用楷书阴刻“皇帝永茂陵”五字，其中“皇”字上沿略残。此碑工艺粗糙，周边无纹饰。从字体看，当为明初重修永茂陵所立墓碑。[1] 近年还在宋六陵发现了度宗“皇帝永绍陵”残碑，现存绍兴县文物保护管理所（图 03）。[2]

丞相桑哥曾经向忽必烈进言说：“杨辇真加云：‘会稽有泰宁寺，宋毁之以建宁宗等攒宫；钱唐有龙华寺，宋毁之以为南郊，皆胜地也。宜复为寺，以为皇上、东宫祈寿。’时宁宗等攒宫已毁建寺，敕毁郊天台，亦建寺焉。”[3] 据此，《康熙会稽县志》所附《宋六陵图》应当修订如下（图 04）。[4]

杨髡发陵是中国历史上一个重大事件，倍受中外学人关注。中国学者阎简弼、日本学者野上俊静、法国汉学家戴密微（Paul Demiéville）、德国学者傅海波(Herbert Franke)纷纷撰文讨论。[5] 这件事的起因是：泰宁寺宗允、宗恺二僧盗伐宋六陵树木，与护陵吏罗铣发生争执，于是引诱杨琏真伽前

1 葛国庆、陆菊仙：《绍兴发现宋六陵宁宗墓碑》，《文物天地》1997 年第 6 期，页 48。

2 参见《宋理宗墓碑记被“破译”》，《绍兴日报》2006 年 8 月 12 日。

3 [明] 宋濂编：《元史》，北京：中华书局，1976 年，页 271 ~ 272。

4 本文的底图根据郭黛姮主编《中国古代建筑史》卷三所引《南宋六陵关系图》，参见郭黛姮，前揭书，页 204。

5 阎简弼：《南宋六陵遗事正名暨诸攒官发毁年代考》，《燕京学报》第 30 期，1946 年，页 27 ~ 50；野上俊静：《桑哥と杨琏真伽——元代宗教史の一面》，《大谷大学研究年报》11 号，京都，1959 年；Paul Demiévelle, “Les tombeaux des Song Méridionaux”, *Choix detude sinologiques (1921-1970)*, Leiden: E.J. Brill, 1973, pp. 17-26; Herbert Franke, *From Tribal Chieftain to Universal Emperor and God: The Legitimation of the Yuan Dynasty*, München: Verlag der Baerischen Akademie der Wissenschaften, 1978.

图 04《宋六陵图》

来发陵。宋末元初周密《癸辛杂识》先后两次提及此事。

其一，《癸辛杂识》续集上《杨髡发陵》记载：“扬髡（即杨琏真伽）发陵之事人皆知之，而莫能知其详。余偶录得当时其徒互告状一纸，庶可知其首尾。云：至元二十二年（1285）八月内，有绍兴路会稽县泰宁寺僧宗允、宗恺，盗斫陵木，与守陵人争诉。遂称亡宋陵墓，有金玉异宝，说诱杨总统，诈称杨侍郎、汪安抚侵占寺地为名，出给文书，将带河西僧人，部领人匠丁夫，前来将宁宗、杨后、理宗、度宗四陵，盗行发掘，割破棺椁，尽取宝货，不计其数。又断理宗头，沥取水银、含珠，用船装载宝货，回至迎恩门。有省台所委官拦挡不住，亦有台察陈言，不见施行。其宗允、宗恺并杨总统等发掘得志，又于当年十一月十一日前来，将孟后、徽宗、郑后、高宗、吴后、孝宗、谢后、光宗等陵尽发掘，劫取宝货，毁弃骸骨。其下本路文书，只言争寺地界，并不曾说开发坟墓，因此江南掘坟大起，而天下无不发之墓矣。其宗恺与总统分赃不平，已受杖而死。有宗允者，见为寺主，多蓄宝货，豪霸一方。”[1]

其二，《癸辛杂识》别集上《杨髡发陵》又载：“乙酉杨髡发陵之事，起于天衣寺僧福闻、号西山者，成于剡僧演福寺允泽、号云梦者。初，天衣乃魏惠宪王坟。闻欲媚杨髡，遂献其寺。继又发魏王之冢，多得金玉，以此遂起发陵之想。泽一力赞成之，遂俾泰宁寺僧宗恺、宗允等诈称杨侍郎、汪安抚侵占寺地为名，出给文书。将带河西僧及凶党、如沈照磨之徒，部领人夫发掘。时，有宋陵使中官罗铣者，犹守陵不去，与之极力争执。为泽率凶徒痛棰，胁之以刃，令人拥而逐之。铣力敌不能，犹据地大哭。遂先发宁宗、理宗、度宗、杨后四陵，劫取宝玉极多。独理宗之陵所藏尤厚，启棺之初有白气竟天，盖宝气也。理宗之尸如生，其下皆籍以锦，锦之下则承以竹丝细簟。一小厮攫取，掷地有声，视之，乃金丝所成也。或谓含珠，有夜明者。遂倒悬其尸树间，沥取水银。如此三日夜，竟失其首；或谓西番僧、回回，其俗以得帝王骷髅，可以厌胜致巨富，故盗去耳。事竟，罗铣买棺制衣收殓，大恸垂绝，乡里皆为之感泣。是夕，闻四山皆有哭声，凡旬日不绝。至十一月，复发掘徽、钦、高、孝、光五帝陵，孟、韦、吴、谢四后陵。徽、钦二陵皆空无一物，徽陵有朽木一段，钦陵有木灯檠一枚而已。高宗之陵，骨发尽化，略无寸骸，止有锡器数件，端砚一只。孝宗陵亦蜕化无余，止有顶骨小片，内有玉瓶炉一副及古铜鬲一双。尝闻有道之士能蜕骨而仙，未闻并骨而蜕化者，盖天人也。若光、宁诸后俨然如生，罗陵使亦如前棺敛，后悉从火化，可谓忠且义矣。惜未知其名，当与唐张承业同传否？金钱以万计，为尸气所蚀，如铜钱，以故诸凶弃而不取，往往为村民所得。闻有得猫睛、金刚石异宝者，独一村翁于孟后陵得一髻，其发长六尺余，其色绀碧，髻根有短金钗，遂取以归。以其为帝后之遗物庋藏圣堂中奉事之，自此家道渐丰。其后凡得金钱之家，非病即死，翁恐甚，遂送之龙洞中。闻此翁今为富家矣。方移理宗尸时，允泽在旁，以足蹴其首，以示无惧，随觉奇痛一点起于足心，自此苦足疾，凡数年，以致溃烂双股，

1 ［宋］周密：《癸辛杂识》，中华书局，1988 年，页 263。

堕落十指而死。天衣闻僧者，既得志且富不义之财，复倚杨髡之势，豪夺乡人之产，后为乡夫二十余辈，俱俟道间屠而脔之。当时刑法不明，以罪不加众而决之，各受杖而已。”[1]

据以上记载，南宋六陵连续两次遭到杨琏真伽大肆盗掘。第一次“发宁宗、理宗、度宗、杨后四陵”；第二次“发掘徽、钦、高、孝、光五帝陵，孟、韦、吴、谢四后陵”。徽宗、钦宗为北宋亡国之君，掳入金朝后囚禁在五国城（今黑龙江依兰县西北）。岳飞《满江红》所谓“八千里路云和月”，就指杭州至黑龙江五国城之间的里程。

李心传《建炎以来朝野杂记》记载：“徽宗初葬五国城。后七年，虏人乃以梓宫还行在。梓宫将至，上服黄袍乘辇，诣临平奉迎。登舟易缌服，百官皆如之。既至行在，寓于龙德别宫，以故待漏院为之，在行宫南门外之东，帝后异殿。先是，选人杨炜献书于执政李光，以梓宫虽还，真伪未辨。左宣义郎王之道亦贻书谏官曾统。乞奏大臣取神衬之最下者斫而视之，然后奉安。既而礼官请用安陵故事，梓宫入境，即承之以椁。有司预制衮冕、翚衣以往，至则纳椁中，不改敛。”[2] 若不是杨琏真伽发陵，谁曾料想金朝送还的两具梓棺内根本没有尸骨。“徽、钦二陵皆空无一物，徽陵有朽木一段，钦陵有木灯檠一枚”。至元十四年（1277）二月，也即元军进驻杭州一年后，忽必烈“诏以僧亢吉祥、怜真加、加瓦并为江南总摄，掌释教，除僧租赋，禁扰寺宇者”。[3] 怜真加即杨琏真伽，亦称“嘉木扬喇勒智”，南宋遗民唾骂为“杨髡”。《元史·释老·八思巴》说“为其（指八思巴）徒者……有杨琏真加者”，[4] 那么此人当系帝师八思巴的弟子。

关于杨琏真伽发陵的时间，史书记载不一。元末陶宗仪《南村辍耕录》记载：“岁戊寅（至元十五年 / 1278），有总江南浮屠者杨琏真珈，怙恩横肆，势焰烁人，穷骄极淫，不可具状，十二月十有二日，帅徒役顿萧山，

1 周密，前揭书，页 263 ～ 265。
2 [宋] 李心传：《建炎以来朝野杂记》，北京：中华书局，2000 年，页 87。
3 宋濂，前揭书，页 188。
4 宋濂，前揭书，页 4521。

发赵氏诸陵寝，至断残肢体，攫珠襦玉柙，焚其胔，弃骨草莽间……”[1] 杨琏真伽发宋陵之目的，一方面是敛财，另一方面要切断南宋皇室的“龙脉”，那么此事想必发生在 1277 年杨琏真伽到杭州后不久。据《明史 · 危素传》记载，发陵所获理宗头骨献给了帝师八思巴。而八思巴死于至元十七年（1280），[2] 那么杨琏真伽发陵不会晚到至元二十二年，那么陶宗仪的至元十五年（1278）发陵之说很可能是正确的。

宋六陵乃临时葬地攒宫，不会随葬太多宝物，但是杨琏真伽盗陵所获宝物的数目仍相当惊人。据《元史 · 世祖本纪十》记载，至元二十一年九月“丙申，以江南总摄杨琏真加发宋陵冢所收金银宝器，修天衣寺”。[3] 可知宋六陵随葬了大批金银器。不过，周密仅提到理宗陵出有“竹丝细簟”，高宗陵“止有锡器数件，端砚一只”，孝宗陵出有“玉瓶炉一副及古铜鬲一双”，孟后陵出有“一髻，其发长六尺余，其色绀碧，髻根有短金钗”。文中未提“猫眼、金刚石”为何墓所出，不过，有文献说出自徽宗永祐陵。

关于宋六陵随葬之宝物，元人李材《解酲语》说：“诸髡发陵所得宝器录之。徽宗陵走花鸟、玉笔箱，又铜凉拨绣管；高宗陵珍珠戏马鞍（岭南刘钱进太祖者）；光宗陵交加百齿梳、香骨案；理宗陵伏虎枕（七宝和成伏虎之状）、穿云琴（本注：金猫眼为徽，龙肝石为轸，唐宫故物）。度宗陵五色藤盘、影鱼、黄琼扇柄。其余不可尽举。”[4]《元史 · 释老 · 八思巴》对杨琏真伽发陵所获赃物做过如下统计：“有杨琏真加者，世祖用为江南释教总统，发掘故宋赵氏诸陵之在钱塘、绍兴者及其大臣冢墓凡一百一所；戕杀平民四人；受人献美女宝物无算；且攘夺盗取财物，计金一千七百两、银六千八百两、玉带九、玉器大小百一十有一、杂宝贝百五十有二、大珠五十两、钞一十一万六千二百锭、田二万三千亩；私庇平民不输公赋者

1 [元] 陶宗仪：《南村辍耕录》，北京：中华书局，1959 年，页 43。

2 [明] 明河撰《补续高僧传》卷一《元帝师发思八传》，收入《高僧传合集》，上海古籍出版社，1991 年，页 610。

3 宋濂，前揭书，页 269。

4 [清] 王士禛撰，张世林点校：《分甘余话》，北京：中华书局，1989 年，页 68。

二万三千户。他所藏匿未露者不论也。”[1]最后一句意思说，这个统计数字不包括杨琏真伽隐瞒不报的赃物，可知宋六陵随葬宝物的数目相当惊人。

图 05 宋理宗永穆陵前的古松

第三节　流落京城的理宗头骨

杨琏真伽盗掘宋六陵时，不仅把理宗尸体倒挂在树上（图 05），寻找腹内宝珠，而且还将其头盖骨割去，令人发指。据《续资治通鉴·元纪四》记载，至元二十一年“九月丙申，籍嘉木扬喇勒智发宋陵所收金银、宝器，修天衣寺；其饮器则赐帝师，盖西僧欲得帝王髑髅以厌胜致富也”。[2]如前所述，嘉木扬喇勒智乃杨琏真伽之别称，而帝师即元初藏传佛教领袖八思巴。《明史·危素传》亦载：“至元间，西僧嗣古、妙高欲毁宋会稽诸陵。夏人杨辇真珈为江南总摄，悉掘徽宗以下诸陵，攫取金宝，裒帝后遗骨，瘗于杭之故宫，筑浮屠其上，名曰镇南，以示魇胜，又截理宗颅骨为饮器。真珈败，其资皆籍于官，颅骨亦入宣政院，以赐所谓帝师者。”[3]杨琏真伽将理宗头骨制成骷髅碗后，献给了忽必烈的帝师八思巴，尔后一直收藏在八思巴掌管的元大都宣政院。

《汉藏史集·桑哥传》记载：“桑哥被擢升为宣政院长官时，为向上师求法，在花苑福地（me-tog-ra-ba）跟前建造了一所豪华佛堂。”花苑福地，或译“花园大寺”，为八思巴及历代帝师起居之地，有学者认为很可能在大

1　宋濂，前揭书，页 4522。
2　[清] 毕沅：《续资治通鉴》，北京古籍出版社，1957 年，页 5087。
3　[清] 张廷玉等撰：《明史》，北京：中华书局，1974 年，页 7315。

内琼花岛（今北海白塔山）中。[1] 据日本学者中村淳考证，在帝师法旨中频频出现的花园大寺，就是元大都大护国仁王寺，采用藏传佛教建筑形式。他认为，这所寺院应为帝师八思巴在京城的住所，元大都宣政院亦在此寺。[2] 史载至元七年十二月辛酉，“建大护国仁王寺于高良河（今高梁河）”；至元十一年三月癸巳“建大护国仁王寺成”。[3]《析津志辑佚·河闸桥梁》记载：“自西水经护国仁王寺西，右始:广源闸二，在寺之西。”[4]《日下旧闻考》卷九十八引《水部备考》说：“广源闸在西直门西七里，至元二十六年建。”[5] 一般认为，大护国仁王寺在今海淀区白石桥五塔寺一带。（图 06）[6]

据程钜夫《大护国仁王寺恒产碑》记载，这所寺院有“殿宇为间百七十五，灵星门十，房舍为间二千六十五”。[7] 不仅如此，大护国仁王寺还在全国拥有土地六万三千余顷，广有人户、林木、矿冶。为此“建总管府统于内，置提举司提领所分治于外”。[8] 总管府或称总制院，也即宣政院前身，设在大护国仁王寺；提举司则为“行宣政院”前身，设在全国各地。杨琏真伽就是宣政院派往江南的僧官，正式职名为“江淮诸路释教都总统”。杨琏真伽失势后，其子杨暗普仍任江浙行宣政院使。由于杨琏真伽民愤太大，后来被罢官。[9]

---

1 沈卫荣:《〈汉藏史集〉所收“桑哥传”译注》,《元史及北方民族史研究集刊》第 9 辑，1985 年，页 89 ～ 92，注 9。

2 [日] 中村淳:《元代法旨に見ぇゐ歷代帝師の居所——大都の花園大寺と大護國仁王寺》,《待兼山論叢（史學）》27，1993 年;[日] 中村淳:《元代大都の敕建寺院をめぐつて》,《东洋史研究》58 ～ 1，1999 年，页 63 ～ 83。

3 宋濂，前揭书，页 132 和 154。

4 熊梦祥，前揭书，页 95。

5 [清] 于敏中等编纂:《日下旧闻考》卷九十八《郊坰》，北京古籍出版社，1983 年，页 1634。

6 刘之光:《大护国仁王寺觅址》,《北京文博》2001 年第 1 期，页 61 ～ 64;刘之光:《元代大护国仁王寺与西镇国寺位置的商榷》网络版（http://www.bjww.gov.cn/2004/7-27/3057.html）。

7 [元] 程钜夫:《大护国仁王寺恒产之碑》,收入《雪楼集》卷九,阳湖陶氏涉园影洪武本，宣统庚戌（1910）年，叶 6a。

8 [元] 程钜夫:《大护国仁王寺恒产之碑》,收入《雪楼集》卷九,阳湖陶氏涉园影洪武本，宣统庚戌（1910）年，叶 5b。

9 邓锐龄:《掌释教、扬密宗、抑禅宗——元代杭州宣政院》,《中国史研究》1995 年第 2 期，页 400 ～ 401。

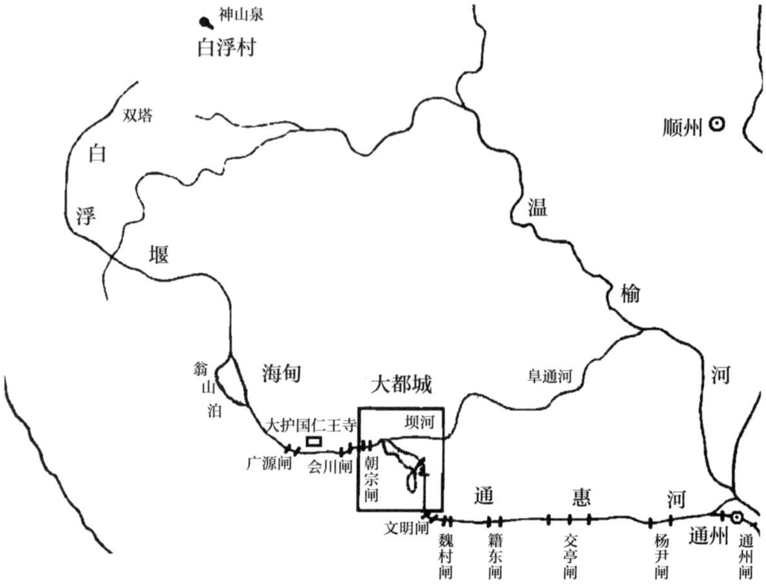

图 06 元大都大护国仁王寺位置图

洪武元年（1368），明军攻陷大都。“大将徐达命指挥华云龙经理故元都，新筑城垣，北取径直，东西长一千八百九十丈”。[1] 徐达将元大都北城墙南缩五里，建在义和门稍北坝河（明初改为京城北护城河）。[2] 而修筑城墙需要大批材料，元大都凤池坊之北翰林院、会同馆皆被明军拆毁，用来填充新筑城墙。

1970 年代北京修环城地铁。据说“在拆除北城墙时，在桦树皮厂以西、雍和宫豁口、德胜门东 40 米处的城墙下，普遍发现了埋藏的木料或木料腐朽后残存的土洞遗迹。这些木料和遗址，都是在墙身下部 2 米以下发现的。少量为原木，大部分是建筑材料，如檩、椽、额枋、柱子等，有的还带彩

1　台湾“中央研究院”史语所校：《明实录》卷三十四，台北：“中央研究院”史语所影印本，1982 年，页 611 ～ 622。

2　明景泰七年官修《寰宇通志》卷一记载：“洪武初，改大都路为北平府，隶北平布政使司，缩其城之北五里，废东西之北光熙、肃清二门，其九门俱仍旧”（[明] 陈循等撰，“国立中央图书馆”辑，明景泰年间内府刊初印本影印本，台北：正中书局，1985 年，页 65）。

图 07 北京明清北城墙出土元代金刚杵纹汉白玉栏楯

绘……”[1] 北京明清北城墙内所出建筑材料，即明军拆毁元大都建筑之遗物。

明代沙门明河撰《补续高僧传》卷一《元帝师发思八传》记载：“发思八（即八思巴），元世祖尊以为帝师者也。土波国人……庚辰，师年四十二，以至元十七年（1280）十一月某日示寂。上闻震悼，怀德无已，乃建大窣堵波于京师。奉藏真身舍利，庄饰无俦。至英宗，诏各路建帝师殿，立碑颂德。”[2] 忽必烈为八思巴所建大窣堵波，当在他生前居所大护国仁王寺内，明初与大护国仁王寺一道被明军拆毁。值得注意的是，明清北城墙内出土了一块元代汉白玉雕花栏楯。主题图案为两个藏传佛教四钴金刚杵，两侧图案为双钴金刚杵，雕琢精美，现存北京石刻艺术博物馆（图 07）。这个带金刚杵铃图案的栏楯似为明军拆毁大护国仁王寺之物，那么大护国仁王寺当毁于徐达新筑明北城墙之际。

元大都大护国仁王寺毁于明初，无法从实物见证其建筑形式。不过，元代建喇嘛庙多以这所寺院为典范。武宗年间所建大崇恩福元寺就模仿大护国仁王寺。《经世大典·工典·塑画记》记载：“武宗皇帝至大三年（1310）正月二十一日。敕虎坚帖木儿丞相。奉旨新建寺后殿五尊佛，咸用铜铸。前殿三世佛、四角楼洞房诸处佛像以泥塑。仿高良河寺铸铜番竿

1 北京市文物研究所编：《北京考古四十年》，北京燕山出版社，1990 年，页 193 ～ 194。

2 [明] 明河撰《补续高僧传》，收入《高僧传合集》，上海古籍出版社，1991 年，页 610。

一对。虎坚帖木儿、搠思吉月即儿、阿僧哥洎帝师议。依佛经之法。拟高良河寺井五台佛像从其佳者为之。用物省部应付。正殿三世佛三尊，东西躲殿内山子二座。大小龛六十二。菩萨六十四尊；西洞房内螺髻佛并菩萨一百四十六尊。东西垛殿九圣菩萨九尊，罗汉一十尊；十一口殿菩萨一十一尊，药师殿佛一尊；东西角楼魔梨支王四尊，东西角楼尊胜佛七尊，西北角楼无量寿佛九尊，内山门天王一十二尊。”[1]

永乐初年，明成祖朱棣在今西直门外高梁河北岸建真觉寺。据清人吴长元《宸垣识略》卷十四记载，真觉寺“在极乐寺西。明永乐时，西域中印土僧板的达（桑竭巴辣）来贡金佛五躯，金刚宝座规式。诏封大国师，建寺居之。成化九年（1473），诏寺中准中印土式建宝座，累石台五丈，藏级于壁，左右蜗旋而上。顶为平台，列塔五，各二丈。塔刻梵字、梵宝、梵华”。[2] 于是明成祖封班迪达为大国师，授予金印，赐地西关外长河（今西直门外高梁河）北岸，为他建了一所密教寺院，名叫真觉寺。这所寺院就建在元代大护国仁王寺旧基之上，只是规模比大护国仁王寺小得多，今称五塔寺。1978 年在五塔寺建石刻博物馆，今称北京石刻艺术博物馆。

第四节　理宗头骨归葬宋六陵

在藏传佛教中有一些不可思议的宗教轨仪。藏传佛教僧人甚至用人骨制作法器，如用少女肢骨制骨笛或号角，或用人头骨制骷髅碗（梵语 kapala）。骷髅碗专门用来盛水，有时也盛法酒（密宗活动时专用酒）。在举行传授密法、灌顶等密宗法事活动时，由密宗法师将骷髅碗中的水或酒，滴在受法者头上或掌心。元顺帝宫廷流行“十六天魔舞”，而十六魔女所持法器就有骷髅碗。

台北故宫博物院藏明正统五年泥金写本《如来顶髻尊胜母现证仪》跋

1 [唐] 段成式等著:《寺塔记、益州名画录、元代画塑记》，北京:人民美术出版社，1964 年，页 13 ～ 14。
2 [清] 吴长元 :《宸垣识略》，北京古籍出版社，1983 年，页 281。

图 08 手持骷髅碗的大黑天，台北故宫博物院藏明代泥金绘画局部

画上，就有大黑天像（藏语“麻哈嘎拉”）。画上大黑天，身呈深青色，三目圆睁，毛发竖立，头戴五骷髅冠。二臂在胸前，左手托骷髅碗，碗内盛满人血；右手拿月形刀，两臂中间横置一根短棒。双腿站立，背后是熊熊火焰（图 08）。[1] 理宗头骨就被制成这样一个骷髅碗，许多文献提到这件事。清初文人张岱《夜航船》卷二记载：“元妖僧杨琏真伽发诸陵，唐珏潜收陵骨，瘗于兰亭山之冬青树下，陵骨得以无恙，独理宗头大如斗，不敢更换，

1 石守谦、葛婉章主编：《大汗的世纪——蒙元时代的多元文化与艺术》，台北故宫博物院，2000 年，页 249；台北故宫博物院藏《如来顶髻尊胜母现证仪》跋画，参见页 112，图版 III-8。

元人取作溺器。我太祖（朱元璋）得之沙漠，复归本陵，有石碑记其事。”[1]

大护国仁王寺被拆毁后，理宗头骨流落民间。清人王居琼《穆陵行并序》记载：“至元中，胡僧杨琏真伽利宋诸陵宝玉，因倡妖言惑主，尽发攒宫之在会稽者，断理宗顶骨为饮器，琏败，归内府，九十年矣。洪武二年（1369）正月，诏宣国公求之，得于僧汝讷所，乃命葬金陵聚宝山，石以表之。余感而赋诗。”[2]如果此说不误，那么明太祖朱元璋在北京找到理宗头骨后，起初葬在南京聚宝山。

关于理宗头骨的最后归宿，《明史·危素传》记载：“素在翰林时，宴见，备言始末。帝（指朱元璋）叹息良久，命北平守将购得颅骨于西僧汝讷所，谕有司厝于高坐寺西北。其明年，绍兴以永穆陵图来献，遂敕葬故陵。”[3]2006年8月，当地文物部门在绍兴县富盛镇御茶村一座校舍房基下发掘出明洪武三年安葬理宗头骨时所立碑记。碑额篆书“大明敕葬宋理宗顶骨之碑”（图09）。

此碑被人碎成8块，当作校舍房基的墙角石。碑石系青石质地，长约3米、宽约1.5米、厚约40厘米，碑文漫漶不清。《康熙会稽县志》云：“唯孝、理二陵，献殿三间，缭以周垣，今亦颓废。理宗陵有顶骨碑亭、宰牲房一所，斋宿房一所，其右为义士祠。”[4]可知此碑原来立于理宗永穆陵顶骨碑亭，碑文已漫漶不清。据报道，残存碑文如下：[5]

大明敕葬□□□□骨之碑

洪□□□□□戊午皇帝御□□□□国公李善长索宋理宗顶骨于北平移北□□□□□及□□□□□□汝讷监藏深惠以顶骨来献尚书礼部承诏付□□□□□夏思忠四月癸酉瘗诸南门高座寺之西□明年五月壬□□□□□历代帝□陵寝六月庚辰浙江省以绍兴□

1 [清] 张岱：《夜航船》，成都：四川文艺出版社，1996年，页52。
2 [清] 钱谦益辑，许逸民、林淑敏点校：《列朝诗集》，北京：中华书局，2007年。
3 [清] 张廷玉等撰：《明史》，北京：中华书局，1974年，页7315。
4 董清德辑：《康熙会稽县志》，台北：成文出版社，1989年，页336。
5 理宗墓碑照片和录文，引陋沙：《明敕葬宋理宗顶骨碑重现天日》网络版（http://blog.sina.com.cn/s/ blog_49b4966a0100050k. html）。

图 09 大明敕葬宋理宗顶骨之碑

诸陵图进复命礼□□□□崔亮奉敕以□□□□□诸旧穴按理宗宋太祖十世孙入纂大统□国四十余□□□□□□□月崩明年度宗咸淳元年三月葬永穆陵□兴元年宋□□□□□□□□年僧嗣古妙高言请毁宋绍兴诸陵江□总摄夏人□□□□□□□□□□□表里为奸恶明年正月奏如二僧□发诸陵金□□□□□□□□□于杭州截理□□骨为饮器呜呼□不仁甚矣□□□□□□□□□□□六年遗骨余□□克复归于土岂□天耶惟我□□□□□□□□□□□□仁心仁闻风□□方是宜刻诃穹□昭示永世□□□□□□□□□□□□□□□□□□□□□□□焉

〔缺字〕知府张士□谨记

此碑录文亦见于《六陵劫余志》(宁波天一阁藏孤本)、《康熙会稽县志》和郎瑛《七修类稿》卷二十二,《六陵劫余志》录文与原碑更为接近。碑文如下:

敕葬宋理宗顶骨碑文

明张士敏

洪武二年正月戊午,皇帝御札相臣、宣国公李善长索宋理公顶骨于北平，移北平大都督府及守臣吴勉。西僧汝讷监藏、深惠，以顶骨来献。尚书礼部承诏，付应天府守臣夏思忠。四月癸酉，瘗诸南门高座寺之西北。明年五月壬辰，遣使访求历代帝王陵寝。六月庚辰，浙江省以绍兴宋诸陵图进。复命礼部尚书崔亮，奉敕以理宗顶骨藏诸旧穴。按：理宗，宋太祖十世孙，入纂大统，享国四十余年，景定五年十月崩。明年，度宗咸淳元年三月，葬永穆陵。祥兴元年，宋亡。元至元二十一年，僧嗣古、妙高言，请毁宋绍兴诸陵。江南总摄夏人杨琏真伽，与丞相桑哥表里为奸恶。明年正月，奏如二僧言，发诸陵金宝。以诸遗骨，建浮屠于杭州，截取理宗顶骨为饮器。呜呼！其不仁甚矣！穆陵之发距今八十有六年，遗骨余蜕。始克复归于土，岂非天耶。惟我国家，德迈前王，泽被幽壤，仁心仁闻，风和四方。是宜刻词穹碑，昭示永世。臣士敏适守是邦，承命惟谨，敬述岁月，俾后有考焉。

此碑记述了理宗头骨发现经过和重新安葬的详细过程。碑文大意说：洪武二年（1369）正月，明太祖朱元璋下令宣国公李善长在北京寻找理宗头骨，具体工作由北平大都督府及守臣吴勉负责。于是，西藏喇嘛汝讷监藏（ru lag rgyal mtshan）和深惠二人，将理宗顶骨献给了朝廷。[1] 尚书礼部奉明太祖诏令，委派应天府（今南京）守臣夏思忠处理此事。同年四月，夏思忠将理宗顶骨下葬南京城南门高座寺（今南京雨花台）西北。洪武三年（1370）五月，朝廷派人寻找历代帝王陵寝所在地。同年六月，浙江省进献《宋六陵图》。奉明太祖朱元璋诏令，礼部尚书崔亮将理宗顶骨迁葬宋六陵。至此，宋理宗头骨漂泊在外已达 86 年之久，1369 年才历尽周折，终于重新回到理宗原来的墓穴——永穆陵。读罢此碑，令人感慨万千。不禁想起南唐后主李煜的《虞美人》。其词曰："春花秋月何时了，往事知多少。小楼昨夜又东风，故国不堪回首月明中……"

1 ［明］郎瑛《七修类稿》卷二十二将两位喇嘛的名字读作"汝讷、监藏深惠"，疑不确。汝讷监藏之名，源于藏语 ru lag rgyal-mtshan，此人肯定是西藏喇嘛。深惠似为梵语法号，不能确知是否为西藏喇嘛。

九 故国不堪回首

中国文化在宋代进入了古典时代。尽管辽金、西夏占据中国半壁江山，但是中国古典文化却是在偏安一隅的宋朝确立的。正如史家陈寅恪所言，“华夏民族之文化，历数千载之演进，造极于赵宋之世”。[1] 南宋偏安江南，以杭州为行在（临时首都），志在光复中原。宋亡元兴之际，杭州南宋皇宫毁于一旦，而宋代学术思想、文学艺术、建筑科技却对中国文化的发展产生深远影响。欲了解中国文化，不可不知宋代文化。2008 年初，与友人一道下江南，寻访杭州古迹，收获甚丰。[2] 草成此文，与读者分享我们的考察成果。

第一节 孤山四圣观

1276 年，蒙古大军兵临城下，偏安江南的南宋王朝终于走到了尽头。谢太后和南宋幼主恭帝被迫向元军统帅伯颜上降表，献传国玉玺，临安城得以免遭蒙古军屠城之难。好景不长。福建和两广地区仍在南宋光复势力控制之下，为了切断南宋皇室的“龙脉”，在忽必烈的默许下，杨琏真伽在江南犯下了一系列毁宫发陵的恶行。

杨琏真伽为西夏党项族僧人，琏真伽之名源于藏语 Rin chen skyabs

1 陈寅恪：《邓广铭〈宋史·职官志〉考证序》，《金明馆丛稿二编》，北京：三联书店，2001 年，页 277。

2 2008 年元旦，与北大中文系教授李零、中国青铜学会秘书长周志豪结伴南下寻访古迹。这次考察活动得到浙江省文物考古研究所曹锦炎所长、杭州文物鉴定专家王牧女士以及浙江文物爱好者孔振、唐勤标、张宏林先生热情帮助，当在此表示我由衷的感谢。

（大宝）。[1] 杨氏似为西夏人姓氏。元代还有一位西夏僧人，名叫杨亦执里不花的，曾任宣政院使，并兼任过河西宪。[2] 杨琏真伽与丞相桑哥关系密切，至元二十八年（1291）正月，桑哥因贪污案东窗事发以罪罢。《元史・世祖纪一四》记载：在查出杨琏真伽种种不法行为后，朝廷“省、台诸臣乞正典刑以示天下，帝（忽必烈）犹贷之死，而给还其人口、土田”。[3] 至元二十九年（1292）秋，杨琏真伽仍以“江淮诸路释教都总统”名义在杭州飞来峰开窟造像。[4] 此后不久，杨琏真伽终于伏诛。《新元史·董俊传附士选传》记载：“桑哥伏诛，召士选论议政事，以中书左丞与平章政事彻理往镇浙西，听辟举僚属。至部，察病民事，悉以帝意除之。西僧杨琏真伽总摄僧教于杭州，淫态不法，士选受密旨逮之，械于市，士民称快。”[5]

杨琏真伽在杭州犯下的第一个恶行，是毁道观建佛寺。忽必烈以八思巴为帝师，以藏传佛教为国教。在短短三年（1285 ~ 1287）时间里，杨琏真伽在杭州兴建了 30 多所藏传佛教寺院，有些由道观改建而成，其目的无非是在江南树立藏传佛教的权威。《佛祖历代通载》记载：“至元十八年（1281）冬，钦奉玉音颁降天下，除《道德经》外，其余说谎经文尽行烧毁。道士爱佛经者为僧，不为僧者娶妻为民。当时是也，江南释教都总统永福杨大师琏真佳大弘圣化，自至元二十二（1285）春至二十四（1287）春，凡三载，恢复佛寺三十余所，如四圣观者，昔孤山寺也。道士胡提点等舍邪归正，罢道为僧者，奚啻七八百人，挂冠于上永福帝师殿之梁拱间。”[6]

1 陈高华：《略论杨琏真伽和杨暗普父子》，《陈高华文集》，上海辞书出版社，2005 年，页 223 ~ 224；Herbert Franke, *From Tribal Chieftain to Universal Emperor and God: The Legitimation of the Yuan Dynasty*, München: Verlag der Baerischen Akademie der Wissenschaften, 1978, p.321；熊文彬：《从版画看西夏佛教艺术对元代内地藏传佛教艺术的影响》，《中国藏学》2003 年第 1 期，页 74。

2 史金波：《西夏佛教史略》，银川：宁夏人民出版社，1988 年，页 204。

3 宋濂，前揭书，页 362。

4 浙江省考古研究所编：《西湖石窟》，杭州：浙江人民出版社，1986 年，图版说明第 108 条。

5 [清] 柯劭忞编：《新元史》，上海古籍出版社，1989 年，页 602 中。

6 [元] 念常撰：《佛祖历代通载》，收入《大正藏》第 49 册《史传部二》卷二十二，台北：新文丰出版公司影印本，页 710。

四圣观位于西湖孤山南麓，全名“四圣延祥观”。此山因在西湖里湖与外湖之间，故名孤山。海拔仅 38 米，东接白堤，西连西泠桥，为西湖中最大岛屿。《咸淳临安县志》有一幅《西湖图》，图上标有四圣观（图 01）。尽管此图为清同治六年（1867）补入，但是它的底图当根据宋代地图。四圣观是南宋绍兴年间韦太后所建皇家道观，由孤山古刹扩建而成。至元二十二年（1285），杨琏真伽将其改建为佛寺。田汝成《西湖游览志》记载：

> 孤山旧有广化寺、西阁、辟支塔、鉴堂、柏堂、竹阁、智果院、玛瑙宝胜院、报国寺、闲泉、仆夫泉、四圣延祥观、西太乙宫、金沙井、万寿寺、学士沟、西湖书院，并废。……四圣延祥观，绍兴间韦太后还自沙漠建，以沈香刻四圣像，并从者二十人，饰以大珠，备极工巧，为园曰延祥亭馆，窈窕丽若画图，水洁花寒，气象幽雅。时高宗绝爱西湖，孝宗尝奉之以游，历三朝为故事。高疏寮诗：“水明一色抱神州，雨压轻尘不敢浮。山北山南人唤酒，春前春后客凭楼。射熊馆暗花扶扆，下鹄池深柳拂舟。白发邦人能道旧，君王曾奉上皇游。”元初杨琏真伽废为万寿寺，屑像为香，断珠为缨，而旧美荒落矣。[1]

万寿寺早就不复存在，不过，杨琏真伽施刊《碛沙藏》引首版画《佛说法图》上有万寿寺图像（图 02）。[2] 此图收入郑振铎《中国版画史图录》，画框为 24.7×40.4 厘米，五折，分左右两栏。左栏坐佛右向说法；右栏似在殿前译经的场面，殿旁榜题曰“万寿殿”。右缘榜题曰：“都功德主江淮诸路释教都总统永福大师杨琏真佳”。[3] 万寿殿，即杨琏真伽所建“万寿寺”之别称。这所佛寺由南宋皇家道观改建而成，故有南宋建筑之遗风，建筑风格与山西永乐宫三清殿相似。

---

1 [明] 田汝成：《西湖游览志》卷二《孤山 三堤胜迹》，收入施奠东主编：《西湖文献丛书》，上海古籍出版社，1980 年，页 16 ~ 17。

2 《释氏稽古录》记载：“帝（指忽必烈）印《大藏》三十六藏，遣使分赐，归化外邦，皆令得瞻佛日”（[元] 觉岸：《释氏稽古录》，《大正藏》第 49 册，台北：新文丰出版公司影印本，页 908）。故知杨琏真伽当是奉忽必烈诏令续刊碛沙藏。

3 《碛砂藏》引首《佛说法图》，参见郑振铎编：《唐宋元版画集》，《中国版画史图录》第一函，上海：良友图书印刷公司发售，1940 ~ 1943 年；宿白：《元代杭州的藏传密教及其有关遗迹》，《藏传佛教寺院考古》，北京：文物出版社，1996 年，页 386，注 62。

图 01《西湖图》之孤山四圣观

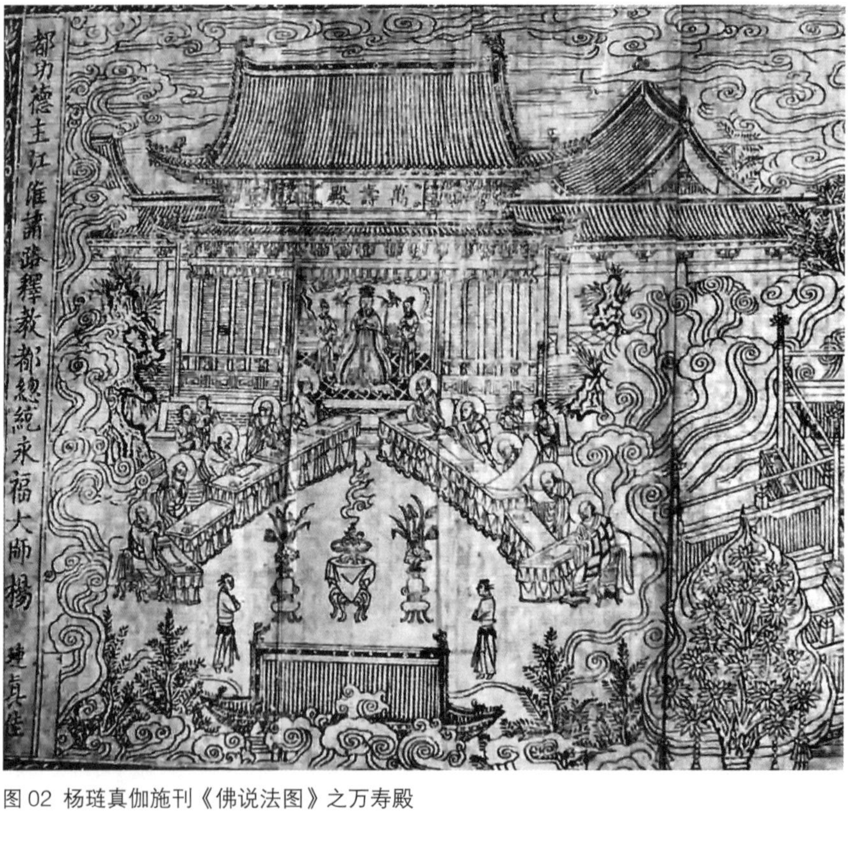

图 02 杨琏真伽施刊《佛说法图》之万寿殿

值得注意的是，图中万寿殿内有三个道士打扮的人物，似乎表示万寿殿原为道观。关于四圣观建筑布局，南宋吴自牧《梦粱录》卷八记载：

> 四圣延祥观，在孤山，旧名四圣堂。《道经》云："四圣者，紫微北极大帝之四将，号曰天蓬、天猷、翊圣、真武大元帅真君。"元是显仁韦太后绘像，奉事甚谨，朝夕不忘香火。高庙为康邸，出使将行，见四金甲神人，执弓剑以卫。绍兴间，慈宁殿出财建观侍奉，遂于孤山古刹，徙之为观。次年，内庭迎四圣圣像，奉安此观。观额诏复东都延祥旧名，殿扁曰"北极四圣之殿"，殿门扁曰"会真之门"，三清殿扁曰"金阙"，寥阳法堂扁曰"通真"，元命阁扁曰"清宁"，皆理庙奎墨。藏殿扁曰"琼章宝藏"，孝庙亲墨。有堂扁曰"瀛屿"，元是凉堂，扁曰"建西宫"，以堂为黄庭殿，别创新堂，以此扁奉之。观有瑞真道馆，即延祥观门也。[1]

由此可知，四圣延祥观原来是一规模庞大的道教建筑群，计有：北极四圣殿、会真门、三清殿、通真元命法堂、清宁阁、琼章宝藏殿、瀛屿堂（凉堂）、黄庭殿、瑞真道馆等道教殿堂。这幅《佛说法图》上的宋式建筑似为四圣观主殿，杨琏真伽改为佛寺后，原来的"北极四圣殿"匾额被改为"万寿殿"匾额。

第二节　杨髡五寺

杨琏真伽在杭州犯下的第二个恶行，是毁皇宫建佛寺。南宋灭亡后，元廷派重兵戍守长江流域，镇戍军中有许多信仰藏传佛教的西夏士兵。《元史·兵志二·镇戍》记载："至元十九年（1282）二月，命唐儿禈（指西夏）于沿江州郡，视便宜置军镇戍，及谕鄂州、扬州、隆兴、泉州等四省，议用兵戍列城。"[2] 于是，杨琏真伽将杭州南宋皇宫拆毁，改建为藏传佛教寺庙。一方面可以解决信仰藏传佛教的西夏士兵拜佛之需，另一方面则是要切断

1 [宋] 吴自牧：《梦粱录》，《丛书集成初编》，上海：商务印书馆，1936 年，页 67 ~ 68。
2 [明] 宋濂等编修：《元史》，北京：中华书局点校本，1976 年，页 2542。

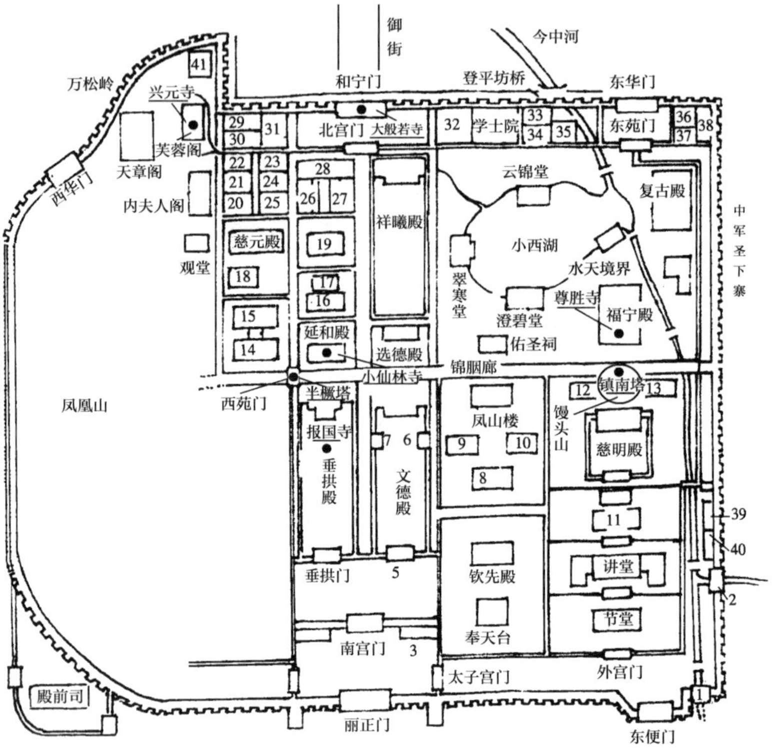

图 03 南宋皇宫分布示意图

南宋皇室的“龙脉”。

南宋皇宫位于杭州城南凤凰山麓，皇城范围南至笤帚湾，北抵万松岭，西近凤凰山腰，东界馒头山。近年傅伯星、胡安森出版《南宋皇城探秘》一书，调查了南宋临安宫殿布局，并绘有《南宋皇城内的分布示意图》。为了便于讨论，我们在南宋皇宫分布示意图上标出杨琏真伽毁宫建寺的地点（图 03）。[1]

杨琏真伽在南宋皇宫内一共建了五所寺庙。田汝成《西湖游览志》记

1 傅伯星、胡安森：《南宋皇城探秘》，杭州出版社，2002 年，页 60，第 2 图。该书第 248 页以为“在福宁寺基上建兴元寺……在芙蓉阁基上建尊胜寺”。其说恐有误。据田汝成《西湖游览志》记载，“兴元寺即芙蓉殿。……尊胜寺即福宁殿”（田汝成，前揭书，页 72）。

载："报国寺，元至元（二）十三年（1286），从胡僧杨琏真伽请，即宋故内建五寺，曰报国、曰兴元、曰般若、曰仙林、曰尊胜。报国寺即垂拱殿，殿角有银杏树，其实无心。……兴元寺即芙蓉殿。般若寺即和宁门。仙林寺即延和殿。尊胜寺即福宁殿，下有曲水流觞。……四寺虽隘，而景致宏丽，延祐、至正间，诸寺递毁。"[1] 由此可知，兴元寺建于南宋芙蓉阁，在皇城西北角。般若寺建于南宋和宁门旧基，在皇城北城墙中部。报国寺建于南宋垂拱殿，在皇城中部。仙林寺建于南宋延和殿，在元代报国寺之北，故址在今杭州五四中学。[2] 而尊胜寺则建于南宋福宁殿，靠近皇城东垣中部。

元代藏传佛教建筑中有一种形制特殊的佛塔，因设在交通要道，故称"过街塔"。正如北大宿白教授指出的，"其实际意义除一般皇家奉佛建塔之祈求福利、延寿和所谓益国安民、河清海晏外，亦犹西藏拉萨西门立塔，并取其正扼主要交通隘口……欧阳铭所记'下通人行，皈依佛乘，普受法施。'"[3] 北京居庸关云台，就是明军拆毁元代过街塔后残留下来的一个台基（图 04）。中国各地仍有一些元代过街塔保存至今，如江苏镇江西津古渡过街塔（图 05）。[4]

据《咸淳临安志》记载，南宋皇城北门——和宁门外有一条御街。这条御街已在杭州中山路严官巷发现，部分遗址经考古发掘后，近年建有一个南宋御街博物馆。杨琏真伽的般若寺是拆毁南宋和宁门而建，很可能利用了南宋城门旧基，采用过街塔形式。近年杭州考古在南宋御街附近发现元代石板路遗迹，不知是否为般若寺过街塔前道路遗迹。[5]

杨琏真伽在小仙林寺附近还建了另一座过街塔。《嘉靖仁和县志》记载："小仙林寺……即宋后殿基为之；初，仙林寺住持荣枯岩结知杨琏真伽，

1 ［明］田汝成：《西湖游览志》卷七《南山胜迹》，收入施奠东主编：《西湖文献丛书》，上海古籍出版社，1980 年，页 72。

2 傅伯星、胡安森，前揭书，页 250。

3 宿白：《居庸关过街塔考稿》，前揭书，页 353。

4 潘谷西主编：《中国古代建筑史》卷四，北京：中国建筑工业出版社，2001 年，页 348 ~ 351。

5 张建廷主编：《南宋御街》，杭州：浙江人民出版社，2006 年，页 38。

图 04 北京居庸关元代过街塔台基

图 05 镇江西津渡元代过街塔

请殿（指延和殿）基为小仙林寺建一塔，方半而止，俗呼为半橛塔；寺亦寻废，惟存半橛塔，七八十年前犹存，今亦废。”[1] 半橛塔又称“半截塔”，指元代过街塔。《燕京杂记》记载：“关（指居庸关）里有石塔跨于街者，谓之过街塔，俗谓之半截塔，形如塔基无上截，故名。塔之下拱如石桥，两边刻金刚像，杂以佛经，字亦端好。四围刻龙凤及竹木形，工巧精绝。”[2] 如前所述，仙林寺由南宋故宫延和殿改建而成，此殿西南不远处是南宋西苑门。小仙林寺半橛塔或许由南宋皇城西苑门改建，亦采用藏传佛教过街塔形式。

第三节 杭州镇南塔

除般若寺、仙林寺的过街塔之外，杨琏真伽在杭州还建了第三座喇嘛塔，名叫“镇南塔”。陶宗仪《南村辍耕录》记载：至元十五年（1278）十二月，杨琏真伽率徒役在浙江绍兴等地发掘宋代诸皇陵墓，“至断残肢体，攫珠襦玉柙，焚其胔，弃骨草莽间”；同时下令“裒陵骨，杂置牛马枯骼中，筑一塔压之，名曰镇南”。[3]

据清人翟灏《湖山便览》记载，镇南塔故址在凤凰山脚下的馒头山。[4]《元史·申屠致远传》记载：至元二十年（1283）顷，杨琏真伽“欲取（宋）高宗所书《九经》石刻，以筑（镇南塔）基”，遭到杭州路总管府推官申屠致远的抵制。[5] 关于镇南塔的建筑形式，田汝成《西湖游览志》记载：“尊胜寺即福宁殿，下有曲水流觞。杨琏真伽发宋诸陵，建塔其上，其形如壶，俗称一瓶塔，高二百丈，内藏佛经数十万卷、佛菩萨像万躯，垩饰如雪，

1 [明] 沈朝宣编：《嘉靖仁和县志》，光绪癸巳年武林丁氏刻本，台北：成文出版社影印，1975 年，页 739。

2 宿白，前揭书，页 364。

3 陶宗仪，前揭书，页 43。

4 原文曰：“筑塔凤凰山冈”（[清] 翟灏：《湖山便览》，上海古籍出版社，1998 年，页 279）。

5 宋濂，前揭书，页 3989。

图 06 北京妙应寺白塔

图 07 杭州飞来峰第 55 窟尊胜佛母像与噶当觉顿式佛塔

故又名白塔。至顺辛未（1331）正月十四日黎明，雷震之。至正末，为张仕诚所毁。其寺钟，即故内禁物也。”[1] 一瓶塔，即元代藏传佛教萨迦派特有的噶当觉顿（瓶塔）式佛塔，俗称喇嘛塔。

北京白塔寺大佛塔就是元代藏传佛教萨迦派噶当觉顿式佛塔的代表作（图 06）。[2] 该寺为尼泊尔建筑师阿尼哥设计建造，元代称万安寺。《元史·世祖本纪》记载：至元十六年（1279），“建圣寿万安寺于京城”；至元二十五年四月“甲戌，万安寺成，佛像及窗壁皆金饰之，凡费金五百四十两有奇，水银二百四十斤”。[3] 镇南塔建于至元十五至二十年（1278 ~ 1283）之间，不仅与北京白塔寺建造时间相同，而且建筑形式亦为藏传佛教噶当觉顿式佛塔。杭州飞来峰第 55 窟尊胜佛母像身后佛塔（图 07），就和镇南塔采用

1 [明] 田汝成：《西湖游览志》，收入施奠东主编：《西湖文献丛书》，上海古籍出版社，1980 年，页 72。

2 宿白，前揭书，页 305 ～ 321。

3 宋濂，前揭书，页 218 和 311。

同一模式。杨琏真伽在南宋皇宫福宁殿所建佛寺主尊亦为尊胜佛母，故名“尊胜寺”。镇南塔就建在尊胜寺山门前，其建筑形式与飞来峰元代尊胜佛母造像身后所刻佛塔采用同一模式。[1]当年，镇南塔曾作为宋灭元兴的地标性建筑，“杭民悲戚，不忍仰视”，[2]一度成为压在杭州南宋遗民心头的沉重枷锁。

元人郭畀《客杭日记》记载：“杨总统所建西番佛塔（即镇南塔），突兀二十余丈，下以碑石甃之，有先朝进士题名，并故官诸样花石，亦有镌刻龙凤者，皆乱砌在地。……万寿尊胜塔寺，亦杨其姓者所建，正殿佛皆西番形象，赤体侍立，随用金装，无自然意。门立四青石柱，镌凿盘龙，甚精致；上犹有前朝铜钟一口，上铸淳熙改元（1174）曾觌篆字铭在，皆故物也。”[3]那么，尊胜寺与镇南塔应属于同一所藏传佛教寺院，故名“万寿尊胜塔寺”。

杭州尊胜寺毁于1352年，[4]无法见证寺内主尊像究竟什么样。不过，俄国科兹洛夫（P. K. Kozlov）探险队在内蒙古黑水城附近佛寺发现过一件西夏尊胜佛母木板画（图08），时代约在12～13世纪，现藏圣彼得堡艾米塔什国立博物馆。[5]这幅木板画上的尊胜佛母像，赤身裸体，彩绘描金，正是元人郭畀所言“西番形象，赤体侍立，随用金装，无自然意”的尊胜佛母像。尊胜佛母源于卫藏早期佛画艺术。

纽约大都会艺术博物馆藏有一幅尊胜佛母绢画，原为萨迦寺藏品（图09）。研究者认为，这幅画带有卫藏早期佛画艺术风格，年代断在公元11～12世纪。[6]耐人寻味的是，这幅画上的尊胜佛母像与飞来峰第55窟

---

1 浙江省文物局编：《意匠生辉——浙江历史遗产的文化品读》，杭州：浙江人民美术出版社，2003年，页72。

2 陶宗仪，前揭书，页43。

3 宿白：《元代杭州的藏传密教及其有关遗迹》，前揭书，页365～366。

4 《嘉靖仁和县志》记载：“尊胜寺……即宋寝官基为之，基址高亢。……杨琏真伽发宋诸陵，建镇南塔于冈上，以镇王气……至正壬辰（十二年/1352）……废”（[明]沈朝宣编：《嘉靖仁和县志》，光绪癸巳年武林丁氏刻本，台北：成文出版社影印，1975年，页740）。

5 [俄]米哈依·比奥特罗夫斯基（Mikhail Piotrovsky）著，许洋译：《丝路上消失的王国——西夏黑水城的佛教艺术》，台北历史博物馆，1996年，页135。

6 Stenve M. Kossak, Jane Casey Singer and Robert Bruce-Gardner (ed.), *Sacred Visioin: Early Paintings from Central Tibet*, New York: The Metropolitan Museum of Art, 1998, plate VI.

图 08 内蒙古黑水城出土描金尊胜佛母像木板画

图 09 纽约大都会艺术博物馆藏卫藏早期尊胜佛母缂丝

尊胜佛母像表现手法和神像组合非常相似，尤其是两个神像背后的噶当觉顿式佛塔更是如出一辙。

据熊文彬考证，杭州飞来峰第 55 窟顶造像龛为尊胜佛母像及眷属造像。尊胜佛母结珈趺坐于藏式塔之中，两侧雕刻胁侍菩萨观世音和大势至，两胁侍菩萨外侧分别有两身明王。一上一下，主尊上部两侧各有一身雕像，为二净居天。这个佛龛是依据《圣顶髻尊胜佛母成就法》相关内容雕刻而成的。[1]

西夏僧人似乎对尊胜佛母情有独钟。20 世纪初，俄国科兹洛夫探险队在内蒙古黑水城附近佛寺废墟发现许多有关佛顶尊胜佛母仪规的经文，其中一部题为《圣观自在大悲心总持功能依经录》，刊刻于西夏大庆二年（1141）。这部佛经的引首上有《礼拜顶髻尊胜佛母》版画，其构图分为两个部分，右侧绘有四个人物，采用坐式、四分之三左视造型，中心人物持

1 熊文彬：《杭州飞来峰第 55 窟顶髻尊胜佛母九尊坛城造像考》，《中国藏学》1998 年第 4 期，页 67 ～ 84。

图 10 黑水城出土 1141 年刊刻佛教版画《礼拜顶髻尊胜佛母》

有一把伞盖；左侧为佛塔，塔瓶中心为尊胜佛母坐像，塔顶两侧有两个人物，为两位净居天（图 10）。现藏俄罗斯科学院东方研究所圣彼得堡分所图书馆。[1] 尊胜佛母信仰在元初杭州的流行，显然与西夏僧人杨琏真伽大肆推行藏传佛教密切相关。

第四节 飞来峰杨琏真伽造像龛

马可波罗之后，意大利方济各会修士鄂多立克（Odoric of Pordenone）于 14 世纪初到中国进行探险旅行。客居杭州时，鄂多立克游览了飞来峰石窟寺。他在游记中写道："这是蛮子国王从前居住的皇城。该城中四名吾人之僧侣曾使那里的一个当权者皈依吾教（指基督教），我就是在他家里受到款待。有一天他对我说：'阿爹（Atha，意为"父亲"），你愿去看看这地方

1 谢继胜：《西夏藏传绘画——黑水城出土西夏唐卡研究》，石家庄：河北教育出版社，2002 年，页 195 ~ 196，图版 90。

吗？’我说我愿去，我们便登上一只船，到该地百姓的一座大佛寺庙去（它称为 Thebe）。他把一名和尚叫去见他，说：‘见过这位法兰克列班？（意思是这位法兰克和尚）。他来自日没之地，现正到汗八里（今北京）去为大汗的长寿祝福。请他看看值得看的东西，以此如他返回他的本乡，他可以说，我在杭州看见如此这般的奇事。’和尚回答说，他乐于这样做。于是他从桌上取两个盛满残肴的桶，打开我们要去的园林的门。此园中原有座小山，覆盖着可爱的树木（而且到处都是岩窟）……”[1] 所谓“岩窟”，就指杭州飞来峰石窟。这所石窟的名称 Thebe，研究者一直不明其义。我们认为，其名源于突厥或蒙古人对西藏的称谓“土伯特”，唐代文献作“大蕃”，《马可波罗游记》作 Tibet（吐蕃）。可知鄂多立克游览飞来峰佛窟时，这里已被改建为藏传佛教寺院。

关于飞来峰藏传佛教石窟，田汝成《西湖游览志》记载：“飞来峰……其下岩扃窈窕，屈曲通明，壁间布镌佛像，皆元浮屠杨琏真伽所为也。”又说：石门“涧傍旧有连岩栈、伏虎栈，皆为杨髡凿为佛像，丑怪刺目，无复天成之趣。”[2] 据考古调查，杭州飞来峰现存造像 67 龛，大小造像 116 尊。其中 46 尊为藏传佛教风格造像，62 尊为汉式风格造像，8 尊为受藏传佛教风格影响的汉式造像。据造像铭文，藏传佛教风格的造像龛开凿于 1282 ~ 1292 年，比居庸关过街塔浮雕和杭州宝成寺大黑天造像年代还要早，为中国内地现存最早的元代藏传佛教造像之一。这批元代石窟造像主要为江南释教总统杨琏真伽、杭州行宣政院院使及下属官员施造的。[3]

杨琏真伽还把自己的肖像混同于释迦牟尼、菩萨像，雕凿在飞来峰石壁上。田汝成《诛髡贼碑》记载：“飞来峰有石人三，元之总浮屠杨琏真伽、闽僧闻、剡僧泽像也。盖其生时刻画诸佛像于石壁，而以己像杂之。到今三百年，莫为掊击。至是，陈侯见而叱曰：髡贼，髡贼，胡为遗恶迹以蔑

1 何高济译：《海屯行纪・鄂多立克东游录・沙哈鲁遣使中国记》，北京：中华书局，1981，页 68 ~ 69。

2 ［明］田汝成：《西湖游览志》，收入施奠东主编：《西湖文献丛书》，上海古籍出版社，1980 年，页 125 和 127。

3 宿白：《元代杭州的藏传密教及其有关遗迹》，前揭书，页 365 ~ 380。

图 11 飞来峰第 62 窟密理瓦巴像

我名山哉！命斩之，身手异处，闻者莫不霅然称快。”[1] 清初张岱则声称，杭州飞来峰杨琏真伽像是他砸毁。他在《岣嵝山房》中写道：“一日，缘溪走看佛像，口口骂杨髡。见一波斯坐龙象，蛮女四五献花果，皆裸形，勒石志之，乃真伽像也。余椎落其首，并碎诸蛮女，置溺溲处以报之。寺僧以余为椎佛也，咄咄作怪事，及知为杨髡，皆欢喜赞叹。”[2]

1956 年宋云彬为《西湖石窟艺术》一书作序，认为陈仕贤和张岱都打错了对象。他写道：“现在飞来峰有一龛，在大弥勒的左方下面，其中雕刻的像，非佛非菩萨，而是三个和尚的像”。其中之一，可能就是杨琏真伽。[3] 据洪惠镇调查，杨琏真伽造像在飞来峰第 44 窟，陈仕贤并没有砸错对象，只是后人重新修复了被砸掉的三个头像。洪惠镇还发现，张岱在飞来峰砸错了对象，误把飞来峰第 62 窟密理瓦巴和两魔女像（图 11）当作杨琏真伽三髡像砸毁。[4] 密理瓦巴是古代印度修行密法卓有成就的 84 位成功者之

1 [明] 田汝成：《西湖游览志余》，上海古籍出版社，1980 年，页 116。

2 [清] 张岱撰：《岣嵝山房》，收入马兴荣点校：《陶庵梦忆·西湖梦寻》，北京：中华书局，2007 年，页 31。

3 浙江省文物管理委员会编：《西湖石窟艺术》，杭州：浙江人民出版社，1956 年，页 12，图版 34。

4 洪惠镇：《杭州飞来峰杨琏真伽龛及其它》，《文物》1989 年第 3 期，页 90 ~ 93。

一，深受藏传佛教萨迦派僧人推崇。其名源于藏语 birwapa，相当于梵语 virūpa（毘卢巴）。

据藏文佛典《八十四大成就者传》记载，密理瓦巴生于印度东部哲乌拉，后来出家受戒，到印度南方索玛步利寺修习金刚亥母。由于偷吃寺内鸽子，他被驱逐出佛门。鸽子死后复生，到恒河边向恒河之女乞食，却遭到拒绝。密理瓦巴一怒之下截断恒河水，涉水来到噶纳刹达城酒馆。一番狂饮后，以手定日，竟然使太阳三日不动。当地国王大为惊恐，连忙为他代付酒钱，密理瓦巴这才让太阳落山。后来，他又和外道大自在天斗法，使其皈依佛门，并降服了许多魔女。飞来峰第 62 窟造像正是密理瓦巴以手定日的形象，身旁侍女则是被他降服的两魔女。[1]

2008 年在杭州考察期间，我们特地到飞来峰调查所谓“杨琏真伽石像”。在当地文物专家王牧女士的帮助下，我们很快找到这个有争议三和尚造像龛（编号第 44 窟）。实际上，这个佛龛中的三个和尚并非并列而立，而是一主二仆形象。中间的大和尚为藏传佛教僧人坐像，像高 160 厘米，当即田汝成所谓“杨琏真伽像”；另外两个小和尚为汉僧模样，手持供物，侍立于大和尚坐像两侧，当即田汝成所谓“闻僧闻、剡僧泽”石像（图 12）。闻僧闻、剡僧泽二人本为天台僧，与杨琏真伽狼狈为奸，积极参与盗掘宋六陵的活动。元初周密《杨髠发陵》记载：“乙酉杨髠发陵之事，起于天衣寺僧福闻、号西山者，成于剡僧演福寺允泽、号云梦者。初，天衣乃魏惠宪靖王坟。闻欲媚杨髠，遂献其寺。继之，发魏王之冢，多得金玉，以此遂起发陵之想。泽一力赞成之，俾泰宁寺僧宗恺、宗允等诈称杨侍郎、汪安抚侵占寺地为名，出给文书。将带河西僧及凶党、如沈照磨之徒，部领人夫发掘。”[2] 为了拉拢江南汉僧，与杨琏真伽狼狈为奸的汉僧亦雕凿在飞来峰石壁上。

杨琏真伽为藏传佛教萨迦派僧人，这个教派的宗教领袖是西藏名僧萨班。萨迦派出现于 11 世纪中叶，以昆・贡却杰布于 1073 年建萨迦寺，

---

1 熊文彬：《元代藏汉艺术交流》，石家庄：河北教育出版社，2003 年，页 156 ~ 157。

2 [宋] 周密：《癸辛杂识》，北京：中华书局，1988 年，页 263。

图 12 飞来峰第 44 窟杨琏真伽、闽僧闻、剡僧泽造像龛

创立道果论为其教义作为该派形成的标志。后经萨钦等五代祖师弘扬，兼有僧俗两系传承。萨迦派与蒙古发生联系始于萨迦四祖的萨迦班智达和其侄八思巴。甘肃武威火神庙藏有一尊萨班铜头铁身像。据宿白考证，这尊萨班铜头铁身像可能在 1251 年萨班逝世后不久铸造的。萨班全名“萨迦班智达·贡噶坚赞”，是藏传佛教萨迦派五祖之第四祖，幼时依止伯父广学显密教法，通晓十明，23 岁时获得西藏第一班智达之殊荣。1244 年应蒙古大汗窝阔台次子阔端之请，萨班携两侄儿八思巴及恰纳多吉至凉州（今武威），始于汉地弘布藏传佛教，成为杨琏真伽所传藏传佛教萨迦派的宗教领袖。[1] 杭州飞来峰大和尚坐像，头戴萨迦帽，与萨班铜头铁身像的衣着打扮如出一辙，必为杭州藏传佛教萨迦派头面人物无疑。尽管杨琏真伽造像龛经过后人修补，但是基本上按照原样修复，为研究元代初年藏传佛教艺术在杭州的传播提供了实物资料。

1　宿白：《武威蒙元时期的藏传佛教遗迹》，前揭书，页 266 ~ 267；石守谦、葛婉章编：《大汗的世纪——蒙元时代的多元文化与艺术》，台北故宫博物院，2001 年，页 247。

图 13 释迦牟尼佛与萨迦派高僧对坐说法图

碛沙藏《大般若波罗密多经》中有一幅藏传佛教艺术风格的佛教版画（图 13），刊刻于大德十年（1306），内容表现释迦牟尼佛与萨迦派高僧对坐说法。高僧头戴萨迦帽，当为藏传佛教萨迦派头面人物。[1] 此图无榜题，无从知晓这位萨迦派宗教领袖究竟是谁。[2] 不过，甘肃武威萨班铜头铁身像、碛沙藏《释迦牟尼佛与萨迦派高僧对坐说法图》、飞来峰杨琏真伽造像龛皆属于同一时期藏传佛教艺术，足以说明萨迦派宗教领袖在 14 世纪成为藏传佛教艺术创作的重要对象之一。

杨琏真伽像龛右边不远处为至元年间开凿的多闻天骑狮造像龛，编号第 46 窟。此龛有题铭曰："大元国大功德主资政大夫行宣政院使杨谨发诚心，捐舍净财，命工镌造多闻天王圣像一尊，端为祝延皇帝万岁，国泰民安，法轮常转，四恩总报，三有遍格，法界众生，齐成佛道者。至元壬辰

1 碛沙藏《大般若波罗密多经》卷四一（千字文编号"宇一"）；宿白：《元代杭州的藏传密教及其有关遗迹》，前揭书，页 378。

2 有学者认为《释迦牟尼佛与萨迦派高僧对坐说法图》上的高僧为印度班智达，参见熊文彬，前揭书，页 171，注 43。

二十九年七月仲秋吉日建。"[1] 有学者以为这个造像龛题铭中的施主名叫"杨谨"，熊文彬已指出其误，但是他没有进一步讨论此人究竟是谁。[2]

飞来峰第 98 窟有个西方三圣坐像，位于呼猿洞口西侧悬崖上，坐南朝北，龛内圆雕阿弥陀佛，观音菩萨和大势至菩萨三尊造像。此龛右侧有一造像记。其文曰："大元国功德主宣授江淮诸路释教都总统永福大师杨谨发诚心，捐舍净财，命工镌造阿弥陀佛，观音菩萨，大势至菩萨圣像三尊，端为祝延皇帝圣寿万岁，阔阔真妃寿龄绵远，甘木罗太子，贴木厄太子寿算千秋，文武百官常居禄位，祈保自身世寿延长，福基永固，子孙昌盛，如祥如意者，至元壬辰二十九年（1292）仲秋吉日建。"[3] 这个题铭中的皇帝指忽必烈，阔阔真妃则指太子真金（元裕宗）的长皇后，而甘木罗太子、贴木厄太子分别为阔阔真的长子甘麻剌和三子铁穆耳，而"江淮诸路释教都总统永福大师杨"即杨琏真伽。这个题铭与第 46 窟多闻天造像题铭中的"谨"字皆为虚词，并非人名。那么，飞来峰 46 窟多闻天造像龛的施主"资政大夫、行宣政院使杨"又是什么人呢？据《元史·世祖纪十三》记载，至元二十九年五月"戊戌……遣脱脱、塔剌海、忽辛等三人追究僧官江淮总摄杨琏真伽等盗用官物"。[4] 脱脱时任江浙行宣政院使，治所在建康（今南京）。[5] 飞来峰第 32 龛至元二十九年闰六月造像题铭称其为"荣禄大夫、行宣政院使脱脱"。

至元二十九年七月，丞相桑哥因贪污案东窗事发而伏诛。杨琏真伽亦受牵连，但在忽必烈包庇下，没有治罪。至元二十九年仲秋，他仍以"大

1 至元二十九年多闻天王像题铭录文，参见 [清] 阮元编：《两浙金石志》卷十四，收入《续修四库全书·史部》第 911 册，上海古籍出版社，1995 年，页 135。

2 邓锐龄：《掌释教、扬密宗、抑禅宗》，《中国史研究》1995 年第 2 期，页 402；熊文彬，前揭书，页 130。

3 浙江省考古研究所编：《西湖石窟》，杭州：浙江人民出版社，1986 年，图版说明第 108 条。

4 宋濂，前揭书，页 347。

5 《至正金陵新志·官守志》记载："至元二十八年于建康水西门赏心亭上开设衙门，系托托大卿为头院使，三十年（应为二十九年）迁院杭州"（[元] 张铉纂：《至正金陵新志》第六册，北京：中华书局，1990 年，页 5587 下）。据此，这位头院使托托就是追查杨琏真伽等人盗用官物的脱脱。

元国功德主宣授江淮诸路释教都总统永福大师”的名义在飞来峰开窟造像。不仅如此，忽必烈还让其子杨暗普接替脱脱，继任江浙行宣政院使。至元三十年二月，又提升杨暗普为江浙行省左丞。[1] 据《元史·世祖纪十四》记载，由于杨琏真伽民愤太大，至元三十年（1293）五月丙寅，朝廷“以江南民怨杨琏真珈，罢其子江浙行省左丞暗普”。[2] 既然如此，那么飞来峰多闻天造像龛以及杨琏真伽造像龛的施主不是别人，正是杨琏真伽之子杨暗普。

1 《元史·世祖纪十四》记载：至元三十年“二月己丑，从阿老瓦丁、燕公楠之请，以杨琏真加子、宣政院使暗普为江浙行省左丞”（宋濂，前揭书，页 370）。

2 宋濂，前揭书，页 372 ~ 373。

十 元朝重臣张珪与保定出土元代宫廷酒器

蒙古皇族入主中原之初，仍依恋草原民族崇尚金银艺术的古老传统，尚不认可中国内地烧造的瓷器。忽必烈朝宰相何荣祖权重一时，先后出任尚书右丞、中书右丞、中书省平章政事、昭文馆大学士等要职，死后追封赵国公。《元史・何荣祖传》记载："（何）荣祖身至大官，而僦第以居，饮器用青瓷杯。中宫闻之，赐以上尊，及金五十两、银五百两、钞二万五千贯，俾置器买宅，以旌其廉。"[1] 意思说：何荣祖身居要职，宅地却十分狭小，还用青瓷杯饮水喝酒。皇后听到这件事后，立即赏赐他"上尊"酒以及大批金银和纸钞，让他购买金银饮器，置地建宅，藉以表彰他为官清廉。

明初曹昭《格古要论・古窑器论》提到元代新兴酒具。文中说："古人……饮酒用盏，未尝把盏，故无劝盘。今所见定器劝盘，乃古之洗。古人用汤瓶、酒注，不用壶、瓶。及有嘴折盂、茶盅、台盘，此皆胡人所用者，中国人用者始于元朝，古定官窑俱无此器。"[2] 1955 年合肥市孔庙旧基出土了一个银制素面玉壶春瓶，上面镌刻至顺癸酉（1333）年款，当即曹昭所言元代"汤瓶"（图 01 左下）。与这件汤瓶共同出土的还有一个银匜（图 01 右下），也就是曹昭所谓"有嘴折盂"。蒙元古墓出土了许多蒙古人喜爱的金银把盏，例如：内蒙古博物馆藏元代荷花纹金盏（图 01 左上），[3] 中国国家博物馆藏安徽合肥孔庙元代窖藏出土银玉壶春瓶（图 01 左下），[4] 而纽约大都会艺术博物馆所藏元代八宝纹银盘则为元代酒

1 [明] 宋濂等：《元史》，北京：中华书局，1976 年，页 3956。
2 [明] 曹昭撰，王佐补：《新增格占要论》，杭州：浙江人民美术出版社，2011 年，页 255。
3 张景明：《中国北方草原古代金银器》，北京：文物出版社，2005 年，页 239，图 163。
4 中国国家博物馆编：《文物里的古代中国》下册，北京：中国社会科学出版社，2010 年，页 93。

图 01 元代金银酒器

器之“台盘”（图 01 右上）。[1]

第一节 京城蒙古色目贵族收藏宫廷瓷酒器之风的兴起

在中原文化濡染之下，蒙古统治者和色目贵族很快开始了汉化的进程。一个标志性事件就是元朝御窑厂——浮梁磁局在景德镇设立。据史书记载，

1 参见纽约大都会艺术博物馆网站（http://www.metmuseum.org/toah/hd/yuan/ho_2007.187.htm）。

“浮梁磁局……秩正九品，至元十五年（1278）立。掌烧造磁器，并漆造马尾，椶藤笠帽等事。大使、副使各一员”。[1] 蒙古统治者并非简单地接受中原文化，而是加以改造，于是，蒙古色目文化与中原汉文化相结的产物——元青花在景德镇浮梁磁局应运而生。蒙元统治者对内实施种族压迫，人分四等，包括蒙古、色目（即回回、吐蕃、回鹘、西夏等）、汉人（包括契丹、女真等）以及南人。作为元朝统治者的御窑厂，蒙古和色目文化无疑主导了浮梁磁局制瓷艺术的发展方向。

《元史·祭祀一·郊祀上》记载：“元兴朔漠，代有拜天之礼，衣冠尚质，祭器尚纯……”。[2] 最后一句意思说，蒙古人喜欢白颜色的祭器。据《蒙古秘史》记载，铁木真“平定了有毡帐的百姓，虎儿年（1260）聚会于斡难河源头，树立起九脚白斿纛。在那里，被尊为成吉思汗。”[3] 成吉思汗死后采用秘葬，为了方便祭祀，族人建八座白色殿帐保存成吉思汗的遗物，史称“八白室”。据史书记载，元大都大明殿内御榻上有白盖金缕褥，而御座上安置的镇邪伞盖亦为白色，[4] 可见蒙古大汗对白色的偏爱。

景德镇浮梁磁局起初烧造青白釉（或称“影青”）瓷，元代中期发明了一种卵白釉瓷。后者或写有“枢府”字样，可知专为元朝枢密院烧造，亦称“枢府瓷”。器型主要为碗、碟、盘等饮食器皿，几乎不见梅瓶、大罐等立件。元大都考古和北京工程施工中发现不少青白釉瓷和枢府瓷。择要介绍如下：

其一，20世纪70年代，北京市崇文区吕家窑村发现元初色目贵族斡脱赤墓，墓主人是蒙古西征时归降太宗窝阔台的迄失迷儿（今克什米尔）高僧。来华后还俗，娶汉妻生子。[5] 斡脱赤死在家乡克什米尔，此墓为衣冠冢，下葬于元贞元年（1295）后不久，也就是浮梁磁局设立后第十八年。斡脱

1 宋濂，前揭书，页2225～2230。

2 宋濂，前揭书，页1781。

3 余大钧译注：《蒙古秘史》，石家庄：河北人民出版社，2001年，页325。

4 [元] 陶宗仪：《南村辍耕录》，北京：中华书局，1959年，页250。

5 北京市文物研究所：《元铁可父子和张弘纲墓》，《考古学报》1986年第1期，页95～113；张弘纲墓随葬的青白釉香炉，参见北京市文物局编：《北京文物精粹大系·陶瓷卷》，北京出版社，2004年，页88，图62。

赤兄弟那摩为大朝（蒙古汗国）国师，其子铁可为元朝重臣，《元史》有传。然而，斡脱赤墓仅随葬青白釉瓷，包括青白釉串珠纹玉壶春瓶（图 02 右上）、串珠纹莲瓣盘、芒口匜（图 02 左上）、多穆壶（图 02 上中）以及三个青白釉印花碗，不见元青花。[1] 据考证，这些高档青白釉瓷皆为浮梁磁局督造的官样瓷器。[2]

其二，1998 年，北京颐和园发现元朝左丞相耶律铸夫妇合葬墓。墓主是蒙古汗国宰相耶律楚材的次子，娶成吉思汗黄金家族之女奇渥温氏为妻，《元史》有传。耶律铸卒于至元二十二年（1285）四月十二日；奇渥温氏卒于同年三月六日，两人于是年七月十五日合葬。耶律铸夫妇合葬墓是目前所见元朝最高级别贵族墓，墓中随葬的金银器极其精美，而瓷器却只有一套青白釉瓷。其中包括一件带“王白”款的把盏，釉色具有从影青向枢府瓷过渡性质（图 02 中中），但是不见元青花。[3]

其三，1972 年，北京市丰台区发现元大德九年（1305）张弘纲墓。墓主早年为忽必烈的汉族幕僚，成宗初随蒙古军南征八百媳妇（今泰国北部清迈），在八番（今贵阳以南）遭遇农民起义军而阵亡。赠宣忠秉义功臣、资善大夫、湖广等处行中书省左丞、上护军，追封齐郡公。元宫廷画师赵孟頫为其书写墓志，可见他在元朝的地位非同寻常，但是该墓只随葬了一件卵白釉双系三足炉（图 02 中左），亦不见元青花。[4]

其四，1974 年，北京市昌平区城关旧城县发现一座元代砖砌双室墓。据报道，“该墓业经盗掘，随葬器物所剩无几，只留下几件影青（青白釉）瓷器。影青瓷匜一件，在长方槽形短流底部有一卷云形装饰。造型精巧。胎质白细，薄而坚硬，瓷化程度甚高。器面施青白釉，口沿和底无釉，釉

1　这套青白釉瓷器中的多穆壶和玉壶春瓶照片，参见北京市文物局编，前揭书，页 59 ～ 60。

2　蔡玫芬：《转型与启发：浅论陶瓷所呈现的蒙元文化》，收入《大汗的世纪——蒙元时代的多元文化与艺术》，台北故宫博物院，2001 年，页 223。

3　北京市文物考古研究所：《耶律铸夫妇合葬墓出土珍贵文物》，《中国文物报》1999 年 1 月 31 日；该墓所出青白釉玉壶春瓶和“王白”款的把盏，参见北京市文物局编，前揭书，页 61 和 88。

4　北京市文物研究所，前揭文，页 95 ～ 113。

图 02 北京元代贵族墓出土青白釉瓷器

色光洁透明，润泽细腻，显得青翠明快。内底饰弦纹一周。口径 13.3 厘米、底径 8 厘米、高 4.6 厘米、流长 3.5 厘米（图 02 右下）。影青瓷把杯一件，敞口，口沿下斜壁上有一个“丁”形把手。器形小巧精致，胎质洁白细腻，器体轻薄秀丽，通体施青白色釉，色温润晶莹而光泽，口沿和底无釉。口径 7.5 厘米、底径 3.5 厘米、高 3.1 厘米（图 02 中下）。影青瓷盘一件，折沿，浅腹，平底，胎骨纯白，器体轻薄，通体釉色白中泛青，温润光泽（图 02 左下）”。[1]
发掘者认为，“墓中出土影青瓷匜与 1962 年北京崇文区龙潭湖元皇庆二年

1　这套青白釉瓷器彩色照片，参见张柏主编：《中国出土瓷器全集·北京》，北京：科学出版社，2008 年，页 91 ~ 93。

（1313年）墓里出土的影青瓷匜形制基本相似。”[1] 北京昌平元墓只随葬高档青白釉瓷器，不见元青花，下葬时间与元成宗元贞元年至大德九年斡脱赤、铁可、耶律铸、张弘纲墓的年代相近。墓中出土的黑釉双耳罐下腹不施釉，与山东济宁元泰定二年（1325）张楷墓（M1）随葬的黑釉双耳罐，以及观台磁州窑遗址元代地层出土黑釉双耳罐相同。[2] 值得注意的是，斡脱赤墓和北京昌平元墓所出景德镇青白釉芒口匜与陕西蒲城至元六年（1269）墓壁画中所见定窑白釉匜的器型相同（图03），[3] 说明这些青白釉瓷皆为景德镇浮梁磁局最初烧造的产品。

图03 陕西蒲城至元六年壁画所见元代定窑白釉瓷匜

据以上调查，浮梁磁局最初只烧造青白釉瓷器，至元二十二年至大德九年（1285 ~ 1305）年间始烧卵白釉瓷（枢府瓷），而烧造元青花则是后来之事。2002 ~ 2003年，江西省文物考古研究所在景德镇南河南岸湖田窑址清理了元代龙窑和灰坑各一处。元代灰坑（H8）内发现青白釉、卵白釉、白釉、黑釉、釉里红和青花瓷片。元代龙窑（Y2）窑床底部残存大量用于

1 马希桂：《北京昌平出土元代影青瓷》，《文物》1980年第1期，页96。北京崇文区龙潭湖元墓为斡脱赤之子铁可墓。据墓志记载，铁可于元皇庆二年夏四月“葬大兴县大师庄先茔之兆”（北京市文物研究所：《元铁可父子和张弘纲墓》，《考古学报》1986年第1期，页95 ~ 113）。

2 济宁博物馆：《山东济宁发现两座元代墓葬》，《考古》1994年第9期，页818 ~ 824，图版8-4；北京大学考古系、河北省文物研究所、邯郸地区文物保管所：《观台磁州窑址》，北京：文物出版社，1997年，页488，图版52-4。

3 陕西省考古研究所：《陕西蒲城洞耳村元代壁画墓》，《考古与文物》2001年第1期，页16 ~ 21，转页48。

装烧的匣具以及煅烧青料的小型煅烧炉。窑内堆积内发现卵白釉筒瓦、白釉瓦当、釉里红凤纹滴水、元代早中期的黑釉高足杯、青白釉饼足碗，在一些卵白釉高足杯和瓦当印有五爪龙纹。这处元代灰坑和窑址还发现许多元青花瓷片，说明该窑址一直沿用到元代晚期。

《南村辍耕录·宫阙制度》记元大内兴庆宫正殿，“白玉石重陛朱阑，涂金冒楯，覆以白磁瓦，碧琉璃饰其檐脊”。[1] 北京故宫武英殿的浴德堂是一座伊斯兰建筑风格的浴室，用白瓷砖垒砌，有学者认为是清乾隆妃子香妃的浴室。据单士元考证，这座景德镇窑白瓷砖砌筑的伊斯兰式浴室实乃元代建筑（图04左），属于元大都留守司。[2] 另据日本东北大学渡辺健哉教授考证，元大都留守司经历了从宫殿府、行工部到留守司的发展过程。他认为，元大都留守司与传统制度下的留守司迥然不同，实际上是为蒙古皇族尤其是为皇帝服务而设立的家政机关。[3] 湖田窑元代窑址出土的卵白釉筒瓦、方砖、瓦当（图04右）无疑是为元大都烧造的，故发掘者认为这座龙窑遗址属于浮梁磁局。[4] 总之，蒙古大汗尚白，不仅用白色旗帜告天称汗，设白色帐篷式灵庙，而且喜好青白釉、卵白釉瓷器，甚至用卵白釉筒瓦、瓦当建造宫殿。

另一方面，元朝统治阶层的回回人崇尚蓝色。公元9～10世纪，中东伊斯兰世界就开始烧造孔雀翠蓝釉和青花陶器。大约13世纪前半叶，蓝色逐渐成为伊斯兰建筑和陶器的主流色调。同时，西域回回工匠还发明了一种釉下彩青花陶器，巴黎卢浮宫收藏了一件在叙利亚发现的釉下彩青花

1 陶宗仪，前揭书，页254。

2 单士元：《故宫武英殿浴德堂考》，《故宫博物院院刊》1985年第3期，页45～48转68。

3 渡辺健哉：《元朝の大都留守司について》，《文化》66～1、2，2002年；《元朝の大都留守段貞の活動》，《歴史》98，2002年。

4 徐长青、余江安：《湖田窑考古新收获》，《故宫博物院院刊》2004年第2期，页48～59；湖田窑元代窑址出土卵白釉建材照片，参见江西省文物考古研究所、景德镇民窑博物馆编：《景德镇湖田窑址：1988～1999年考古发掘报告》下册，北京：文物出版社，2007年彩版一五四·4～6图。此图卵白釉龙纹瓦当（图04右中）为作者在江西省文物考古研究所仓库拍摄。

图 04 北京故宫浴德堂白瓷砖与湖田窑出土元代卵白釉筒瓦、方砖、瓦当残片

缠枝纹陶壶。金帐汗国别儿哥萨莱城（今俄罗斯伏尔加格勒附近察列甫城）和小萨莱城（今哈萨克斯坦南部 Atyrau 附近）遗址出土过许多釉下彩青花陶器。别儿哥萨莱城出土了一件青花缠枝纹陶壶，现藏莫斯科国立历史博物馆。这件青花陶瓶与卢浮宫藏品相似，两者年代皆在 14 世纪前半叶。

在元朝回回人中，许多人是蒙古西征时从西域掠入黄河、长江流域的能工巧匠。元代名臣许有壬《马合马哈碑》记载：“西域有国，大食故壤，地产珍异，户饶良匠，匠给将作，以实内帑。”[1] 元朝回回讲波斯语，[2] 伊朗北部阿尔德比勒灵庙旧藏一件元青花大盘（图 05），口径 57.5 厘米，口沿下

1 这条史料为刘新园从许有壬《至正集》卷九捡出，参见北京图书馆藏郑振铎旧藏精抄本（收入《北京图书馆古籍珍本丛刊 · 集部 · 元别集类》，北京：书目文献出版社，1998 年，页 233）。

2 刘迎胜：《〈回回馆杂字〉与〈回回译语〉研究序》，《元史与民族史研究集刊》第 15 辑，2002 年，页 208。

图 05 德黑兰伊朗国家博物馆藏波斯文款元青花大盘

有釉下彩波斯文（即回回字），现藏德黑兰伊朗国立考古博物馆。[1]

哈佛大学福格美术馆（Fogg Art Museum）收藏了另一件波斯文款元青花大盘，据说 19 世纪购于印度。[2] 有学者认为，波斯文款元青花“应是在中国的波斯商人或侨民在景德镇订烧，贩运至伊朗后被官方收购而珍藏”或“作为订烧商品销往印度”。[3] 其说似有误。阿尔德比勒旧藏和哈佛大学藏波斯文款元青花大盘不仅器型大，而且纹饰精美，必为浮梁磁局烧造的

1 John Alexander Pope, *Chinese Porcelain from the Ardebil Shrine*, Washington, D.C., 1956, p.67 and plate 19 ～ 20; 许明：《土耳其、伊朗馆藏元青花考察亲历记》，上海人民出版社，2008 年，页 68 ～ 82。

2 John Carswell, *Blue and White: Chinese Porcelain around the World*, London: British Museum, 2000, p.46, plate 49.

3 马文宽：《元代瓷器研究中几个不容忽视的问题》，《艺术市场》2005 年 4 期，页 72 ～ 73。

皇家之物。除非朝贡贸易，普通穆斯林商人不可能直接在元朝御窑厂订烧元朝宫廷御用品。退一步说，阿尔德比勒旧藏波斯文款元青花大盘上有藏传佛教八宝（或称“八吉祥”）纹样，信仰伊斯兰教的回回商贩不可能订烧这样的产品。其实，这两件波斯文款青花大盘可证浮梁磁局有回回工匠，但他们必须严格按照蒙古大汗的志趣烧造青花瓷，无论来样是否符合伊斯兰文化。

据汪庆正介绍，近年“在东爪哇发现一片满绘莲花及典型葫芦形莲叶大盘残片，带有阿拉伯字母，它和原伊朗阿特别尔寺以及美国哈佛大学萨格拉博物馆藏品中带有阿拉伯字的大盘相似。这说明他们都是为波斯定制的”。[1] 波斯文是元代丝绸之路国际用语，用阿拉伯字母拼写，这件元青花大盘残片上的所谓“阿拉伯字母”应为波斯文。此外，近年印度尼西亚发现的一件元青花碗上，亦写有两行釉下彩波斯文。[2] 这些波斯文款元青花当即浮梁磁局回回工匠直接参与烧造的产品。

这里还要指出的是，元青花与时下所谓“唐青花”有着本质的不同。在技术方面，元青花首次引入高岭土，采用二元配方制胎。[3] 在艺术方面，元青花借鉴伊斯兰艺术表现手法，不仅采用伊斯兰玻璃器或金属器造型，而且模仿伊斯兰青花陶器，尤其是采用西方钴蓝“苏麻离青”着色，与“唐青花”没有直接发展关系。

元朝第八帝文宗在位时（1328 ～ 1331），京城蒙古和色目贵族进一步汉化，竟然对收藏汉地瓷器产生了浓郁的兴趣。《元史·别儿怯不花传》记载：“至顺元年（1330）……迁徽政院副使，擢侍御史，特命领宿卫，升荣禄大夫、宣徽使加开府仪同三司。凡宿卫士有从掌领官荐用者，往往所举多其亲昵。至别儿怯不花独推择岁久者举之，众论翕服。宣徽所造酒，横索者众，岁费陶瓶甚多。别儿怯不花奏制银瓶以贮，而索者遂止。”[4] 宣徽院即元大都皇

---

1 汪庆正：《世界各地元青花瓷的发现与收藏》，《收藏》2004 年第 5 期，页 17。

2 周礼顺：《印尼所见中国元至明初残瓷》，《收藏》2004 年第 5 期，页 32 ～ 34。

3 刘新园、白焜：《高岭土史考——兼论瓷石、高岭与景德镇十至十九世纪的制瓷业》，《中国陶瓷》1982 年第 7 期增刊，页 141 ～ 170。

4 宋濂，前揭书，页 3366。

家酒坊，起初用瓷瓶装御酒。别儿怯不花任宣徽使时，京城蒙古和色目贵族争相收藏宫廷御酒瓷瓶，他不得不上奏皇帝，建议改用银瓶装御酒。

据史书记载，宣徽院下属机构——大都尚饮局负责酿制“上用细酒”。[1] 甘肃漳县汪世显家族墓地 21 号元墓（M21）就随葬有“细酒”款枢府瓷梅瓶、元青花盘等元代高档瓷器。[2] 另一件“细酒”款铭梅瓶见于西安北郊红庙坡元墓随葬品。[3] 台湾女史施静菲认为元代瓷器中“‘内府’、‘细酒’铭之类的梅瓶，可能就是用来装盛宣徽院所产美酒的储酒瓶。”[4] 考古简报未说明汪世显家族墓地 21 号元墓（M21）是谁的墓，不过元代晚期汪家头面人物是汪寿昌。元成宗时，任巩昌等处便宜都总帅。泰定帝时，任陕西行御史台御史中丞。元文宗时，任四川行省平章政事。至顺元年（1330），奉命镇压云南伯忽等叛乱。后迁江南行御史台中丞，卒于元顺帝至正七年（1347）。[5] 元代晚期汪世显家族唯有汪寿昌有资格获赐宫廷酒器，他可能在元文宗至顺元年（1330）以前得到这个“细酒”款梅瓶的，因为此后宫廷改用银瓶而不用瓷瓶装御酒。

元代最为流行的装酒容器首推玉壶春瓶。1338 年，一个中国宗教使团前往阿维农（今法国南部）拜会教皇本笃十二世，途中经过匈牙利时送给国王路易斯（1326 ~ 1382）一个青白釉镂雕缀珠玉壶春瓶（图 06 左）。[6] 1381 年路易斯国王被那不勒斯军队俘虏，这个青白釉玉壶春瓶则落入那

---

1 《元史·百官志三》宣徽院条记载："大都尚饮局，秩从六品。中统四年始置。设大使、副使各一员，俱带金符。掌酿造上用细酒"（[明] 宋濂等：《元史》，北京：中华书局，1976 年，页 2201）。

2 甘肃省博物馆：《甘肃漳县元代汪世显家族墓葬》，《文物》1982 年第 2 期，页 13 ~ 21。

3 卢桂兰、师晓群：《西安北郊红庙坡元墓出土一批文物》，《文博》1986 年第 3 期，页 92 ~ 94。

4 施静菲：《蒙元宫廷中瓷器使用初探》，《美术史研究集刊》第 15 期，2003 年，页 185，注 56。

5 赵一兵：《〈大元故银青荣禄大夫大司徒汪公神道墓志〉笺证》，刘迎胜主编：《元史及民族与边疆研究集刊》第 22 辑，上海古籍出版社，2010 年，页 68 ~ 75。

6 刘明倩：《从丝绸到瓷器：英国收藏家和博物馆的故事》，上海辞书出版社，2008 年，页 10。

图 06 爱尔兰国立博物馆、英国维多利亚与艾伯特博物馆藏元青白釉镂雕玉壶春瓶

不勒斯国王查尔斯三世（Charles III）手中。后来几经转手，19 世纪入藏英国威尔特郡的丰山修道院（Fonthill Abbey），故称“丰山瓶”（Fonthill vase）。现藏都柏林的爱尔兰国立博物馆。[1] 英国维多利亚与艾伯特博物馆收藏的一件元青白釉镂雕八方玉壶春瓶（图 06 右）与之相似，可能是同时传入欧洲的。[2] 这两件青白釉玉壶春瓶是目前所知最早传入欧洲的中国瓷瓶之一。据汉文史料，元顺帝曾经派安德烈（Andrew Frank）为首的 16 人使团出访罗马教廷。至元二年（1336）6 月从汗八里（今北京）启程，至正四年（1338）抵达罗马教廷所在地——阿维农。[3] 据此，这两件青白釉玉壶春瓶可能是 1336 年安德烈使团从元大都携往欧洲的，而丰山瓶在途中

1 John Carswell, *Blue and White: Chinese Porcelain around the World*, London: British Museum, 2000, pp.171 ～ 173, plate 201.

2 肖发标：《景德镇枢府瓷窑作品集》，武汉：湖北美术出版社，2006 年，页 33。

3 [英] 阿·克·穆尔著，郝镇华译：《1550 年前的中国基督教史》，北京：中华书局，1984 年，页 283 ～ 285。

作为礼品赠予匈牙利国王路易斯。

《元史·祭祀三》记载:“中统以来,杂金宋祭器而用之。至治初(1321)始造新器于江浙行省,其旧器悉置几阁。”[1]据史书记载,至元十四年(1277),元朝在江南立行中书省,宋饶州隶属江浙行中书省。至元十九年(1282),福建并入江西行中书省,而饶州改隶江西行中书省。后因减省江南冗官,江西、福建两省几次分合。大德三年(1299)福建并入江浙,而江西和广东单为一省,辖境包括今天江西省大部及广东省。不过,饶州未在大德三年并入江西行省,而是随福建等地一起并入江浙行省,直至元朝灭亡,[2]那么“至治初始造新器于江浙行省”,当在江浙行省饶州浮梁磁局。

有学者认为,这道诏令是颁发给处州龙泉窑的。尽管处州属于江浙行省,但是元代龙泉窑从不烧造官窑瓷器,而浮梁磁局不仅仿烧龙泉窑青瓷,而且烧造北方窑系许多瓷种。近年江西省文物考古所在景德镇湖田窑南河南岸元代窑址,“发现青白釉器、青花器、黑釉器、白釉器、卵白釉器和釉里红器等同出的现象”。[3]这个元代窑址始建年代当在至治元年前后,其中青白釉、黑釉皆属于“宋金旧器”样式,而青花、卵白釉和釉里红瓷则为《元史·祭祀三》所谓“至治初……新器”。丰山瓶采用青白釉,烧造年代或在至治元年(1321)以前。

总之,宣徽院皇家酒坊所用“陶瓶”指景德镇浮梁磁局为京城皇家酒坊烧造的至治新器,包括卵白釉或元青花梅瓶和玉壶春瓶;元文宗时(1328 ~ 1331)成为京城贵族争相收藏的对象,不断有人向别儿怯不花索要。这个故事生动地说明,当时浮梁磁局烧造酒器的技术可谓炉火纯青,艺术价值甚至超过蒙古统治者喜爱的银酒瓶,从而引发了京城蒙古和色目贵族争相收藏的热潮。

---

1 宋濂,前揭书,页 1846 ~ 1847。

2 参见《新元史·地理志五》([清]柯劭忞:《新元史》,上海古籍出版社,1989 年,页 256 中)。

3 徐长青、余江安:《湖田窑考古新收获》,《故宫博物院院刊》2004 年第 2 期,页 56。

第二节 保定元代窖藏瓷器与元代宫廷艺术

元代宫廷御酒所用瓷瓶是什么样子的呢？1964年，河北保定发现的一批元代窖藏瓷器终于揭开了“庐山真面目”。这个窖藏发现于保定市永华南路小学，规模不大，计有：2件卵白釉瓷器（龙纹大盘和碗）、3件钴蓝釉戗金瓷器（月梅纹碗和芒口匜）、2件八方青花梅瓶、1件八方玉壶春瓶、1件八方青花执壶，以及一对青花釉里红镂雕花卉纹盖罐，凡11件元代高档瓷器。[1] 古人所谓“壶”往往无嘴，元代始见有嘴壶，并且将有嘴的称壶，无嘴的称瓶。[2] 据此，保定元代瓷器窖藏的青花玉壶春瓶，或为元文宗时京城蒙古色目贵族争相收藏的“陶瓶”之一。

耐人寻味的是，保定元代窖藏瓷器在许多方面受伊斯兰艺术的影响。所出6件青花瓷中有4件采用八方型，其中包括八方梅瓶一对、八方玉壶春瓶（图07左）和八方执壶（图07右）各一件。清华大学美术学院教授尚刚认为，元青花采用八方型模仿伊斯兰金属器造型，并以大英博物馆藏埃及马木鲁克王朝八方鎏银铜执壶为证。[3] 从考古发现可知，唐宋器物始见八方型。法门寺地宫发现八方秘色瓷长颈壶，陈国公主墓随葬八方錾花银壶，但是不普遍。前者很像伊斯兰艺术的天球，后者则是典型的伊斯兰文物，说明伊斯兰艺术对中国的影响在唐宋时代就开始了。据湖田窑考古，南宋湖田窑烧造了许多八方青白釉瓷器。[4] 这个现象显然与南宋广开海外贸易有关。在色目文化影响之下，元代更为流行八方器。

在伊斯兰艺术的影响下，蒙古大汗对蓝色亦情有独钟。《元氏掖庭记》记载：“元祖肇建内殿，制度精巧。题头刻螭形，以檀香为之。螭头向外，口中衔珠，下垂珠皆五色，用彩金丝贯。串负柱融滚霞沙为猊，怒目张牙，有欲动之状。瓦滑琉璃，与天一色。”凡此表明，元朝宫殿建筑模仿伊斯兰

1 河北省博物馆：《保定市发现一批元代瓷器》，《文物》1965年第2期，页17～18转22。

2 祝慈寿：《中国古代工业史》，上海：学林出版社，1988年，页594。

3 尚刚：《元代工艺美术史》，沈阳：辽宁教育出版社，1999年，页190。

4 江西省文物考古所编：《景德镇湖田窑址：1988～1997年考古发掘报告》下册，北京：文物出版社，2007年，彩版五十。

图 07 保定元代瓷器窖藏之八方青花杂宝狮纹玉壶春瓶和八方执壶

大量采用蓝琉璃砖瓦，与蓝天同色。元故宫在明初被明军彻底摧毁，不过蒙古汗国首府——哈剌和林城仍保留了部分蒙元皇宫遗存。据德国波恩大学考古队近年发掘，和林城万安宫地面皆用蓝色琉璃方砖铺设。[1]

同时，浮梁磁局还为蒙古大汗烧造钴蓝釉瓷。明初曹昭《格古要论》卷七《古窑器论》记载：元代瓷器中“又有青黑色戗金者，多是酒壶、酒盏，甚可爱”。[2] 在保定元代窖藏瓷器中有两件钴蓝釉戗金彩瓷器（图 08 上），与台北故宫博物院藏元代戗金彩钴蓝“丁”字把酒盏和劝盘（图 08 下）如出一辙，[3] 当即曹昭提到的“青黑色戗金酒盏”。值得注意的是，保定元代窖藏瓷器的钴蓝釉戗金彩芒口匜（图 08 右上）与北京昌平元墓出土青白釉芒口匜（图 02 右下）器型相同，而台北故宫博物院藏元代戗金彩钴蓝“丁”字

1 林梅村：《和林访古》，《紫禁城》2007 年第 7 ～ 8 和 10 期连载，页 212 ～ 219。

2 曹昭撰，王佐补，前揭书，2011 年，页 254。

3 石守谦等编：《大汗的世纪——蒙元时代的多元文化与艺术》，台北故宫博物院，2001 年，页 154 ～ 155。

图 08 保定元代窖藏出土和台北故宫博物院藏钴蓝釉戗金彩瓷器

把酒盏（图 02 中下）与北京昌平元墓出土“丁”字把青白釉酒盏器型相同。既然如此，那么保定元代窖藏元青花的年代与北京昌平元墓所出青白釉瓷器的年代相去不远，堪称目前所知年代最早的元青花之一。

早在开国之初，元朝政府就明令禁止民间百姓使用描金瓷器。朝鲜李朝郑麟趾撰《高丽史·列传》卷一八记载：“仁规尝献画金磁器，世祖问曰：‘画金欲其固也？’对曰：‘但施彩耳。’曰：‘其金可复用耶？’对曰：‘磁器易破，金亦随毁，宁可复用。’世祖（即忽必烈）善其对，命自今磁器勿画金、勿进献。”[1]《元典章》卷五十八《工部一·杂造》记载：“至元八年（1271），御史台承（奉）尚书省札付：钦奉圣旨节该：‘今后诸人但

1 《高丽史》凡 139 卷，作者奉李朝皇帝之命修撰此书，全书用汉文写成，成于李朝文宗元年（明景泰二年 / 1451）。本文引自《高丽史》卷 105《赵仁规传》，东京：武木印刷所，明治四二年，页 257 上。故宫博物院陶瓷专家王光尧先生提醒我注意这个材料，谨致谢忱。

系磁器上，并不得用描金生活，教省里遍行榜文禁断者’。钦此。”[1] 这批钴蓝釉酒器皆戗金彩，无疑属于元朝皇家艺术。

值得注意是，台北故宫博物院藏有一套风格相似的钴蓝釉酒器，1992 年赴波恩德国联邦艺术及展览馆展出。其中，钴蓝釉戗金酒盏为“丁”字形把，与北京昌平元墓出土青白釉“丁”字形把手酒盏器型相同，而纹样与河北保定元代窖藏钴蓝碗相近。内壁口沿与底心几何花纹都隐约有伊斯兰装饰的趣味；而钴蓝釉戗金台盘的釉面隐约可见成对的三爪龙与火珠纹（图 08 左下），瘦长的双龙分据盘面上下方，龙纹特征类似于其它元代作品。[2]

确实，蒙古大汗和皇后喜好描金陶瓷。1331 年阿拉伯旅行家伊本·白图泰（Ibn Battuta）到金帐汗国都城别儿哥萨莱城，他第二天见到了一位金帐汗国的王后，当时“她正坐在十名老妇女的中央，那些妇女像是她的佣人……她面前摆着金盘和银盘。满盛着君王豆，她们正在选择。哈同（指王后）面前有一金釉瓷盘，满盛着君王豆，也有人挑选。”[3] 俄罗斯考古学家在金帐汗国遗址发现过一件伊斯兰风格的描金彩高足陶杯，年代约在 13 ~ 14 世纪，今为俄罗斯亚述海历史考古博物馆藏品（图 09）。耐人寻味的是，这件伊斯兰陶器绘有中国双凤纹图案。在别儿哥萨莱城出土的彩陶片中，也发现过描金彩图案的陶片，图案表现一位头戴笠子帽的蒙古贵族，与敦煌 332 窟所绘蒙古贵族如出一辙。[4] 值得注意的是，金帐汗国小萨莱城遗址还发现过一件 14 世纪戗金彩陶碗，上有一圈釉下彩波斯文款。这件彩陶碗上的伊斯兰艺术纹样，后为元青花广泛采用。[5]

无论如何，保定元代瓷器窖藏中的钴蓝釉戗金瓷必为元代宫廷酒器无

1 陈高华等整理：《元典章》点校本第四册，北京：中华书局 / 天津：天津古籍出版社，2011 年，页 1969。

2 台北故宫博物院器物处：《故宫文物赴德展展品系列选介三：瓷器》，《故宫文物月刊》2003 年 9 月刊，页 42 ～ 75。

3 马金鹏译：《伊本·白图泰游记》，银川：宁夏人民出版社，2000 年，页 270。

4 German A. Fedorov-Davydov: *The Silk Road and the Cities of the Golden Horde*, Berkeley: Zinat Press, 2001, p.128, pl. 68.

5 本文插图 009 引自 Galina Iskhodzhanova (ed.), *Saraichik*, Alamaty, 2001, p.247。

图 09 小萨莱遗址出土红绿彩戗金陶碗残片

疑。这个窖藏的两件青花釉里红镂雕花卉纹盖罐堪称目前所见元青花之极品，亦属于元代皇家艺术无疑。

第三节 张珪与保定出土元代宫廷酒器

据研究者考证，保定元代窖藏出土的景德镇卵白釉龙戏珠纹托盘，与元代“太禧”款卵白釉龙戏珠纹盘的艺术风格相同。[1] 太禧，是元朝专掌祭祀的机构——太禧宗禋院的简称。《元史・百官志三》记载：“太禧宗禋院……掌神殿朔岁时忌讳日辰享礼典。天历元年（1328），罢会福、殊祥二院，

1 据孙瀛洲调查，北京有三件“太禧”款枢府白瓷盘，一件藏于故宫博物院，一件传在北京大学，另一件则下落不明（孙瀛洲：《元卵白釉印花云龙八宝盘》，《文物》1963 年第 1 期，页 25 ~ 26）。

改置太禧院以总制之。”[1] 因此，研究者认为这件卵白釉龙戏珠纹盘可能是天历元年（1328）太禧宗禋院开设后不久烧造的，进而推测保定元代窖藏瓷器烧造于元代中期。[2] 我们还注意到，这件卵白釉龙戏珠纹托盘和卵白釉瓜棱形碗皆采用花葵口沿（图 10），[3] 与金代定窑花葵口托盘和花葵口碗的造型相似，年代当不晚于元代中期。

保定元代窖藏中许多瓷器带有表示皇权的龙纹图案，但都是三爪或四爪龙。据日本学者矢部良明调查，双角五爪龙成为皇室的标记是从宋代开始的，并为以后历代王朝所承袭。[4] 元朝早期统治者对龙纹并无严格禁限。为了表示蒙古大汗至高无上的皇权，元仁宗年间开始禁止非皇室成员使用双角五爪龙。《元史・舆服一・冕服・服色等第》记载：“仁宗延祐元年冬十有二月……命中书省定立服色等第于后。一，蒙古人不在禁限，及见当怯薛诸色人等，亦不在禁限，惟不许服龙凤文（本注：龙，谓五爪二角者）。”[5]《元典章》卷二十九《礼部二・礼制二・服色》记载：“延祐二年（1315）二月，钦奉圣旨：谕内外百官大小官吏、军民诸色人等：‘朕临宝御，励志俭勤，思与普天，同臻至治。……命中书省立定服色等第于后。一，蒙古人不在禁限，及见当怯薛诸色人等亦不在禁限。惟不许服龙凤文（原注：龙，谓五爪二角者）’。”[6] 保定元代宫廷酒器中八方梅瓶采用四爪龙纹，台北故宫藏钴蓝釉戗金酒器绘有三爪龙图案。这些元朝皇家艺术风格的酒器，想必烧造于延祐元年（1315）以前，因为当时尚未明确皇家酒器必须用双角五爪龙纹。

---

1 宋濂，前揭书，页 2207。

2 河北省博物馆：《保定市发现一批元代瓷器》，《文物》1965 年第 2 期，页 17 ~ 18 转 22。

3 张柏主编：《中国出土瓷器全集》第 3 卷（河北卷），北京：科学出版社，2008 年，页 222 ~ 223。

4 [日] 矢部良明：《宋元の龙文样と元瓷》，*Museum*，242 号，1971 年，页 4 ~ 26。

5 宋濂，前揭书，页 1942。

6 陈高华等整理：《元典章》点校本第二册，北京：中华书局 / 天津：天津古籍出版社，2011 年，页 1028。《元史・刑法志四・禁令》也提到这条法令，可惜没说颁布法令的时间（宋濂，前揭书，页 2681）。

图 10 保定元代窖藏出土卵白釉龙戏珠纹瓷盘与花葵口碗

如前所述，浮梁磁局起初只烧造印花、镂雕等高档青白釉瓷，所以保定出土元青花相当一部分制瓷技术，源于元代前期浮梁磁局青白釉瓷烧造工艺。这件八方印花海涛龙纹罐就利用了青白釉瓷制瓷技术。1972 年江西万年县泰定元年（1324）墓发现一件青白釉印花海涛龙纹梅瓶，通高 32.8 厘米，口径 5.8 厘米，底径 11.1 厘米（图 11 右），现藏江西省博物馆。[1] 这件青白釉梅瓶的主题图案与保定元青花印花海涛龙纹八方梅瓶（图 11 左）相似，可见保定元代窖藏瓷器的年代必在 14 世纪初无疑。

保定元代窖藏瓷器属于元代中期殆无疑问，那么这批宫廷家酒器又是如何从宫中流落到保定民间的呢？翻检《元史》相关记载，我们发现这批元代宫廷酒器之所以从京城流散到保定，应该与元代中期三朝元老张珪有关。有元一代，保定地区最为显赫的地方豪绅莫过于张氏家族。金灭元兴之际，保定豪绅张柔投降成吉思汗南征大将木华黎，成为独据一方的汉军首领之一。至元三年（1266），忽必烈派张柔及子张弘略率 20 万人建

1　彭适凡主编：《宋元纪年青白瓷》，香港：庄万里文化基金会，1998 年，页 83。

图 11 保定元代窖藏出土八方印花海涛龙纹梅瓶与泰定元年青白釉梅瓶

中都（今北京），他们为营造元大都立下汗马功劳。[1] 在保定张氏家族第二代族人中，官至上品者有三人。其中，张弘略官至河南行省参政，而张弘范所获功名更为卓著。1278 年，受忽必烈之命任蒙古汉军都元帅，领军二万，追讨南宋端宗赵昰和末代小皇帝赵昺。翌年（1279）在广东崖山彻底消灭宋军，完成忽必烈统一中国大业。忽必烈评述说："此家父子相继，自太祖皇帝以来，定中原，取江南，汉人有劳于国者，是为最。张氏、史氏俱称拔都（蒙古语"英雄"），史徒以筹议，不如张氏之百战立功也。"[2]

1 《新元史·张柔传》记载："至元三年，城大都，起柔判行工部事，将二十万人以受役，子弘略佐之"（柯劭忞，前揭书，页 593 上）。《新元史·张柔传附张弘略传》记载："全元三年，城大都，佐其父为筑宫城总管。八年授朝列大夫、同行工部事，兼领宿卫亲军、仪鸾等局。十三年，城成，赐内帑金釦、玳瑁卮，授淮东道宣慰使"（柯劭忞，前揭书，页 593 中）。

2 [元] 虞集：《道园学古录》卷一四《淮阳献武王庙堂之碑》，收入《元人文集珍本丛刊》影印明初覆刻元本，台北：新文丰出版公司，1985 年。

张氏家族第三代仍世袭万户，却不以战功见称。张弘略有三子：张玠以宿卫为南台御史，张瑾官至翰林待制，张琰则任开化县尹。在第三代中，张弘范的独子张珪是保定张氏最后一位风云人物。[1] 广海之役，张弘范生擒南宋礼部侍郎邓光荐，请他为自己的独子张珪教授儒学。[2] 张珪后来成为饱学之士，曾与冯子振和赵岩一道，受命为元成宗之姊鲁国大长公主收藏的展子虔《游春图》赋诗。《新元史·张柔传附张珪传》记载：张珪是元中期宫内重臣，并屡次得到仁宗的赏赐。

第 1 ~ 3 次赏赐："至大四年（1311），帝崩，仁宗将即位，廷臣用皇太后旨，行礼于隆福宫，珪言：'当御大明殿。'御史大夫止之曰：'议已定，虽百奏无益。'珪曰：'未一奏，安知无益！'奏入，帝果移仗御大明殿。赐珪只孙衣二十袭、金带一。帝尝亲解衣赐珪。明日复召，谓之曰：'朕欲赐卿，宝玉非卿所欲。'以帨面额，纳诸珪怀，曰：'朕面泽之所存，心之所存也。'"[3] 由此可知，元仁宗即位时曾经赏赐张珪 12 套质孙服（即元朝为出席皇家酒宴的人士专门设计的礼服）和一幅黄金带具，不久元仁宗又在宫中接连赏赐他御衣和宝玉。

第 4 ~ 5 次赏赐："皇庆元年（1312），拜荣禄大夫、枢密副使。徽政院使失列门请以洪城军隶兴圣宫，自以徽政使领之，以上旨移文枢密院，众恐惧承命，珪固不署，事遂不行。是年十二月，拜中书平章政事，纲领国子学，请减烦冗还有司以清政务，得专修宰相之职，帝从之，着为令。教坊使曹咬住拜礼部尚书，珪曰：'伶人为宗伯，何以示后世！'力谏止之，皇太后以中书右丞相铁木迭儿为太师，万户别薛参知行省政事，珪曰：'太师论道经邦，铁木迭儿非其人。别薛无功，不得为外执政。'帝韪之。是时车驾幸上都，已度居庸，皇太后宫幄在龙虎台，遣失列门召珪切责，杖之，

1 萧启庆：《元代几个汉军世家的仕宦与婚姻》，收入萧启庆：《内北国而外中国》上册，北京：中华书局，2007 年，页 306 ~ 307。

2 《元史·张珪传》记载："张珪字公端，弘范之子也。……至元十六年，弘范平广海，宋礼部侍郎邓光荐将赴水死，弘范救而礼之，命珪受学。光荐尝遗一编书，目曰《相业》。语珪曰：'熟读此，后必赖其用。'师还，道出江淮，珪年十六，摄管军万户"（宋濂，前揭书，页 4071）。

3 柯劭忞，前揭书，页 595 上。

珪创甚，舆归京师，明日遂出国门。珪子景元掌符玺，以父病笃告，遽归。帝惊曰：‘向别时，卿父无病。’景元顿首涕泣，不敢言。帝不怿，遣参议中书省事换住赐上尊，拜大司徒，谢病家居。继丁母忧，庐墓侧寝苫啜粥者三年。六年（1319）七月，帝忆珪生日，复赐上尊、御衣。”[1] 由此又知，皇庆元年（1312）和延祐（1319）六年，元仁宗先后两次赏赐张珪上尊酒及御衣。

张珪遭到皇太后廷杖后，一病不起。携眷返回老家保定，“谢病家居”，其间一度带病来京上朝。据《元史·张珪传》记载，泰定“三年（1326）春，上遣使召珪，期于必见。珪至，帝曰：‘卿来时，民间如何？’对曰：‘臣老，少宾客，不能远知。真定、保定、河间，臣乡里也，民饥甚。朝廷虽赈以金帛，惠未及者十五六，惟陛下念之。’帝恻然，敕有司毕赈之。拜翰林学士承旨、知制诰兼修国史，国公、经筵如故。帝察其诚病，命养疾西山，继得旨还家。未几，起珪商议中书省事，以疾不起。四年（1327）十二月薨，遗命上蔡国公印”。[2] 可知张珪卒于泰定四年。

元仁宗先后两次向张珪赏赐“上尊酒”，而赏酒必用酒器，保定元代窖藏瓷器恰好为两套酒器。《元典章》卷二十九《礼部二·服色》记载：“庶人……酒器许用银壶瓶、台盏、盂鏇，余并禁止。”[3] 可知元代成套酒器往往由“壶瓶、台盏、盂旋”等器皿组成。元人孔齐在《至正直记》卷二记载：“饶州御土，其色白如粉垩，每岁差官监造器皿以贡，谓之御土窑，烧罢即封土，不敢私也。或有贡余土，作盘、盂、碗、碟、壶、注、杯、盏之类，白而莹，色可爱。底色未着油药处，犹如白粉。甚雅薄，难爱护，世亦难得佳者。今货者皆别土也，虽白而垩□耳。”[4] 元代景德镇御土窑烧造的“盘、盂、碗、碟、壶、注、杯、盏”等瓷器多为酒器。

---

1 柯劭忞，前揭书，页 595 上中。

2 宋濂，前揭书，页 4083。

3 陈高华等整理：《元典章》点校本第二册，北京：中华书局 / 天津：天津古籍出版社，2011 年，页 1029。

4 [元] 孔齐著，庄敬、顾新校注，《至正直记》，上海古籍出版社，1987 年，页 80。

图 12 葡萄牙里斯本博物馆藏中国出土埃及彩绘玻璃器

据报道，保定元代瓷器窖藏还发现一件彩色玻璃瓶。[1] 我们到河北省文物保护中心寻找这件彩色玻璃器，可惜没有找到。该中心工作人员怀疑，这件玻璃器可能随保定元代窖藏其他几件瓷器一起，在 20 世纪 60 年代调拨给了故宫博物院。为此，我们又请故宫博物院的朋友帮助调查，迄今下落不明。元代只有埃及工匠会造彩色玻璃，保定元代窖藏的彩色玻璃可能是元代来华的埃及穆斯林传入中国的。20 世纪 30 年代，北京古董市场出现过一批元代彩绘玻璃器，随即流失海外。其中两件彩绘玻璃（图 12）入藏葡萄牙里斯本一家博物馆（Calouste Gulbenkian Museum，Lisbon）。[2]

1 河北省博物馆：《保定市发现一批元代瓷器》，《文物》1965 年第 2 期，页 17 ~ 18 转 22。

2 这两件玻璃器的彩图，引自马文宽：《伊斯兰世界文物在中国的发现与研究》，北京：宗教文化出版社，2006 年，页 53 图 41。

元仁宗朝饮膳太医忽思慧编《饮膳正要》提到一种“阿剌吉酒”，据说是阿拉伯生产的一种烧酒（即蒸馏酒）。[1] 保定元代瓷器窖藏中彩色玻璃器或许是随阿剌吉酒一起从埃及马木鲁克王国进口的。[2]

无论如何，保定元代瓷器窖藏中的 11 件瓷器和 1 件玻璃器当为两组宫廷酒器。第一组为：钴蓝釉戗金彩杯（亦称“盏”或“盅”）、盘（亦称“台盘”）、匜（亦称“有嘴盂”）、青花八方玉壶春瓶（亦称“汤瓶”）、青花水龙纹带盖八方梅瓶、青花釉里红镂雕花卉纹盖罐（亦称“罂”），凡 6 件酒器；第二组为：卵白釉莲瓣杯、卵白釉龙纹盘、彩色玻璃瓶（替代“汤瓶”）、青花八方执壶（亦称“酒注”）、青花海涛龙纹带盖八方梅瓶、青花釉里红镂雕花卉纹盖罐，凡 6 件酒器。

《元史·拜降传》记载：“拜降，北庭人。……至大二年（1309），仁宗奉皇太后避暑五台，拜降供给道路，无有阙遗，恩赉尤渥。比至都，改资国院使。母徐氏卒，遂奔丧于杭。时酒禁方严，帝特命以酒十罂，官给传致墓所，以备奠礼。”[3] 元仁宗赏赐拜降御酒所用“罂”，当即保定元代窖藏瓷器中的青花釉里红镂雕花卉纹盖罐之类的盛酒器。2007 年夏，承蒙河北省文物保护中心任亚珊先生热心帮助，我们在库房内观摩了实物；另一件收藏在故宫博物院，目前正在该院陶瓷馆展出（图 13 右）。伦敦大维德基金会所藏青花釉里红镂雕花卉纹罐与之类似，只是局部纹饰略有差别，而且器盖缺失（图 13 左）。[4]

据以上讨论，保定出土元代窖藏瓷器当为两套宫廷酒器，前四种是饮酒用具，后两种则为盛酒器皿。泰定帝驾崩后，其子阿剌吉八（天顺帝）、武宗之子和世㻋（明宗）与图帖睦尔（文宗）为了争夺皇权，爆发了一场

1 黄时鉴：《阿剌吉与中国烧酒的起始》，收入《黄时鉴文集 II》，上海文艺出版有限公司，2011 年，页 182 ～ 198。

2 吴德铎：《阿剌吉与蒸馏酒》，王炎、何大正主编：《辉煌的世界酒文化》，成都出版社，1993 年。

3 宋濂，前揭书，页 3201。

4 John Carswell, *Blue and White: Chinese Porcelain around the World*, London: British Museum, 2000, p.118, plate 130.

图 13 英国大维德基金会藏与保定元代窖藏出土青花釉里红镂雕盖罐

血雨腥风的宫廷争斗，史称“天历之变”。天历元年（1328），保定张氏家族因支持敌对势力（天顺帝阿剌吉八）一方，不幸被元文宗部下也先捏满门抄斩。张珪五个儿子和几个侄子全被杀害，他的女儿则被也先捏强纳为妻妾。[1] 权重一时的保定张氏家族从此一蹶不振，尽管在第五代中，仍有张昌承袭保定管军上万户，张旭出任监察史，但是无人出任朝廷重臣，保定张氏此后亦未得到元朝皇帝任何赏赐。

综合全文的讨论，保定元代窖藏瓷器实际上是两套元代宫廷酒器。这些御用酒器可能是元仁宗赏赐张珪上尊酒时一道赠与的。据保定窖藏的整

1 《新元史·张柔传附张珪传》详载此事。其文曰：“天历元年，紫荆关败卒南走保定，沿途剽掠，景武与同知阿里沙率乡民梃毙数百人。参知政事也先捏以兵至保定，执景武兄弟五人，尽杀之，籍其家。诏以珪女归也先捏。廷臣言：‘保定万户张昌，其诸父景武等既受诛，宜罢所将兵，并夺其金虎符。’不许。已而御史台言：‘北兵夺紫荆关，官军溃走，掠保定。本路官与故平章张珪子五人，率民击官军死。也先捏不先奏闻，辄擅杀官吏及珪五子。珪祖父三世为国勋臣，即使景武等有罪，珪之妻女又何罪焉？今既籍其家，又以其女妻也先捏，诚非国家待勋臣之意。’帝曰：‘卿等言是也。’诏中书还其所籍。御史台又论也先捏擅杀之罪，诏窜也先捏于南宁，听珪女还家”（柯劭忞，前揭书，页579下）。

理者介绍，与这批元代高档瓷器一同出土的还有两件绿松石山子、几十片玉片和一根铁棍。铁棍系挖窖藏所用工具，而那两件绿松石山子和十几件玉片或许是至大四年（1311）仁宗赏赐张珪的宝玉，因而和仁宗赏赐的酒器埋在一起。埋藏时间似在1328年保定张氏被元文宗部下满门抄斩前夕。

关于元青花的年代，刘新园做过深入分析，认为目前所见元青花可以分为“至正型”和“延祐型”。至正型（或称“伊朗型”）烧造时间上限为1325年，也即饶州总管段廷珪董陶期间由浮梁磁局烧造，下限为1352年，即红巾军攻克浮梁那一年；延祐型（或称“菲律宾型”）并非延祐年间（1314 ~ 1320）烧造。其生产上限实际上为1334年，也就是元顺帝罢浮梁磁局造作那年，工匠们自由生产自己的产品，下限为1368年。[1]

保定元代宫廷酒器既不属于“至正型”，亦不属于“延祐型”。如果这两套酒器真是元仁宗所赐，那么它们烧造于延祐元年（1319）以前，也即至元十五年（1278）元朝皇帝在景德镇设立御窑厂——浮梁磁器局后第33年之际。如前所述，元顺帝初年中国使团送给匈牙利国王路易斯的青白釉镂雕玉壶春瓶烧造于至治元年（1321）以前。耐人寻味的是，这件青白釉瓷瓶与保定元代宫廷酒器中元青花釉里红镂雕花卉纹罐的镂雕工艺非常相似，可证二者烧造年代相近。保定元代窖藏瓷器以出土实物说明，至少在元仁宗时（1312 ~ 1320），浮梁磁局御用工匠不仅创造出钴蓝釉戗金瓷器，而且成功烧造了元青花以及青花釉里红、镂雕等新工艺，为研究“至正型”以前的元青花提供了实物标本。

正如刘新园指出的，元朝统治者极为关注瓷器的生产，甚至主导了青花瓷（约1320年代出现）的创烧及生产。[2] 上有好者，下必甚焉。作为元朝统治阶层的穆斯林艺术家，无疑参与了元青花的创烧。汉族艺术家参与元青花艺术创作当在元代晚期浮梁磁局停烧后，他们主要创作对象是景德镇民窑青花瓷，并以中国内地汉族居民为销售对象。伦敦大维德基金会藏

1 刘新园：《元青花特异纹饰和将作院所属浮梁磁局与画局》，《景德镇陶瓷学院院报》第3卷第1期，1982年，页9 ~ 12。

2 刘新园，前揭文，页9 ~ 12。

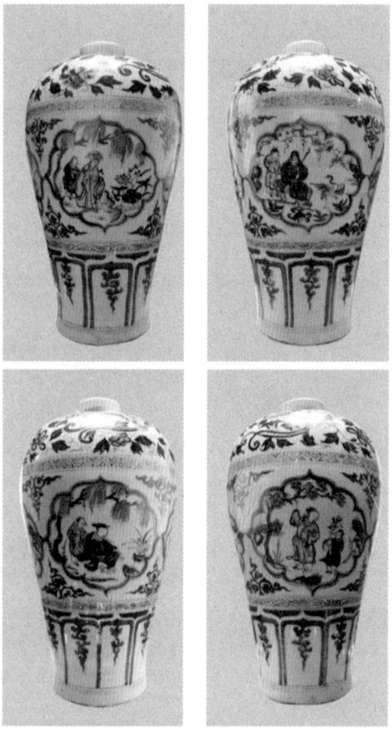

图 14 湖北省博物馆藏元青花四爱图梅瓶

至正十一年款青花象耳瓶、伦敦佳士得公司近年拍卖的鬼谷子下山青花罐、萧何月下追韩信、三顾茅庐、昭君出塞、尉迟恭救主等元代杂剧题材的元青花，以及四爱图（王羲之爱兰、陶渊明爱菊、周茂叔爱莲、林和靖爱梅鹤）等反映汉地文人情趣的元青花（图 14），皆为元代晚期景德镇民窑产品。它们只代表元代晚期江南民间制瓷艺术，与元朝鼎盛时期皇家艺术代表作——保定元代宫廷酒器，不可同日而语。

总之，保定元代窖藏瓷器说明，元青花源于元朝皇家艺术，蒙古统治者将蒙古和色目文化与汉地制瓷技术相结合，主导了元青花的创烧。元朝御窑厂浮梁磁局停烧后，元末明初汉地工匠才开始主导元青花艺术创作，明清时期青花瓷艺术逐渐融入汉文化。

（本篇完成后，故宫博物院耿宝昌先生提出许多重要修改意见，谨致谢忱。）

十一　元人画迹中的欧洲传教士

13 世纪，蒙元帝国开创了又一个东西文化交流的伟大时代。有史以来，商人们第一次可以畅通无阻地从长江流域直达幼发拉底河，甚至行进到多瑙河。另一方面，诚如元代地理学家朱思本所言，“西海（地中海）虽远在数万里外，而驿使、贾胡时或至焉”。[1] 1307 年（大德十一年），罗马教皇克列蒙特五世（Clement V）派方济各会七位主教来华，协助在元大都（今北京）开创教区的方济各会修士孟高维诺（Giovanni da Montecorvino）传教。其中一人未出发，三人死在印度，最后只有三位红衣主教于 1314 年（延祐元年）抵达北京。

1914 年，英国剑桥大学教授穆尔（A.C. Moule）根据西方史料，探讨了教皇克列蒙特五世派使团来华始末，从而揭开了罗马教廷与元朝文化交流史研究之序幕。[2] 1930 年，张星烺从元人文集中找出一条元仁宗时教皇遣使来华史料，[3] 可惜这个重要材料没有引起学界充分注意。1994 年，南京大学教授陈得芝旧事重提，遂将此项研究推向深入。[4]

最近，我们在元人画迹中发现元仁宗时教皇使者行踪和一批相关史料。元代画家任仁发当时正在京城治水，奉仁宗诏为这些远方来客作画，有《天马图》、《职贡图》入藏秘书监。任仁发《职贡图》原本未能流传下来，但

---

1 [元] 朱思本：《北海释》，《丛书集成续编》第 135 册。台北：新文丰出版公司，1989 年，页 666。

2 A. C. Moule, “Documents Relating to the Mission of the Minor Friars to China in the XIII and XIV c . c .”, *Journal of the Royal Asiatic Society of Great Britain and Ireland*, London, July 1914, p.540.

3 张星烺编，朱杰勤校订：《中西交通史料汇编》第一册，北京：中华书局，1977 年（初刊于 1930），页 266 ～ 267。

4 陈得芝：《元仁宗时教皇使者来华的一条汉文史料》，《祝贺杨志玖教授八十寿辰中国史论集》，天津古籍出版社，1994 年；收入陈得芝：《蒙元史研究丛稿》，北京：人民出版社，2005 年，页 524 ～ 528。

是任氏后人三个摹本有幸流传至今，画上有教皇派往中国的三位主教画像。元人画迹中欧洲传教士的发现，为我们研究元代中国与欧洲的文化交流提供了又一条重要史料。草成是文，见教于研究者。

第一节　1314 年教皇使者来华始末

1241 年，蒙古西征，兵临波兰、匈牙利，欧洲各国无比惊骇。同年 6 月，罗马教皇在法兰西的里昂城召集宗教会议商讨对策，呼吁全体基督教徒加强防备。同时，罗马教皇还多次派意大利方济各会（Franciscan）修士到蒙古汗国首都哈剌和林从事外交活动。

1271 年，忽必烈建立元朝，以其藩邸开平府（今内蒙古正蓝旗）为上都，以金中都（今北京）为大都（或称"汗八里"）。罗马教皇随即派意大利方济各会和法国多明我会（Dominican）修士出使中国，并在元大都建立了中国最早的天主教堂。[1]

方济各会是天主教托钵修会之一，会士之间互称"小兄弟"，亦称小兄弟会（Order of Friars Minor）。1209 年，意大利阿西西城富家子弟圣方济各（San Francesco）获罗马教廷恩准，成立方济各会。意大利文艺复兴时期画家乔托（Giotto di Bodone）在阿西西圣方济各教堂创作的《方济各向小鸟祈祷》壁画，形象地描绘了方济各会修士安贫乐道，衣麻跣足，托钵行乞的宗教生活（图 01）。[2]

方济各会普通修士身穿灰色会服，俗称"灰衣修士"，主教则穿红衣而称"红衣主教"。他们效忠教皇，反对异端，为教皇出售赎罪券而云游四方。阿西西圣方济各下教堂藏有乔托另一名作《方济各向教宗英诺尔三世祈祷》，描述了罗马教皇和主教身穿红衣的形象（图 02）。[3] 1215 年，

1　[英] 阿·克·穆尔著，郝镇华译：《1550 年前的中国基督教》，北京：中华书局，1984 年，页 285。

2　乔托（Giotto di Bodone）绘《方济各向小鸟祈祷》照片，引自 Luciano Bellosi, *Giotto ad Assisi*, Assisi: DACA, 1989, p55.

3　乔托绘《方济各向教宗英诺尔三世祈祷》彩色照片，引自 Luciano Bellosi, *op. cit.* p. 61。

图 01 乔托绘《方济各向小鸟祈祷》

图 02 乔托绘《方济各向教宗英诺尔三世祈祷》

西班牙贵族多明我（Dominica）在法国图卢兹创立多明我会，意为“布道兄弟会”，是托钵修会体系下的法国教会。由于会士披黑斗篷而称“黑衣修士”，以区别于方济各会的“灰衣修士”。两年后获得教皇洪诺尔三世（Honorius III）批准，从此拥有合法地位，多明我会以布道为主，着重劝化异教徒和排斥异端。

1289 年，罗马教皇尼古拉四世（Nicola IV）派方济各会修士孟高维诺以教廷使节（Legatus Apostolicus）名义，携带教皇书信出使中国。这位修士 1247 年生于意大利南部萨莱诺附近孟高维诺・洛勿拉（Montecorvino Rovella），成年后入方济各教会，1280 年，首次派往小亚传教。1289 年，作为亚美尼亚王海屯二世（Haiton II）钦差，觐见教皇尼古拉四世，随即转命为教廷使节出使中国。自罗马启程，乘小船赴小亚，经亚美尼亚到波斯的讨来思（今伊朗大不里士）。1291 年，孟高维诺离开讨来思，从霍尔木兹港乘船，三个月后到达印度孟买附近的塔纳。1292 年，他到印度东海岸梅拉普尔（Melapura）圣多默教堂传教 13 个月，为近百人洗礼。与他同行的多明我会尼古拉・皮斯托亚（Nicola da Pistoia）修士不幸病逝，葬在圣多默教堂。1293 年 12 月 20 日，孟高维诺到达马八儿城（今印度泰米尔邦马拉巴尔），并在此城给教友写过一封信。

1291 年 1 月，马可波罗随波斯使者从泉州出发，送蒙古姑娘阔阔真远嫁波斯的伊利大汗。[1] 1291 年 9 月至 1293 年 2 ~ 3 月之间，马可波罗正在印度。英国汉学家裕尔（Henry Yule）认为，马可波罗可能在印度与孟高维诺不期而遇。[2] 1293 年，孟高维诺与另一位同行者意大利商人彼得·鲁卡龙戈（Pietro da Lucalongo）一道从海路到中国。他们的登陆地可能在刺桐（今福建泉州），然后北上杭州，取道京杭大运河到元大都。1294 年 7 月，孟高维诺抵达元大都，恰逢忽必烈去世不久。翌年（1295），向新君元成宗呈交教皇书信。此后，孟高维诺在元大都传教长达 35 年，直至文宗天历元年（1328）病逝。

1305 ~ 1306 年，孟高维诺在写给西方教友的两封信中说，他与教廷失去联系已有十二年。如今在汗八里（元大都的别称）建了两所教堂，第二所教堂建在皇宫门前，希望教皇立即派人来华助教。教皇克列蒙特五世（Clement V）收到孟高维诺两封信后，立即委任他为元大都总主教，并特设大都总主教区，统辖契丹（中国北方）和蛮子（中国南方）各处主教，统理远东教务，有简授主教及划分教区权。

1307 年 7 月 22 日，教皇克列蒙特五世派七位方济各会主教来华，但是有一人未曾出发。他们从罗马启程，经讨来思、北印度，至克什米尔。据波斯史家哈沙尼（al-Qashani）《完者都算端史》（Ta'rikh-i Uljaytu Sultan）记载，察合台汗国大汗也先不花下令阻断中西交通，好几批往来于丝绸之路的元朝和伊利汗国使臣被察合台汗国扣留。加上海都之乱，导致中西陆路交通中断了 50 多年。[3] 由于在克什米

---

1 杨志玖：《关于马可波罗离华的一段汉文记载》，《文史杂志》1941 年第 12 期（重刊于《南开大学学报》1979 年第 3 期）；黄时鉴：《关于马可波罗的三个年代问题》，《中外关系史论丛》第 1 辑，北京：世界知识出版社，1985 年，页 62。

2 阿·克·穆尔，前揭书，页 199 ~ 200 和页 229 ~ 230。

3 陈得芝主编：《中国通史》第八卷，上海人民出版社，1997 年，页 581 ~ 582；刘迎胜：《哈沙尼和他的〈完者都史〉》，《蒙古学情报与资料》，1985 年，第 3 ~ 4 期，页 103 ~ 104；[法] 伯希和：《蒙古侵略时代之土耳其斯坦附录》，收入冯承钧译：《西域南海史地考证译丛》第 1 卷，北京：商务印书馆，1995 年重印本，页 51。

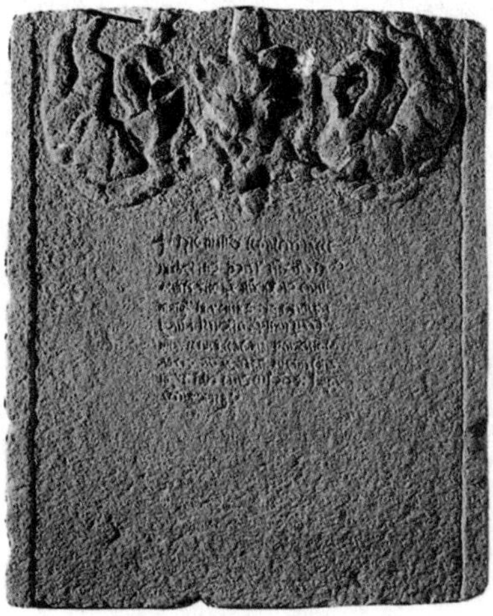
图 03 泉州出土安德烈墓碑

尔受阻，这个教皇使团不得不南下印度，改道海路来华，其中三人不幸在印度病故，只有三位红衣主教抵达中国，分别为哲拉德（Gerado Albuini）、裴莱格林（Peregrino da Castello）和安德烈（Andrea da Pergia）。安德鲁后来客死泉州，1946 年拆除泉州通淮门时发现安德烈墓碑（图 03），1959 年入藏北京中国历史博物馆（今称“中国国家博物馆”）。[1]

关于印度至元大都之路，欧阳玄撰《中书右丞相领通惠河都水监事政绩碑》记载：“我元东至于海，西暨于河，南尽于江，北至大漠，水涓滴以上皆为我国家用。东南之粟，岁漕数百万石，由海而至者，道通惠河以达。东南贡赋，凡百上供之物，岁亿万计，绝江、淮、河而至，道通惠河以达。商货懋迁，与夫民夫日用之所须，不可悉数。二河溯沿南北，物货或入或出，遍天下者，犹不在是数。又自昆仑而西南水入海者，绕出南诏之后。历交趾（今越南北部）、阇婆、真腊（今柬埔寨）、占城（今越南中南部）、百粤之国，东南过琉球、日本，东至三韩，远人之名琛异宝，神马奇产，航海而至，或逾年之程，皆由漕河以至阙下。斯又古今载籍之所未有者也。”[2] 安德鲁一行与孟高维诺一样，可能在刺桐港（今福建泉州）登陆，然后北上杭州，取道京杭大运河到元大都。安德鲁在写给西方教友的信中提到他抵达元大都的时间，三份手稿皆作 1318 年。这个年代显然有误。信中说

1 吴文良著，吴幼雄增订：《泉州宗教石刻》，北京：科学出版社，2005 年，页 373 ～ 376。

2 [元] 欧阳原功：《中书右丞相领通惠河都水监事政绩碑》，收入姚汉源、谭徐明编：《漕河图志》卷五《碑记》，北京：水利电力出版社，1990 年重印本，页 202。

安德鲁在大都住了五年，在泉州主教裴莱格林去世（1322 ~ 1323）前四年到泉州传教，并在裴莱格林后继任泉州主教。由此推算，1318 年当是安德鲁到泉州任主教的时间，他到元大都应该在此前五年，也就是 1314 年。[1]

关于教皇使团来华之事，朱德润《异域说》记载："至正丁亥（1347）冬，寓京口（今江苏镇江市京口区）乾元宫之寶俭斋。适毗陵（今江苏常州）监郡岳忽难，平阳（今浙江平阳县）同知散竺台偕来访，自言在延祐（1314 ~ 1320）间，忝宿卫近侍。时有佛啉国使来朝，备言其域当日没之处，土地甚广，有七十二酋长。地有水银海，周围可四五十里，国人取之之法：先于近海十里掘坑井数十，然后使健夫骏马驰骤，可逐飞鹰者，人马皆贴以金薄，迤逦行近海。日照金光晃曜，则水银滚沸，如潮而来，势若粘裹。其人即回马疾驰，水银随后赶至，行稍迟缓，则人马俱为水银扑没。人马既回速。于是，水银之势渐远，力渐微，却复奔回，遇坑井则水银溜积其中。然后其国人旋取之，用香草同煎，皆花银也。其地又能捻毛为布，谓之梭福，用密昔丹叶染成沉绿，浣之不淡。其余氍毹，锦疊，皆常产也。至正壬午（1342）间，献黑马，高九尺余，鬃尾垂地七尺，即其地所产。来使四年，至乞失密（克什米尔）；又四年，至中州；过七度海，方抵京师焉。岳监郡、竺同知既别去，仆书而记其说。是岁（1347）十一月十九日也。"[2] 这段文字提到教皇使团先后两次来华，一次在元仁宗延祐（1314 ~ 1320）年间，也即安德鲁一行历时七年抵达元大都；另一次出使在元惠帝至正二年（1342），则指约翰·马黎诺里率教皇使团向元顺帝献马于元上都。[3]

元代文献对欧洲国家有两个称谓：一为拂林（亦作普岚、伏卢尼、拂菻、拂临），源于中亚粟特人对罗马帝国的称谓 Frōm 或 Frōmī（罗

---

1 穆尔把安德鲁一行抵达元大都定在 1313 年（参见阿·克·穆尔，前揭书，页 222）。

2 关于这条史料的讨论，参见陈得芝主编：《中国通史》第八卷，上海人民出版社，1997 年，页 693。

3 《元史·顺帝本纪》（宋濂，前揭书，页 864）。

图 04 元上都的东城墙

马），泛指欧洲至罗马东方行省叙利亚广大地区。[1] 例如：忽必烈时入仕元廷的叙利亚景教徒爱薛，《元史·爱薛传》称"弗林人"。[2] 另一称谓是"拂郎"，源于波斯和阿拉伯人对欧洲各国的泛称 Farang（法兰克）；亦作发郎国、佛郎国、富浪国等。其名专指欧洲国家，不包括罗马东方行省叙利亚。[3] 例如：至正二年（1342）来华的教皇使者马黎诺里，即称"拂郎国"使者。他在游记中说："他们（元朝人）称我们为法兰克人（Franquia），而非法兰西人（Francia）。"[4]

1259 年，大汗蒙哥在合州（今重庆市合川区）钓鱼城中箭身亡。翌年，忽必烈即大汗位，改元中统（1260），以开平府（今内蒙古正蓝旗）为上都。同时，阿里不哥在哈剌和林即汗位，向忽必烈发动争夺汗位的战争。由于和林城战事频繁，欧洲商人不得不改道上都从事商贸活动。1265 年，波罗兄弟（马可波罗的父亲和叔叔）在中亚布哈拉与伊儿汗国使团不期而遇，并随这个使团到中国觐见忽必烈，1266 年（至元二年）抵达元上都（图 04）。然而，早在波罗兄弟首次来华前五年，已有拂郎国商人抵达上都。据王恽《中堂事记》记载，中统二年（1261）五月，"发郎国遣人来献卉服诸物。其使自本土达上都已逾三年……途有二海，一则逾月，一则期月可度，

---

1 P. Pelliot, "Compte rendu, sur l'origine nom Foulim," *JA*, 1914, pp.497-500; 林梅村：《西域文明》，北京：东方出版社，1995 年，页 102。

2 参见《元史·爱薛传》（宋濂，前揭书，页 3249）及程钜夫撰《拂林忠献王神道碑》，收入《程雪楼集》卷五，阳湖陶氏涉园影洪武本，宣统庚戌（1910）年，页 3a ~ 5b。

3 [法] 伯希和：《唐元时代中亚及东亚之基督徒》，收入冯承钧译：《西域南海史地考证译丛》第 1 卷，北京：商务印书馆，1995 年重印本，页 65 ~ 68。

4 阿·克·穆尔，前揭书，页 285。

其舡艘大可载五十百人。其所献盏斝，盖海鸟大卵分而为之，酌以琼醑即温。……上（指忽必烈）嘉其远来，回赐金帛甚渥”。[1] 尽管“拂菻”与“拂郎”仅一字之差，却失之千里。拂菻使者指叙利亚来华的景教人士，而拂郎使者则指欧洲来华的方济各会修士。朱德润所谓“佛啉国使”，当指罗马教皇派往中国的方济各会使者。

第二节　元大都皇宫门前的天主教堂

1306 年，孟高维诺在元大都皇宫门前建了一所教堂，可容 200 人。他在写给西方教友的信中说：“彼得・鲁卡龙戈笃信基督教，是一位大富商，他从讨来思（今伊朗大不里士）启程时就伴我同行，我所说新教堂之地基即为他所购置。为了表示敬奉天主，他将这块地基捐助予我。在大汗国境内，建天主教堂之地，没有比此处更为适宜和有益者。八月初，我接受此地，由于施主们之捐献和协助，到圣方济各祭日，已建成若干房舍，数间简陋之祷告室，一所可容二百人之礼拜堂，四周墙也已筑成，但因冬季来临，整个教堂未能竣工。所有木料，我收聚室内，望天主能使我此夏完工。我告诉您们，凡从该城和他处来此看见新建屋宇和房顶红十字架者，无不惊奇，因他们从未听说有此新建。”[2]

关于这座天主教堂的位置，学界有三种不同说法。张星烺把宫门理解为皇宫南门——崇天门（今天安门），如果“约翰教堂在宫门前一箭之地，当即在新华门附近。”[3] 日本学者佐伯好郎不同意这个说法，他把宫门理解为皇宫北门，认为约翰・孟高维诺第二教堂当在元大都宫城北门——厚载门外。[4] 近年徐萍芳撰文，把宫门理解为皇城北门——厚载红门（今地安门稍

1　[元] 王恽：《中堂事记》，收入《秋涧先生大全文集》卷八一，收在《四部丛刊・集部》，上海涵芬楼影元本，叶 9b ～ 10a。

2　阿・克・穆尔，前揭书，页 204。

3　张星烺：《中西交通史料汇编》第二册，上海：商务印书馆，1930 年，页 115。新版删去此注。

4　[日] 佐伯好郎：《支那基督教の研究》第二册，东京，昭和十八年，页 369。

南）。这个见解无疑是正确的。[1]

元大都主要靠京杭大运河运输江南货物，《日下旧闻考》卷六《形胜》引元代李洧孙《大都赋》曰："凿会通之河，而川陕豪商，吴楚大贾，飞帆一苇，径抵辇下。"[2]元大都皇城厚载红门至通惠河万宁桥（今北京地安门外大街后门桥）之间有一片空地，主要作为京杭大运河漕运货物的仓库。厚载红门外路东为元朝皇家仓库——丰裕仓，专门存放京杭大运河漕运货物，四周有带门楼的院墙。[3]由于丰裕仓过于狭小，至元二十八年又在文明门（今东单）开设另一皇仓，那么孟高维诺教堂不可能建在丰裕仓。厚载红门外路西，至玄武池（今什刹海的后海）有一片空地，本为元代西仓所在地。[4]西仓存放从通惠河漕运来的大米，后来沿什刹海南岸形成一条白米斜街。这个存放漕粮的西仓靠近皇宫北门，但不是皇家仓库，意大利商人彼得·鲁卡龙戈就在靠近皇城门的地方买了一块空地，捐献给孟高维诺建教堂。

元大都各种建筑的占地，按等级都有一定限制。元朝法律规定：民宅占地长宽各为五十步，除去胡同所占六步，民宅本身占地深度是四十四步，遵循民宅不得突破胡同的原则。从北京后英房胡同元代民宅看，元大都胡同之间进深为 70 米左右，相当于五十五步。孟高维诺自称第二教堂可容 200 人。按照元朝法律，这所教堂的长和宽，不得超过四十四步（约 56 米），至多比两个现代游泳池略大一点。至于这所天主教堂的建筑形式，应该与意大利方济各教会发源地——阿西西圣方济各教堂相似（图 05）。这座教堂位于意大利中部小城阿西西，意大利人称之为 Basilica di San Francesco d'Assisi（圣方济各教堂），是圣方济各安葬之地以及方济各会各教堂之母堂。

1　徐苹芳：《元大都也里可温十字寺考》，《中国考古学研究——夏鼐先生考古五十年纪念论文集（一）》，北京：文物出版社，1986 年，页 309 ～ 316。

2　于敏中，前揭书，页 90。

3　《析津志辑佚·工局仓廪》说："丰裕仓，至元十九年十月内，于海子岸东胭粉库置仓廒、仓赤，轮流管领收支。……廒房三十间，院地三十三亩七分五厘，门楼一座"（熊梦祥，前揭书，页 45 ～ 46）。

4　什刹海前海西北岸是丰储坊，所以《析津志辑佚·城池街市》说"丰储坊，在西仓西"（熊梦祥，前揭书，页 4）。

图 05 意大利阿西西方济各教会教堂

这座教堂始建于 1228 年，建于小山一侧，主体建筑包括上教堂和下教堂、安放圣方济各遗体的墓穴和附属修道院。上教堂内部是意大利早期哥特式建筑的重要实例，如今已列为世界文化遗产。

孟高维诺在大都皇宫门前所建天主教堂落成后的第三年（1309），元代大画家任仁发来京治理通惠河，供职于玄武池（什刹海）西北岸都水监，与孟高维诺在玄武池南岸所建天主教堂仅一水之隔（图 06）。[1] 任仁发因缮补通惠河水闸及疏浚有功，荣升都水少监。在京治水凡六年，直至元仁宗延祐三年（1316）离京。清光绪《青浦县志》记载："任仁发，字子明，世居青龙（今上海青浦），年十八举乡贡。元兵南下，平章游某一见器之，署宣慰……以治水擢式都水监。凡疏导吴淞、大盈、乌泥、开江闸口，皆仁发主其议。时河决归德，盐官海塘崩，大都通惠、会通河，皆不

1 元人王逢《梧溪集》卷六《谒浙东宣尉副使致仕任公及其子台州判官墓》云："至大二年（1309），迁中尚院判官。适大都通惠河（从大都到通州，全长约 160 里）闸底钻木汛涌覆舟。传有怪物，中书檄公，不兼旬缮完。会通（从山东临清至东平，全长 250 里）梗涩，复窒泉眼，镬僵沙，舟楫以达。升都水少监。……延祐三年（1316），出知崇明"（转引自陈高华：《元大都》，北京出版社，1982 年，页 104）。

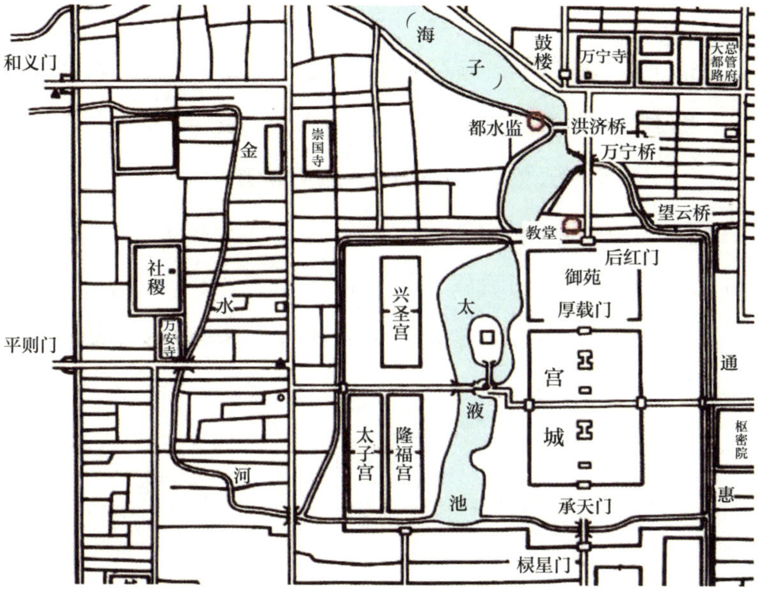

图 06 元大都天主教堂和都水监位置示意图

治；镇江之练湖久淤塞，仁发次第为修治之。其学大抵于水利最长也。又长于画，尝奉敕画《熙春》、《天马》二图称旨。累官浙东道宣尉副使，致仕，年七十三卒，著《水利书》十卷。”[1] 据《松江府志·迹志》记载，任仁发终老于青龙江，死葬青浦重固乡骆驼墩。1953 年，上海青浦县章堰乡北庙村南的高家台发现任仁发家族墓地，从中发现一批元代文物和四方墓志。文献对任仁发的卒年，语焉不详。任仁发墓志首次披露，他在“泰定四年冬，逝于正寝……享年七十三。泰定五年三月初九日”下葬，可推知任仁发生于宋宝佑二年（1254）七月，卒于泰定四年（1327）十二月。[2]

关于都水监的位置，《析津志辑佚 · 河闸桥梁》记载：“澄清闸三（原文误作“二”），有记，在都水监东南……望云桥，在后红门东，今澄清下闸……洪济桥，在都水监前石甃（指什刹海岸边石墙），名澄清上闸，有碑

1　清光绪五年刊《青浦县志》卷十八《人物二·士绩传·任仁发》，台北：成文出版社影印，1970 年，页 1114。

2　除任仁发墓志之外，任氏墓地还发现溧阳州儒学教授任良佑（1281 ～ 1338）、泾县尹任贤能（1285 ～ 1348）、赣州路总管事陈明（1285 ～ 1351）等人墓志（参见宗典：《元任仁发墓志的发现》，《文物》1959 年第 11 期，页 25 ～ 26）。

文。”[1] 同书又载：“万宁桥，在玄武池（什刹海后海）东，名澄清牐。至元中建，在海子东。至元后复用石重修。虽更名万宁，人唯以海子桥名之。”可知任仁发供职的都水监在今什刹海的后海。其东南有三座桥闸，分别为洪济桥、万宁桥和望云桥。望云桥，即北京地安门东大街东不压桥胡同南口的东不压桥，明代称布粮桥。万宁桥，即今北京地安门外大街的后门桥。洪济桥则为什刹海前海和后海之间的银锭桥，在今银锭桥胡同北口。明代改为单拱石桥，形如银锭，因名银锭桥，元代桥名“洪济桥”反而鲜为人知。古书常以南为“前”，以北为“后”，元故宫北门就称“后红门”。既然“洪济桥（今银锭桥）在都水监前”，“澄清闸二（三）……在都水监东南”，那么都水监应在银锭桥西北。任仁发来京治水就在洪济桥西北都水监，如今这里为民宅占据（图 07）。

元朝制度规定：“凡诸国朝贡使客，虽是经由行省，必须到都（指大都），于会同馆安下。除已令本馆将已起见在使客，询问本国国主姓名、土地广狭、城邑名号、至都里路、风俗衣服、贡献物件、珍禽异兽，具报本部，移关贵监，以备标录。其使客形状、衣冠令唐文质就往本馆摹写外，关请照验。”[2] 1314 年，安德鲁一行三人抵达元大都之际，任仁发正在京城治水，奉仁宗诏作《职贡图》，以图像形式记录了 1314 年罗马教皇遣使来华之事。元代诗人杨维桢为任仁发《九马图》题诗时讲到这件事。[3] 其诗曰：

> 君不见，佛郎献马七度洋，朝发流沙夕明光。
> 任公承旨写神骏，妙笔不数江都王。
> 任公一化那可复，后生画马空多肉。
> 此图此马无人看，黄金台高春草绿。

---

1 《析津志辑佚·河闸桥梁》提到澄清闸三座桥名（熊梦祥，前揭书，页 95），《元一统志》也说“澄清闸三”（孛兰肹等著：《大元大一统志》，收入郑振铎辑：《玄览堂丛书续集》第 30 册，国立中央图书馆影印，1947 年），可知这段文字的“澄清闸二”当系“澄清闸三”之误。

2 ［元］王士点、商企翁编：《秘书监志》卷五《秘书库》（高荣盛点校：《秘书监志》，杭州：浙江古籍出版社，1992 年，页 92）。

3 ［元］杨维桢：《题跋月山公〈九马图〉手卷》，《铁崖诗集》丙集（录文引自陈高华：《元代画家史料汇编》，杭州出版社，2004 年，页 232 ～ 233）。

图 07 元代都水监门前的洪济桥（今北京银锭桥）

任仁发绘《九马图》卷，现藏美国堪萨斯城纳尔逊·阿金斯艺术博物馆（Nelson Atkins Museum of Art，Kansas）。作者卷末自识："泰定甲子（1324）仲春作《九马图》于可诗堂，月山道人。"[1] 杨维桢所说佛郎国献马之事，就指 1314 年欧洲方济各会主教安德鲁一行抵达大都，但《九马图》上并无拂郎马及贡使。杨维桢说"任公承旨写神骏"并非《九马图》，而是指任仁发奉仁宗诏所绘《职贡图》。王逢与任仁发第三子任贤佐有"姻娅之好"，又"避地相邻"，是任氏家族在松江青龙镇的邻居。[2] 王逢为任仁发《职贡图》作跋曰：

好风东来快雨俱，夫须亭观《职贡图》。厥酋高鼻深目胡，冠插翟尾服绣襦，革带鞮鞮鞻貂襜褕。左女执盏右执壶，手容恭如

1 Cf. R. Ward and P. J. Fidler, *The Nelson-Atkins Museum of Art: A Handbook of the Collection*, New York: Hudson Hills Press, 1993, p.321.

2 元末苏州文人顾瑛的玉山草堂，收藏了任仁发的《五马图》。见顾瑛：《家翁命题任月山〈五马图〉》，《玉山璞稿·至正甲午》（参见陈高华，前揭书，页 234）。

下大夫。酋妻髻椎将湛卢，五采杂佩相萦纡。转顾飞虎飞龙旗，锼耳者殿帕首驱。璎珞袒跣两侏儒，一擎木难珊瑚株，一戴玉琢狻猊炉。神獒髬髵状乳貙，复谁牵之鬛发须。最后峨弁饰宝珠，若将入朝谨进趋。秃奚踉蹡亦在途，锦膊骢带汗血驹。尊贵卑贱各尔殊，经营意匠穷锱铢。

唐称二阎道元吴，今也少监称京都。少监材抱岂画史，禹迹曾为帝亲理。河伯川后备任使，无支祈氏甘胥靡。大德延祐贞观比，辇陆航海填筐篚。鸟言夷面远能迩，少监临古不无以。赵公商公暨高李，颉颃霄汉嗟已矣。霱云曙开俨斧扆，包茅不入颣谁泚。周编大书王会礼，安得臣臣奉天纪。陋儒作歌歌正始。[1]

王逢将元朝“大德延祐”年间与唐朝“贞观之治”相媲美，可知《职贡图》绘于1316年以前，因为任仁发在“延佑三年（1316）出知崇明”，离开了元大都。[2]既然此画奉仁宗诏而作，当绘于安德鲁一行三人抵达元大都之年（1314）。

第三节　任仁发笔下的欧洲传教士

任仁发几个儿孙都擅长绘画，子辈贤材、贤能、贤佐，皆为县令，并能传承家学，画人物鞍马，笔法与乃父相近。长子任贤才在泰定二年（1325）十二月十五日出任秘书监“辨验书画直长”；[3]次子任贤能在大德至皇庆年间（1297～1313）入觐进画，被赐金段旨酒。[4]李朝文人申叔舟评论大都画

1 [元] 王逢：《任月山少监〈职贡图〉引》，《梧溪集》卷一（参见陈高华，前揭书，页229）。

2 [元] 王逢：《谒浙东宣慰副使致仕任公及其子台州判官墓》，收入《梧溪集》卷六（参见陈高华，前揭书，页230）。

3 据《秘书监志》卷十记载，任贤材于泰定二年（1325）十二月十五日出任官中“辨验书画直长”（高荣盛点校：《秘书监志》，杭州：浙江古籍出版社，1992年，页92）。

4 此事见任贤能墓志，参见沈令昕、许勇翔：《上海市青浦县元代任氏墓葬记述》，《文物》1982年第7期，页57～59。

坛说："画马名者，曰周朗、任贤能也。"[1] 有学者认为，任贤能就是《奔马图》作者任子昭；[2] 三子任贤佐（字子良），亦擅长画马，有《人马图》入藏北京故宫博物院。任仁发《职贡图》真迹未能流传下来，但任氏后人临摹的三个摹本有幸流传至今。任仁发颇具画名，众人争相模仿，试图以假乱真。1982 年，明王镇墓发掘出一批古画，包括一幅任仁发《人马图》摹本，绢本设色，纵 32.1 厘米，横 57.9 厘米。此图为明初仿元人任仁发之作。画左上角写"月山"，另钤任仁发之伪章。[3]《职贡图》亦为任仁发后人争相模仿，根据这些摹本，我们可以对这幅早已失传的古画进行复原。分述于下：

第一个摹本：任伯温《职贡图》

任伯温字士碓，生卒年不详，任仁发之孙。其父任贤佐（约 1287 ~ 1358）是任仁发三子，字子良。1327 年父卒，由荫累官台州判官，与王逢常有书信往来。1348 年，台州方国珍等发动农民起义，任贤佐远行归吴（今苏州），后被降为南陵（今江苏常州）尹，终老于吴地，年寿约在 70 ~ 80 岁之间。传世作品有《人马图》轴，绢本设色，纵 50.6 厘米，横 36 厘米，现藏北京故宫博物院。[4]

目前所见任仁发《职贡图》的三个摹本中，最好的一个是任伯温的《职贡图》。长卷，绢本设色，纵 36.20 厘米，横 220.40 厘米（图 08）。现藏美国旧金山亚洲艺术博物馆（Asian Art Museum of San Francisco）。卷末有作者"伯温"名款，拖尾有明代大画家文徵明题跋，引首为近代书法家

---

1 [朝] 申叔舟：《匪懈堂画记》，《保闲斋集》（收入朝鲜总督府编：《朝鲜史料丛刊》第 14 辑，1973 年）。

2 黄莎莉：《元任子昭〈奔马图〉》，《新亚学术集刊》第四辑，香港，1983 年，页 303 ~ 309。黄莎莉推测任贤能很可能因其字子敏，与乃父子明有同音之嫌，或改字子昭。不过，她又补充说："除了见自《佩文斋书画谱》所征引的《书画史》外，其墓志无明记，难以断定。"

3 中国古代鉴定组、淮安博物馆合编：《淮安明墓出土书画》，北京：文物出版社，1986 年。

4 徐邦达：《任氏父子事略》，载《历代书画家传记考辨》，上海人民美术出版社，1984 年。

图 08 美国旧金山亚洲艺术博物馆藏任伯温《职贡图》

邓尔疋书“《职贡图》，元任伯温真迹，邓尔疋篆”数字。[1]

第二个摹本：元代无名氏《呈马图》

任仁发《职贡图》第二个摹本，今称元代无名氏《呈马图》，现藏美国华盛顿弗利尔美术馆（Freer Gallery of Art）。绢本设色，纵 31 厘米，横 192.80 厘米（图 09）。画上有后人伪造宋徽宗瘦金体题款：“韩乾呈马图，政和甲午岁御笔，天下一人。”

这幅画的构图及人马造型，与任伯温《职贡图》几乎完全相同。不同的是，画中人马细部颇多缺省。例如：卷前缺了一个头顶狮子香炉的小侏儒。第一位手持香炉的人物，省去了香炉上的烟雾，第二位红衣贡使的头冠，省略了十字架。最后一组人马图的黑花马，又省去了身上花斑。正如研究者指出的，此画“当为任仁发后代、任伯温同时代人所作”。[2] 在任仁发《职贡图》三个摹本中，这个本子是最差的一个。

第三个摹本：九峰道人《三骏图》

任仁发《职贡图》的第三个摹本，今称《三骏图》，现藏北京故宫博

1　林树中编：《海外藏中国历代名画》第 4 册，长沙：湖南美术出版社，1998 年，页 240 ～ 242。

2　林树中，前揭书，页 238 ～ 239。

物院。长卷，绢本设色，纵 32.20 厘米，横 188.70 厘米（图 10）。由于卷前缺少小侏儒、红衣贡使等三个人物，所以全卷比任伯温《职贡图》短了 31.70 厘米；宽度也比任伯温《职贡图》窄了 4 厘米。此画引首有明陈淳所题“三骏图”三个大字。前隔水有明代画家董其昌题跋，拖尾有元代七人伪题，一共钤印二十三方。作者卷末自识：“至正壬午季（1342）秋叔，九峰道人作此图拜进。”九峰道人在至正二年“拜进”的《三骏图》，与任伯温的《职贡图》几乎完全相同，只是缺了卷前三个人物，当系任仁发《职贡图》另一摹本。

九峰道人以地名为号，在松江（今上海青浦），这里是全真道圣地之一。此图当为任仁发的后人绘于家乡上海青浦。有学者认为，作者卷末款识中的“叔”字指排行第三，进而提出“九峰道人”是任仁发三子任贤佐的道号。[1] 这个说法不一定正确。《后汉书·党锢列传》曰：“叔末浇讹，王道陵缺，而犹假仁以效己，凭义以济功。”注曰：“叔末，犹季末也。”故知“秋叔”意为“秋末”，也即 10 月份左右。至正壬午季，即元顺帝至正二年（1342）。

1 James M. Cahill, *An Index of Early Chinese Painters and Paintings: Tang, Sung, and Yüan*, Berkeley: University of California Press, 1980 (reprinted 2003); 余辉：《九峰道人〈三骏图〉卷考略及其它》，《文物》1993 年第 1 期，页 93 ~ 96。

图 09 华盛顿弗利尔美术馆藏《呈马图》

图 10 北京故宫博物院藏九峰道人《三骏图》

这年七月，罗马教廷向元朝进贡异马，在朝野引起极大轰动。宫廷画师周朗、张彦辅纷纷奉诏为之作画，可惜皆已失传，北京故宫博物院藏有周朗《拂郎国献马图》的一个明代摹本。任伯温闻讯后也画了一幅《天马图》，并觐献给了朝廷。[1] 王逢有诗曰：

旌旗交影凤池边，退食微闻午漏传。
犹比至元无事日，印文铜绿长苔钱。
官厨日送蒲萄酒，画省春看芍药阑。
不忘旧为丞相掾，手图天马献金銮。

---

1 [元] 王逢:《简任伯温检校（二首）》,《梧溪集》（文渊阁四库全书本）, 台北商务印书馆, 1983 年, 页 72。

最后一句意思说：任伯温亲手画了一幅《天马图》献给了朝廷。众所周知，献画在元代是一条获取功名的重要出路。元代画家何澄、刘贯道和赵孟頫，全靠画艺入仕元廷。任仁发家族中许多人，也是凭藉画马技艺而获高官厚禄。至正二年（1342），任伯温时年 26 ~ 27 岁，闲居故里，极待获取功名。其父任贤佐时年 55 岁，正在台州判官任上，不需要献画而获取功名。我们怀疑，任伯温可能临摹过两幅任《职贡图》。一幅为旧金山亚洲艺术博物馆藏《职贡图》（图 08）；另一幅在至正二年以《天马图》为名献给了朝廷，也即北京故宫博物院所藏《三骏图》（图 10）。由此可见，九峰道人实乃任伯温的道号。

任氏《职贡图》的人物、鞍马，均以线条钩勒，细劲宛转，连绵流畅。马鞍上装饰纹样描绘尤为精细。设色基本用平涂法，面部及衣纹稍加晕染，

图 11 任仁发《人马图》与任伯温《职贡图》人物鞍马比较

显出凹凸明暗，颇具立体感。全图仅画人马，不表现背景环境。构图和画技皆师法北宋李公麟。画面简洁，近乎白描，骏马造型准确逼真，用笔劲健，设色清雅。高丽诗人李齐贤曾评述任仁发画马特点，说“月山画马不画骨”。[1] 这个艺术风格，在任氏《职贡图》摹本中表现得淋漓尽致。我们认为这三幅画以任仁发《职贡图》为祖本，还有以下几个根据。

第一，据王逢《谒浙东宣慰副使致仕任公及其子台州判官墓》记载，任仁发，“讳霆发，字子明，月山其号也。所著水利书具存。尤善画，其《熙春》、《天马》二图，仁宗诏藏秘监”。[2] 任仁发奉诏所绘《天马图》也没有流传下来，元代诗人华幼武曾经为此画题诗。诗文曰：“天马从龙去，空遗粉墨看。披云五花白，就雪四蹄寒。逸气何深稳，良材有急难。苦心任水监，直欲比曹韩。”[3] 可知任仁发《天马图》画的是一匹“披云五花白，就雪四蹄寒”骏马，这与任仁发《职贡图》摹本第三组人马图上第二匹花马几乎完全相同。

第二，任仁发有一幅《人马图》，其中一组人马图，师法李公麟《五马图》所绘于阗马——凤头骢（图 11 上），现藏美国克里夫兰艺术博物馆（Cleveland Museum of Art）。稍加比较，不难发现任仁发《职贡图》摹本第二组人马图（图 11 下），与这组人马图的画法和构图几乎完全相同。

第三，据王逢题跋，任仁发《职贡图》有“璎珞袒跣两侏儒，一擎木难

1 [元] 李齐贤：《和郑愚谷题张彦辅〈云山图〉》，《益斋乱稿集》卷四，粤雅堂丛书本。
2 [元] 王逢：《梧溪集》卷六（参见陈高华，前揭书，页 230 ～ 231）。
3 华幼武：《任月山画马》，载《黄杨集》卷下；陈高华，前揭书，页 234。

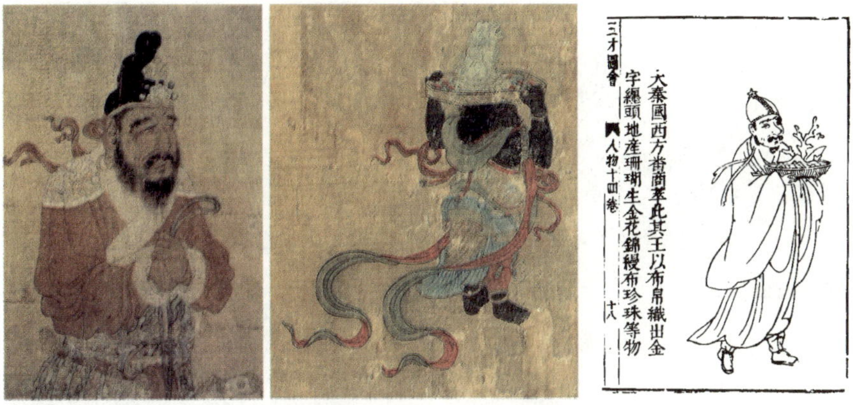

图 12 任伯温《职贡图》局部与《三才图会》的大秦国贡使

珊瑚株，一戴玉琢狻猊炉”。狻猊是中国古书对狮子的别称，这句诗说得正是任仁发《职贡图》摹本第一段头顶玉雕狮子炉的小侏儒（图 12 中）。据王逢描述，这个头顶香炉的小侏儒前面，还应该有另“一擎木难珊瑚株”的小侏儒，可惜这部分画迹今已残缺。在明代王圻、王思义编《三才图会》中，有一幅表现大秦国（即拂郎国）贡使的版画，画中人物手擎一盆珊瑚树（图 12 右）。[1] 这幅版画上西方传教士形象，或许根据任仁发《职贡图》上佛郎国使者肖像。

第四，据史书记载，元代基督徒往往头戴十字架。元人梁相《大兴国寺记》记载：“十字者，取像人身，揭于屋，绘于殿，冠于首，佩于胸，四方上下，以是为准。”[2] 任仁发笔下的三位红衣贡使，头戴主教冠，尤其是第二位贡使的头冠上清楚地绘出了十字架（图 12 左）。[3]

第五，欧洲方济各会修士穿灰色会服，故称“灰衣修士”，主教则穿红衣而称“红衣主教”。罗马教皇派往中国的七位传教士皆被任命为红衣主教，

---

1 [明] 王圻、王思义撰：《三才图会》上册，上海古籍出版社，1988 年，页 862。

2 [元] 梁相：《大兴国寺记》，收入 [元] 俞希鲁编纂：《至顺镇江志》，南京：江苏古籍出版社，1999 年，页 365。

3 林树中，前揭书，页 242。

图 13 任伯温《职贡图》的红衣主教与乔托笔下的方济各主教

最后只有安德鲁等三人抵达大都。任仁发《职贡图》摹本恰好有三个贡使身穿红衣，当即安德鲁等三位红衣主教。据安德鲁写给教友的书信，他们“在行经海路、陆路时，备受艰难困苦和饥饿劳累，几经生命危险，又遭强盗洗劫，连教士衣装也尽丢失，幸有天主保佑，据我所记，终于在我主纪元 1318 年（当系 1313 年之误）抵达大汗帝国都城汗八里。”[1]

任仁发笔下三位贡使中，只有第一位穿红衣主教正式服装。这位主教秃顶黄皮肤，长发披肩，身披红色主教服，头戴主教冠，赤脚穿凉鞋（图 13 左），与意大利文艺复兴时期画家乔托笔下的方济各会红衣主教（图 13 右）如出一辙。[2] 据当时在大都传教的另一位意大利传教士鄂多立克介绍，“有一次，他（大汗）正登程去汗八里，我们听到他驾临的消息，我们的一位

1 阿·克·穆尔，前揭书，页 218。

2 乔托笔下红衣主教彩色照片，引自 Luciano Bellosi, *op. cit.* p. 53。

主教，还有几位修士和我赶二日路程去迎接。快要接近时，我将十字架置于杆头，以便他能明显看到。此外，我还一手端一随身携带之香炉。”[1] 任仁发时任京城都水少监，显然见过手持香炉的方济各传教士，所以在红衣主教身旁画了一位手持香炉的贡使。

据以上调查，元人画迹中有任仁发奉仁宗诏所作《职贡图》三个摹本，以图画形式记录了 1314 年抵达元大都的教皇使团安德鲁一行三人。美国旧金山亚洲艺术博物馆藏品名叫《职贡图》，华盛顿弗利尔博物馆藏品称《呈马图》，而北京故宫博物院藏品则称《三骏图》。我们认为，《职贡图》和《三骏图》可能是任仁发之孙任伯温的两个摹本。大德四年（1300）七月，前平滦路盐司副使唐文质上奏曰："历代远方珍异者多矣，切以官爵姓名图画至今，后世传之，以为盛事。圣朝自业以来，积有年矣，名臣烈士，尤盛于前代，俱未见于图画。文质不避僭越之罪，愿尽平生之学，画远方职贡之图及名臣之像，藏诸秘府，以传永久。如准所言，实为盛事。”根据唐文质的建议，元廷规定："凡诸国朝贡使客，虽是经由行省，必须到都，于会同馆安下。除已令本馆将已起见在使客，询问本国国主姓名、土地广狭、城邑名号、至都里路、风俗衣服、贡献物件、珍禽异兽，具报本部，移关贵监，以备标录。其使客形状、衣冠令唐文质就往本馆摹写外，关请照验。”[2] 显然，任仁发就是根据这个规定，奉诏为安德鲁一行作《职贡图》。

元代末年，罗马教皇派约翰·马黎诺里一行访华，至正二年七月抵达元上都。除了向元顺帝进呈教皇信件之外，这个罗马使团还献上一匹异国五花马，在朝野引起极大轰动。元顺帝在元上都慈仁殿举办盛大宴会，朝中大学士，宫廷画师纷纷赋诗作画。[3] 北京故宫博物院藏有一件《拂

1 何高济译：《海屯行纪·鄂多立克东游录·沙哈鲁遣使中国记》，北京：中华书局，1981 年，页 88。

2 [元] 王士点、商企翁编次，高荣盛点校：《秘书监志》，杭州：浙江古籍出版社，1992 年，页 98。

3 关于元顺帝在上都慈仁殿接见拂朗国使者的考证，参见陈得芝：《蒙元史研究丛稿》，北京：人民出版社，2005 年，页 52。

图 14 周朗绘《拂朗国献马图》明代摹本

朗国献马图》明代摹本，左下角有名款“周朗奉敕画”（图 14）。纸本白描，纵 30.3 厘米 横 134 厘米。周朗，字伯高，号冰壶画隐，元惠帝朝宫廷画师；生卒年月不详，永嘉（今温州市永嘉县）人氏。传世之作只有一件《杜秋娘图》为真迹，纸本设色，纵 32.5 厘米，横 285.5 厘米，现藏北京故宫博物院。

《拂朗国献马图》描绘译官将贡马引向元帝，其后跟随两位拂郎国贡使，衣着中西混搭，执杖佩剑。元帝坐在宫女、文臣、相马师中端详贡马。描法纤弱，用墨柔和轻淡，傲慢的元帝与谦卑的贡使形成鲜明对照（图 14）。这副画的前隔水有元代名臣揭奚斯题跋临本，其文曰：“皇帝御极之十年（元惠宗至正二年 / 1342）七月十八日，拂郎国献天马。身长一丈一尺三寸有奇，高六尺四寸有奇，昂首高八尺有二寸。廿有一日，敕臣周朗貌以为图。廿有三，诏臣揭傒斯为之赞……”这幅《拂朗国献马图》明代临摹本，为我们研究元代《职贡图》的形式提供了重要实物。[1] 任仁

1 华彬著：《中国宫廷绘画史》，沈阳：辽宁美术出版社，2003 年，页 276 ~ 277。

发《职贡图》摹本的发现，为我们研究元代《职贡图》以及元代中国与罗马教廷之间宗教文化交流提供了又一个重要实物。

十二　元大都的凯旋门

2010 年 9 月 ~ 2011 年 1 月，《忽必烈的世界——中国元代艺术展》在美国纽约开展。这个展览由中华文物交流协会与纽约大都会艺术博物馆联合举办。中国文物交流中心作为中方承办单位，组织了中国 13 个省市自治区 25 家文博单位收藏的百余件文物精品参展。另有上百件展品是台北故宫博物院，美国、英国、德国、加拿大、日本等地多家博物馆和私人收藏家提供的。尽管展览名为《忽必烈的世界》，但是展品却不限于元代前期，包括不少元代中晚期的书画以及元代中期才出现的元青花。每一件展品皆可谓精美绝伦，生动展现了元帝国昔日的辉煌。我们感兴趣的是，美国纳尔逊·阿金斯艺术博物馆送展的一幅元代绘画，上面绘有元大都的崇天门。[1] 这座城楼是元大内宫城正门，早在明成祖重建紫禁城时毁于一旦。

这幅元代画卷本为上海收藏家谭敬旧藏，后来流入美国。长期以来，此图一直误当作宋画，旧称“宋人画赵遹《泸南平夷图》”。[2] 1987 年傅熹年访美期间，在纳尔逊·阿金斯艺术博物馆见到这幅“宋画”。不过，他认为当系元人画迹，建议更名“元人《宦迹图》”。[3]

元大都的崇天门相当于明清紫禁城的午门，每逢重大战争，大军凯旋，都要在此举行向皇帝敬献战俘的“献俘礼”。乾隆皇帝平定大小和卓之乱的受降仪式，就是在午门举行的。为了纪念平叛胜利，乾隆皇帝令郎世宁

1　James C.Y. Watt, *The World of Khubilai Khan: Chinese Art in the Yuan Dynasty*, New Haven and London: Yale University Press, 2010, pp. 43-45, fig. 51.

2　林莉娜：《千载寂寥披图可鉴——宋人画赵遹泸南平夷图新探》，《故宫文物月刊》8 卷 5 期，1990 年，页 10 ～ 27; Roger Ward and Patricia J. Fidler, *The Nelson-Atkins Museum of Art: A Handbook of the Collection*, New York: Hudson Hills Press, 1993, p. 316.

3　傅熹年：《访美所见中国古代名画札记（下）》，《傅熹年书画鉴定集》，郑州：河南美术出版社，1999 年，页 80 ～ 97。

图 01 郎世宁等清宫西洋画师所绘《平定西域图册》铜版画

（Giuseppe Castiglione）等清宫西洋画家绘制《平定西域图册》，纵 55.4 厘米，横 90.8 厘米，并送往欧洲制作成铜版画（图 01）。在这个意义上，崇天门在中国建筑史上的地位相当于欧洲古典建筑的凯旋门。2006 年访美时，我曾经专程到纳尔逊·阿金斯博物馆读原画。[1] 回京后，翻检相关史料，颇有所获。本文将在前人研究基础上，探讨这幅元代画卷产生的历史背景、画中主人公，画之作者，尤其是画中所见湮灭 600 年之久的元大都崇天门。

第一节 宋徽宗题签之谜

在元人《宦迹图》画卷前隔水书有宋徽宗瘦金体“笃恭”两个大字，其后为永乐帝驸马沐昕篆书引首“徽宗宸翰”四个大字，卷后又有沐昕行书跋文（图 02），称此题签乃宋徽宗所书，为襄城伯李君所藏。沐昕跋文曰：

1 2006 年 4～5 月，我应纽约大都会艺术博物馆亚洲部主任屈志仁（James C.Y. Watt）先生邀请，到纽约策划《忽必烈的世界》文物展。访美期间，受纽约大都会博物馆亚洲部委托，我曾经专程赴纳尔逊·阿金斯博物馆调查中国书画和文物。这次调查得到该博物馆东方部主任杨晓能博士热情帮助，一并在此表示我由衷的感谢。

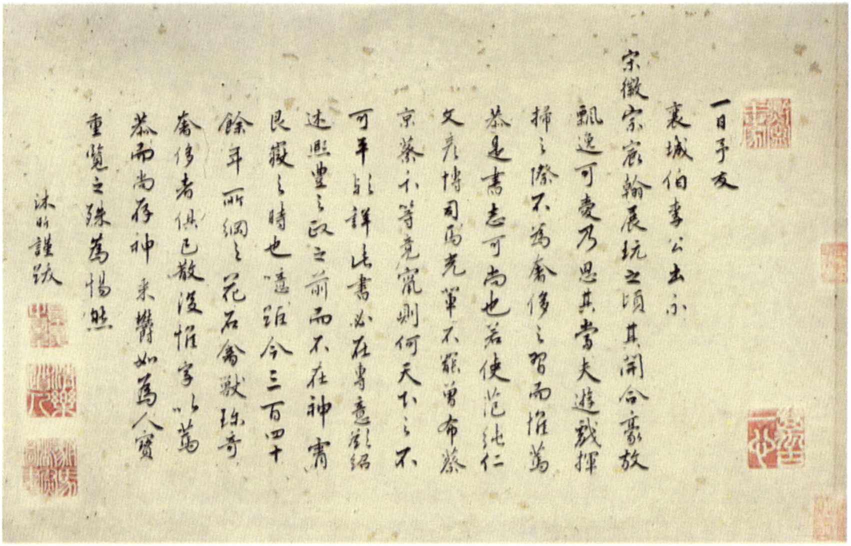

图 02 元人《宦迹图》沐昕跋文

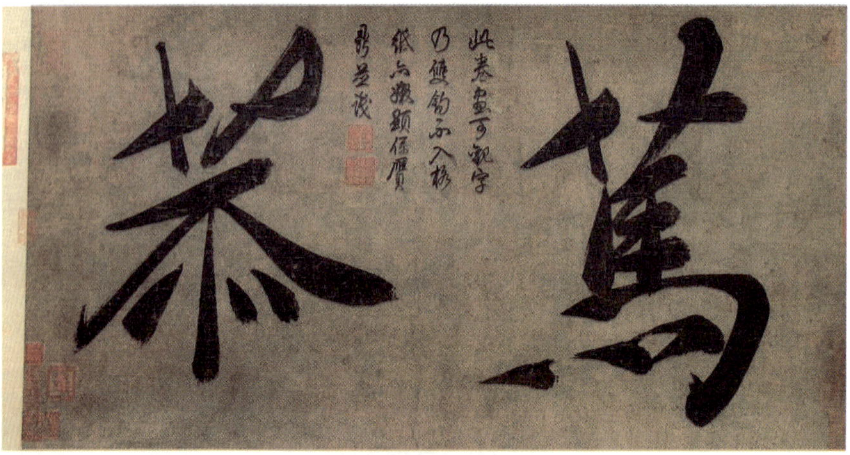

图 03 元人《宦迹图》前隔水明仁殿五爪金龙御用纸笺上“笃恭”二字

“一日，予友襄城伯李公出示宋徽宗宸翰，展玩之顷，其开合豪放、飘逸可爱。乃思其当夫游戏挥扫之际，不为奢侈之习，而惟‘笃恭’是书，志可尚也。若使范纯仁、文彦博、司马光辈不罢，曾布、蔡京、蔡卞等竟宁，则何天下之不可平与！详此书必在专意彪绍述、熙丰之政之前，而不在神霄艮岳之时也。噫！虽今三百四十余年，所纲之花石禽兽、珍奇奢侈者俱已散没，惟字以‘笃恭’而尚存，神采郁如，为人宝重。览之，殊为惕然。沐昕谨跋。”此外，卷后明宣德十年吴纳跋文也提到“笃恭”二字乃宋徽宗所书，但是沐昕和吴纳均未提到此画，可见明初此图是以书法见重而流传于世。

宋徽宗瘦金体“笃恭”二字，写在明仁殿五爪金龙御用纸笺上。纽约大都会艺术博物馆网站上刊布的照片不清楚，纳尔逊·阿金斯艺术博物馆东方艺术部主任马麟博士最近寄给我们的照片上可以清楚地看到“明仁殿”三个金字（图03），但是五爪龙纹仍然不清楚。[1]明仁殿是元故宫后殿之一，位于延春阁（永乐帝将其埋在北京景山下）西侧。明初萧洵《故宫遗录》记载："自瀛洲西渡飞桥上回阑，巡红墙而西，则为明仁宫。"[2]陶宗仪《南村辍耕录》记载："明仁殿纸与端本堂纸略同，上有泥金杰隶书‘明仁殿’三字。"[3]明仁殿御用纸是元代宫廷内府专用纸，质量佳绝，为一时之最。端本堂是元大内另一宫殿名称，陶宗仪说“皇太子方在端本堂读书”。[4]据傅熹年分析，“沐昕、李隆都是永乐时勋戚，去元亡仅三四十年，又居住在北京，不会不知明仁殿是元宫内殿和明仁殿笺是元帝御用笺。沐氏一家又是明初收藏书画的名家，也不会不认识宋徽宗的笔迹。当是想保存此书，又不愿显言是元顺帝墨迹，有意改题作宋徽宗书的”。他在下文强调，“在这种五爪金龙御用笺上作书的只能是元代某一位皇帝，而以元顺帝所书的可能性最大”。[5]

从元文宗开始，在中原文化濡染之下，元帝纷纷练习中国书法绘画。陶宗仪《南村辍耕录》记载："文宗居金陵潜邸时，命臣房大年画京都万寿山。大年辞以未尝至其地。文宗索纸画布位置，令按稿图之。大年得稿敬藏之。意匠经营，格法遒整，虽绩学专工，所莫及之。"[6]1988年江西景德镇珠山

1 这里再次感谢纳尔逊·阿金斯博物馆东方部主任马麟博士的热情帮助。

2 [明]萧洵《故宫遗录》，引自清于敏中编：《日下旧闻考》，北京古籍出版社，1983年，页488。

3 [清]阮元撰：《石渠随笔》卷八《论纸笺》引《辍耕录》，清阮亨扬州珠湖草堂刻本，叶20b。

4 [元]陶宗仪：《南村辍耕录》，北京：中华书局，1959年，页21。

5 傅熹年，前揭书，1999年，页91。

6 陶宗仪，前揭书，前揭书，页327。

图 04 景德镇浮梁磁局为元文宗烧造的五爪龙纹青花砚台

北麓风景路元代浮梁磁局窑址发现了一件元青花双角五爪龙纹砚台，2009年送到北京首都博物馆参加元青花大展（图 04）。[1] 据景德镇陶瓷研究所前所长刘新园考证，此类砚台可能是为元文宗烧造的文具。[2]

元顺帝妥懽帖睦尔，幼年受皇位争夺之累，先后贬居高丽和广西，颇受汉文化熏陶。他在静江大园寺寓居，拜秋江长老为师，读《论语》、《孝经》，并每日写字两张。即位后，顺帝颇喜搜集碑帖，时有御书赐与臣下，并要求太子爱猷识理达腊学虞世南字。虞世南是唐代大书法家，师从王羲之七世孙、隋朝书法家智永禅师学习书法。他的字用笔圆润，外柔内刚，结构疏朗，气韵秀健。代表作有《孔子庙堂碑》等，传说唐太宗学书就以虞世南为师。看来，元顺帝书法模仿虞世南。《元史 · 巙巙传》记载了这样一个故事。其文云："帝（指元顺帝）一日览宋徽宗画，称善。（康里）巙巙进

1 承蒙友人梁鉴拍摄实物照片，谨致谢忱。

2 刘新园：《元文宗——图帖睦尔时代之官窑瓷器考》，《文物》2001 年第 11 期，页 47 ～ 49。

言：‘徽宗多能，惟一事不能。’帝问：‘何谓一事？’对曰：‘独不能为君耳，身辱国破，皆由不能为君所致。人君贵能为君，他非所尚也。’或遇天变民灾，必忧见于色，乘间则进言于帝曰：‘天心仁爱人君，故以变示儆。譬如慈父于子爱，则教之戒之，子能起敬起孝，则父怒必释。人君侧身修行，则天意必回。’帝察其真诚，虚己以听。”[1] 凡此表明，元顺帝不会模仿宋徽宗书法在画上题签。

元顺帝与高丽贡女奇皇后所生之子，名叫“爱猷识理答腊”，从小在宫中生长，后立为太子。元亡后，爱猷识理答腊当了元遗民在漠北建立的北元王朝宣光皇帝（1371 ~ 1378）。这位元太子师从至治元年进士李好文读儒书多年，尤其喜临宋徽宗字帖。[2] 元末李士瞻《为福建监宪恩德卿作》诗序云：“太子聪明天授，锐志圣学，皇帝为开端本堂以教太子。太子自与师保之臣讲颂不辍，性雅好翰墨，内有所蕴，外笔之书，然每书辄寓惩劝以赐近臣。福建府省右丞恩宁普君以西夏名族扬历中外，声光赫然，太子为书：‘文行忠信，为善最乐’八字以褒宠之，笔势飞动，气象森然。”[3] 元末明初宋濂《故江东捡宪郑君墓志铭》云：“日侍太子研席，宠遇殊甚，尝问君家同居事，屡叹以为嘉瑞，书‘麟凤’二字美之……复赐‘眉寿’二大字，君持归以为亲荣。”[4] 故知这位元太子好书法。

元遗民权衡《庚申外史》特别提到这位元太子喜好临摹宋徽宗法帖。其文云：“至正二十二年，太子酷好佛法，于清宁殿置龙床中坐，东西壁布长席，西番僧、高丽僧列坐满长席。太子尝谓左右曰：‘李先生教我读儒书许多年，我不省书中何言。西番僧教我佛经，我一夕便晓。’李先生者，状元李好文也。太子初学书，甚遒劲，其后放荡无拘检，专喜临宋徽宗字帖，

1 ［明］宋濂等：《元史》，北京：中华书局，1976 年，页 3412。关于元顺帝的文化素养，参见蓝武：《元顺帝妥懽帖睦尔的文化素养及其心态研究》，《广西师范大学学报》2005 年第 1 期，页 158。

2 《元史·顺帝纪九》和《元史·李好文传》。

3 ［元］李士瞻：《经济文集》卷六，四库全书本，叶 1b。

4 ［明］宋濂：《宋文宪公全集》卷四十九，收入《四部备要·集部》，上海：中华书局，1929 年铅印本，页 558。

谓之‘瘦筋书’。或告之曰：‘徽宗亡国之君，不足为法。’太子曰：‘我但学其笔法飘逸，不学他治天下，庸何伤乎？’”。[1]所谓“瘦筋书”或称“瘦金体”，那么元顺帝时明仁殿御用笺上模仿宋徽宗瘦金体所书“笃恭”二字，当系元太子爱猷识理答腊所书。

耐人寻味的是，在《宦迹图》题签“笃恭”二字左下角还钤有一方元朝蒙古人常用的花押朱印（图03）。陶宗仪《南村辍耕录·刻名印》记载："今蒙古色目人之为官者，多不能执笔画画押，例以象牙或木，刻而印之。宰辅及近侍官至一品者，得旨则用玉图书押字。非特赐不敢用。按（后）周广顺二年，平章李穀以病臂辞位，诏令刻名印用。据此，则押字用印之始也。"[2]我在纳尔逊·阿金斯艺术博物馆读原画时，确认这方印章内容为藏传佛教的梵文六字真言第一个字 am（唵）。爱猷识理答腊笃信西藏喇嘛教，这方梵文六字真言花押当系这位元太子之印章，那么，元人《宦迹图》必绘于元代末年无疑。

第二节　元人《宦迹图》之主人公

元人《宦迹图》为大型历史画轴，讲述一位从小受儒学教育的书生，临危受命，最终成长为征战四方的元军将领。画上有元太子题笺和画押，可见画中人物绝非等闲之辈。我们找到一些线索，说明画中主人公不是别人，正是元末战争中的风云人物——察罕帖木儿。《元史·察罕帖木儿传》记载："察罕帖木儿，字廷瑞，系出北庭。曾祖阔阔台，元初随大军收河南。至祖乃蛮台、父阿鲁温，皆家河南，为颍州沈丘（今安徽临泉县西北）人。察罕帖木儿幼笃学，尝应进士举，有时名。身长七尺，修眉覆目，左颊有三毫，或怒则毫皆直指。居常慨然有当世之志。"[3]元朝统治者人分四等，分别为蒙古人、色目人、北人和南人，而察罕帖木儿属于元朝二等公民色目人。

1 ［元］权衡著，任崇岳笺证：《庚申外史笺证》，郑州：中州古籍出版社，页114～115。
2 陶宗仪，前揭书，页27。
3 宋濂，前揭书，页3384。

他家本为突厥系乃蛮人，久居中原，汉化程度颇深，取汉姓李氏。察罕帖木儿自幼读四书五经，参加过科举考试，名闻乡里。[1]

这幅大型历史画轴主要由七个画面组成：第一个画面描绘察罕帖木儿家族久居中原，汉化程度相当深。这家人住在一个四合院内，院门开在东墙南端，采用元代流行的木门，门楣开有五个棂窗，上书“旌表孝节慈仁”五个大字。这个院门与日本近年发现的、传为王振朋所绘《唐僧取经图册》第十二幅《毗蓝园见摩耶夫人》上的元代木门相同，[2] 再次证明此图必为元人画迹无疑。《元典章》卷三十三《礼部六・孝节》记载：元朝统治者根据宋代理学,不仅对守节烈女大加旌表,而且对五世同居之家亦“旌表其门”。[3] 画中有一位私塾先生正在书房内给小童授课，描绘的正是察罕帖木儿从小受儒学教育的场景（图 05）。

至正十一年爆发红巾军大起义，其中一支起于察罕帖木儿的家乡颍州，领导人是刘福通。为了消除红巾军的威胁，脱脱上奏元廷曰：“方今河南汉人反，宜榜示天下，令一概剿捕。诸蒙古、色目因迁谪在外者，皆召还京师，勿令诖误。”[4] 这是要把汉人赶尽杀绝,后来看到汉族地方豪绅也敌视红巾军，就宣告免除南人、北人界限，凡起兵镇压红巾军的人都给以万户、千户、百户的爵赏。《宦迹图》第二个画面中有两个元廷命官，头戴笠子帽，身穿辫线袄，足踏黑皮靴，正被小书童领进庭院（图 06）。

《元史・舆服二・崇天卤簿》羽林宿卫条记载：“羽林将军二人……领宿卫骑士二十人……皆角弓金凤翅幞头、紫袖细褶辫线袄、束带、乌靴……”[5] 那么，这两位头戴笠子帽，身穿辫线袄的人物应该是元廷派来的蒙古官吏。《元史・察罕帖木儿传》记载：“至正十一年，盗发汝、颍，焚城邑，杀长

1 党宝海：《察罕帖木儿的族属、生年与汉姓》，《中国史研究》，1998 年第 3 期，页 175 ～ 176。

2 [日] 海老根聪郎、西冈康宏编：《世界美术大全集・东洋编 7・元》，东京：小学馆，1999 年，页 127，图 105。

3 陈高华等整理：《元典章》点校本第二册，北京：中华书局 / 天津古籍出版社，2011 年，页 1146 ～ 1147。

4 权衡，前揭书，页 69。

5 宋濂等，前揭书，页 1983。

图 05 元人《宦迹图》第一个画面

图 06 元人《宦迹图》第二个画面

吏，所过残破，不数月，江淮诸郡皆陷。朝廷征兵致讨，卒无成功。十二年，察罕帖木儿乃奋义起兵，沈丘之子弟从者数百人。与信阳之罗山人李思齐合兵，同设奇计袭破罗山。事闻，朝廷授察罕帖木儿中顺大夫、汝宁府达鲁花赤。于是所在义士俱将兵来会，得万人，自成一军，屯沈丘，数与贼战，辄克捷。”[1] 据此，《宦迹图》第二个画面当描写至正十二年察罕帖木儿临危受命，接受元廷所授“中顺大夫、汝宁府达鲁花赤”等军政要职。画中表现察罕帖木儿脱下百姓服，换上元廷赠予的红色宋式官服的场景。元朝官吏或穿宋式官服，如故宫博物院藏赵子昂（孟頫）《人骑图》所绘元朝官吏，就身着红色宋式官服。[2]

《元史·察罕帖木儿传》又载：“（至正）十八年，山东贼分道犯京畿。朝廷征四方兵入卫，诏察罕帖木儿以兵屯涿州。察罕帖木儿即留兵戍清湫、义谷，屯潼关，塞南山口，以备他盗。而自将锐卒往赴召。”[3] 这是史书所载察罕帖木儿唯一一次到元大都觐见元朝皇帝。至正十九年，察罕帖木儿率

1 宋濂，前揭书，页 3884。

2 James C.Y. Watt, *op. cit.* pp.194 ～ 195, fig. 213.

3 宋濂等，前揭书，页 3386。

图 07 元人《宦迹图》第三个画面

元军镇压红巾军起义。《新元史·察罕帖木儿传》记载:“不旬日，河南悉定。献捷京师，欢声动中外，以功拜河南行省平章政事，兼知河南行枢密院事、陕西行台御史中丞，仍便宜行事，赐御衣、七宝腰带。”[1] 我们认为，《宦迹图》第三个画面描绘的正是察罕帖木儿“献捷京师”，并接受元顺帝“赐御衣、七宝腰带”之事。画中表现的当是察罕帖木儿脱下红色宋式官服，穿上元顺帝所赐御衣的场景（图 07）。[2]

据傅熹年分析，“卷中所画人物所着袍多为开襟右衽，戴圆顶四周出短檐的帽子，上有帽顶，脑后垂护颈软巾，和故宫南薰殿旧藏元代诸帝像册中所画元成宗以下诸帝所戴帽形式相同，即《元史·舆服志》中所载的‘钹笠’，衣襟右掩的样式也全同，是典型的元代的‘国服’，即蒙古装”。需要补充的是，《宦迹图》第三个画面表现的不是一般的“蒙古装”，而是元朝皇帝的“御衣”。据史书记载，元朝皇帝经常向有功之臣赐御衣或蟒袍。

其一、《元史·许有壬传》记载：至正“六年，召为翰林学士，既上，又辞。监察御史累章辨其诬。俄拜浙西廉访使，未上，复以翰林学士承旨召，

1 柯劭忞，前揭书，页 859 下。

2 James C.Y. Watt, *op. cit.* pp.44 ～ 45, fig. 51.

仍知经筵事。明年夏，授御史中丞，赐白玉束带及御衣一袭……”[1]

其二、《元史·庆童传》记载：“至是，庆童在江浙已七年，涉历险艰，劳绩甚优著，召拜翰林学士承旨，改淮南行省平章政事，未行，仍任江浙。（至正）十八年，迁福建行省平章政事，未行，拜江南行台御史大夫，赐以御衣、上尊。”[2]

其三、《元史·土土哈传附床兀儿传》记载：大德“二年，北边诸王都哇、彻彻秃等潜师袭火儿哈秃之地。其地亦有山甚高，敌兵据之。床兀儿选勇而善步者，持挺刃四面上，奋击，尽覆其军。三年，入朝，成宗亲解御衣赐之，慰劳优渥，拜镇国上将军、佥枢密院事、钦察亲军都指挥使、太仆少卿。复还边”。[3]

元朝皇帝的御衣绘有五爪龙纹，或称蟒袍，但是赐予臣下或藩王的御衣只能绘四或三爪龙。[4]元帝御衣至少有蓝、白、红三种颜色。纽约大都会艺术博物馆藏元代大威德金刚曼荼罗唐卡缂丝，左下角绘有元文宗、元明宗兄弟及皇妃卜答失里、八不沙的御容。两位元帝头戴钹笠帽，身上外穿白色和蓝色龙纹胸背搭护，内穿通袖膝龙襕窄袖袍（图08）。[5]

至正二十年，察罕帖木儿转战于河南、陕西、山西之间，准备收复红巾军占领的山东地区。《元史·察罕帖木儿传》记载：“先是，中原乱，江南海漕不复通，京师屡苦饥。至是，河南既定，檄书达江浙，海漕乃复至。察罕帖木儿既定河南，乃以兵分镇关陕、荆襄、河洛、江淮，而重兵屯太行，营垒旌旗相望数千里。乃日修车船，缮兵甲，务农积谷，训练士卒，谋大

1 宋濂等，前揭书，页4202。
2 宋濂等，前揭书，页3399。
3 宋濂等，前揭书，页3135。
4 《元典章》卷五十八《工部一·造作一》记载：“大德元年三月十一日，不花帖木儿奏：‘街市卖的段子，似上位穿的御用大龙则少一个爪儿，四个爪儿的［织］着卖有。’奏呵，暗都剌右丞、道［兴］尚书两个钦奉圣旨：‘胸背龙儿的段子织呵，不碍事，教织（着）。似咱每穿的段子织缠身（上）［大］龙的，完泽根底说了，各处遍行文书禁约，休织者。钦此”（陈高华等，前揭书，页1963～1964）。《元史·顺帝本纪二》记至元二年夏四月丁亥诏：“禁服麒麟、鸾凤、白兔、灵芝、双角五爪龙、八龙、九龙、万寿、福寿字、赭黄等服”（宋濂等，前揭书，页834）。
5 尚刚：《蒙元御容》，《故宫博物院院刊》2004年第3期，页45；这件缂丝上的元帝御容照片，参见James C.Y. Watt, *op. cit.* pp.112-113, fig. 146。

图 08 纽约大都会艺术博物馆藏元大威德金刚曼荼罗唐卡缂丝之元帝御容

举以复山东。”[1]《新元史·察罕帖木儿传》记载：至正“二十年正月，河南贼犯杞州，察罕帖木儿讨平之，遣兵复永城县。又复宿州，擒贼将梁绵住。察罕帖木儿既定河南，乃分兵守关陕、荆襄、河洛、江淮，而以重兵屯泽、潞，营垒旌旗千里相望。日修车船，缮兵甲，务农积谷，训练士卒，谋大举以复山东”。[2] 元人《宦迹图》第四个画面似乎描述至正二十年察罕帖木儿“务农积谷，训练士卒，谋大举以复山东”之事（图 09）。

《新元史·察罕帖木儿传》记载：至正“二十一年，察罕帖木儿谍知山东群贼相攻，六月，乃舆疾自陕西抵洛，大会诸将，议师期。发晋宁军出

1 宋濂等，前揭书，页 3387。
2 柯劭忞，前揭书，页 859 下。

图 09 元人《宦迹图》第四、第五个画面

井陉，辽、沁军出邯郸、泽、潞军出磁州，怀、卫军出白马，及汴、洛军，分道并进。察罕帖木儿建大将旗鼓，渡孟津，鼓行而东。七月，复冠州、东昌。八月，师至盐河，遣其子扩廓帖木儿、闫思孝等，会关保、虎林赤，造浮桥以济。拔长清，进捣东平。田丰遣崔世英等拒战，大败之，斩首万余级，直抵城下。察罕帖木儿以田丰据山东久，军民服之，乃遗书谕以逆顺之理。丰及王士诚，俞宝、杨诚等皆降，遂复东平、济宁。时群贼聚于济南，其贼首刘珪屯齐河、禹城以拒官军。察罕帖木儿分遣奇兵，间道出贼后，南略泰安，逼益都，北徇济阳、章丘，中循濒海郡县。自将大军渡河，与贼将战于分齐镇，大败之。进逼济南，齐河、禹城俱送款，南道诸将亦报捷。再败益都兵于好石桥，围济南。三月，刘珪出降，诏拜中书平章政事、知河南山东行枢密院事、陕西行台中丞如故”。[1] 元人《宦迹图》第六个画面，描绘的正是察罕帖木儿转战陕西、山西、山东等地，率元军镇压农民起义军的场景（图 10）。

元人《宦迹图》第七个画面似乎描述至正二十一年田丰、王士诚，俞宝、杨诚等农民起义军将领向察罕帖木儿投降的场景（图 11）。不过，此

1 柯劭忞，前揭书，页 860 上。

图 10 元人《宦迹图》第六个画面

图并未到此结束，后面部分显然被人剪裁。古董商为了一幅画卖两幅画的钱，经常肆意裁剪古画。《新元史 · 察罕帖木儿传》记载：至正“二十二年，山东俱定，独益都犹未下。六月，田丰、王士诚阴结城中贼，图作乱。初，丰等降，察罕帖木儿推诚待之，数独入其营中。丰乃请察罕帖木儿巡营垒，众以为不可往。察罕帖木曰：‘吾推赤心待人，安得人人防之。’左右请以力士自卫，又不许。以十一骑从行，至王信营，又至丰营，遂为士诚所刺杀。事闻，帝震悼，京师及四方之士无不恸哭”。[1] 我们怀疑，《宦迹图》被剪裁的部分，或许表现察罕帖木儿被王士诚刺杀的场景。

爱猷识理答腊立为太子后，元朝内部党争日益激烈。这位元太子试图提前登基，造成了他与父亲元顺帝的紧张关系。至正二十四年，爱猷识理答腊的政敌将军孛罗帖木儿带兵闯入元大都，这位元太子被迫流亡到察罕帖木儿的养子、北方军阀王保保控制的太原地区，并以此为基地，召集各省军阀准备反攻孛罗帖木儿。不久，元顺帝对孛罗专权产生不满，派人将其刺死，并将人头送到太原，召回太子爱猷识理答腊，并与他和解。

《明史 · 扩廓帖木儿传》记载：“扩廓帖木儿，沈丘人（今安徽临泉）。

1 柯劭忞，前揭书，页 860 上。

图 11 元人《宦迹图》第七个画面

本王姓，小字保保，元平章察罕帖木儿甥也。察罕养为子，顺帝赐名扩廓帖木儿。”由于文献语焉不详，王保保是汉人还是蒙古人，学界一直存在争议。近年洛阳出土赛因赤答忽墓志明确记载王保保系蒙古人。墓志曰：“公讳赛因赤答忽，系出蒙古伯也台氏。其先从世祖皇帝平河南，因留光州固始县（今河南固始县），遂定居焉。曾祖阔阔出，赠中奉大夫、陕西行省参知政事、护军，追封云中郡公。祖喜住，赠资善大夫、四川行省左丞、上护军，追封云中郡公。考伯要兀歹，赠荣禄大夫、湖广行省平章政事、柱国、追封蓟国公。曾祖妣乞咬氏，祖妣伯牙兀真，皆赠云中郡夫人。妣完者伦，赠蓟国夫人。公喜读书，习吏事，有远略，能骑射，才力过人。……子三人，长扩廓铁穆迩（即扩廓帖木儿），生而敏悟，才器异常，幼多疾，忠襄（察罕帖木儿谥号）以母舅氏视之如己子，遂养于家。蚤从忠襄历戎马间，事必属之，所向皆如志。”[1] 由此可知，扩廓帖木儿的生父是蒙古人赛因赤答忽，他从小过继到舅父察罕帖木家当养子。察罕帖木儿从小受儒学教育，崇尚

1　洛阳市铁路北站联合考古发掘队：《元代赛因赤答忽墓的发掘》，《文物》1996 年第 2 期，页 22 ～ 33；赵振华：《元赛因赤答忽墓志考》，《内蒙古社会科学》1994 年 2 期，页 64 ～ 70。

中原文化，所以给养子取汉名“王保保”。[1]

据史书记载，蒙古名“扩廓帖木儿”是元顺帝后来赐予王保保的。《明史·扩廓帖木儿传》记载：“当是时，微扩廓，太子几殆。扩廓功虽高，起行间，骤至相位，中朝旧臣多忌之者。而扩廓久典军，亦不乐在内，居两月，即请出治兵，南平江、淮。诏许之，封河南王，俾总天下兵，代皇太子出征，分省中官属之半以自随。卤簿甲仗互数十里，军容甚盛。”[2]

元人《宦迹图》所题“笃恭”一词，典出《中庸》三十三章。原文作：“《诗》曰：‘不显惟德！百辟其刑之。’是故君子笃恭而天下平。”[3]意思说：“《诗经·周颂·烈文》说：‘大力弘扬美德，各路诸侯纷纷效法。’因此，君子只要做到本分老实，天下就太平无事了。”元太子爱猷识理答腊让宫廷画师绘制这幅画，并亲笔题签，其目的无非是教化镇压农民起义军的各路元军将领，尤其是察罕帖木儿养子王保保，要他们向为国殉难的察罕帖木儿学习，效忠元帝国。

第三节　元人《宦迹图》之作者

元人《宦迹图》所绘察罕帖木儿小时候居住的院落，并非他家乡颍州沈丘（今安徽临泉县西北）的民居，而是元大都的四合院。此外，画中绘有中国北方流行的一种木檐炕（图 05 ~ 06）。这类木檐炕亦见于山西永乐宫纯阳殿元代壁画，[4]那么元人《宦迹图》当出自元大都某位画家之手，绘制年代约在至正二十二年（1362）察罕帖木儿被刺杀后不久。

元人《宦迹图》绘有界画，而元代宫廷画师擅长界画的人不多，首推仁宗朝宫廷画师何澄和王振朋。何澄是金末元初画家，最后一件作品《归

1　由于汉人在文化上占优势，许多久居中原的蒙古人取汉名，而蒙古本名反而失传（萧启庆：《论元代蒙古人之汉化》，收入《内北国而外中国：蒙元史研究》下册，北京：中华书局，2007 年，页 686 ~ 690）。

2　[清] 张廷玉等：《明史》，北京：中华书局，1974 年，页 3709。

3　李学勤主编：《礼记正义》，北京大学出版社，1999 年，页 1462。

4　海老根聪郎、西冈康宏，前揭书，页 188，图 117。

庄图》绘于元武宗至大二年（1309）。王振朋是元代中期画师，元末虞堪《为季丙卿题卫明铉所画咒钱出井图》有诗云："孤云处士骑鲸去，文皇欲官挽不住。雾带云裾尽属君，草草落笔成天趣。"[1] 可知王振朋在文宗朝出宫，那么元末所绘《宦迹图》绝非何澄或王振朋所绘。

王振朋有一个擅长界画的弟子。《图绘宝鉴》卷五《元朝》记载："卫九鼎，字明铉。天台人。画界画，师王孤云（即王振鹏）。"据陈高华考证，"卫九鼎曾入山学道，故虞堪说他'昔年学仙'，倪瓒称之为'卫山人'。他往来于浙东、西之间。长于界画，'雅好楼台今画史'。但这方面的作品没有流传下来。在人物、山水方面也有较高成就。现在我们能看到的他的作品，是一幅白描人物画《洛神图》轴。"[2] 卫九鼎从未在宫中作画，那么元人《宦迹图》自然不是他的作品。

我们从《元史》中查到，何澄有一个再传弟子，名叫"李时"，顺帝朝入宫。李时不仅在宫中画过三年画，而且为元太子爱猷识理答腊所居清宁宫画过壁画。《新元史·方技·李时传》记载："李时，字居中，大都人。伯父巨渊，工绘仙鬼，莫知其师传之所自，尝画《魔母图》，极狞悍之状。仁宗见而悦之，使待诏禁中。累官朝列大夫、诸道人匠府总管。时，总角即知向学。年十六，从巨渊至上都，视俗工所画，辄羞赧弃去。闻饶阳刘仲廉，早从秘书少卿何澄画。澄年九十余，世祖诏见，赐以卮酒。既拜，因伏不能起。问之，对曰：'臣耄矣，弟子刘仲廉可以奉诏。'许之，由是仲廉名动京师，时受学于仲廉，艺日进。又有刘道权者，庐陵人，善画山水，然恃才谩骂当世，如刘伯熙等，皆讥呵不少假借。独于时，特奖誉之。尝谓仲廉曰：'是子咄咄逼人，宜少避之。'后巨渊见时所作，亦惘然自以为不及也。至正二年，顺帝诏画东内清宁宫殿壁。时画樊姬、冯婕妤及唐长孙皇后进谏图，赏赉甚厚。"[3] 清宁宫在元大内后殿延春阁北侧，也即元太子爱猷识理答腊所居东宫。

1 [元] 虞堪：《希澹园诗集》第一册，台北：商务出版社，1969 年，页 12。

2 陈高华：《元代画家史料汇编》，杭州出版社，2004 年，页 835。

3 柯劭忞，前揭书，页 933 中下。

关于李时的政治立场，《新元史·方技·李时传》记载："或言时家贫母老，帝怜之，怀白金一锭，使左右密付时，曰：'知卿贫，故相赉，慎毋令他人知。'后授为利用监照磨，擢经历，时叩头固辞。退语人曰：'时事如此，吾免沟壑幸矣，其敢干天职乎。'竟不就。先是，京师繁盛，帝欲画图以夸后世，诏时等具稿本以进。计日程工，如是将近三年，自南而东，而西，裁及其半，忽屏置不问，众莫知其故。及帝出奔，明兵入京师，以旧城太广，乃撤其北之半，而中筑焉。其界适当画稿之半，识者始叹异之。孛罗帖木儿擅国，奏立梓潼帝君祠，命时图其九十九化事于壁，时更画四力士献俘事。孛罗帖木儿见之，问曰：'此絷而拥以前者，何人也。'众错愕，不知所对。时从容跽，言曰：'是不臣于国，而遗害于民者。'孛罗帖木儿大笑而去。后旬日，孛罗帖木儿竟伏诛。"[1] 由此可知，李时的政治立场与孛罗帖木儿相左，他在元末宫廷之争中站在察罕帖木儿及其养子扩廓帖木儿一方。凡此表明，元人《宦迹图》很可能出自元末宫廷画师李时之手。

第四节　元大内前朝三门

至元四年，忽必烈下诏在金中都旧城（今北京宣武区一带）东北动工兴建元大都。至元二十二年（1285），元大内宫殿、宫城城墙、太液池西岸太子府（隆福宫）、中书省、枢密院、御史台等官署，以及都城城墙、金水河、钟鼓楼、大护国仁王寺、大圣寿万安寺等元大都重要建筑陆续竣工。同年，忽必烈诏令金中都旧城居民迁入新都，于是北京城成了中国新一代帝都。

《元史·刘秉忠传》记载："初，帝命秉忠相地于桓州东滦水北，建城郭于龙冈，三年而毕，名曰开平。继升为上都，而以燕为中都。四年，又命秉忠筑中都城，始建宗庙宫室。八年，奏建国号曰大元，而以中都为大都。他如颁章服，举朝仪，给俸禄，定官制，皆自秉忠发之，为一代成宪。"[2] 刘秉忠将元大都设计成一座哪吒城，东西南三面三门，象征哪吒的三头六臂，

1　柯劭忞，前揭书，页 933 下。

2　宋濂，前揭书，页 3693。

北面二门，表示哪吒的双脚。这种“哪吒城”的设计亦为明代北京城继承。[1]大都城的布局，有一条贯穿全城南北的中轴线，南起丽正门（今北京正阳门北），北过灵星门（皇城正门）、崇天门（宫城正门）、大明门（元大内前殿正门）、大明殿（元大内前殿）、延春门（元大内后殿正门）、延春阁（元大内后殿）、清宁殿（元太子东宫）、厚载门（宫城后门），直达中心阁（今北京鼓楼）。在这条中轴线上有一条宽阔的御道。据考古调查，元故宫后门厚载门遗址（今北京景山公园少年宫）的北边仍残留一部分御道遗迹，宽达 28 米。[2]明朝建立后，定都南京。元故宫在洪武六年到十四年之间逐渐拆毁，永乐四年重建紫禁城时彻底拆毁元故宫，崇天门亦毁于一旦。[3]此后，人们只能从明初萧洵《故宫遗录》或元末陶宗仪《南村辍耕录》等文字史料了解元大都昔日的辉煌。元故宫没有遵循中国传统宫殿“五朝三门”的建筑布局。[4]萧洵《故宫遗录》记载：

> 南丽正门内曰千步廊，可七百步，建灵星门，门建萧墙，周迴可二十里，俗呼红门阑马墙。门内数十步许有河，河上建白石桥三座，名周桥，皆琢龙凤祥云，明莹如玉。桥下有四白石龙，擎戴水中甚壮。绕桥尽高柳，郁郁万株，远与内城西宫海子相望。度桥（指周桥）可二百步为崇天门。门分为五，总建阙楼其上，翼为回廊，低连两观。观旁出为十字角楼，高下三级，两旁各去午门（指崇天门）百余步，有掖门，皆崇高阁。内城广可六七里，

1 陈学霖：《刘伯温与哪吒城：北京建城的传说》，北京：三联书店，2008 年。

2 元大都考古队：《元大都的勘查和发掘》，《考古》1972 年第 1 期，页 19 ～ 28。

3 单士元：《故宫史话》，北京：新世界出版社，2004 年。

4 东汉郑玄注《礼记·玉藻》曰：“天子及诸侯皆三朝：外朝一，内朝二”（李学勤主编：《周礼注疏》，北京大学出版社，1999 年，页 817）；又注《礼记·明堂位》曰：“天子五门，皋、库、雉、应、路……诸侯三门”（李学勤主编：《礼记正义》，北京大学出版社，1999 年，页 942）。这就是所谓“三朝五门”，战国以后都城宫室制度中，循此制者寥寥无几。隋代开始恢复三朝五门制度，唐长安在隋大兴城基础上建设，基本布局没有太大的变化。唐长安有五门（承天门、太极门、朱明门、两仪门、甘露门）和三朝（外朝奉天门、中朝太极殿、内朝两仪殿）。元失此制，明南京宫殿恢复此制，有五门（洪武门、承天门、端门、午门、奉天门）和三朝（奉天殿、华盖殿、谨身殿）。

图 12 元故宫朝宗桥（今北京故宫断虹桥）

方布四隅，隅上皆建十字角楼。其左有门为东华，右为西华。由午门内可数十步为大明门，仍旁建掖门，绕为长庑，中抱丹墀之半。左右有文武楼，楼与庑相连，正中为大明殿，殿基高可十尺，前为殿陛，纳为三级，绕以龙凤白石阑……[1]

元故宫的崇天门与灵星门之间有一条金水河。目前学界流行的元大都平面复原图，皆按照明代金水河的走向复原元故宫金水河。[2] 其实，永乐帝重建紫禁城并未填塞元故宫金水河。元故宫云从门前的朝宗桥有幸保存至今，也即北京故宫武英殿东边的断虹桥（图 12）。因此，北京故宫午门后边那条蜿蜒曲折的河道就是元故宫的金水河故道。[3] 尽管元人《宦迹图》没有绘出崇天门左右两边的星拱门、云从门以及这三座宫门前的石桥，但

1 [明] 萧洵：《故宫遗录》，收入 [清] 于敏中等编：《日下旧闻考》，北京古籍出版社，1983 年，页 485 ～ 486。

2 夏鼐主编：《中国大百科全书・考古学》，北京：中国大百科全书出版社，1986 年，页 630；潘谷西主编：《中国古代建筑史》第四卷，北京：中国建筑工业出版社，2001 年，页 16，图 1—1。

3 林梅村：《元宫廷石雕艺术源流考（下）》，《紫禁城》2008 年第 7 期，页 194 ～ 203。

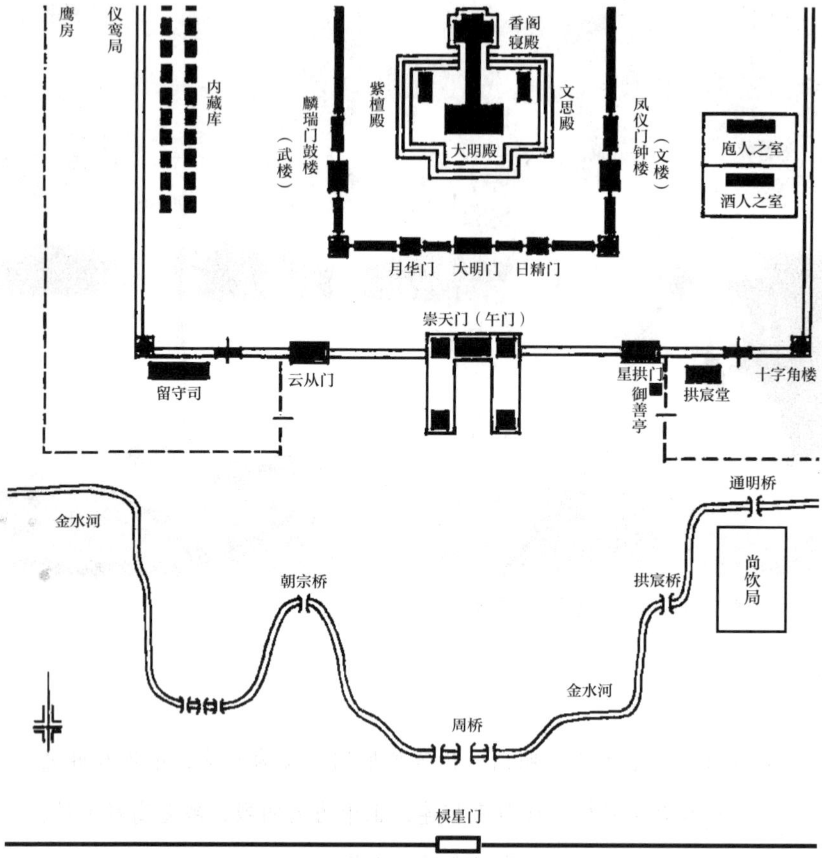

图 13 元大内前殿宫阙布局示意图

是元故宫三个重要城门——灵星门、崇天门和大明门皆在画中。

关于元故宫建筑布局，朱偰《元大都宫殿图》大多作了正确的复原。[1] 可惜他的复原图没有涉及元故宫金水河三桥，而且图中所标生料库、柴场、鹰房、仪鸾局、尚饮局的位置也要订正和补充。我们的复原如下图所示（图 13）。

元大都皇城正门是灵星门，亦称“棂星门”或“红门”。棂星，汉代称“灵星”，祭天时必先祭灵星。北宋仁宗天圣六年（1028），筑郊台外垣，始置灵星门。宋景定年间，灵星门开始用于孔庙，以示尊孔如尊天。后人以为

1 朱偰：《元大都宫殿图》，收入《昔日京华》，天津：百花文艺出版社，2005 年重印本。

灵星与孔子无涉，又见门形如窗棂，遂改“灵”为“棂”，而称“棂星门”。棂星门在元大都首次作为皇城阑马墙的正南门。从元人《宦迹图》看，这座城门楼类似北宋李诫《营造法式》卷三十二的“乌头门”。[1] 只是门柱上的“乌头”改为“莲花座飞龙”，并在门楣之上正中装饰莲花座火焰宝珠，中心装饰道教太极符。这些门柱和门楣上的装饰似为金属或琉璃制品。可惜元人《宦迹图》只绘有这座城门的上半部分。不过，日本近年发现、传为王振鹏所绘《唐僧取经图册》第十二幅《毗蓝园见摩耶夫人》上的元代木门与之相似，为我们复原元大都的灵星门提供了第一手资料。[2]

关于崇天门的建筑形式，《南村辍耕录·宫阙制度》记载：“正南曰崇天，十二间，五门。东西一百八十七尺，深五十五尺，高八十五尺。左右趓楼二。趓楼登门两斜庑，十门，阙上两观皆三趓楼。连趓楼东西庑，各五间。西趓楼之西、有涂金铜幡竿。附宫城南面，有宿卫直庐。凡诸宫门，皆金铺、朱户、丹楹、藻绘、彤壁、琉璃瓦、饰檐脊。崇天之左曰星拱，三间，一门；东西五十五尺，深四十五尺，高五十尺。崇天之右曰云从，制度如星拱。”[3] 崇天门是元大内宫城正门，唐代以来宫城正门皆具有外朝性质，与元大内主殿大明殿的重要性相同。在建筑形制上，元大都崇天门与北宋汴梁城的宣德门、金中都应天门以及明清紫禁城的午门，承前启后，一脉相承。

明成祖重建紫禁城时对元故宫作了很大改变。例如：在崇天门旧址建奉天殿（今太和殿），在棂星门旧址建午门（今午门），下开三个方形门道，另外两个门道分别开在左掖门和右掖门上。城楼则改为重檐庑殿顶，并为清代紫禁城午门沿用，从台北故宫博物院藏明末彩绘本《北京宫殿图》（图 14）可以清楚地看到这些变化。[4] 郎世宁等清宫西洋画师《平定西域图册》所绘午门，也采用这种形式（图 01）。从辽宁省博物馆藏北宋铁钟浮雕图案看，北宋汴梁城宣德门采用单檐庑殿顶，

---

1 [宋] 李诫撰，邹其昌点校：《营造法式》，北京：人民出版社，2011 年，页 294。

2 海老根聪郎、西冈康宏，前揭书，页 127，图 105。

3 陶宗仪，前揭书，页 250。

4 冯明珠、林天人：《华画千里：院藏古舆图特展》，台北故宫博物院，2008 年，页 49。

图 14 台北故宫博物院藏明末彩绘本《北京宫殿图》

城楼下开五个方形门道（图 15）。[1] 元人《宦迹图》所绘元大都崇天门与北宋皇宫的宣德门一脉相承，亦为单檐庑殿顶，城楼下开有五个方形门道。蒙古人入主中原后，需要大量营造城垣和宫殿。对于元朝统

1　傅熹年：《宋赵佶〈瑞鹤图〉和它所表现的北宋汴梁宫城正门宣德门》，《傅熹年建筑史论文集》，北京：文物出版社，1999 年，页 53，图 26。

图 15 辽宁省博物馆藏北宋铁钟上宣德门浮雕图案

治者来说，最迫切需要的艺术创作是与建筑有关的绘画——界画，因此擅长界画的画家往往倍受恩宠，并委以重任，如何澄入元后曾经负责经营筑城事务。另一方面，这些界画必须结构明确精准，几乎能使工匠依图建造。当时有人这样描述说："余尝闻画史言：尺寸层叠皆以准绳为则，殆犹修内司法式，分秒不得逾越。"[1] 那么，元人《宦迹图》的崇天门无疑是这座元代宫城正门的真实写照。

由于文献语焉不详，金中都和元大都又毁于一旦，无从知晓应天门或崇天门究竟采用什么建筑形式。傅熹年早年复原过元大都的崇天门，并且根据明清样式将城楼复原作重檐庑殿顶（图 16）。这个复原方案大多是正确的，但是傅先生把崇天门城楼复原作重檐庑殿顶，则千虑一失。[2] 如果崇天门城楼真的采用重檐庑殿式，那么《南村辍耕录》一定会明确记载，可是陶宗仪书中以及其他元明史料均未说明崇天门采用"重檐"形式。无论

1 [元]袁桷：《清容居士集》卷四十五《王振鹏锦标图》，《影印文渊阁四库全书》第 1203 册，台北：商务印书馆，1987 年，页 599。

2 傅熹年：《元大内宫殿的复原研究》，《考古学报》1993 年第 1 期；收入《傅熹年建筑史论文集》，北京：文物出版社，1998 年，页 342 ~ 345。

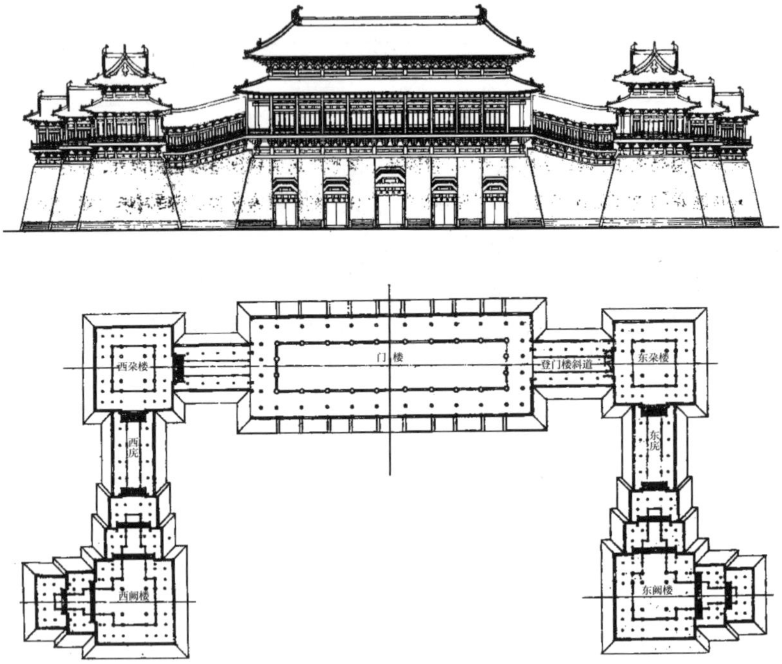

图 16 元大都崇天门复原图

如何，美国纳尔逊·阿金斯艺术博物馆藏元人《宦迹图》相当重要，为我们复原元大都的崇天门提供了最直观的第一手资料。

自古以来，中国绘画就一直把帝王将相及其丰功伟业作为重要题材，以教化世人。正如曹植《画赞序》所言：

> 观画者，见三皇五帝，莫不仰戴；见三季暴主，莫不悲惋；见篡臣贼嗣，莫不切齿；见高节妙士，莫不忘食；见忠节死难，莫不抗首；见忠臣孝子，莫不叹息；见淫夫妒妇，莫不侧目；见令妃顺后，莫不嘉贵。是知存乎鉴者何如也。[1]

这个文化传统在蒙元时代一度中断。在元人画迹中，几乎看不到蒙

1 赵幼文校注：《曹植集校注》，北京：人民文学出版社，1984 年，页 67 ～ 68。

古西征，横扫欧亚大陆的纪功碑式大型历史画卷。蒙元统治者只对渲染藏传佛教的宗教画、凸显奇技工巧的界画或用于祭祀的肖像画情有独钟，而元代社会下层则寄情于山水花鸟之类的文人画。不过，自文宗以来，元帝不仅苦练中国书法，而且逐渐学会欣赏中原绘画。元顺帝诏令绘制中原传统绘画风格的《佛朗国献马图》，可以说明这一点。本文讨论的元人《宦迹图》，旨在表现中国传统绘画“以忠以孝，尽在于云台。有烈有勋，皆登于麟阁。见善足以戒恶，见恶足以思贤。留乎形容，式昭盛德之事；具其成败，以传既往之踪”的社会价值观。[1] 这件元代宫廷绘画的艺术趣向，为我们了解蒙古大汗最终为中原汉文化所同化提供了又一实例。

1 [唐] 张彦远著，秦仲文、黄苗子、启功点校：《历代名画记》，北京：人民美术出版社，1963 年，页 3。

十三　元大都宣徽院衙署考

1264 年，忽必烈战胜阿里不哥，夺得蒙古汗国统治权，随即从哈剌和林（今蒙古国鄂尔浑河畔鄂尔德尼昭寺庙北）迁都开平府（今内蒙古正蓝旗元上都遗址），同时以燕京（今北京宣武门外）为中都。1267 年，忽必烈在燕京东北郊外，以海子湖（今积水潭和什刹海）为中心另筑新城。《析津志辑佚·朝堂公宇》记载："至元四年（1267）二月己丑，始于燕京东北隅，辨方位，设邦建都，以为天下本。四月甲子，筑内皇城。位置公定（宇）方隅，始于新都凤池坊（今北京鼓楼西大街东北）北立中书省。"[1] 至元八年（1271）十一月，忽必烈停用蒙古国号，改国号为"大元"；以中都为大都，建立元朝。

按照刘秉忠的设计，元大都衙署设在皇城之外。例如：中书省在凤池坊之北，翰林院在哈达门（即文明门）第三巷，枢密院在保大坊南部，尚书省在皇城棂星门（今紫禁城午门）外五云坊，御史台在澄清坊，而太史院则在明时坊。唯一的例外是宣徽院，沿皇城东垣内御河而建。宣徽院负责宫廷、王室、怯薛（御林军）以及蒙古王公贵族等饮食起居。明成祖改建北京城时，将御河填埋，所以清代学者已不太清楚元代御河及宣徽院之所在。受顾祖禹《读史方舆纪要》误导，现代学者往往把明皇城东垣内新挖的御河（今北京东城区南北河沿）与元代御河混为一谈。我们在熊梦祥《析津志》中找到一些证据，说明元代御河不在北京南北河沿，而在北京景山东街南北一线。宣徽院主要衙署分布于御河与金水河交汇处，而元朝皇帝酒坊——光禄寺在今紫禁城传心殿。草成是文，见教于研究者。

1　本文所引《析津志》皆据元末熊梦祥著，北京图书馆善本部辑：《析津志辑佚》，北京古籍出版社，1983 年版。恕不一一出注。

第一节 元代御河之走向

元大都城市规划在中国都城发展史上占有重要地位，并直接为明清北京城继承。《马可波罗游记》说：元大都外城，“周围有二十四哩，其形正方，由是每方各六哩。环以土墙，墙根厚十步，然愈高愈削，墙头仅厚三步，遍筑女墙，女墙色白，墙高十步。全城有十二门（实为十一门），各门之上有一大宫，颇壮丽。四面各有三门五宫，盖每角亦各有一宫，壮丽相等”。[1]

元大都格局宏大，规划严整，市中心设有中心台（今北京鼓楼西侧）；有京城、皇城、宫城三重城垣。皇城内有两条人工河渠：一条为金水河，另一条为御河。元代金水河如今尚在，也即紫禁城的内金水河。明成祖改建北京城时将御河填埋，有些地方还建上了宫殿。

关于元代御河的走向，元代名臣欧阳玄《都水监政绩碑》说：“我国家之置都水也，始于世祖皇帝至元二十八年之辛卯，丞相完泽实倡其端。当时圣君贤相为虑其周，为制甚密。导昌平白浮之水西流，循西山之麓，会马眼等诸泉，潴为七里泺，东流入自城门西水门，汇积水潭，又东并宫墙，环大内之左，合金水河南流，东出自城东水门。”[2]《析津志辑佚·河闸桥梁》讲得更具体，这条御河从海子湖（今什刹海）引水入皇城，自北而南流；在延春阁北改道，自西而东流，从厚载门（今景山寿皇殿北）前流过，遇皇城东垣改道南流，与穿过周桥自西而东流的金水河交汇，然后出皇城东墙，与流经南熏坊的通惠河交汇，一路南下，从丽正门东水关（今天安门广场国旗东侧）出大都外土城（图01）。

由于明成祖将元代御河填埋，清代学者已不太清楚这条河的走向，顾祖禹甚至把这条河与通惠河和明代御河混为一谈。受其影响，《北京历史地图集》的《元大都图》也误将元代御河标在明代御河的位置。[3]顾祖禹

1 冯承钧译：《马可波罗行记》，上海书店出版社，2001年，页210。

2 [元]欧阳玄：《中书右丞相领治都水监政绩碑》，收入王琼编，姚汉源、潭徐明点校：《漕河图志》卷五《碑记》，北京：水利电力出版社，1990年重印本，页200。

3 侯仁之主编：《北京历史地图集》，北京出版社，1988年。

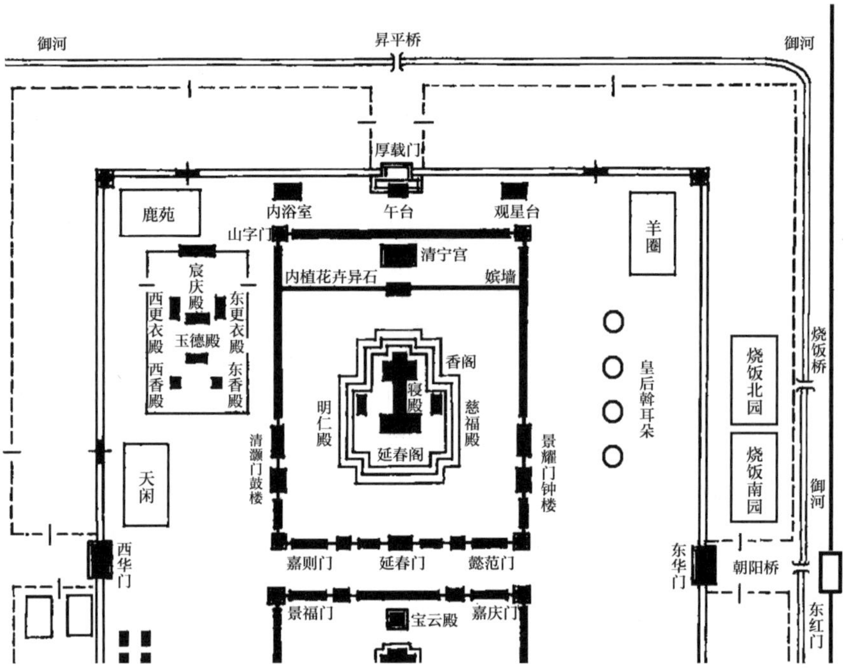

图 01 元大内御河走向示意图

引述欧阳玄《都水监政绩碑》时改动了一些文字。他在《读史方舆纪要》写道："通惠河首导昌平、白浮之水，次循太行西山之麓，会诸山之流，为七里泊。东流入都城西水门，汇积水潭，又东傍宫墙，环大内之左，合金水河东折而南，出都城南水门。经大通桥，东流至通州城西北永通桥，又东会于白河。"[1]

元大都南城墙在北京长安街南侧，北京古观象台即元大都的东南角楼。明代将北京城南城墙南移至前门至东便门一线，顾祖禹所谓"大通桥"是明朝在北京城南垣外新建的通惠河桥，作为明代京杭大运河的起点。通惠河是元大都漕运水道，每天有上百条漕船通过，怎么可能建在元朝宫禁之内。欧阳玄说的元大内东垣内的水道实际上指御河而非通惠河。明成祖改建北京城时，模仿元大内御河在明皇城东垣内挖了一条御河（今北京东城区南

1 [清]顾祖禹：《读史方舆纪要》卷十一《北直二》，北京：中华书局，2005年点校本，页446。

北河沿），顾祖禹显然把元代御河与明代御河混为一谈了。

元大都宫城为砖墙，偏在皇城东部，呈长方形，周长约九里三十步；内有大明殿、延春阁南北两个宫群，皆有宫垣、萧墙环绕，亦称元大内。外宫城设四门：南门崇天门为宫城正门（今紫禁城太和殿下），东为东华门，西为西华门，北为厚载门（今北京景山少年宫北）。元大内御河就在东华门与皇城东红门之间的夹垣内。当年，这条御河上一共建有五座桥梁。两座在宫门前，一座在烧饭园门前，另外两座在宣徽院衙署门前。从元大内御河桥分布，可以得知宣徽院主要衙署的位置。据《析津志》相关记载，讨论如下。

元大内御河第一桥称"昇平桥"。《析津志辑佚·古迹》说："厚载门……海子水逶迤曲折而入，洋溢分派，沿演渟注贯，通乎苑内，真灵泉也。蓬岛耕桑，人间天上，后妃亲蚕，寔尊古典。"《析津志辑佚·河闸桥梁》则说："昇平桥在厚载门，通海子水，入大内。"由此可知，御河从海子湖（今什刹海）导入皇城，从延春阁北厚载门前流过，而昇平桥就是厚载门前的御河桥。1964 ~ 1965 年，元大都考古队对元大都进行全面钻探，在景山少年宫（清代寿皇殿）处发现大片夯土，估计是宫城北门——厚载门故址。[1] 这个发现说明厚载门在今天北京景山少年宫，昇平桥是这座宫门前的御河桥。

元大内御河第二桥称"烧饭桥"。顾名思义，烧饭桥是元朝皇帝祭祀场所——烧饭园门前的御河桥。据《元史·祭祀志》记载，元朝国俗旧礼中有一种仪式名叫"烧饭"，就是在祭天或祭祖典礼上把贡品烧掉。[2] 明初叶子奇《草木子》说："元朝人死，致祭曰烧饭，其大祭则烧马。"烧饭园就是元朝皇帝举行烧饭祭礼的场所。

关于烧饭园，《析津志辑佚·古迹》说："烧饭园在蓬莱坊南。由东门又转西即南园红门，各有所主祭之，树坛位。其园无殿宇。"所谓"东门"指皇城东门，亦称"东红门"。东红门外是保大坊（在蓬莱坊南），但是烧

1 元大都考古队：《元大都的勘查与发掘》，《考古》1972 年第 1 期，页 22。
2 陈述：《论辽、金、元的"烧饭"之俗》，《历史研究》1980 年第 5 期，页 131 ~ 140。

图 02 元大内东华门和皇城东红门故址

饭园不在保大坊，而是在皇城东红门内御河西岸。《析津志》所谓“由东门又转西”之地，似在元大内延春阁宫墙与皇城东墙之间。烧饭园似有南北两园，而“南园红门”大概指烧饭园南园大门。烧饭南园距离宫城东华门前朝阳桥不远，不必架桥，那么烧饭桥可能在烧饭北园门前。明成祖改建北京城时堆了一座名叫“万岁山”的镇山（今北京景山），将元大内延春阁压在镇山之下（图 02）。[1] 今北京景山公园东、西和北三墙，可能利用了延春阁的宫墙，而烧饭园大约在北京景山公园东门外南侧。

元大内御河第三桥称“朝阳桥”。《析津志辑佚・河闸桥梁》说：“朝阳桥，在东华门外，俗名枢密院桥。”朝阳桥是元大内宫城东门外的御河桥，位于宫城东华门与皇城东红门之间。《析津志辑佚・朝堂公宇・中书省照算题名记》说：“枢密院，在东华门过御河之东，保大坊南，之大御迺（乃）

1　侯仁之：《北京紫禁城在规划设计上的继承与发展》，《侯仁之文集》，北京大学出版社，1998 年。

莅军政。”枢密院在皇城东红门外，所谓“之大御迺（乃）莅军政”，意为“前往元大内处理军机事务”。朝阳桥是枢密院至元大内必经之地，俗名“枢密院桥”。需要注意的是，元大都皇城东红门外枢密院门前还有一座真正的枢密院桥，与朝阳桥的俗称相同，但是二者并非同一桥梁。元大内东华门与皇城东红门相距不远，在今景山东街南向延长线与筒子河交界处，双双毁于明成祖改建北京皇宫之际。[1]

第二节 宣徽院衙署之分布

关于元大内宫殿布局，朱偰《元大都宫殿图》大多作了正确复原，[2]可惜他的复原图未涉及延春阁周边建筑。此外，图中所标东华门、西华门、羊圈、生料库、柴场、鹰房、仪鸾局的位置，也需要订正。我们的复原方案如下图所示(图03)。[3]我们将在此基础上，讨论元大内宣徽院衙署的分布。

至元十五年（1278），宣徽院正式设立，直接隶属于帝王。宣徽院主要掌管帝王日常饮食，但是兼管范围极其广泛。“凡稻粱牲牢，酒醴蔬果，庶品之物，燕享宗戚，宾客之事，及诸王宿卫，怯怜口粮食，蒙古万户，千户合纳差发，系官抽分，牧养孳畜，岁支刍草粟菽，羊马价直，收受阑遗等事……皆隶焉。”[4]宣徽院下属机构有:“尚舍监、诸物库、尚食局、生料库、光禄寺、尚醞局、尚饮局、醴源仓、阑遗监提举太仓、柴炭提举司、沙糖局”等。[5]宣徽院的许多机构,今已无从详考。不过,从元大内御河桥的位置，仍可推知生料库、柴炭提举司、尚醞局的建筑布局。

《析津志辑佚·河闸桥梁》记载:“烧饭桥，南出枢密院桥、柴场桥，

1 此图引自 Alfons von Mumm, *Ein Tagebuch in Bildern*, Berlin, 1902.

2 朱偰:《元大都宫殿图》，收入《昔日京华》，天津:百花文艺出版社，2005年重印本。

3 本文底图据潘谷西:《中国古代建筑史》卷四（元、明建筑），北京:中国建筑工业出版社，2001年，页98。原图东华门、西华门和羊圈、生料库、柴场、鹰房、仪鸾局的位置，皆与史书记载不符，本图逐一作了更正。

4 宋濂，前揭书，页2200。

5 [元] 陶宗仪:《南村缀耕录·公宇》，北京:中华书局，1959年，页259。

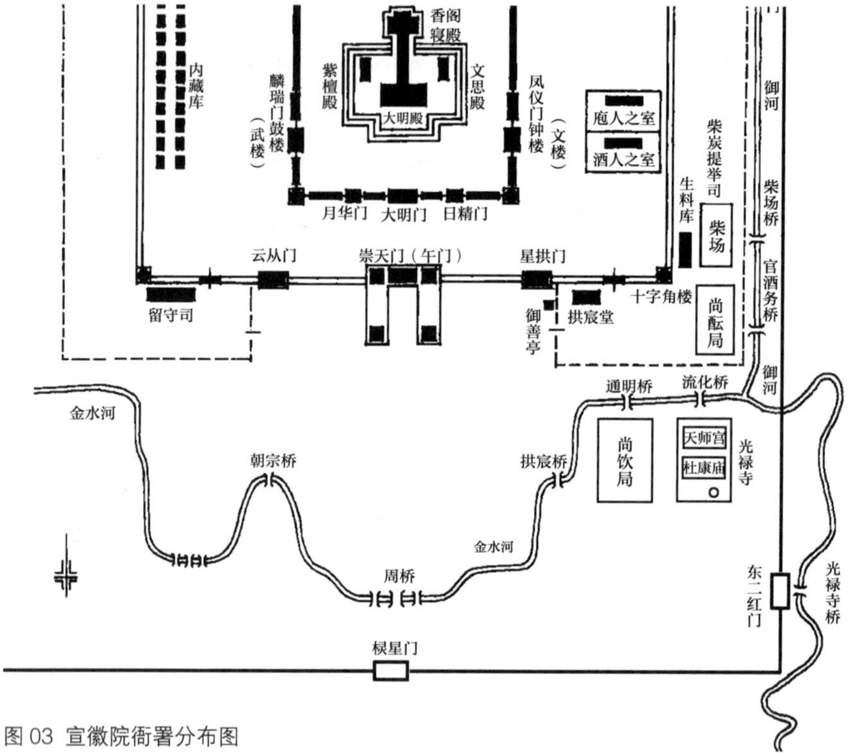

图 03 宣徽院衙署分布图

内府御厨运柴苇俱从此入。下则官酒务桥、光禄寺流化桥。此水自高梁桥入城，而出城至通惠闸，方得到通州。”从名称看，枢密院桥（亦名朝阳桥）以南三桥在宣徽院衙署门前。结合史书记载，讨论于下：

朝阳桥以南御河第一桥称“柴场桥”。《析津志辑佚·河闸桥梁》说：“保康桥，在柴房东，俗名柴垛桥。”故知柴场桥亦名“保康桥”或“柴垛桥”。顾名思义，柴场桥在宣徽院柴炭提举司门前。据《南村缀耕录·宫阙制度》记载，元大内“东南角楼，东差北有生料库，库东为柴场。”元大内东南角楼在紫禁城太和殿（元代崇天门故址）之东，宣徽院所属仓储——生料库就在元故宫东南角楼之东稍北，而生料库之东则为柴场所在地，那么柴场桥当在宣徽院柴炭提举司门前，故址在紫禁城箭亭东南至御茶膳房一带。据报道，“近年故宫博物院实施地下工程，在慈宁宫东山墙下挖方时，发现柏木桩筏形基础并渗出泉水；在箭亭西南开挖时，发现同样情况。”[1] 1984年什刹海银锭桥拆建时，发现桥基为柏木桩，据说桩与桩之间用银锭锁（状如银锭形状）固定。[2]此桥元代为都水监门前的木桥。《析津志辑佚·河闸桥梁》曰：“洪济桥，在都水监前石甃，名澄清上闸，有碑文。”那么银锭桥下出土柏木当系元代洪济桥的桥基。由此推测，紫禁城箭亭西南所见“柏木桩筏形基础”，似为元大都宣徽院柴炭提举司门前柴场桥的桥基。

朝阳桥以南御河第二桥称“官酒务桥”。《元史·百官志》记载：“大都尚酝局，秩从六品，掌酝造诸王、百官酒醴。中统四年，立御酒库，设金符宣差。至元十一年，始设提点。十六年，改尚酝局，从五品。置提点一员，从五品；大使一员，正六品；副使二员，正七品；直长一员，正八品。”可知宣徽院下设大都尚酝局，专门为百官造酒。《析津志辑佚·河闸桥梁》说“枢密院桥（指朝阳桥）、柴场桥……下则官酒务桥、光禄寺流化桥。此水自高梁桥入城，而出城至通惠闸，方得到通州。”从名称看，官酒务桥似在大都尚酝局的门前，故址在今紫禁城东华门内清史西馆附近。

关于元大都宣徽院，流传着这样一个故事。《元史·别儿怯不花传》记载：“至顺元年（1330）……迁徽政院副使，擢侍御史，特命领宿卫，升荣禄大夫、宣徽使加开府仪同三司。凡宿卫士有从掌领官荐用者，往往所举多其亲昵。至别儿怯不花独推择岁久者举之，众论翕服。宣徽所造酒，横索者众，岁费陶瓶甚多。别儿怯不怯花奏制银瓶以贮，而索者遂止。”别儿怯不花出任宣徽使时，负责宫廷酿酒事宜。所谓“陶瓶”，就是装酒用的青花玉壶春瓶，产自江西景德镇浮梁磁局。青花玉壶春瓶制作精美，成为京城权贵争相收藏的对象，不断有人向别儿怯不怯花索要，所以他不得不改用银瓶装宫廷御酒。这个故事说明元代浮梁磁局生产青花玉壶春瓶不晚于元文宗至顺元年（1330）。[3]

1　姜舜源：《明清北京城风水》，收入王春瑜主编：《明史论丛》，北京：中国社会科学出版社，1997年，页329。

2　王彬、徐秀珊合编：《北京地名典》，北京：中国文联出版社，2001年。

3　关于元青花始烧年代，参见林梅村：《元朝重臣张珪与保定出土元代宫廷酒器》，《故宫博物院院刊》2009年第3期，页24～41。

第三节　元代金水河之走向

20 世纪 60 年代，元大都考古队对金水河的走向进行实地了勘查和部分发掘。据报道，“金水河自和义门（今西直门立交桥下）南约一百二十多米处入城，入城的水门是在拆除西城墙时发现的。金水河入城后，一直向东流，沿今柳巷胡同至北沟沿而南折；再由北沟沿南流，过马市桥（今阜成门内大街与赵登禹路十字路口地下），至今前泥洼胡同西口转向东流，再转南折东，沿宏庙胡同，过甘石桥（今西斜街东口西单北大街道路下），流至今灵境胡同西口。至此分为两支：北支…… 南支自今灵境胡同一直往东，过今府右街而注入太液池（今中海），复自太液池东岸流出，经西华门而入故宫，过熙和、协和两门向东，由东华门北出故宫，沿今东华门大街以北东流而注入通惠河（今南河沿）。”[1]

这次考古调查澄清了元代金水河的走向，证明元代金水河就是紫禁城的内金水河。问题是，如今所见内金水河呈蜿蜒曲折状，而考古简报却将元代金水河复原成一条直线，不知有何根据。元代名臣马祖常有诗曰：“御沟春水晓潺潺，直似长虹曲似环。流入宫城才咫尺，便分天上与人间。”[2]这里的“御沟”指元故宫金水河而言，而“直似长虹”指熙和、协和两门之间金水河道，而“曲似杯”则指武英殿东边和文华殿附近的金水河道。既然如此，那么金水河在元代就是蜿蜒曲折的样子。

金水河为什么要修成这个样子呢？明太监刘若愚解释说：“是河（指金水河）也，非为鱼泳在藻，以资游赏；亦非过为曲，以耗物料。恐以外回禄之变，此水实可赖。天启四年六科廊灾；六年武英殿西油漆作灾，皆得此水之力；而鼎建皇极等殿大凡泥灰等顶，皆得此水之力…… 又如：天启年一号殿哕鸾宫被灾者二次，如只靠井中汲水，能救几何耶？疏通此河

1　元大都考古队：《元大都的勘查与发掘》，《考古》1972 年第 1 期，页 22。
2　[元] 马祖常《玉河诗》，收入 [明] 沈榜：《宛署杂记》卷二十《志遗二》，北京出版社，1961 年，页 212。

脉诚急务也！”[1]看来，金水河之所以修成蜿蜒曲折状，其目的是为了防火。明代皇宫扑灭的几次大火灾，皆得益于金水河之水。

紫禁城武英殿东边还有一座元代石桥，今称“断虹桥”。这座石桥上的石狮和拦楯明显带有元代石雕艺术风格。[2]关于元大内崇天门前的周桥，《南村辍耕录·宫阙制度》说“直崇天门有白玉石桥三虹，上分三道，中为御道，镌百花蟠龙”，所以有学者以为断虹桥可能是周桥，进而提出元大都中轴线在北京旧鼓楼大街至断虹桥一线。[3]这个说法不一定正确。明初萧洵《故宫遗录》记载：“度桥（周桥）可二百步，为崇天门，门分为五，总建阙楼其上。翼为回廊，低连两观。观（一无观字）傍出为十字角楼，高下三级。两傍各去午门（即崇天门）百余步，有掖门，皆崇高阁。”崇天门左掖门称“云从门”，右掖门称“星拱门”。《新元史》说，“大内南临丽正门，正衙曰大明殿，曰延春阁。宫城周回九里三十步，分六门，正南曰崇天，崇天之左曰星拱，右曰云从……”《元史·世祖纪一》则说：“至元九年五月乙酉，宫城初建东西华、左右掖门。”所谓“左掖门”，亦指云从门。值得注意的是，云从门前还有一座金水河桥，《析津志·河闸桥梁》记载：“朝宗桥，在左掖门（即云从门）。”据我们考证，这座石桥一直保存至今，也即紫禁城武英殿东边的断虹桥（图04）。[4]总之，紫禁城内金水河并非明代新挖的水道，而是利用了元代金水河故道。

第四节　金水河畔的元朝皇帝酒坊

元朝在宣徽院设立了一个专门负责粮食存储、食品供应的机构，也即“掌

---

1 [明] 刘若愚：《酌中志》卷十七，收入《中国野史集成》第27册，成都：巴蜀书社，1993年，页429。

2 姜舜源：《君子如玉——记著名玉文化学家杨伯达先生》，《文物天地》2006年第8期。

3 姜舜源：《故宫断虹桥为元代周桥考——元大都中轴线新证》，《故宫博物院院刊》1999年第4期，页33～39。

4 林梅村：《元廷石雕艺术》，《紫禁城》2008年第2～3期连载。

图 04 紫禁城断虹桥

起运米曲诸事，领尚饮、尚酝局，沿路酒坊，各路布种事”的光禄寺。[1] 光禄寺下辖大都尚饮局，专门为元朝皇帝酿酒。据《析津志辑轶》记载，宣徽院下属机构——光禄寺和大都尚饮局不在御河水道旁，而是在金水河畔。《析津志辑佚·河闸桥梁》说：御河“南出枢密院桥（朝阳桥）、柴场桥，内府御厨运柴苇俱从此入。下则官酒务桥、光禄寺流化桥。此水自高梁桥入城，而出城至通惠牐，方得到通州。此为御河皇后酒坊桥”。光禄寺流化桥亦名“御河皇后酒坊桥”，顾名思义，此桥当在元朝皇后酒坊（即光禄寺）的门前。

据前文讨论，大都尚酝局在今东华门内清史西馆附近，这所衙署濒临金水河北岸，那么光禄寺当在金水河南岸。金水河在紫禁城传心殿东北与御河交汇，那么光禄寺应该在两河交汇点之西，也就是紫禁城传心殿一带。传心殿东北方向是清宁宫，门前有一座汉白玉石桥，今称“三座门桥”。此桥采用雕花宝瓶栏楯，海石榴望柱头，当系明清之

1 宋濂，前揭书，页 2201。

图 05 元故宫光禄寺神泉（今紫禁城传心殿大庖井）

物。[1] 不过，明清三座门桥与元代光禄寺近在咫尺，有可能建于元代光禄寺流化桥旧基。

值得注意的是，元代光禄寺还有一个祭祀酒神的杜康庙。《析津志辑佚·祠庙仪祭》说："杜康庙，在北城光禄寺内。居西偏，内有天师宫。奉礼部镖拨道士一人，在内提点看经，专一焚修香火。盖为醞造御酒，每日于上位玉押槽内支酒一瓶，以供杜康。提点者自行收贮。"元大都新城落成后，金中都旧城并未废弃，俗称"南城"，而大都新城则相应称作"北城"。大都北城有两座天师宫，一座为张留孙所居天师庵，在皇城东垣外蓬莱坊；另一所在皇城内光禄寺东部，西临杜康庙。酿酒需好水，而光禄寺就有好泉水。据《析津志辑佚·岁纪》记载，每逢元朝国家大典，元朝皇帝"四孟以大祭……取水光禄寺"。

今紫禁城传心殿大院内有一口水井,或称"大庖井"（图 05）。水味独甘，甲于别井，京城素有玉泉第一，大庖井第二之称。井上有方亭覆盖其上，顶

1 李燮平：《明代北京都城营建丛考》，北京：紫禁城出版社，2006 年，页 383 ～ 384。

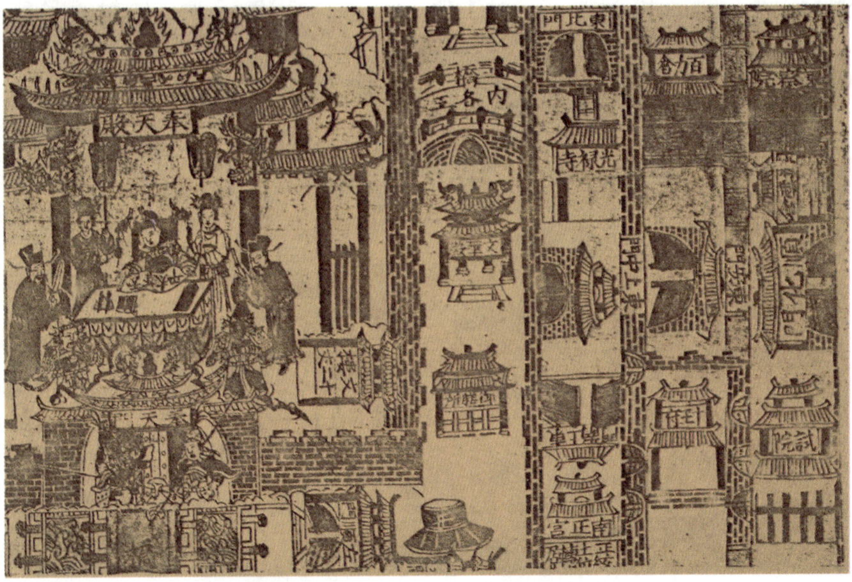

图 06《北京城宫殿之图》所见文华殿和通明桥

为盝顶漏空，是宫中井亭之首。在北京地下水位严重下降的今天，这口井仍水量充足，不升不降。有学者认为，大庖井乃元代遗存，忽必烈将此井置于元大内正南门崇天门外东侧御膳亭内，专供皇家饮用。[1] 其实，大庖井是光禄寺内水井，不仅用来为蒙古大汗造御酒，而且用来酿酒供奉酒神杜康。

据文献记载，光禄寺之西还有一座金水河桥，时称“通明桥”或“酒坊桥”。《析津志辑佚·河闸桥梁》记载：“通明桥，在光禄寺西，俗名酒坊桥。”《析津志辑佚·城池街市》亦载：“枢密院（今北京南北河沿大街东侧）南转西为宣徽院，院南转西为光禄寺酒坊桥。”

光禄寺是负责酿酒的机构，内设寺卿、少卿、主事等职官。光禄寺下设大都尚饮局，内设提点、大使、副使等职，负责“掌酝造上用细酒”，专供帝王享用。我们认为，通明桥正是大都尚饮局门前的金水河桥。

如果光禄寺在传心殿，那么大都尚饮局当在传心殿之西文华殿。造酒

1 姜舜源：《明清北京城风水》，收入王春瑜主编：《明史论丛》，北京：中国社会科学出版社，1997 年，页 326 ～ 332。

须好水，文华殿就有丰富的泉水。北京故宫博物院实施地下工程时，在文华殿附近发现泉水，地下很浅处，便水出不止。[1]这个发现说明元朝皇帝酒坊建在文华殿所在地。明嘉靖年间所绘《北京城宫殿之图》在文华殿北面标有一座石桥（图 06）。从位置看，这座石桥似为大都尚饮局门前的通明桥。[2]金水河和御河之所以引到传心殿和文华殿一带，其目地无非是要接通这里的泉水。嘉靖十七年（1538），明世宗在文华殿后添建圣济殿（御药房），清代在文华殿北所建藏书楼——文渊阁，就建于明代圣济殿旧址。文渊阁乃国家藏书之地，首要任务是防火，所以建在泉水丰富之地。同理，元大内御河和金水河也要利用这里的泉水补充水量，否则将成为一潭死水。

元代御河与金水河交汇后，从东二红门流出皇城，与皇城外的通惠河汇流，然后一路南下，从丽正门东水关出城。东二红门外有一座通惠河桥，因在南熏坊附近而称南熏桥。从南熏桥入东二红门，可达元朝皇帝酒坊光禄寺，故此桥又名“光禄寺酒坊桥”，简称“光禄寺桥”。

关于光禄寺桥，《析津志辑佚 · 城池街市》记载：“枢密院西为玉山馆，玉山馆西北为蓬莱坊、天师宫。枢密院南转西为宣徽院，院南转西为光禄寺酒坊桥。”据元大都考古调查，枢密院在今北京东厂胡同至灯市西口。如果宣徽院在枢密院西南，那么具体位置应该在紫禁城东华门的东北与枢密院之间，其西则为元大都皇城东二红门和光禄寺桥（图 07）。

明成祖改建北京城时，将东二红门改为紫禁城东华门。紫禁城落成后，东华门外仍十分喧闹，甚至有许多居民在东华门外定居。直到宣德七年（1432），这些人才被迁走。

《明实录》记载：宣德七年，“上以东安门外缘河居人，逼近黄墙，喧嚣之声彻于大内，命行在工部改筑黄墙于河东；皇城之西有隙地甚广，豫

---

1 姜舜源，前揭文，页 329。

2 《北京城宫殿之图》，是目前所见北京城最早的地图之一；纵 99.5 厘米，横 49.5 厘米，现藏日本宫城县东北大学图书馆。图上有题跋，以歌谣形式讲述自洪武至万历各代明朝皇帝年号和在位时间，可知此图绘于明嘉靖十年至四十一年间（1531 ~ 1562），并刊刻于明万历年间。

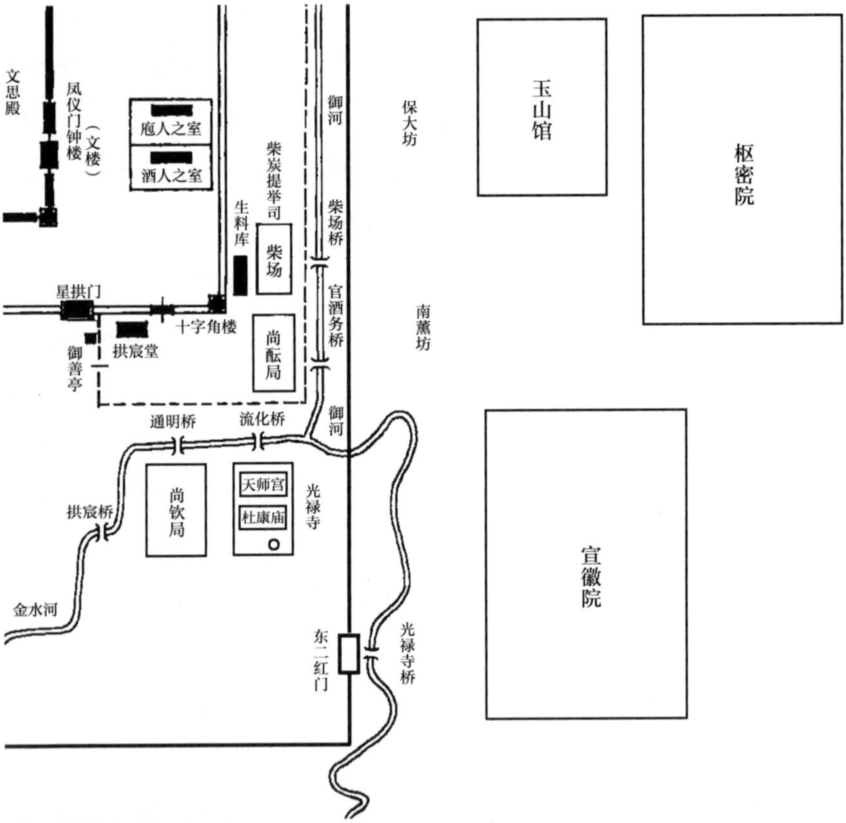

图 07 宣徽院衙署分布图

徙缘河之人居之。命锦衣卫指挥监察御史、给事中一员，度其旧居地广”。[1]紫禁城落成不久，三大殿即遭大火焚毁。永乐以后，洪熙、宣德将首都迁回南京，以北京为陪都，所谓“行在”即指紫禁城而言。明清文献往往将“东华门”和“东安门”相互混称。这里的“东安门”实际上指东华门。孙承泽《春明梦余录》亦载此事。其文曰：“新宫既迁大内，东华门之外逼近民居，喧嚣之声至彻禁御。宣德七年，始加恢扩，移东华门于玉河之东，迁居民于灰厂（明代小时雍坊）西之隙地。”[2]玉河即“御河”之别称，指紫禁城东

1 参见《明宣宗实录》卷九十一宣德七年六月甲辰条（杨士奇等纂修：《明实录》，台北：“中央研究院”历史语言研究所，1962 年，页 2081）。

2 ［清］孙承泽：《春明梦余录》卷六，上海古籍出版社，1993 年，页 44。

华门内南北流向的金水河。东安门远在 1 里地之外的南北河沿，那里的喧嚣声再大，也不可能影响到紫禁城内。再说，东安门从明代御河西岸移至东岸不需要拆迁任何居民,故孙承泽《春明梦余录》将“东安门”改称“东华门”。从位置看，明初东华门利用了元大都皇城“东二红门”，门前原有光禄寺桥，宣德七年将东华门移至金水河东岸后，元代光禄寺桥被置于东华门内。这座桥就是今天紫禁城东华门内石桥。这个问题的讨论已超出本文范围，我们将另拟专文。

综合全文的讨论，我们似可得出以下几点结论：第一、元代御河不在北京城南北河沿，而在北京景山东街至传心殿南北一线；宣徽院两个衙署——柴炭提举司、大都尚酝局就在御河左岸。第二、紫禁城的内金水河利用了元代金水河故道，原来就呈蜿蜒曲折状。宣徽院另外两个衙署——光禄寺、大都尚饮局皆在皇城东南隅金水河北岸。第三、元大都皇城东垣有东红门、东二红门两座城门，后者门前有光禄寺桥（或称南薰桥），即今东华门内石桥。明成祖改建北京城时，将东二红门改建为紫禁城东华门，宣德七年将此门移至元代光禄寺桥东岸。

十四　最后的辉煌——落马桥型元青花

1952 年，美国弗利尔美术馆波普（John A. Pope）博士对土耳其伊斯坦布尔城托普卡比王宫和伊朗北部城市阿尔德比勒灵庙收藏的中国青花瓷进行调查，从中分辨出一组元青花。[1] 波普判断元青花的依据是英国大维德基金会收藏的至正十一年云龙纹象耳瓶，凡是与之相似者皆归类为“14 世纪青花瓷”，中国学者后来称作“至正型青花瓷”。1994 年，冯先铭的遗作《青花瓷器的起源与发展》介绍了波普的研究成果。文中说：“从五十年代开始，美国波普博士着手研究元代青花瓷器，以伦敦 David Foundation（大维德基金会）收藏的至正十一年青花双耳大瓶为蓝本，对比伊朗、土耳其收藏的青花，把与此相同风格的器物定为至正型，并写了两本书。两书出版后，掀起了研究元青花的高潮。”[2] 此后，波普的大名在元青花研究者中如雷贯耳，而“至正型青花瓷”几乎成了元青花的代名词。

然而，景德镇考古与元青花最新研究表明，土耳其和伊朗两地收藏的元青花主要是元朝皇帝在 1328 ~ 1331 年间赏赐伊利汗国大汗的“赐赉瓷”。[3] 元顺帝元统二年，成吉思汗家族最后一位伊利大汗不赛因（Abu Sa'id Bahadur）死后，伊利汗国迅速瓦解，权臣、统将纷纷拥兵自立傀儡可汗，互相攻杀，形成割据局面。至元六年，蒙古贵族哈散（札剌亦儿氏）在报达（今巴格达）自立为大汗，史称“札剌亦儿王朝”。[4] 大维德基金会

1 John A. Pope, *Fourteenth-Century Blue-and-White, a Group of Chinese Porcelains in the Topkapu Sarayi Müzesi, Istanbul*, Washington: the Lord Baltimore Press, 1952; John A. Pope, *Chinese Porcelains from the Ardebil Shrine*. Washington: the Lord Baltimore Press, 1956.

2 冯先铭：《青花瓷器的起源与发展》，《故宫博物院院刊》1994 年第 2 期，页 29 ~ 39。

3 刘新园：《元文宗——图帖睦尔时代之官窑瓷器考》，《文物》2001 年第 11 期，页 46 ~ 65。

4 C.E. Bosworth, *The New Islamic Dynasties*, New York: Columbia University Press, 1996; Christopher P. Atwood, *The Encyclopedia of Mongolia and the Mongol Empire*. New York: Facts on File, 2004.

藏云龙纹象耳瓶烧造于至正十一年(1351),而伊利汗国早在 16 年前(1335)灭亡。此后,中东穆斯林君主不可能得到元朝皇帝赏赐的元青花。另一方面,天完红巾军在至正十一年攻占元朝浮梁磁局所在地饶州后，景德镇窑厂不可能继续为元朝皇帝烧造元青花。[1]

总之，波普把至正十一年云龙纹象耳瓶当作元青花的标准器，并由此提出的“14 世纪青花瓷”理论值得商榷。据我们调查，目前所谓“元青花”包括两类，第一类，元朝浮梁磁局烧造的元青花，第二类，陈友谅割据政权烧造的元青花,所谓“至正型青花瓷”,相当一部分烧造于落马桥元末窑址，年代当在元末红巾军首领陈友谅割据饶州时期。据史书记载，元末海外贸易从未中断,江南首富沈万三在陈友谅大汉国都城江州（今九江）开办“宝市”，将景德镇外销瓷批发给中外海商，然后从张士诚控制下的太仓娄江港远销海外。草拟此文，介绍我们的研究成果。

第一节　落马桥型元青花之发现

1980 年，景德镇市陶瓷考古研究所在落马桥元末窑址发现一组风格特异的元青花，这个重要发现是解读所谓“至正型元青花”的关键材料。据李一平介绍，“落马桥元代窑址在景德镇市中山南路红光瓷厂院内，1980 年基建时发现。景德镇市考古人员进行了发掘，发掘面积近 700 平方米，距地面 1.7 米处出土元代遗物。元代堆积层出土有青花和青白釉瓷，还有少量的卵白釉瓷、釉里红以及釉上彩瓷，和青花堆积在一起的还有褐胎实足小碗。青白釉器有双耳瓶、葫芦形小注、小足盘、高足杯、八角杯、觚及人物塑像等，其中双耳瓶的种类较多，有天球瓶、葫芦瓶、扁瓶等，并分别饰 S 形耳、环形耳、兽形耳、鱼龙形耳。装饰手法除葫芦形小注为釉下褐彩装饰外，其他均为印花和刻花装饰，纹饰有梅、桃、花鸟、瑞兽和缀珠等。釉里红器有荷叶形罐盖、玉壶春瓶和绘鹿纹的小瓶残片。红绿彩

1　关于红巾军占领饶州的时间,参见杨讷:《天完大汉红巾军史述论》,《元史论丛》第 1 辑，北京：中华书局，1982 年，页 109 ～ 136。

图 01 落马桥元末窑址出土元青花瓷片

仅见绘莲或菊花的小碗。青花瓷的品类非常丰富，除常见的碗、盘外，还有劝盘、耳杯、匜、盖盒、鸟食罐、双系小罐、大口罐、铺首罐、双耳瓶、长颈瓶、梅瓶、玉壶春瓶等器形。纹饰有菊花、牡丹、梅花、灵芝、葡萄、蕉叶、龙、鹿、孔雀、鱼藻、人物故事等。此外，这里还出土了一些书写文字的器物。”[1]

1992 年，落马桥出土文物曾经送到香港大学冯平山博物馆展览。据展览图录介绍，“展品 141 ~ 144 出土于落马桥元后期灰坑；展品 145 ~ 159 出土于落马桥元末地层”。其中，“落马桥元后期灰坑淤泥中出土的青花（展品 141 ~ 144），料色蓝艳、淡雅兼而有之，绘画潇洒工整，还有罕见的青花釉里红五爪龙纹瓷片及霁蓝瓶残片，故疑其与湖田南岸的青花双角五爪龙纹高足杯及形制雄伟的大盘等，均为浮梁磁局的制品”。[2] 这批瓷片中的元青花盖上的荷叶纹，与剑桥大学菲兹威廉博物馆藏元青花

1 李一平：《景德镇元代瓷窑遗址概述》，《元青花研究》，上海辞书出版社，2006 年，页 1 ~ 3。

2 香港大学冯平山博物馆及景德镇市陶瓷考古研究所编：《景德镇出土五代至清初瓷展》，香港大学冯平山博物馆，1992 年，页 128，图版 141 ~ 143。

图 02 元青花五爪龙纹玉壶春瓶与鱼藻纹大罐

鱼藻纹大罐的纹样相同（图 02 右），而五爪龙纹青花釉里红残片所绘卷草纹，采用双勾不填色方式（图 01），与菲律宾出土元末青花或釉里红瓷器花纹相同，年代当在元朝浮梁磁局停烧之后。1958 年，河南省荥阳县楚村明周惠王墓出土了一件五爪云龙纹青花玉壶春瓶（图 02 左），通高 39.4 厘米，口径 9.3 厘米，现藏河南省博物馆。[1] 这件玉壶春瓶所绘五爪龙纹图案，与落马桥元青花釉里红瓷片上的龙纹极其相似，可能是陈友谅称帝时在落马桥订烧的。

《明史·陈友谅传》记载："至正十一年九月，陷蕲水及黄州路，败元威顺王宽彻不花。遂即蕲水为都，称皇帝，国号天完，建元治平，以普胜为太师。未几，陷饶、信。"[2] 陈友谅占领元朝浮梁磁局所在地饶州以后，景德镇窑厂不可能再为元朝皇帝烧造元青花，那么落马桥元末窑址出土元瓷绝非元朝浮梁磁局烧造。至正十九年，陈友谅杀害天完将领赵普胜，挟持徐寿辉，自称汉王。次年闰五月，杀徐寿辉，自立为帝。建国号大汉，改元大义。至正二十三年八月，陈友谅在鄱阳湖中流矢身亡。《明史·陈友谅

1 赵青云：《河南陶瓷史》，北京：紫禁城出版社，1993 年，页 132，彩版 16。
2 [清] 张廷玉等：《明史》，北京：中华书局，1974 年，页 3687。

传》记载："……友谅僭号凡四年。"[1]

1990 年，湖北省博物馆在黄梅县征集到一方陈友谅称"汉王"时所刻大理石印章（图 03 右）。此印通高 4.8 厘米，长 12.2 厘米，宽 11 厘米，无纽，印面阳刻九叠篆二行八字"汉授天命主公之印"。[2] 中国国家博物馆藏有一枚陈友谅大汉政权铜印，通高 9.6 厘米，纵 7.7 厘米，横 7.7 厘米。这方铜印正面刻有阳体篆书"统军元帅之印"六字，印背阴刻楷书"统军元帅之印"、"中书礼部造"、"大义二年□月□日"铭文（图 03 左）。大义，是陈友谅称帝后所用年号，此印铸于大义二年（1361）。显然，落马桥五爪龙纹青花釉里红瓷器是陈友谅称帝时订烧的，年代当在至正十九年与至正二十三年之间。落马桥元末窑址出土云龙纹青花盘，口沿内侧图案亦采用"双勾不填色"方式（图 04 右上），但是龙纹只有三爪，大概是陈友谅部下订烧的。

耐人寻味的是，落马桥元末窑址发现了两件鹿纹瓷片（图 04 右上）。展品 173 为釉里红鹿纹残片，残长 6.8 厘米；展品 174 为青花葡萄鹿纹盘残片，残长 16 厘米。[3] 明人孔迩《云蕉馆纪谈》记载："陈友谅初以江州（今九江市）为都，自称汉王，迎伪主徐寿辉以居。明年弑寿辉，遂僭大号，时至正庚子（至正二十年）也。后又都武昌。友谅无远大之志，处兵戈间，而急于珍宝，伪将征伐必使之遍求奇宝。故善承意者，甚至发冢行劫。友谅爱姬苕华夫人善月琴，友谅出师必以随呼为妆，驾未几物故，葬于右耳峰猴溪桥侧，树后月琴以表之。至今人名月琴冢。友谅聚鹿数百畜于南昌城西章江门外，谓之鹿囿。尝至其所，自跨一角苍鹿，缀瑟珠为缨络，挂于角上，缕金为花鞍，群鹿皆饰以锦绣，遨游江上。国初驾至南昌，宴于滕王阁，上命儒臣韩诗放其所畜鹿于西山。"[4] 故知陈友谅好鹿，那么落马桥元末窑址出土鹿纹釉里红瓷片，以及湖田窑南岸元代后期地层出土元青花

1 张廷玉等，前揭书，页 3690。

2 王纪潮：《新发现的元末陈友谅"汉授天命主公之印"》，《文物》1993 年第 12 期，页 90 ～ 91。

3 香港大学冯平山博物馆及景德镇市陶瓷考古研究所，前揭书，第 173 ～ 174 号。

4 ［明］孔迩：《云焦馆纪谈》，《半村野人闲谈及其他二种》，上海：商务印书馆，1937 年。页 1 ～ 2。

图 03 陈友谅大汉政权官印

鹿纹残片（图 04 右上），当是迎合陈友谅之所好烧造的。[1]

日本出光美术馆收藏了一件陶渊明爱菊图玉壶春瓶，通高 31 厘米，下腹部仰莲纹、钱纹和颈部钱纹皆为落马桥型元青花典型纹饰。一面绘有陶渊明爱菊图，另一面绘有落马桥型元青花鹿纹图案。广东省博物馆藏陶渊明访友图青花玉壶春瓶与之相似，通高 30.3 厘米，下腹部的仰莲纹、双勾棱格纹、瓶颈的双勾棱格纹，皆为落马桥型元青花典型纹饰。一面图案为陶渊明带两书童外出会友；另一面为落马桥型元青花鹿纹图。[2] 1985 年，山东省青州市青州粮食中转库铁路西侧元代墓葬出土了一件元青花鹿纹花口劝盘，现藏山东青州市博物馆。盘心为两棵交叉的垂柳，树下一只作回首观望状的鹿。盘心边缘绘兰草、石头等花木植物（图 04 左下），2009 年参加了北京首都博物馆元青花展览。[3]

我们还注意到，落马桥元末窑址发现一件汉服人物故事图案的元青花

1 香港大学冯平山博物馆及景德镇市陶瓷考古研究所，前揭书，页 129。

2 于炳文：《元代青花瓷器中的人物故事》，《收藏家》2002 年第 10 期，页 32 ～ 36。

3 北京艺术博物馆、北京市元青花文化交流中心、首都博物馆编：《元青花》，石家庄：河北教育出版社，2009 年，页 120。

图 04 景德镇落马桥出土釉里红、青花鹿纹瓷片与元青花人物图玉壶春瓶

盘残片（图 04 右下），所绘人物与 1986 年江西上饶市元墓出土的周敦颐爱莲图青花玉壶春瓶图案中人物相似。瓶口呈喇叭口，细长颈、胆腹、圈足略作外撇，高 27.5，口径 8.5，底径 8.2 厘米。腹部绘周敦颐爱莲图。[1] 从上饶元墓出土元青花玉壶春瓶图案看，落马桥出土周敦颐爱莲图青花盘残片上的人物似为拜访周敦颐的客人。在蒙古统治阶层伊斯兰文化的影响下，元朝浮梁磁局烧造元青花从来不绘人物，陈友谅以恢复汉族王朝统治为旗号，那么这两件人物故事图元青花当是陈友谅割据饶州时烧造的。

据展览图录介绍，“落马桥元末窑业堆积中的青花瓷与‘辛巳’铭青

1 陈国顺、谢昕：《上饶市出土两件元代青花玉壶春瓶》，《江西文物》1990 年第 2 期，页 116 ～ 117。

图 05 落马桥型元青花残片与三顾茅庐图青花大罐和梅瓶

花瓷片一道出土，且同一地层的长颈瓶残器（展品 150）所绘菊纹与至正十一年瓶一致，故知为至正元年或稍后的堆积。但该堆积罕见卵白釉器，和青花堆积在一起的为褐胎实足小碗。虽也有大盘，但仅见淡描青花一例……尤令人注目的实这里出土的绘人物故事纹的一些青花瓷。现在我们可以比较有把握地确定；现今传世或出土的一批绘人物故事或戏曲故事的元青花，应全部或大部为至正时烧制；而绘画者可能就是试青花料呈色效果的戴姓氏或黄姓、吴姓陶工（展品 155 ~ 157）。”[1]

落马桥元末窑址最重要的发现，首推元青花人物故事图大口罐和梅瓶

1 香港大学冯平山博物馆及景德镇市陶瓷考古研究所，前揭书，页 127 ~ 128，图版 145 ~ 147。

残片（图 05 上中）。这批瓷片的肩部缠枝莲纹和口沿外侧栀子纹样，与尉迟恭单骑救主图、三顾茅庐图元青花大罐和梅瓶的纹样如出一辙。落马桥型元青花大罐口沿和梅瓶下腹部残器的仰莲纹和双勾棱格纹，分别见于英国裴格瑟斯信托公司（Pegasus Trust）旧藏三顾茅庐图青花罐（图 05 左下）和美国波士顿艺术博物馆所藏三顾茅庐图青花带盖梅瓶（图 05 右下）。[1]

元青花人物故事图主要以元代平话小说插图为粉本。现存元代人物故事版画，最早见于至元甲午（至元三十一年）建安（今福建建阳县）书堂刻印的《新全相三国志□□》。目前仅存残本，书名有二字残缺，张秀民认为残缺字为"故事"二字。该书封面中间有"甲午新刊"小字一行，小字上边横书"建安书堂"四字，下绘三顾茅庐图。[2] 此外，元代平话小说插图还见于元英宗至治年间（1321 ~ 1323）建安虞氏刻印《全相平话五种》，包括《全相平话武王伐纣书》、《全相平话乐毅图齐七国春秋后集》、《全相平话秦并六国》、《全相平话前后汉书续集》、《新全相三国志》，原本仅藏于日本内阁文库，后为日本学者盐古温发现，方为世人重视。这五种元代平话小说，各有上中下三卷，格式相同。《三国志》封面题有"新全相三国志平话"两行八个大字，中间上下花鱼尾间刊有字号稍小一些的"至治新刊"四字，封面上半部分横书"建安虞氏新刊"六字，字下为"三顾茅庐图"。[3]

2005 年，伦敦佳士得拍卖会上，元青花鬼谷下山图大口罐以 1568.8 万英镑（约 2.45 亿元人民币）创下历史上中国文物乃至整个亚洲艺术品拍卖的最高成交价。据佳士得专家曾志芬小姐考证，这个青花大罐所绘鬼谷下山图（图 06 上）来自元代平话小说插图，也即日本内阁文库藏《新刊全

1 J. Carswell, *Blue and White: Chinese Porcelains around the World*. London: British Museum Press, 2000, pp. 29 and 36.

2 [日] 长沢规矩也著：《图解和汉印刷史图录篇》，东京：汲古书院，1976 年。

3 东京帝国大学据原刻本首次影印《三国志平话》。20 世纪 30 年代，日本学者仓石武四郎据原刻本影印了另外四种平话。此后，中国的出版机构出版了翻印本。1929 年，上海涵芬楼翻印东京帝国大学影印本《三国志平话》。1956 年，文学古籍刊行社翻印仓石武四郎影印本四种平话，并重翻涵芬楼本。

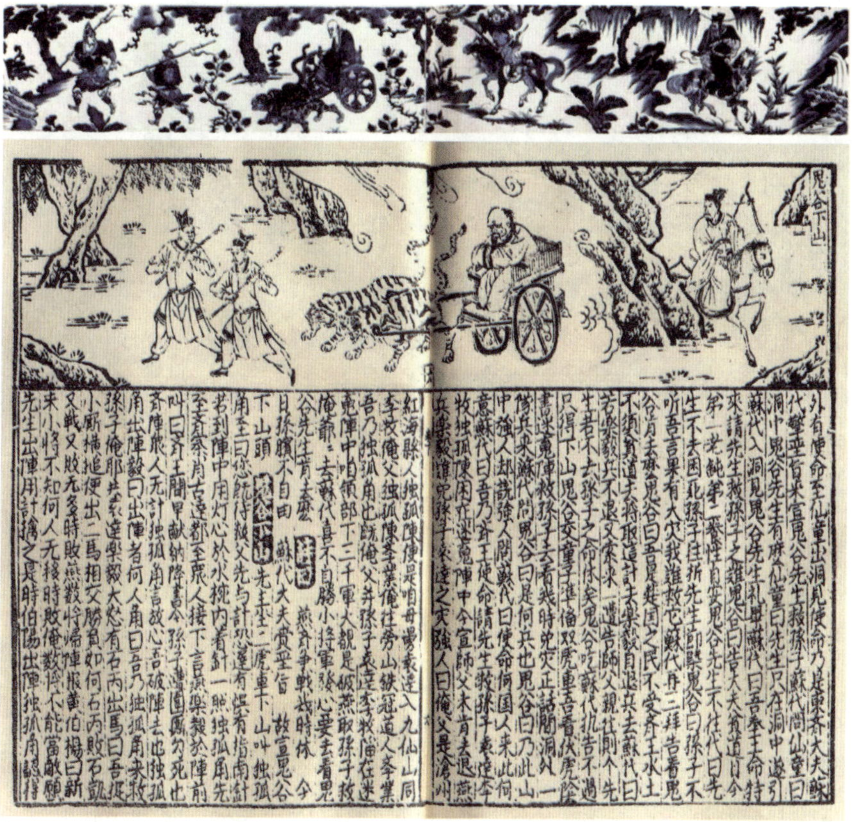

图 06《乐毅图齐七国春秋后集》插图与元青花大罐之鬼谷子下山图

相平话乐毅图齐七国春秋后集》插图中一幅鬼谷下山图（图 06 下），元至治年间福建建安虞氏刊印。泉州文物收藏家裴光辉对鬼谷子下山青花罐的真实性表示怀疑，并且提出八点质疑。[1] 毛晓沪撰文驳斥裴光辉的现代仿品之说，但他也不同意元青花之说，认为这个青花罐是明初洪武窑产品。[2] 由这件鬼谷子下山青花罐引发的各方争论，至今余波未平。

落马桥型元青花的发现，可证鬼谷子下山青花罐必为真品无疑。不过，

1 裴光辉：《问疑青花“鬼谷出山”故事纹大罐》，《文物天地》2005 年第 11 期，页 56 ~ 63。

2 毛晓沪：《解疑青花“鬼谷出山”故事纹大罐》，《文物天地》2005 年第 11 期，页 64 ~ 69。

图 07 日本出光美术馆藏昭君出塞图青花罐与甘肃武威出土昭君出塞图高足杯

这件青花罐既非元朝浮梁磁局官窑或民窑产品，亦非明初洪武窑产品，而是陈友谅割据饶州时落马桥窑厂烧造的。落马桥元末窑厂画工绘制鬼谷子下山罐，就以元代平话《乐毅图齐七国春秋后集》插图为粉本。只是原图三位文官打扮的人物换成了武官打扮的人物。近年甘肃武威市城区出土了一件元青花昭君出塞图高足杯，口径 7.7 厘米，高 8.9 厘米。竹节状喇叭形高足，足部所绘蕉叶纹用落马桥元青花“双勾不填色”方法（图 07 右）。[1] 碗心所绘昭君骑马弹琴图与日本出光美术馆藏元青花昭君出塞图盖罐（图 07 左）如出一辙。[2] 这个发现再次说明元代杂剧图青花瓷烧造于落马桥元末窑址。

据展览图录介绍，落马桥窑址出土了一件釉下彩八思巴文款青花瓷片，[3] 可知这个窑厂本来属于至元十五年所建浮梁磁局。不过，落马桥型元青花

1 贾建成：《介绍几件甘肃省出土的元青花瓷》，《考古与文物》2009 年第 4 期，页 112。
2 于炳文，前揭文，页 35。
3 香港大学冯平山博物馆及景德镇市陶瓷考古研究所，前揭书，页 127，图版 159。

五爪龙纹、元代杂剧、人物故事图等瓷片的装饰艺术风格，与土耳其王宫和伊朗清真寺所藏“赐赉瓷”型元青花迥然不同。除了一件云龙纹劝盘（图04左上）与景德镇洪武窑青花相似外，绝大多数落马桥型元青花工艺水平远远高于明初洪武窑青花瓷。[1] 近年落马桥元末窑址还采集到一件元青花八方玉壶春瓶残片，我们在景德镇陶瓷考古研究所考察了这个残片。此瓶所绘云雷纹、菊纹与九江至正十一年元墓出土的青花双耳连座香炉纹样相同，[2] 再次证明落马桥窑址年代当在至正十一年与二十三年，主要烧造于陈友谅大汉政权割据饶州时期。

第二节 沈万三所开九江宝市与落马桥型元青花

落马桥型元青花或带有汉文化色彩的元代杂剧图，这个类型的元青花又是为什么人烧造的呢？陈友谅乃沔阳（今湖北仙桃市）渔家之子，读书不多，未必对元代杂剧图青花瓷感兴趣。不过，陈友谅采取“远交近攻”的战略，与割据浙西的张士诚合纵连横，让明太祖朱元璋忧心忡忡。《明史·陈友谅传》记载：“陈友谅，沔阳渔家子也。本谢氏，祖赘于陈，因从其姓。少读书，略通文义。……友谅性雄猜，好以权术驭下。既僭号，尽有江西、湖广之地，恃其兵强，欲东取应天。太祖患友谅与张士诚合，乃设计令其故人康茂才为书诱之，令速来。”[3]

张士诚本“以操舟运盐为业”，举兵起义占据浙西后，附庸风雅，广交江南名士。《明史·张士诚传》记载：“当是时，士诚所据，南抵绍兴，北逾徐州，达于济宁之金沟，西距汝、颍、濠、泗，东薄海，二千余里，带甲数十万。以士信及女夫潘元绍为腹心，左丞徐义、李伯升、吕珍为爪牙，

1 2002～2004年，北京大学考古队对景德镇御窑遗址发掘中，在珠山北麓（遗址东北部）发现明代初年的院墙和葫芦形窑炉等遗迹，可知洪武窑青花瓷相当粗糙（北京大学考古文博学院等：《江西景德镇明清御窑遗址发掘简报》，《文物》2007年第5期，页4～47）。

2 吴水存：《江西九江发现元代青花瓷器》，《文物》1992年第6期，页94。

3 张廷玉等，前揭书，页3678、页3689。

参军黄敬夫、蔡彦文、叶德新主谋议，元学士陈基、右丞饶介典文章。又好招延宾客，所赠遗舆马、居室、什器甚具。诸侨寓贫无籍者争趋之。”我们注意到，落马桥元末窑址出土了一件文字款青花残片，上面写有“吴”字（展品 155），发掘者推测或为吴姓陶工的名款。不过，这个字也许是吴国之“吴”（图 08 左），那么元代杂剧图青花瓷可能是为张士诚割据政权——吴国烧造的。

元朝末年，随着杭州文化圈向苏州地区的转移，以苏州为中心的松江、昆山、无锡等地，名家频繁交游往还，他们的诗歌唱酬，书画鉴藏活动。从至正八年到十六年（1348 ~ 1356），流寓苏州的浙江文人和苏州本地文人纷纷前往玉山草堂。顾瑛凭借雄厚的财力，广罗古书名画、鼎彝珍玩充斥其间，广结天下名士，日夜在玉山草堂与宾客置酒赋诗，歌咏唱和。顾阿瑛创办“玉山雅集”，持续时间达 12 年之久，场次达 50 次之多。苏州、松江、杭州等地文人雅士在玉山草堂找到了一处幽雅的世外桃源，剧作家高则诚（《琵琶记》作者）、柯丹丘（《荆钗记》作者）和善于吹奏曲笛的诗人杨维桢，皆为顾阿瑛的座上宾。他们不仅经常在一起载歌载舞，而且将民间流传的戏曲腔调加工整理，使之逐步完善——这正是昆山腔最初的形式。[1] 种种迹象表明，那些元代杂剧图青花瓷有可能是顾阿瑛在落马桥窑厂订烧的。

问题是，兵荒马乱的元代末年，谁能帮助张士诚或顾阿瑛订烧落马桥型的元青花呢？明人阴太山《梅圃余谈》记载：“吴县沈万三以货殖起家，苏州府属田亩三分之二属于沈氏。张士诚称王，勒万三资犒军，又取万三女为妃。”[2] 元代末年，沈万三攀龙附凤，富可敌国，与顾阿瑛

1 《明史·文苑传》记载：“顾德辉，字仲瑛，昆山人。家世素封，轻财结客，豪宕自喜。年三十，始折节读书，购古书、名画、彝鼎、秘玩，筑别业于茜泾西，曰玉山佳处，晨夕与客置酒赋诗其中。四方文学士河东张翥、会稽杨维桢、天台柯九思、永嘉李孝光，方外士张雨、于彦、成琦、元璞辈，咸主其家。园池亭榭之盛，图史之富暨饩馆声伎，并冠绝一时”（[清] 张廷玉等：《明史》，北京：中华书局，1974 年，页 7325）。

2 [民国] 瞿兑之著，张继红点校：《人物风俗制度丛谈》，太原：山西古籍出版社，1997 年，页 193。

图 08 落马桥元末窑址出土釉里红和青花瓷片

是昆山同乡。学界一直不明沈万三靠什么一夜暴富。其实，明人孔迩早就一语道破天机，披露了沈万三发家致富的真正原因。孔迩《云蕉馆纪谈》记载：

> 沈万山，苏州吴县人也，家贫无产，以渔为生，常于吴淞三泖之间撒网捕鱼，……乃变为海贾，遍走徽（今安徽歙县）、池（今安徽贵池）、宁（今江苏江宁）、太（今江苏太仓）、常（今江苏常州）、镇（今江苏镇江）豪富间转展贸易，致金数百万，因以显富。……友谅时，或进暖玉注，出于薛塘古坟，谢庭春献。月色之盂，得于弋阳（今江西弋阳）陶氏。又开宝市于伪都（今江西九江），招致海商大贾，仍建尊珍馆朱衣巷内，以待有宝者。设宾客卿使之名，丰其谷禄，别其敬礼。得其绝色以进，则封为奇货上宾。得珠玉以进，则封为珍精贵客。又有华卿丽使，亚于宾客也。[1]

1 [明] 孔迩：《云焦馆纪谈》，《半村野人闲谈及其他二种》，上海：商务印书馆，1937 年。页 1 ~ 2。

沈万山即沈万三，今江苏昆山周庄人。[1] 沈万三经商范围广泛，横跨陈友谅的大汉国和张士诚的吴国。他还在大汉国首都江州（今九江市）朱衣巷尊珍馆开办“宝市”，与海外富商大贾进行高档奢侈品贸易。众所周知，元代饶州（今江西景德镇）和处州（今浙江龙泉）是元代外销瓷主要产地，那么九江“宝市”与海外胡商贸易对象当为元青花、卵白釉瓷、青白釉瓷和龙泉窑青瓷。

1980 年江西高安发现一个元代窖藏，出土元青花、釉里红瓷、卵白釉瓷、龙泉窑青瓷、钧窑瓷器凡 239 件。元青花有 19 件，包括高足杯 10 件，云龙纹盖罐 1 件，云龙纹荷叶盖罐 2 件，云龙纹带盖瓶 3 件，缠枝牡丹如意云肩纹梅瓶 2 件和蕉叶纹花觚 1 件。发掘者认为，高安窖藏的主人就是《同治高安县志》提到的元驸马都尉伍良臣。[2] 问题是，元朝法律规定，只有皇帝才能使用五爪龙纹或金彩瓷器，而高安窖藏所出卵白釉印花五爪龙纹高足杯和戗金卵白釉高足杯，凡此皆与伍良臣身份不符。

孔齐《至正直记》记载，“饶州御土，其色白如粉垩，每岁差官监造器皿以贡，谓之御土窑，烧罢即封土，不敢私也。或有贡余土，作盘、盂、碗、碟、壶、注、杯、盏之类，白而莹，色可爱。底色未着油药处，犹如白粉。甚雅薄，难爱护，世亦难得佳者。今货皆别土也，虽白而垩□耳。”[3]《至正直记》成书于至正二十三年，可知景德镇窑厂的生产活动一直持续到陈友谅大汉政权末年。[4] 高安窖藏的元青花和卵白釉瓷正是元代末年景德镇生产的，而龙泉窑青瓷可能是高安窖藏主人在九江“宝市”上购买的。

值得注意的是，高安窖藏元代瓷器有浓郁的汉文化特征。其中 6 件元

1 顾诚：《沈万三及其家族事迹考》，《历史研究》1999 年第 1 期，页 66 ～ 69；陈高华：《沈万三与蓝玉党案》，《陈高华文集》，上海辞书出版社，2005 年，页 550 ～ 556；王颋：《“沈万三”的真实家世及传奇——兼论元末明初社会的差异》，《暨南史学》第二辑，2003 年，页 247 ～ 259。

2 刘裕黑、熊琳：《江西高安县发现元青花、釉里红等瓷器窖藏》，《文物》1982 年第 4 期，页 58 ～ 69。

3 [元] 孔齐著，庄敬、顾新校注：《至正直记》，上海古籍出版社，1987 年，页 80。

4 《明史·陈友谅传》记载：“友谅僭号凡四年（1260 ～ 1363）。子理既还武昌，嗣伪位，改元德寿”（张廷玉等，前揭书，页 3690）。

青花梅瓶分别写有《周礼》六艺（礼、乐、书、数、射、御），一件高足杯写有釉下彩诗歌“人生百年长在醉，算来三万六千场”。明初曹昭《格古要论》卷七《古窑器论·古饶器》记载：“御土窑者，体薄而润，最好。有素折腰样。毛口者，体虽薄，色白且润，尤佳。其价低于定器。元朝烧小足印花者，内有枢府字者高，新烧大足素者欠润。有青色及五色花者，且俗甚。”[1] 曹昭所谓“新烧大足素者欠润。有青色及五色花者且俗甚”，指明初景德镇洪武窑瓷器，高安窖藏的卵白釉印花五爪龙纹、戗金彩高足杯相当精美，与洪武窑瓷器明显有别，当为陈友谅称帝时烧造的御用品。明人孔迩《云蕉馆纪谈》记载：“陈氏既亡，有宫人小春逃之民间，嫁于蒲亭彭本清。本清问陈氏宫中事，小春言后庭数百人，皆锦衣玉食，用极奢侈。”[2] 看来，高安窖藏或许是陈友谅某小妾的私房。

高安窖藏还有一件元代釉里红开光凤纹大口罐（图 09 左）。据汪庆正分析，元代釉里红可分涂绘和线描两大类，而后者的年代应晚于前者。因此，“高安窖藏出土的釉里红开光大罐的年代很难定在元代，可能是洪武朝的制品。……菲律宾及印尼的一批线绘釉里红罐等小件器，其图案花纹为双勾不填色，以草叶纹、扁菊、莲花和变形牡丹纹为主，传世也有这种釉里红双勾变形花卉的玉壶春瓶，其牡丹及莲叶瓣已经改变了元代的典型风格，而和基本上可判断为洪武青花，釉里红瓷的叶纹相近。”[3]

我们注意到，这件釉里红大罐的仰莲纹的花瓣连在一起，亦为洪武年间景德镇青花或釉里红纹饰的典型特征。不过，这件釉里红开光大罐的年代并非洪武时期，而属于陈友谅所建大汉政权。菲律宾、印尼发现的那些双勾不填色的釉里红罐等小件器，恐怕是沈万三在九江“宝市”批发给海外胡商，然后由他们贩卖到东南亚诸国的。沈万三富可敌国，他的大名在明代妇孺皆知。关于沈万三家族的奢华程度，莫旦《弘治吴江志》本注曰：

1　曹昭撰，王佐补，前揭书，页 253 ～ 254。

2　[明] 孔迩：《云焦馆纪谈》，《半村野人闲谈及其他二种》，上海：商务印书馆，1937 年。页 1 ～ 2。

3　汪庆正：《青花釉里红》，上海博物馆，两木出版社，1986 年，页 6 ～ 7。

图 09 高安窖藏出土釉里红大口罐和仿定窑卵白釉瓷器

> 万三曾孙女归先伯祖轮，而先侍郎之女又归其六世孙寔。洪武二十三年，先侍郎赐告归省，乃过访焉。其家屏去金银器皿，以刻丝作铺筵，设紫定器十二卓，每卓设羊脂玉二枚，长尺余，阔寸许，中有沟道，所以置筋，否则筋污刻丝作故也。行酒用白玛瑙盘，其班纹乃紫葡萄一枝，五猿采之，谓之五猿争果，以为至宝。其赘婿顾学文设宣和定器十二卓，每汤一套则酒七行，每一行易一宝杯。两家僮仆皆衣青罗里褎，其他珍异肴果不言可知。乌乎！一钗七十万钱，前辈以为妖物，与祸相随，今观沈氏之富，岂止一钗七十万而已哉，其受祸宜也。[1]

莫旦，字景周，号鲈乡子，生于宣德四年，世居莫舍村。莫家与沈家是儿女亲家，他对沈家的描述有一定可信度。紫定器不见于宋人记载，河北定窑出土瓷片从未见紫釉，只有酱釉。后者呈色剂是铁，紫色瓷呈色剂是锰。中国瓷器用锰金属作呈色剂最早见于明代文献。曹昭《格古要论》

1 ［明］莫旦：《弘治吴江志》，《中国史学丛书》，台北：台湾学生书局，1987 年，页 260。

卷七《古窑器论·古定窑》记载："有紫定，色紫。有墨定，色黑如漆。土俱白，其价高于白定。"[1] 北宋以来，景德镇窑厂一直仿烧定窑瓷器。莫旦在沈家所见"紫定器"、"宣和定器"，恐为沈万三在景德镇窑厂订烧的仿定窑瓷器。高安窖藏出土卵白釉月梅纹斗笠碗、卵白釉花口碗、卵白釉开光印花纹把杯，就是元末景德镇窑厂仿烧定窑的卵白釉瓷（图09右）。

第三节　太仓娄江港与元末海外贸易

《吴江县志》记载："沈万三秀有宅，在吴江二十九都周庄，富甲天下，相传由通番而得。"明史专家吴晗以此为据，论证"苏州沈万三一家之所以发财，是由于作海外贸易"。[2] 从明人笔记《云蕉馆纪谈》看，沈万三实际上只负责在九江"宝市"批发景德镇外销瓷，并不直接从事海外贸易。据陈高华考证，元末从事海外贸易的中国海商是另外一批人，主要人物有投靠张士诚的陈宝生、孙天富和朱道山等泉州海商。

元朝海外贸易主要港口设在福建泉州，然后经京杭大运河运往元大都（今北京）。正如欧阳玄《通惠河政绩碑记》所说，"又自昆仑西南，水入海者，绕出南诏之后，历交阯、阇婆、真腊、占城、百粤之国，东南过琉球、日本，东至三韩，远人之名琛异宝、神马奇产，航海而至。或逾年之程，皆由漕河以至阙下，斯又古今载籍之所未有者也"。[3] 元末爆发红巾军起义后，京杭大运河漕运被迫停运。至正十七年起，泉州发生一起持续十年之久的战乱，史称"亦思巴奚战乱"。[4] 泉州港海外贸易从此一蹶不振。

至正十三年，泰州（今江苏大丰县）张士诚率盐丁起义反元，攻下高

1 [明] 曹昭撰，王佐补：《新增格古要论》，杭州：浙江人民美术出版社，2011年，页251。

2 吴晗：《元代的民间海外贸易》，《灯下集》，北京：三联书店，2006年，页8～10。

3 [清] 李卫等撰：《大清畿辅通志》卷九七，清雍正年刻本，页180。

4 《元史·顺帝本纪》记载：至正"十七年三月，义兵万户赛甫丁、阿迷里丁叛据泉州"。又载：至正二十二年五月，"泉州赛甫丁据福州路，福建行省平章政事燕只不花击败之，余众航海还据泉州。福建行省参知政事陈友定复汀州路"（宋濂等，前揭书，页936和959）。为讨伐色目义兵，元军大肆杀戮西域人，阿拉伯商人纷纷逃亡海外，或远避他乡。

邮等地，称诚王。至正十六年据平江（今苏州）后称吴王。《明史·张士诚传》记载："当是时，士诚所据，南抵绍兴，北逾徐州，达于济宁之金沟，西距汝、颍、濠、泗，东薄海，二千余里，带甲数十万。……士诚自起至亡，凡十四年。"[1] 张士诚攻占元朝江浙行省后，控制了江苏昆山、太仓、澉浦等海港，迫切希望从海外贸易中获得更多收入。太仓娄江港（后来讹称"刘家港"）始建于元初，由归顺元朝的江洋大盗朱清、张宣所开创，不仅是元朝海道漕运的起点，而且是海外贸易的重要码头之一，时称"六国码头"。至正二年，元王朝正式在太仓设庆元等处市舶分司。[2] 至正十六年，张士诚占领苏州。"次年筑城太仓，即毁（隆福寺）像改市舶司"。[3] 2008 年全国第三次文物普查时，在江苏太仓市城厢镇南郊发现元代至明初海运仓遗址，由两个长方形土台组成，总面积 11 万平方米以上。该遗址出土瓷片大部分为元末明初龙泉窑瓷片（图 10），与史书记载张士诚统治海运仓年代一致。[4]

为了躲避亦思巴奚战乱，陈宝生、孙天富、朱道山等泉州海商纷纷投奔张士诚，在娄江港从事海外贸易长达十年之久。陈宝生，字彦廉。元末江南名士，兼通诗画。据王颋考证，其父本为嘉兴路海盐州人，顺帝初年入赘泉州庄家为婿。[5] 元末姚桐寿《乐郊私语》记载："州诗人陈彦廉好作怪体，兼善绘事。其母庄，本闽人，父思恭，商于闽，溺死海中。庄誓不嫁，携彦廉归本州，抚育遂成名士。彦廉有才名，交往多一时高流，最与黄公望子久亲昵。彦廉居硖石东山，终身不至海上，以父溺海故也。"[6] 此外，陈宝生还是一位从事海外贸易、施财好义的海商。王彝《泉州两义士传》记载：

1 张廷玉等，前揭书，页 3690，页 3694 ~ 3698。

2 庆元等处市舶分司，桑悦《弘治太仓州志·古迹》作"庆元等处市舶提举司"，显然有误（高荣盛：《元代海外贸易的管理机构》，中国元史研究会编：《元史论丛》第七辑，南昌：江西教育出版社，1999 年，页 87 ~ 96）。

3 [明] 钱肃乐修，张采纂：《崇祯太仓州志》卷十五，康熙十七年刻本。

4 江苏太仓市普查组：《江苏太仓海运仓遗址》，国家文物局主编：《2008 年第三次全国文物普查重要新发现》，北京：科学出版社，2009 年，页 64。

5 关于陈宝生籍贯，见王颋所引《铁网珊瑚》卷九王彝《陈节妇传》（王颋：《义充市井——〈泉南两义士传〉卷内涵探微》，《西域南海史地探索》，北京：中国人民大学出版社，2010 年，页 388）。

6 [元] 姚桐寿撰：《乐郊私语·陈彦廉》，民国景明宝颜堂秘笈本，叶 7b。

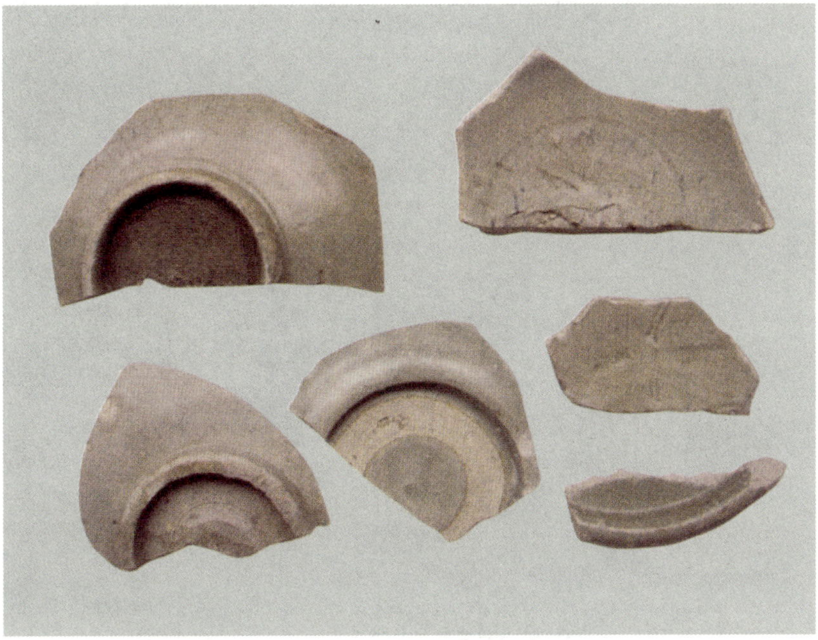

图 10 太仓市城厢镇南郊海运仓遗址出土元末明初龙泉窑瓷片

> 孙天富，陈宝生者，皆泉州人也。天富为人外沉毅而含弘，宝生性更明秀，然皆勇于为义。初宝生幼孤，天富与之约为兄弟，乃共出货泉，谋为贾海外。……两人相让，乃更相去留，或稍相辅以往。至十年，百货既集，犹不稽其子本。两人亦彼此不私有一钱。其所涉异国，自高句骊外，若阇婆，罗斛。与凡东西诸夷，去中国之虑数十万里。其人父子君臣，男女衣裳，饮食居止，嗜好之物，各有其俗，与中国殊。方是时，中国无事，干戈包武库中，礼乐之化，焕如也。诸国之来王者且帆蔽海上而未已，中国之至彼者如东西家然。……天富字惟善，宝山字彦廉，今居吴之太仓，方以周穷援难为务。[1]

王彝说“方是时，中国无事，干戈仓武库中，礼乐之化如焕如也”，当指张士诚控制下的浙西地区。王彝此文作于至正二十五年八月，而两位泉

1 ［明］王彝撰：《王常宗集续补遗》，《王常宗集》（二），台北：台湾商务出版社，1969 年，页 5 ～ 6。

图 11 日本冲绳出土元末明初龙泉窑青瓷和青花瓷

州海商“为贾海外”至少“十年”之久，也即至正十六年到二十五年之间。陈宝生、孙天富从事海外贸易的地理范围，“东起高句骊，经罗斛，西抵阇婆”。这里有三个地名需要讨论。

第一、高句骊，即今朝鲜半岛。张士诚对发展与高丽的关系表现了极大兴趣，高丽恭愍王七年（至正十八年）七月，张士诚派遣使者与高丽通好，使者就是上一年奉江浙省之命前往高丽的实刺不花。随后，张士诚不断遣使向高丽王献礼物，前后共有 17 次之多。种种迹象表明，张士诚与高丽交往应该通过太仓。[1] 朱国桢《皇明大政记》记载：“西洋之遣，亦因高皇之绪而申之。太仓原有张氏所存海船，兵亦不少，既与海相习，便与海寇相通，倭亦乘之内犯。遂因尽驱之出洋。”[2] 可知张士诚在太仓建有水军，太仓娄江港

1　陈高华：《元朝与高丽的海上交通》，《陈高华文集》，上海辞书出版社，2005 年，页 368 ~ 383。

2　[明] 朱国桢：《皇明大政记》，《四库全书存目丛书·史部》第 16 册，济南：齐鲁书社，1996 年，页 149。

图 12 高安窖藏出土的元末龙泉窑青瓷

是元朝通日本的重要港口，但是文献未载张士诚是否与日本有交往。据报道，琉球国（今日本冲绳）遗址出土了一个元青花菊纹小罐（图 11 左上）。[1] 在首里城京之内遗址还发现一批“明前期”龙泉窑青瓷和青花瓷器（图 11）。[2]

然而，这批琉球出土龙泉窑青瓷有些与高安窖藏龙泉窑青瓷（图 12）相同，[3] 与之共出的青花瓷皆落马桥型元青花，年代应当在元代末期。我们怀疑，这批元青花和龙泉窑青瓷传入琉球国，与元末张士诚海外贸易密切相关。

2009 年 2 月，应日本国立情报学研究所小野仲男所长邀请，笔者赴东京出席电子计算机新技术在考古学中的应用国际学术研讨会。会后，在日本学者大西磨希子博士的陪同下，赴福冈市考察大宗宰府遗址、博多海滨

1 东京国立博物馆编：《海上の路——冲绳の历史と文化》，东京：読売新闻社，1992 年，页 51，图 92-4。

2 [日] 森达也：《日本出土的龙泉窑青瓷》，《故宫文物月刊》第 311 期，台北故宫博物院，2009 年，页 20～27，图九。

3 刘金成编：《高安元代窖藏瓷器》，北京：朝华出版社，2005 年，页 135、165、170。

图 13 福冈市博物馆藏博多湾出土元代晚期青花瓷片

元寇防垒和当地博物馆。在福冈市博物馆考察时，在展厅内见到一组博多湾出土元代晚期青花瓷（图 13），似与元末张世诚海外贸易有关。

第二、元末罗斛国指阿瑜陀耶国，定都大城府（Ayuthaya）。元成宗元贞二年至大德三年，罗斛国多次来朝，元顺帝至正年间并吞暹国。[1] 罗日褧《咸宾录》记载："暹罗，本暹与罗斛二国。暹国，汉赤眉之遗种也。土瘠不宜耕种。罗斛土腴衍，多获。暹人岁仰给焉。自古不通中国，元至正间暹人降于罗斛，合为一国。"[2]《泉州两义士传》的相关记载说明，罗斛国与张士诚亦有交往。泰国大城国立博物馆收藏了一件落马桥型元青花牡丹纹大口罐（图 14 左），[3] 或许是陈宝生等中国海商贩运到泰国的。

第三、阇婆即今印尼爪哇，元代是海上陶瓷之路主要转口港。[4] 印度东海岸海滨城市本地治理市博物馆藏有一件三顾茅庐图青花带盖梅瓶（图 14

1 王颋：《种沿赤眉——宋、元及明中以前的"暹"、"罗斛"》，《西域南海史地考论》，上海人民出版社，2008 年，页 164 ~ 181。

2 [明] 罗日褧：《咸宾录》，北京：中华书局，1983 年，页 148。

3 同庆堂：《素可泰与元青花（二）》网页（http://tw.myblog.yahoo.com/lisa-88/article?mid=745&prev=760&next=718）。

4 汪庆正：《世界各地元青花瓷的发现与收藏》，《收藏》2004 年第 5 期，页 15 ~ 20。

图 14 泰国出土落马桥型元青花罐与印度出土元青花三顾茅庐图梅瓶

右),[1] 与美国波士顿艺术博物馆藏三顾茅庐图青花带盖梅瓶相同。泰国和印度两地所见落马桥型元青花可能是陈宝生等中国海商贩运到爪哇，再由穆斯林海商转运至印度东海岸。

明人笔记《云蕉馆纪谈》记载:“友谅在江州时，尝以春暮结彩为花树。自府第夹道植至匡山，又剪绣铺于道上，与宫人乘肩舆而行。黄信诗云：‘锦绣铺张春色满，小车花下丽人行’是也。陈氏既亡，有宫人小春逃之民间，嫁于蒲亭彭本清。本清问陈氏宫中事，小春言后庭数百人，皆锦衣玉食，用极奢侈。有桑妃者陈所至爱，海贾所进金丝纽花袄，紫霞帐，水晶楼，凤箱皆以赐之。及败，投武昌井死。又陈氏喜食玉叶羹，以西山罗汉菜及曲江金花鱼为之，味颇佳。”[2] 所谓“海贾所进金丝纽花袄”，指中东穆斯林工匠生产的织金锦，元人称“纳失失”，那么印度本地治理博物馆所藏人物图元青花也许是“阇婆”海商在九江“宝市”用中东特产织金锦等高档奢

1 B. Gray, “The Export of Chinese Porcelain to Indian,” *TOCS.*, 1964-1965, pl. 22; [日] 三上次男著，李锡经、高喜美译：《陶瓷之路》，北京：文物出版社，1984 年，图版二〇下。

2 [明] 孔迩：《云蕉馆纪谈》，《半村野人闲谈及其他二种》，上海：商务印书馆，1937 年，页 1 ～ 2。

侈品交换而来，最后贩运到印度东海岸的本地治理。

元末在太仓娄江港从事海外贸易的中国海商还有朱道山。元末昆山诗人袁华为陈宝生、孙天富写过许多诗，如《陪陈彦博（廉）编修游永寿寺》、《岁寒图为孙惟善陈彦廉赋》等，[1] 可见朱道山与陈宝生、孙天富是好友。袁华还写过《送知朱道山还归京师》一诗。[2] 王彝作序曰："朱君道山，泉州人也。以宝货往来海上，务有信义，故凡海内外之为商者皆推焉以为师。时两浙既臣附，道山首率群商入贡于朝。上嘉纳道山之能为远人先，俾居辇毂之下。优游咏歌，以依日月末光，示所以怀柔远人之道。海外闻之，皆知道山入贡之荣有如是也。至是海舶集于龙河，而远人之来得以望都城而瞻宫阙。"[3]

明朝建立后，朱道山率先带海外商贾向明王朝入贡，受到明太祖朱元璋的嘉奖。[4] 袁华为朱道山所作《送市舶官》有诗曰："……皇元率土罔有刑，三边扰攘兴甲兵。梯航梗阻民弗宁，重臣分阃号令伸。殊方慕义相附亲，诃叱鲛鳄驱鲲鳇。海不扬波如互砰，娄东太仓吴要津。襟带闽粤控蛮荆，贾胡夷蜑贡赆琛。关讥互市什一征，抚绥覆育德泽深。"[5] 所谓"皇元"指元朝而言，而"娄东太仓吴要津"则指张士诚控制下的太仓娄江港，故知朱道山本是张士诚手下市舶司官员。

第四节　西沙群岛元代沉船所见落马桥型元青花

2010年5月，中国国家博物馆水下考古队在西沙群岛永乐环礁石屿进行考古调查时，意外发现了一处元代沉船，从中打捞出180件元青花瓷片。

---

1 [明]袁华：《耕学斋诗集》，台北：台湾商务印书馆，1969年，卷四叶16b和卷七叶4b～5a。

2 [明]袁华：《耕学斋诗集》卷七，台北：台湾商务印书馆，1969年，卷七叶1a。

3 [明]王彝撰：《送朱道山还京师序》，《王常宗集·补遗》，台北：台湾商务出版社，1969年，页6。

4 陈高华：《元代泉州的舶商》，《陈高华文集》，上海辞书出版社，2005年，页543～545。

5 [明]袁华：《耕学斋诗集》卷七，台北，台湾商务印书馆。页19a～20a。

这是中国水下考古 22 年来首次发现元青花，今称“石屿二号沉船”。这艘元青花沉船是当地渔民发现的，考古队根据渔民提供的线索找到沉船。由于此前大肆盗捞，沉船遗址表面到处是圆形和不规则形盗坑，深约 0.5 ~ 1 米左右，遗址内散落元代德化窑瓷器、景德镇窑卵白釉瓷器、元青花残片，以及元代龙泉窑青釉瓷片，其中包括青花、青瓷、白瓷、酱釉等不同种类。器形以碗、杯为主，亦有瓶、罐、壶等瓷器残片。[1]

据发掘者分析，“西沙群岛海域发现的元青花瓷器特征鲜明，与国内一些城市、墓葬遗址，以及景德镇湖田南河南岸等窑址中所出土的元青花瓷器相一致。这些青花瓷器还见于菲律宾、印尼、非洲东海岸等海外一些地区，尤其是菲律宾地区。小罐、碗、杯、军持类器物在造型、胎釉、纹饰等方面均十分接近，是较为典型的元代晚期景德镇窑外销瓷器产品。”[2]

我们的看法略有不同，西沙群岛元代沉船出水元青花可以分为两组，第一组与湖田窑南河北岸以及菲律宾出土元青花相同。据刘新园调查，景德镇湖田南河“南岸的青花瓷器中以大盘为主，约占青花器 70%，其盘的器底较厚，纹饰繁缛华丽，其中多蓝地白花，和伊朗、土耳其的传世品一致，唯盘的口沿画蓝线的较少。盘的直径最大的仅有 41 厘米，比土耳其与伊朗的传世大盘（直径分别为 47.5 和 57.5 厘米）为小。罐、瓶之类由于残片太碎，难以了解其确实高度。北岸的青花瓷器则以高足杯、折腰碗、小酒杯为多，大盘仅见两件（与南岸圈足等大的盘相比，器底要薄一些），纹饰则简洁、疏朗、草率，和菲律宾出土的完全相同。经初步比较，南北两岸出土的元青花瓷器都属于湖田窑元代后期的产品，但南岸的略早于北岸。”[3] 我们认为，西沙群岛元代沉船出水第一组元青花（图 15 下）实际上与景德镇南河北岸（图 15 上）以及菲律宾出土元青花的类型相同。

---

1 中国国家博物馆水下考古中心、海南省文物局：《西沙群岛石屿二号沉船遗址调查简报》，《中国国家博物馆馆刊》2011 年 11 期，页 26 ~ 46。

2 孟原召：《西沙群岛海域出水元代青花瓷初探》，《中国国家博物馆馆刊》2011 年 11 期，页 80 ~ 81。

3 刘新园、白焜：《景德镇湖田窑考察纪要》，《文物》1980 年第 11 期，页 45。

图 15 湖田窑南河北岸元青花（上）与西沙群岛元代沉船（下）元青花

图 16 埃及福斯塔特古海港遗址采集的湖田窑南河北岸类型元青花残片

图 17 景德镇落马桥元末窑址出土元青花（一）

日本学者在埃及开罗南郊福斯塔特遗址采集到许多风格类似的元青花残片（图 16）。

另一方面，落马桥型元青花与西沙群岛元代沉船出水第二组元青花的纹样，如莲瓣纹、火焰纹、蕉叶纹、一把莲纹和菊纹如出一辙（图 17–18）。

景德镇陶瓷研究所李一平在落马桥元末遗址采集到一件元青花八方玉壶春瓶残片，此类元青花八方玉壶春瓶残片在西沙群岛元代沉船亦有发现（图 19 上中），与土耳其托普卡比宫藏元青花八方玉壶春瓶几乎完全相同（图 19 右上）。[1] 落马桥元末窑址出土元青花匝菊纹图案，亦见于西沙群岛元代沉船青花碗和埃及福斯塔特出土菊纹青花碗（图 19 右下）。[2] 根据这些落马桥类型元青花的发现地点，完全可以复原一条从景德镇落马桥，经

1 土耳其托普卡比宫藏落马桥型元青花八方玉壶春瓶，参见北京市文物局编：《托普卡比宫的中国瑰宝——中国专家对土耳其藏元青花的研究》，北京燕山出版社，2003 年，页 180。

2 John Carswell, *Blue and White: Chinese Porcelain around the World*, Chicago: Art Media Resources Ltd, 2000, p. 66, fig. 61.

图 18 景德镇落马桥元末窑址出土元青花（二）

图 19 落马桥元末窑址（左）、西沙群岛元代沉船（中）、土耳其和埃及（右）元青花

江苏太仓海运仓、西沙群岛、马六甲海峡、南印度，最后抵达埃及福斯塔特古海港的元末海上元青花外销路线。

有元一代，在蒙古色目文化统治下，元青花瓷器深受伊斯兰教、藏传佛教艺术的强烈影响，花纹繁复，而且不能表现人物。元末农民起义风起云涌，景德镇窑厂的画工冲破蒙古色目文化之藩篱，首次将具有千年文明史的汉文化艺术引入元青花，从而创烧出独具一格的落马桥型元青花瓷器。

随着元末海外贸易的蓬勃发展，江西景德镇落马桥型元青花远销东南亚、印度东海岸，乃至埃及福斯塔特港。可惜这一切只是昙花一现。至正二十三年（1363）鄱阳湖大战，陈友谅60万大军丧命黄泉。明初朱元璋采纳苏琦奏言，实行移民屯田制。饶州瓦屑坝成为江南第一移民集散地。据考证，洪武年间的大移民，共迁江西移民214万人，其中饶州移民将近百万人。[1] 在这两场大劫难之中，景德镇陶冶业受到重创，从此一蹶不振。直到明永乐、宣德年间，景德镇窑厂青花瓷烧造工艺才逐渐得以恢复。

1 徐泓:《明洪武年间的人口迁移》,《历史与中国社会变迁研讨会论文集》,台北:台湾“中研院”三民主义研究所，1982年，页235～294;曹树基:《中国移民史》第五分册，福州:福建人民出版社,1997年,页128～145;包伟民:《明代以降六百年间中国的人口流动——评〈中国移民史〉明清近代分卷》,《浙江大学学报》1999年6期，页103～108。